헨리 조지

100년만에 다시 보다

이정우 외

경북대학교출판부

머 리 말

우리 나라의 땅값이 세계 최고 수준이며, 토지문제가 집 없는 서민들을 울리고 빈부격차의 주요인이 되어왔음을 많은 사람들이 알고 있다. 다행히 최근에 와서는 우리 나라의 땅값이 약한 하락세를 보이는 등 토지문제는 많이 수그러든 것은 사실이다. 그러나 이 문제는 근본적으로 해결된 것이 아니고 물밑에 잠복해 있을 뿐이므로 언제 또 재발할지 모른다는 점을 주의할 필요가 있다. 우리와 비슷하게 토지문제로 몸살을 앓았던 일본이 지가 폭락으로 인한 금융기관의 연쇄도산과 장기불황에서 벗어나지 못하고 있는 점은 타산지석이 아닐 수 없다. 그런데도 정부는 토지 문제를 먼 옛날 이야기로 치부하면서 걸핏하면 건설경기 부양을 위한 각종 특혜를 들먹이는 등 단기 처방에 급급하고 있어서 지나치게 안이한 태도가 아닌가 하는 걱정이 자아내게 한다. 부디 정부는 과거의 쓰라린 경험을 토대 삼아서 토지문제의 심각성을 제대로 인식하고, 다시는 토지투기가 발붙이지 못하도록 근본 대책을 강구하지 않으면 안 될 것이다.

한국의 심각한 토지문제를 고민하면서 100년 전 미국에서 동일한 문제로 씨름했던 헨리 조지의 사상을 우리 나라에 적용해볼 수는 없을까 하는 문제의식을 가진 사람들이 대구에서 처음 모였던 것이 1993년 4월이었다. 당시는 1988년 서울올림픽을 전후한 시기의 엄청난 토지투기의 광란이 전국을 할퀴고 지나간지 얼마 되지 않은 시기로서 사람들의 머리 속에는 쓰라린 악몽이 남아 있었고, 토지문제에 대한 사회적 분노 같은 것이 살아 있었다. 우리 모임의 참가자들은 전공분야는 조금씩 달랐으나 모두들 토지문제의 심각성에 대한 인식을 갖고 있었으며, 그것을 해결하려는 사명감에 불타고 있었다는 공통점이 있었다. 그리고 대체로 헨리 조지의 사상에 공감한다는 공통분모도 있었다.

그로부터 9년이란 세월을 매월 한 차례씩 모여서 월례 발표회를 가졌으니 횟수로는 대략 100회 가까운 모임이 있었다. 이 모임의 참석자로는 이 책의 저자들 이외에 구본창, 문종완, 손광락, 이대환, 조상국, 조순제 선생 등이 있었고, 모두들 크고 작은 기여를 하였다. 특히 멀리 서울에서 일부러 이 모임을 위해 대구까지 내려오는 열성을 보여주었던 구본창, 문종완 두 선생은 우리들이 나태에 빠지지 않도록 하는 자극제가 되었다. 그러나 이런 저런 사정으로 도중에 못 나오게 된 회원도 있었고, 또 끝까지 참가했으나 이 책의 저술에는 빠진 회원들도 있어서 아쉬움이 남으며, 다음 기회를 기약하고자 한다.

모임의 장소는 처음에는 경북대 법대, 대구가톨릭대 등으로 바뀌곤 했으나 결국은 경북대 경상대 세미나실로 정착하였다. 주로 매월 한 차례씩 토요일 오전에 모여서 두어 시간 토론회를 가진 뒤, 점심을 함께 들며 세상 돌아가는 이야기를 하는 것은 큰 즐거움이었다. 처음에는 토지문제에 대해 각자 쓴 원고를 발표하고 토론하기도 하였으나 역시 헨리 조지의 원저를 읽을 필요가 있음을 공감하고, 그의 주저인 『진보와 빈곤』(Progress and Poverty, 1879)을 같이 읽었다. 그 과정에서 우리 회원인 김윤상 교수는 이 책을 완역하는 정성을 쏟았고, 회원들은 장, 절 별로 나누어 읽고 검토해주는 방식으로 협조하였다. 이 번역서는 문화체육부의 1997년 우수학술도서로 선정되는 망외의 기쁨을 누리기도 하였다. 그 뒤 우리의 공부 대상은 자연히 헨리 조지를 넘어 최근의 저서들까지 확대되었다. 주로 개프니, 해리슨 등 현대의 주요 조지스트의 책을 읽었고, 토지가치세에 관한 최근 저작들도 섭렵하였다. 이런 공부에 바탕을 두고 2년 전부터는 회원 각자가 주제를 잡아서 글을 쓰기로 하였던 바 그 연구성과가 바로 이 책이다.

9년이면 강산이 변한다는 10년에서 딱 1년이 모자라니 결코 짧지 않은 시간이다. 그 동안 국내외 여건에 큰 변화가 있었고, 한국의 토지문제도 상전벽해라 할만큼 크나큰 변동을 거쳐왔다. 9년만에 우리들의 글을 모아 첫 저서를 내게 되는 것은 다소 늦은 감이 있다. 그러나 부족하나마 그 동안의 우리들의 사고와 토론의 결정체를 한 권의 책으로 내는 감회는 남다른 바 있다. 우리는 이 작은 책이 헨리 조지의 이해와 토지문제의 해결을 위해서 하나의 징검다리가 되기를 기대해본다.

이 책의 구성은 다음과 같다. 제1장에서 박호정 선생은 헨리 조지의 파란만장한 생애에 대해 서술하고 있다. 제2장에서 한도형 교수는 헨리 조지의 세계관과 역사관을 해명하고 있다. 제3장에서 엄창옥 교수는 헨리 조지의 토지사상을 소개하고 현대적 의미를 찾아내고 있다. 제4장은 헨리 조지가 제안한 토지가치세에 대해 자주 제기되는 열 가지 의문에 대해 김윤상 교수가 하나 하나 검토, 논박하고 있다. 헨리 조지의 사상 중 토지 사상이 가장 유명하지만 그 못지 않게 중요한 것이 자유무역 옹호론인데, 이것은 제5장에서 남병탁 교수가 잘 요약, 검토하고 있다. 제6장은 환경 문제에 관한 헨리 조지의 사상과 현대적 의미를 김종달 교수가 검토하고 있다. 제7장은 헨리 조지의 소득분배이론을 이재율 교수가 학설사적으로 분석, 검토하고 있다. 제8장에서 전강수 교수는 헨리 조지 경제사상의 배경과

학설사적 의의를 고찰한다. 제9장에서 이정우 교수는 한국의 토지문제를 분석하고 처방을 제시한다. 제10장에서 전강수 · 한동근 교수는 한국의 토지문제가 1997년 경제위기의 중요한 원인이 되었음을 실증 분석을 통해 밝히고 있다. 제11장에서 김시중 교수는 중국의 토지제도의 변천을 소개하면서 헨리 조지의 시각에서 평가를 내리고 있다. 제12장은 한동근 교수가 부동산 거품 현상과 금융위기 사이의 상관관계에 대해 분석하고 있다. 끝으로 제13장에서 김윤상 교수는 헨리 조지 사상의 100년간의 흐름을 조망하면서 앞으로의 전망을 제시하고 있다. 이와 같이 이 책은 헨리 조지의 사상 전반을 다양한 시각에서 검토하고, 현대적 의미를 찾아보는 것을 내용으로 하고 있다. 헨리 조지의 책이 나온지 100년이 훨씬 넘었지만 우리 나라에서 헨리 조지를 소개하고 본격적으로 연구한 것은 아마 최초의 시도가 아닌가 한다. 그런 점에서 이 책이 헨리 조지와 토지문제에 대한 시민들의 관심을 일깨워주기를 희망한다.

이 책이 나오기까지는 여러 분의 도움이 컸다. 긴 세월 동안 귀찮은 기색 없이 세미나 준비를 위해 온갖 수고를 아끼지 않은 경북대 경제통상학부 조교 김영림, 시진선, 권수정 씨에게 고마운 마음을 보낸다. 그리고 책의 교정 작업을 도와준 경북대 대학원의 김성환, 박성국 군에게도 감사한다. 끝으로 상업성도 없고 요즘 유행도 아닌 책의 출판을 기꺼이 맡아준, 그렇게 함으로써 대학출판부가 무엇을 하는 곳인가를 보여준 경북대출판부의 전 부장 김상기교수님, 현 부장 이호철교수님, 그리고 이수충 선생님을 비롯한 관계자 여러 분께 깊이 감사드린다.

2002년 12월 대선의 소용돌이 속에서

집필자를 대신하여 이정우 씀

차 례

Ⅴ. 헨리 조지와 자유무역

Ⅵ. 헨리 조지와 환경문제

Ⅶ. 헨리 조지의 소득분배이론

Ⅷ. 헨리 조지 경제사상의 배경과 의의

Ⅸ. 한국의 토지문제 : 진단과 처방

XII. 부동산 거품과 금융위기

XIII. 다시 보는 헨리 조지

Ⅰ. 헨리 조지의 생애

박 호 정*

1. 가족 및 출생

헨리 조지(Henry George)는 1839년 9월 2일, 미국 필라델피아에서 출생했다. 그의 부친 리차드(Richard S. Henry George)는 영국계였으며, 모친인 캐서린(Catherine P. Vallance)은 스코틀랜드계 영국인이었다. 이들 부부 사이에 출생한 여섯 명의 딸과 네 명의 아들 중 조지는 장남으로서 둘째였다.

리차드 조지는 필라델피아의 세관에서 근무하다가 1831년에 사직하고 출판 사업을 시작하였다. 그의 사업은 성공회(聖公會) 교회와 주일 학교에서 사용하는 교재를 출간하는 정도밖에 안 되었다. 1848년 출판 사업의 여건이 악화되자 사업을 그만두고 다시 세관으로 복직하여 퇴직하기까지 14년 동안 근무하였다. 그는 교회에서 오전과 오후, 그리고 가끔은 저녁 늦게까지도 활동하던 신앙심 깊은 엄격한 성공회 교인이었다.

2. 소년기 : 취직 그리고 항해

조지는 정규 교육의 혜택을 많이 받지 못했다. 14세까지 받은 학교 교육이 정규 교육의 전부였으며, 그나마 학교 수업을 받는 동안에도 수업에 전념하지는 못했다. 그 이유는 주로 경제적인 문제였다. 세관 서기인 부친이 벌어들이는 얼마 안 되는 수입을 생각하면서 그는 경제적으로 독립해야겠다는 생각을 차츰 갖게 되었으며, 마침내 14살에 아버지를 설득하여 학교를 그만두었다.

---

* 미국 매릴랜드 대학교 농업자원경제학 박사 과정, 현재 한국개발연구원 주임연구원

첫 일자리로 도자기 수입가게의 점원으로 취직한 조지는 비록 학교는 그만 두었지만 청교도적인 가정 생활을 통해 성경에 대한 이해와 교양을 쌓았다. 그리고 부친이 출판업을 했었던 연고로 인해서 항상 책을 가까이하며 지낼 수 있었다. 역사, 여행, 탐험과 과학에 관한 책들은 그에게 지속적으로 바깥 세상에 대한 동경을 불러 일으켰고, 결국 호주의 멜버른, 인도의 캘커타로 항해하게 된 지적인 계기를 마련해 주었다. 그 때가 1855년, 그의 나이 16세였다.

1년 동안의 항해를 마치고 고향에 돌아온 조지는 필라델피아의 유명한 출판회사인 킹 엔 베어드(King & Baird)에 취직했다. 그는 정규 교육을 제대로 마치지 못했지만 식자공으로 일하면서 철자법을 익힐 수 있는 기회를 얻게 된 셈이었다. 이러한 경험은 그가 캘리포니아에서 인쇄업을 할 때에도 도움이 되었다. 토론하기를 좋아했던 그는 동료들 사이에서 인기가 있었지만, 임금 수준이 만족스럽지 않아 곧 회사를 그만 두었다.

필라델피아의 헨리 조지 생가

당시 주요한 사회적 이슈는 노예 문제였다. 1850년 스토우 부인의『톰 아저씨네 오두막』(*Uncle Tom's Cabin*)이 출간되었을 당시, 반노예정책을 표방하는 공화당이 발족되었다. 공화당은 1856년 존 프레몬트(John C. Fremont)를 후보로 내세워 대통령 선거에 나섰지만 노예제도를 지지하는 민주당의 제임스 부캐넌(James Buchanan)에 패했다. 그러나 4년 이후의 선거에서는 공화당의 아브라함 링컨(Abraham Lincoln)이 대통령에 당선되었다.

아버지 리차드 조지는 민주당원으로서 부캐넌을 지지하였다. 어머니 캐서린은 노예제도를 찬성하지는 않았지만 기존 제도의 변혁을 위해서는 너무나 비싼 댓가를 치러야 하기 때문에 반노예정책에 대해서도 찬성하지 않았다. 그녀는 어느 날 조지와 이 문제로 토론하였다. 그녀는 노예들이 받는 고통이 다소간 과장되어 있다고 말했다. 소수의 노예주들은 잔인할는지 모르지만, 대다수의 노예주들은 인간적인 애정을 가지고 있는 사람들이라고 옹호하였다. 그러나 조지는 이에 대한 자신의 입장이 분명했다. 노예를 재산으로 인정하는 제도 하에서는 노예주는 그가 원하는 대로 그 '재산'을 취급할 수 있으며, 때로는 심지어 죽일 수도 있다는 점을 강조하면서, 조지는 캐서린이 '원칙'(principle)이 아니라 '방책'(policy)에 호소하고 있음을 지적하였다.

킹 앤 베어드 출판사를 그만 둔 조지는 친구 어머니의 소개를 통해서 오레곤 주의 어느 회사에 취직하고자 했다. 회사의 회신을 기다리는 동안 조지는 당장의 생계를 잇기 위해 다시 바다로 나가야만 했다.

학교에서 정규교육을 받은 기간은 비록 얼마 되지 않았지만 그는 독서를 즐겼다. 친구들과 함께 로렌스 문학모임(The Lawrence Literary Society)을 만들어서 조그만 폐가에서 모임을 가졌다. 당시 조지가 쓴 두 개의 단편 "인생의 시"(The Poetry of Life)와 "몰몬교"(Mormonism)는 아직 보존되어 있다고 한다. 그러나 이와 같은 자생적인 문학 서클은 또 다른 성격을 갖고 있었다. 조지와 친구들은 서로의 우의를 시험하기 위해 레드 아이(Red Eye : 값싸고 독한 위스키의 일종)를 마시기도 하고, 담배도 피웠다. 행동의 동기가 아무리 순수하였다 하더라도 술이나 카드 놀이에 대해 알고 있다는 것 사실 자체가 엄격한 가정 교육을 받아 온 그에게 있어서는 심각한 것이었다. 이러한 모든 것이 그가 더욱 독립적이기를 바랬고, 또 바다로 나가기를 원했던 이유들을 설명해 준다.

다시 항해의 길에 오르게 된 조지는 미합중국의 증기선인 슈브릭 호에 탑승하게 되었다. 당시의 대다수 선원들처럼, 캘리포니아로 항해하는 조건이 아니라 1년간 탑승한다는 조건으로 고용되었다. 1857년 12월 22일 그는 사랑하는 가족들과 작별인사를 나누고, 델라웨어 강을 따라 내려가 남아메리카를 도는 긴 여행을 시작하게 되었다. 배는 리오데자네이로, 몬테비데오, 마젤란 해협, 파나마, 산디에고 등을 거쳤으며, 1858년 5월 27일 1백 55일 간의 항해를 마치고 마침내 샌프란시스코에 도착했다.

3. 캘리포니아에서의 경험

미 합중국의 주로 편입된 지 8년째를 맞이한 당시의 캘리포니아에서 가장 큰 도시가 샌프란시스코였다. 조지는 오레곤 주의 회사에서 자신을 불러 주기를 바랬지만, 그곳으로부터 아무 소식을 받지 못했다. 조지는 일단 샌프란시스코 항에 도착한 후 사촌인 짐(Jim George)을 만났다. 짐은 샌프란시스코에서 가족과 함께 살고 있었으며, 소매 의류상의 점원으로 일하고 있었다.

조지는 그 곳에서 로드 아일랜드 출신의 미국인 조지 윌버(George B. Wilbur)를 만났다. 윌버도 당시 캘리포니아에 몰려든 다른 사람들과 마찬가지로 돈을 벌고자 그 곳까지 와 있었다. 윌버와 조지는 곧 친해졌으며, 배경과 성향은 달랐지만 그들의 우정은 끝까지 지속되었다. 조지에게 샌프란시스코는 성공의 기회로 가득 찬 도시로 보였지만, 이미 필라델피아에서 슈브릭 호와 일년간의 고용 계약을 한 상태이기 때문에, 1858년 11월 11일까지 근무를 해야만 했다. 이 문제를 두고서 그는 짐의 아내인 4촌 형수 엘렌(Ellen George)과 상의했다. 그녀는 슈브릭 호의 선장과 자신이 합의를 보는 동안 당분간 조지가 숨어 지내도록 제안했으며, 선장은 다행히 조지가 사라진 것을 눈치채지 못했다. 선장은 엘렌에게서 조지의 사정을 듣고서 그가 계약으로부터 자유롭게 배에서 내려올 수 있도록 선처해 주었다.

그러나 애타게 기다리고 있던 오레곤으로부터의 소식은 전혀 없었으며, 샌프란시스코에서도 당장 무언가 기회가 될 만한 것이 나타나지 않았다. 이제 항해 때 벌어 두었던 몇 푼 안 되는 돈이 거의 다 떨어져가고 있었다.

그 즈음 6월에 대규모 금광이 발견되었다는 소문이 퍼졌다. 영국령의 미국 국경에 걸쳐 있는 프레이저(Frazer)강 근처였다. 이러한 소문은 샌프란시스코에 있는 많은 사람들을 흥분시켰고, 농사보다는 일확천금을 바라는 많은 사람들이 모든 것을 내버려 둔 채 도시로 몰려들었다. 당시 슈브릭 호의 항해일지를 보면 알 수 있듯이 대부분의 선원과 직원들이 배를 버리고 금광으로 떠날 정도였다. 이에 대해서 조지는 『진보와 빈곤』에서 다음과 같이 회상하고 있다.

"1849년 캘리포니아와 1852년 호주에서 임금이 갑작스럽게 대폭 상승하였는데 이것은 절대로 미스터리가 아니다. 지대를 지불할 필요가 없는 주인 없는 토지에서 노천광이 발견되자 샌프란시스코의 요리사 임금이 월 500달러로 치솟고, 다른 곳에서는 상상할 수 없는 높은 임금을 선원에게 지불하지 않는 한 선박이 항구에 묶여 있게 되었다. 노천광이 발견된 토지가 개인의 소유였거나 발견 즉시 독점되어 임대료가 상승할 수 있었다면 치솟은 것은 임금이 아니라 토지가치였을 것이다(헨리 조지, 『진보와 빈곤』(김윤상 역), 제5권 제2장, p. 278)."

오래 기다리던 오레곤에서의 소식이 마침내 도착했다. 그 곳 사정이 사업하기에는 여의치 않다는 소식으로서, 오레곤에 이주하고자 했던 조지의 계획은 수포로 돌아가게 되었다. 조지는 샌프란시스코에서도 안정된 직장을 얻지 못하고 있었기 때문에 일단 금을 캐러 가기로 하였으며, 그것이 만일 실패하면 사촌인 짐과 함께 프레이저 강 유역에서 금광업자들에게 공급할 의류 가게에서 일하기로 하였다.

그러나 일확천금이라는 것은 존재하지 않았다. 적어도 조지가 간 그곳에만은. 금은 프레이저 강으로부터 수백 마일 위쪽에 있는 예일(Yale)과 포트 호프(Fort Hope)에서 발견되었다. 금을 캐러 온 사람들은 강 상류에서 금이 흘러 내려오기를 가만히 기다리는 것 외에는 달리 할 일이 없었다. 그래서 조지는 짐의 가게에 가는 수밖에 없었다. 젊고 꿈에 가득 부푼 그였지만 모든 것이 제대로 되는 것이 없었다. 짐과의 사업도 잘 안 되자, 조지는 윌버와 합세하여 다시 금을 캐러 갈 계획을 세우고 있었지만, 이미 프레이저 강에서는 매우 소량의 경제성 없는 금만 발견될 뿐이어서 포기하고 말았다.

결국 그는 샌프란시스코로 다시 돌아왔다. 1858년 11월말 무렵, 19살 때의 일이었다. 그는 일거리를 찾아 돌아다녔으나 계속 거절당했다. 이 때 필라델피아의 인쇄소에서 근무했을 때 알았던 한 사람의 도움으로 프랑크 이스트만(Frank Eastman) 인쇄소에서 식자공 일을 맡을 수 있게 되었다.

그가 묵었던 숙소는 왓 치어 하우스(What Cheer House)라는 곳이었는데, 약 4년 전 그랜트(Ulysses S. Grant)장군도 잠시 지낸 적이 있었다. 당시 기준으로 괜찮은 호텔에 속했으며, 게다가 호텔 내의 작은 도서실에는 수백 권의 양서들이 구비되어 있어서 틈나는 대로 책을 접할 수 있었다.

조지는 코딩턴(Coddington), 호펠(Hoppel)이라는 두 젊은 친구를 사귀게 되었다. 코딩턴과 호펠은 신실한 감리교인이었는데, 조지가 교회로 나오기를 간청했다. 조지는 성경이 말하는 바, 복음을 믿는 것을 계속 주저하고 있었다. 방황은 지속되었으며, 다른 사람들의 감정, 특히 사랑하는 가족들에게 상처를 주지 않기 위해서 말을 하지는 않았지만, 종교의 형태를 거의 완전히 부인하기까지 이르게 되었다. 이 때에 호펠이 나타나 그 동안 무감각해있던 신앙에 대해서 신선한 생각들을 불러일으켜 주었다. 그는 호펠의 제안을 받아들여 감리교회의 찬양 집회에 갔었는데 그곳에서 단호하고 진지하며 폭넓은 사고의 시몬즈(S. D. Simmonds)목사의 설교를 들은 후, 믿음이 다시 자라나기 시작했다.

1860년 9월 2일 21세 성년이 된 조지는, 곧 유레카 식자협회(Eureka Typographical Union)에 가입하였다. 그리고 견습공 수준의 임금을 받으며, 일간지의 식자공으로 일하였다. 이와 같은 불규칙한 직업이 잠시 지속되었지만, 곧 주당 30달러의 임금을 받으며, 출판자로 그의 이름을 낼 수 있는 「홈 저널」(*Home Journal*)로 가게 되었다.

4. 애니와의 만남, 그리고 결혼

이 즈음에 그의 일생의 반려자인 애니(Annie Fox)를 만나게 되었다. 부모를 모두 여윈 그녀는 캘리포니아 로스 앤젤레스의 수녀 학교에서 돌아온 직후였다. 영국과 아일랜드 혈통이 섞인 카톨릭 교인이었으며, 그녀의 아버지는 호주에서 어머니와 결혼하였다. 학교를 졸업한 애니는 할머니와 이모와 함께 지내고 있었다. 할머니는 애니와 조지와의 사이를 즉시 알아차렸다. 할머니는 젊은 조지가 성숙한 사람이며 훌륭한 사고(思考)를 가졌다는 점을 인정하고 칭찬하기는 하였지만, 신체적으로 허약하고 아직 경제적으로도 자립능력을 갖추지 않았다고 생각하여 손녀의 관심을 다른 남자에게로 돌리려고 애썼다. 당시 애니는 유망한 다른 청년과 이미 약혼까지 해 놓은 상태였으나, 조지의 열정적인 구애에 이끌려 심경의 변화를 겪고 있는 중이었다.

한편 1860년 대통령 선거에서 공화당이 승리를 거두게 되어 링컨이 당선되었다. 그리고 몇 주 뒤 사우스 캐롤라이나 주는 합중국에서 탈퇴하였다. 그 뒤를 이어 미시시피, 알라바마, 조지아, 플로리다, 그리고 루이지애나 주도 연방을 탈퇴했다. 조지는 다섯 명의 다른 동업자와 함께 「이브닝 저널」(*Evening Journal*)을 만들었는데, 이 신문은 당시 미 연방을 구성한 북부 연맹지원으로 순조롭게 성장할 수 있는 여건을 가지고 있었다. 당시 미국의 서부는 동부의 전신(電信)과 연결되어 있지 않았고, 대신에 동서를 잇는 속달우편(Pony Express)을 이용하여 소식을 주고받는 상황이었다.[1] 그러나 이용료가 비쌌고 또 자주 있는 것이 아니었기 때문에 뉴욕으로부터 샌프란시스코까지 소식을 전하려면 거의 9일이 넘게 소요되었다. 특히 대선 후 혼란스러운 사회 분위기 속에서 당시의 주요한 지방신문들도 거의 지방에 국한된 소식을 전하고 있었기 때문에, 「이브닝 저널」과 같은 소규모 일간지도 그러한 상황에서는 경쟁자들과 충분히 경쟁할 수 있었다. 조지는 다른 동업자들과 동일한 지분으로 사업에 참여했으며, 모든 시간을 회사운영에 투입하기로 동의하였다.

전쟁으로 인해 대부분의 상업 활동이 정지되자, 세관에서 근무하고 있던 아버지 리차드가 해직되었다. 이 때 그의 나이 64세였다. 생계가 어려워진 것을 알게 되자 조지는 도울 수 있을 만큼 최대한 도와드리려고 하였으나 부친은 사랑하는 아들의 제안에 고마워하면서도 아들의 제안을 받아들이지는 않았다. 1861년 10월, 대륙을 횡단하는 전신이 완공되면서 「이브닝 저널」이 누리고 있던 경쟁력이 급격히 감소하자 동업자들 중 조지를 포함한 세 명은 그 사업에서 물러났다.

그 동안 애니의 할머니는 돌아가셨고, 그녀는 삼촌인 매튜 맥클로스키(Matthew McCloskey)와 함께 살게 되었다. 그는 매우 조심스러운 사람이어서 몰래 필라델피아에 편지를 써서 조지의 가정 배경을 알아보았는데, 회신 결과는 만족스러웠다. 조지는 애니와 함께 시집을 읽기도 하고 때로는 암송이나 토론 등을 하면서 시간을 보냈다. 그러나 한동안의 즐거움은 매튜 삼촌이 간섭하게 되자 지속되지 못했다. 그는 조지가 확실한 생계 대책을 세우기 전까지는 그의 집을 방문하지 못하도록 했고, 이것 때문에 매튜와 조지는 다툼을 벌이고 말았다. 애니가 둘 사이에 달려들어서 말리지 않았다면 급한 성질의 두 사람이 서로 크게 다투었을 정도였다고 한다. 어쨌든 그녀의 삼촌은 흥분해서 조지에게 다시는 자신의 집에 발을 들여놓지 못하도록 했다.

애니는 그 날 밤 내내 기도를 하면서 지샌 후, 다음 날 1861년 12월 3일 폭우가 내리는 아침에 조지를 집 바깥에서 만났다. 더 이상 삼촌 집에서 지내지 못하겠으며, 로스앤젤레스에 가서 학교 선생이 되겠다는 애니의 말을 듣고서 청년 조지는

---

1) 포니 속달 우편을 뜻한다. 미국 미주리 주 세인트 조셉에서 캘리포니아 주 새크라멘토까지 1,960마일을 포니 릴레이에 의하여 우편물을 배달하였다.

그의 주머니에서 동전 한 닢을 꺼내면서 엄숙하게 말했다. "애니, 이것이 내가 세상에서 가지고 있는 돈 전부야. 나와 결혼해 주겠니?" 그녀가 대답하는 순간 그녀의 운명이 결정되었다.

조지는 친구의 도움을 받아 애니의 삼촌 집에서 그녀를 빼내어 도피결혼을 올렸다. 주례는 시몬즈 목사가 맡았다. 당시 조지는 22세, 애니는 18세 때의 행복한 순간이었다. 결혼식을 마친 후 신혼 여행도 없이, 다음날 새벽 5시 조지는 밖에 나가서 직장을 구하러 돌아다녀야만 했다. 그는 식자공으로 하루종일 일을 한 후 저녁에 또 나가서 직업을 구하러 다녔다. 이와 같은 불규칙한 직장 생활을 통해서 하숙비 정도는 충당할 수 있었지만 여전히 어려운 생활이 지속되었다.

5. 여동생 제니의 죽음, 그리고 조지의 눈뜨는 신앙

조지는 각별한 사이였던 여동생 제니가 어린 나이에 죽었다는 비보를 갑작스레 받았다. 조지는 대단히 큰 충격에 휩싸였다. 그는 사랑하는 여동생이 죽었다는 사실을 믿지 않았으나, 이때부터 어떤 확신을 갖게 되었다. 반드시 또 다른 삶이 있어야 하며, 또 분명히 존재하고 있다고. 영혼은 불멸일 것이라는 그의 느낌은 확신이라기보다는 하나의 간구였다. 이제 그는 영혼의 불멸을 믿기를 원했다. 그는 젊은 시절에는 신앙에 귀 기울이지 않았지만, 몇 년이 지나지 않아 그가 『진보와 빈곤』을 위한 연구를 추구하기 시작했을 때 그는 "장엄한 단순성과 우주 법칙의 말할 수 없는 조화"가 있음을 확신하게 되었으며, 이후 영원이라는 개념은 확고한 신앙이 되었다.

6. 언론인으로서의 출발

조지의 결혼 초기의 생활은 경제적으로 매우 궁핍했다. 그는 여러 가지 일을 닥치는대로 했다. 작가로서의 경력을 그가 시작하게 된 때는 그 어려운 생활이 거의 막바지에 이른 1865년, 26살 때였다. 식자공 일을 계속 하고 있었으나 또한 글쓰는 연습을 시작하였다. 그의 일기장에 적힌 습작들 중에 가장 중요한 첫 글은 "시간사용에 관하여"(The Use of Time)라는 글이었다. 또한 "초자연성에 대한 주장"(A

Plea for the Supernatural)을 썼는데, 이것은 곧 「캘리포니아」(*California*)지와 또 「이브닝 가제트」(*Evening Gazette*)지에 실렸다. 「캘리포니아」는 1864년부터 발간되기 시작했는데, 마크 트웨인(Mark Twain) 이나 브레트 하트(Bret Harte)와 같은 유명인들의 글을 싣고 있었다. 아직 경력이 일천한 조지가 여기에 글을 낼 수 있었던 것은 새크라멘토에서 알게 된 친구 스티크니(A. A. Stickney)의 도움이 있었기 때문이다. 사실 그의 글이 나왔다는 것보다 더욱 중요했던 것은 그가 글쓰는 것을 계속해서 훈련하게 되었다는 것이었다. 그는 자신이 글을 쓸 수 있다는 것을 증명했으며, 이후 그의 생애는 달라지게 되었다.

「타임즈」(*Times*)라는 일간지가 샌프란시스코에서 창간되었을 때 그는 문필직에 지원했지만, 1866년 11월 5일부터 우선 식자실에서 근무를 시작하였다. 그러나 그는 시사 문제에 대한 글을 계속 썼으며 초대 편집인이었던 제임스 맥클래치(James McClatchy)는 조지가 쓴 세 개의 글을 읽고서 잡지에 실어 주기로 했다. 나중에 조지는 「타임즈」의 기자로서 주당 30달러를 받고 일을 시작했다. 이후 논설위원으로서 주당 35달러를 받다가, 편집주간이 된 1867년 6월부터는 주당 50달러를 받게 되었다. 이 즈음에 그는 이미 두 명의 자녀를 거느린 가장이었다.

어느 날 저녁 세 번째 아기를 임신한 그의 아내가 계단에서 떨어졌다는 소식을 듣고 급히 집으로 달려갔다. 의사의 처방을 받은 후 약이 효과가 있었던지, 애니는 자정 무렵부터 조금씩 회복되기 시작했다. 조지는 혹시나 증세가 악화되면 의사에게 곧 달려가기 위해서 모자와 옷을 쥔 채로 밤을 새웠다. 새벽빛이 희미하게 다가올 즈음 애니가 일어났을 때 그녀는 자신을 걱정스레 바라보는 남편을 발견할 수 있었다. 아내는 곧 완전히 회복되었고 3개월 후 건강한 세 번째 아기를 순산했다. 아기의 이름을 제니 테레사(Jennie Teresa)로 지었는데, 처음 이름은 조지의 죽은 여동생 이름을 따랐고, 두번째 이름은 아내의 여동생 이름을 따랐다.

조지는 1868년 8월 12일까지 편집주간으로 일하였다. 그 기간 동안에 정규적인 사무 외에, 하와이의 「가제트」(*Gazette*)지와 여러 신문사의 비상임 특파원으로도 활동하였다. 따라서 그의 소득은 과거 어느 때보다 많았으며 더욱이 이제 그가 하는 일들은 대화를 나누고 친구를 사귀고, 그리고 그의 영향력을 키우는 일들이 되었다. 「월간지 오버랜드」(*Overland Monthly*)에 1868년 10월에 기고한 "철도가 우리에게 가져다주는 것"(What the Railroad Will Bring Us)이라는 글은 당시 거의 완공 단계에 있던 대륙간 횡단열차의 엇갈린 명암에 관한 글로서 당시의 문제를 정확히 진단하였다는 평을 받았다.

7. 뉴욕 근무

1868년 8월에 그는 「타임즈」지를 떠났다. 월급이 바랬던 만큼 인상되지 않았기 때문이었다. 고향인 필라델피아에서 일하고자 했던 오랫동안의 계획을 실천에 옮길 수 있는 때가 되었다. 그는 먼저 가족들을 보내고 나서, 상황이 허락되는 한 빨리 동부로 가기로 했다. 샌프란시스코의 「헤럴드」(*Herald*)지는 조지를 미국 동부의 뉴욕에 파견하여 연합통신(AP)을 경유하여 기사를 전달하거나, 그것이 여의치 않으면 「헤럴드」지를 위한 지부 사무실을 신설할 참이었다. 12월 초 동부의 고향으로 향해 출발한 조지는 먼저 필라델피아의 부모님 댁에 가서 부모님과 남매들, 그리고 앞서 가 있던 아내와 아이들을 만났다. 그는 고향 친구 존 해슨(John Hasson)을 고용하여 뉴욕으로 가서 샌프란시스코 「헤럴드」지에 전보를 칠 수 있도록 연합통신사에 요청했다. 당시 뉴욕에서는 서부의 작은 신문사에 대해 별 관심이 없었기 때문에 연합통신사는 「헤럴드」지에 자신들의 서비스를 제공하기를 꺼려했다. 따라서 독립적인 지부 사무실을 만들어야만 했다. 조지와 해슨은 뉴욕보다는 필라델피아가 더욱 적합하다는 결론을 내리고, 당시 조지의 아버지가 소유하고 있던 조그만 석탄 사무실에 자신들의 사무실을 차려 사업을 시작하였다.

처음 얼마동안 기사를 보내주는 일이 순조롭게 되는 듯 했지만, 서부 지역으로 보내는 전신료가 비싸서 재정 문제가 해결되지 않는 한 계속 업무를 보기가 어렵게 되었다. 그리고 사업 초기부터 「헤럴드」지는 그들에게 송금을 제때 해주지 못했으며, 이제는 거의 1천 달러의 봉급과 사무실 임대료 등의 경비가 체불되고 있었다. 조지는 이런 상황에서 더 이상 일을 할 수 없다는 판단을 내렸고 사무실을 철수하여 가족들을 데리고 다시 샌프란시스코로 떠났다.

8. 뉴욕에서 느낀 소명

뉴욕에 잠시 머물었던 기간 동안 조지는 거대한 도시 뉴욕에 존재하는 부와 빈곤을 비교하면서 경제사회의 진보로 인해 빈곤의 문제가 결코 해결되지 않는 이유를 캐묻기 시작했다. 거리를 걸으면서도 어떻게 하면 이 곳 문명의 중심부에서 개척자의 꿈을 실현시킬 수 있을 것인가를 생각해 보기도 했다. 그러나 그와 마주하고 있던 것은 그가 생각해 온 이상과는 달랐다. 문명이 진보하고 있다는 증거를 관찰할 수 있었지만, 그러한 문명화는 일방적이었다. 소수에게 부가 축적되는 가운데 거리에는 오물이 가득 차고 빈곤이 만연했다. 이제 30세가 된 이 젊은이는 다른 사람이 이 문제에 대해서 답해 주기만을 기다릴 수는 없었다. 가난을 겪어 보았고 생명의 위협을 받는 모험을 거쳐 현재의 모습에까지 이른, 그리고 정규교육을 제대로 받지 못했던 그는, 당시 가진 자들의 학교에서 가르치던 것처럼 빈곤과 결핍은 물질이 부족해서이며 해결방법이 없는 문제라는 가르침을 받아들일 수가 없었다. 그의 마음과 생각은 그것을 거부하였다. 창조되는 그 어느 곳에나 질서가 있었다. 조지는 이를 밝히는 것이 자신의 소명이라는 강렬한 느낌을 뉴욕에서 받았다.

9. 정치활동의 시작

샌프란시스코에 다시 돌아온 조지는 「헤럴드」지에서 편집과 식자업, 그리고 몇 편의 글을 쓰는 한편, 민주당원 지명을 얻고자 정치적인 활동에도 참여하였다. 한편 애니와의 도피 결혼으로 인해 한 동안 연락을 끊었던 처삼촌과도 화해하게 되었다.

조지는 뉴욕에서의 경험을 통하여 전신 · 통신회사, 철도회사의 독점적 횡포를 막고자 했으며, 캘리포니아가 대규모로 부동산 투기의 대상이 되는 것을 막고자 했다. 그러나 그의 꿈은 성취되지 못했다. 민주당원의 지명을 얻지 못했던 것이다. 만일 당에서 요구한 정치후원금을 냈더라면 지명되었을 수도 있었다고 한다. 동부지역에서 귀환한 후 조지는 이와 같은 일련의 실패를 경험하는 와중에서 여전히 안정된 직업을 구하지 못했기 때문에, 『진보와 빈곤』에 관해 연구하고자 했던 결심도 제대로 진행시킬 처지가 못되었다. 이제는 그날 그날의 생계를 걱정해야 할 처지가 되어서 캘리포니아에 독점의 폐해가 뿌리 내리는 것을 막겠다는 그의 목표를 일단 포기할 수밖에 없었다.

이 무렵 조지는 캘리포니아의 주지사였던 헨리 헤이트(Henry H. Haight)를 알게 되었다. 그는 매우 유능한 행정가로 평가받고 있었다. 남북전쟁 당시에는 공화당원이었으나, 중앙집권화와 일련의 법률 정책에 관해 반대를 하여 이후에 민주당으로 전향하였고, 공개적으로 자유무역을 옹호하였다. 조지 역시 「타임즈」지에서 일하고 있는 동안 공화당을 지지하였으나 이제는 민주당원으로서 활동하는 점에서 헤이트 주지사와 비슷한 경력을 가지고 있었다.

마침 조지가 민주당 계열의 「트랜스크립트」(*Transcript*)지에 중국인에 관해 쓴 글을 읽은 헤이트는 조지가 바로 그들이 찾던 사람이라는 결론을 내리고 편집위원의 자리를 제안하였다. 조지는 이 제안을 받아들여 우선 안정적 수입을 확보한 다음에 이전부터 연구하고자 했던 문제－발전하는 문명사회에서 진보와 빈곤이 함께하는 이유－를 계속 탐구하기를 원했다.

시간이 지나면서 헤이트 주지사의 정치적 계획은 차츰 무르익어 갔다. 그는 당시 샌트럴 패시픽(Central Pacific) 철도회사의 독점적 지위에 대해 우려하면서 이를 막고자 정치활동을 벌였다. 철도회사는 실제 그들이 필요로 하는 것보다 더 많은 양의 토지를 불하 받는 등 막대한 독점적 지위를 누리고 있었다. 철도회사에 보조금을 지불하는 정책을 반대했던 헤이트는 주요한 당 언론지인 「새크라멘토 리포터」(*Sacramento Reporter*)의 경영을 조지가 맡도록 제안하였다. 조지는 이 제안을 받아들여 「트랜스크립트」지를 떠나 1870년 2월에 새크라멘토로 이사하였다. 독점적 철도회사와의 투쟁은 굉장히 힘들었다. 샌트럴 패시픽은 캘리포니아 대부분의 언론을 소유하고 있거나 아니면 통제할 수 있는 힘을 갖고 있었다. 그리고 입법부를 쥐고 흔들었고, 법정의 판결을 뒤엎는 등 정치적으로 강력한 힘을 발휘하였다. 이러한 상황에서 조지는 신문 사설을 통해 철도회사와 대립하는 헤이트를 지원하였다. 1871년 6월, 샌프란시스코의 민주당 회의에서 조지는 비서관으로 지명되었고, 헤이트는 주지사 후보로 재지명 되었다. 8월 10일 조지는 샌프란시스코 지역구의 의원 공천을 받게 되었다. 그러나 대규모 철도회사의 자금력을 바탕으로 한 선거 캠페인에 눌려 헤이트의 선거본부는 패하였다. 조지 역시 샌프란시스코의 선거에서 패하였다.

10. 토지에 관한 첫 저술

정치적으로 어려운 과정 중에서도 조지는 일전에 자신을 두고 맹세한 바를 꾸준히 지켜나갔다. 1871년 3월 26일 주일날 저녁에 그는 자신의 작업실에 앉아서 『우리의 토지와 토지정책, 국가와 주』라는 제목으로 글을 쓰기 시작했다. 이 글을 통해서 조지는 토지에 대한 세금 부과는 생산에 대한 세금 부과와는 다르다는 것을 주장하며, 토지가치세는 모든 세금들 중에서 가장 공평한 것임을 말하고자 했다.

그의 글 중에서 중세의 봉건제도를 언급한 것이 있다. 토지를 4등분하여 각기 국가의 경비, 군대, 교회 및 구제를 필요로 하는 사람들, 그리고 나머지 4분의 1은 공공소유로 모든 사람들이 쓸 수 있도록 한 제도였다. 앤드류 비셋(Andrew Bisset)이라는 영국인은 "국가의 힘"(The Strength of Nations)이라는 글을 통하여 만일 영국이 계속해서 그러한 봉건소작제도를 지속했더라면, 정부재정에서 한 푼의 비용을 들이지 않고서도 60만명의 군인들을 보유할 수 있을 거라고 추정한 바 있었다. 조지는 그의 글을 인용하면서 토지에 대해 공적 성격의 세금을 부과하는 것을 옹호하였다.

이 글은 1871년 3월 26일부터 7월 29일까지의 바쁜 선거 기간 동안 썼던 것이다. 그러면 과연 이 글을 쓸 때의 조지의 경제학 실력은 어느 정도였을까? 1889년 10월 19일 뉴욕의 「스탠다드」(*The Standard*)지에 실린 그의 회고록을 살펴보면 다음과 같다.

> "내가 처음으로 우리 사회의 문제점의 뿌리가 무엇인가 알아보고자 했을 때, 그리고 토지가치에 세금을 집중시키면 이 근원적인 잘못을 가장 쉽게 해결할 수 있나를 알아보고자 했을 때, 내가 기억하는 바로는 어떤 의식적인 도움도 없이 나 스스로 모든 연구에 착수했다. 다만 봉건제도의 경제적 특성에 관하여 비셋의 "국가의 힘"으로부터 몇 가지 생각을 도움받았을 뿐이었다. 내가 『우리의 토지와 토지정책, 국가와 주』를 출간할 때 중농학자들과 단일세(impot unique)에 대해서는 전혀 듣지 못했다. 다만 내가 별(星)을 보았다면, 다른 사람들 역시 틀림없이 같은 별을 보았을 것으로 알고 있었을 뿐이다."

또 말년의 저서인 『정치경제학』에서 그는 케네와 같은 중농학자나 아담 스미스로부터 자신의 결과를 도출한 것이 아니며, 당시 아담 스미스의 글을 한 줄도 읽지 못했음을 고백하기도 했다.

1871년, 조지는 윌리엄 힌튼(William Hinton)이라는 사람과 함께 신문사를 만들었다. 그는 편집을 맡았다. 1871년 4월 4일 「데일리 이브닝 포스트」(*Daily Evening Post*)의 창간호가 나왔다. 이 신문은 종종 『우리의 토지와 토지정책, 국가와 주』를 인용했으며, 토지가치에 대해 세금을 부과하는 것을 찬성하는 다른 글들이 실리기도 했다. 조지는 1872년 7월 초 매릴랜드 주 볼티모어에서 열리는 민주당 대회에 대표로 선출되어 필라델피아를 거쳐 그곳에 가게 되었다. 캘리포니아 대표단의 비서관으로 선출된 것이다. 조지의 정치활동과 이 신문의 과감한 개혁 성향이 평가를 받은 것이다.

그러나 신문 사업도 1875년 11월 27일로 끝나게 되었다. 당시 네바다주의 합중국 상원의원이었던 존스(John P. Jones)가 신문사를 하나 만들 계획을 조지에게 내비쳤고, 이에 조지는 뉴욕의 벌록(Bullock)사와 계약을 맺어 사업을 확장하였다. 그들은 조간신문을 창설하기로 결정하였다. 그들의 경영방침은 광고주를 구하러 다니는 방식을 탈피하고, 오히려 많은 읽을거리를 제공함으로써 광고요청이 들어오도록 한다는 것이었다. 그러나 며칠 후 버지니아 시와 네바다에서 대형 화재가 발생하여 자금의 유통사정이 좋지 않게 되었고, 존스 의원이 대출금을 상환하거나 아니면 조지의 신문사를 넘길 것을 요구함에 따라 마침내 그들은 신문사에서 손을 떼게 되었다. 조지는 이후 주지사 어윈(Irwin)에게 자신이 조용하게 글을 쓰면서 보수를 받고 일할 수 있는 직장을 가지고 싶다고 하였고, 주지사는 자신의 선거 운동에 기여하였던 조지를 위하여 가스 검사관직을 제공하였다. 조지는 비록 비정기적이긴 하지만 호사스럽지 않은 정도의 생활을 위한 수입을 얻게 되었다.

11. 신앙생활

사상적으로 편협하지 않은 조지는 그의 아내와 아이들이 신앙생활에 있어서도 자유롭도록 하였으며 그 자신도 특정 교파에 속하지 않았다. 그러나 하나님에 대해 매우 강한 외경심을 갖고 있었다. 자녀들이 아침과 저녁으로 기도하는 것을 가르쳤으며, 서재에 누워 있는 동안 아내와 아이들이 찬송가를 부르는 것을 듣기 좋아했다. 왜 풍요와 함께 빈곤이 존재하는지에 대한 대답을 추구하면서부터는 종교가 새로운 의미를 지니게 되었다. 빈곤은 하나님의 의지에 인한 것이 아니라 하나님의 규율을 어겼기 때문이라는 확신을 가지게 되었다. 신의 섭리라고 가르치거나 무자비한 숙명이라고 가르치는 종교에서 벗어나기를 원했다. 그는 불변의 자비로운 법칙에 의하여 사회의 진보가 이루어진다고 믿고 있었다.

12. 캘리포니아 대학에서의 강연

1877년 캘리포니아 대학은 당시 별도의 정치경제학부가 없었는데 경제학부를 신설하면서 조지를 교수로 초빙할 예정이었다. 그의 여러 글들을 통해서 교수로서의 자질을 인정받게 된 것이었다. 대학은 조지에게 강연을 요청하였는데 그 강연은 일종의 교수직 수락연설이었다. 3월 9일, 대학 총장이었던 콩트(Le Conte)와 오찬을 가진 후, 학생들과 대부분의 교직원들이 모인 강당에서 연설을 하였다. 그는 일반적으로 복잡하고 불확실하다고 여겨지는 과학이 실은 단순하고 확실하다는 점을 보여주기를 원하였다. 연구라는 것은 어려운 것이 아니며, 충분한 관찰만으로도 할 수 있는 것임을 강조했다. 캘리포니아 대학에서 행한 이 강연은 당시 사회과학의 한 분야로 자리잡기 시작한 경제학과 이런 성과를 이룩한 학계의 노력을 과소평가한다는 오해를 낳았다. 그의 진정한 의도와는 상관없이 결국 이 강연으로 말미암아 학계에 진출할 수 있었던 길을 스스로 막았던 셈이 되었다.

13. 『진보와 빈곤』을 쓰다

1877년 9월 18일, 그의 일기장에 다음과 같은 간단한 글이 적혀 있다.

'진보와 빈곤' 시작하다

당시 미 전역은 불황으로 말미암아 고통을 받고 있었다. 미국의 대다수 도시가 사회적 무질서에 빠져 있었다. 동부에서는 대규모의 철도파업이 발생했으며, 6개 주에서 군대가 무장한 채 경계 태세를 갖추었다. 볼티모어에서는 폭동이 발생했고, 시카고에서는 폭동을 진압하기 위해 화기가 사용되었다. 피츠버그에서는 200명 이상의 사상자가 발생했다. 캘리포니아도 예외가 아니었다. 캘리포니아는 가뭄까지 겹쳐 불황이 더욱 악화되었다. 샌트럴 패시픽 철도회사는 임금을 삭감하고자 하고, 노동자들은 이에 대응하여 노동운동을 벌였다.

조지는 처음에는 『진보와 빈곤』이라는 주제에 관하여 잡지에 낼 사설을 쓰고자 했다. 산업불황이 발생하고 부의 증가와 빈곤의 증가가 함께 하는 근원을 조사하고, 치유책을 제시하고자 하였다. 그는 일단 초고를 마친 후, 절친한 친구였던 테일러(Edward R. Taylor) 박사에게 글의 논평을 부탁했다. 그리고 그 외의 사람들에게도 비평을 부탁했는데, 그들 대부분은 깊은 인상을 받고 조지에게 좀 더 내용을 확대하여 써보라고 했다. 조지는 그 작업이 쉽지 않은 것은 알았지만, 자신 역시 필요성을 느꼈기 때문에 우선 지대문제를 살피는 것에서부터 출발하였다.

같은 해 10월 2일 그는 네 번째 아기를 얻었다. 이제 해리(Harry), 딕(Dick), 제니(Jennie) 그리고 안젤라(Anna Angela)의 네 자녀를 거느린 아버지였다.

『진보와 빈곤』을 쓰면서 가끔씩은 강연을 하였지만 그때를 제외하고는 계속 반복하여 교정하고, 내용을 추가하고, 축약하고, 세련되게 문장을 다듬는 등 집필에 매달렸다. 글쓰기에 관한 그의 좌우명인 "고된 글쓰기가 쉬운 글을 만든다"(What makes easy reading is hard writing)에서 알 수 있듯이 다른 사람들이 편히 읽을 수 있도록 자신과는 힘들게 인내 싸움을 하는 과정이었다.

아내 애니는 항상 그에게 도움이 되었다. 테일러 박사는 조지 부부를 가까이서 지켜보았던 당시를 다음과 같이 기억하고 있다. "확실히 조지와 그의 아내만큼 애정과 공감으로 서로간에 가까웠던 남자와 여자도 없었다. 죽을 때까지 동반자로 있었다. 또한 그들 자신의 고난뿐만 아니라 주위 세상의 고난도 함께 껴안는 것과 같은 고상한 동반 관계였다."

헨리 조지의 부인인 애니 조지(헨리와 사별한 후인 1898년의 모습)

당시 상황은 글을 평온하게 쓸 수 있는 환경은 결코 아니었다. 여러 가지 내적인 갈등과 함께 외부적인 압력과 싸움, 경제적인 빚과 그 외의 여러 어려움이 겹쳐 있었다. 한 때는 급히 현금이 필요하여 시계를 저당잡히기도 했다. 그러나 이 모든 것에도 불구하고 1879년 3월 중순에 그는 집필을 마치게 되었다. 일을 시작한 지 일년 반만이었다.

14. 『진보와 빈곤』의 출간

1879년 3월 22일의 일기에는 『진보와 빈곤』의 사본을 뉴욕의 애플톤(D. Appleton & Co.)사에 보냈다고 기록되어 있다. 이유는 서부 지역의 어떤 출판사도 그러한 종류의 책을 시장에 내놓을 만한 능력을 갖고 있지 않다고 판단되었기 때문이다. 게다가 애플톤사는 허버트 스펜서(Herbert Spencer)의 저작을 출판하기도 했다는 점에서 유리했다. 그러나 애플톤사는 조지의 글이 훌륭하지만 시기적으로 맞지 않는 것 같다고 하면서 출간하기를 거절하였다. 조지는 캘리포니아에 있을 당시부터 사귀었던 오래된 친구이자 당시 뉴욕에서 살고 있었던 윌리엄 스윈톤(William Swinton) 교수에게 부탁하여 애플톤사로 하여금 다시 한 번 고려해 보도록 했으나, 성사되지 않았다. 『진보와 빈곤』이 담고 있는 내용도 문제가 있게 보이긴 했지만, 당시 정치경제학에 관한 서적은 수익성 면에서 매력적인 사업이 아니었기 때문이기도 했다. 그러나 원고를 몇 차례 더 수정하고 재차 협상 끝에 마침내 애플톤사와 계약을 맺게 되었다. 책을 1권당 2달러에 팔아서 14%의 로열티를 조지에게 지불한다는 조건이었다.

처음 자비로 출판한 몇 부를 조지는 몇 명의 사람들에게 우편으로 보냈다. 그 중에는 토지 문제에 대해 진보적인 경향의 연설을 하였던 글래드스톤(Gladstone), 뉴질랜드의 조지 그레이(George Grey)경 등도 포함되었다. 글래드스톤은 감사의 말과 함께 토지 문제를 위해 조지가 보인 열의에 공감을 보였다. 그레이 경은 조지의 글을 매우 높이 평가하고, 자신에게 큰 도움이 되는 데 대해 고마움을 표시했다. 그 외의 여러 곳으로부터 격려의 소식이 있었다. 그러나 정작 고향에서의 반응은 느렸다. 「샌프란시스코 이그재미너」(*San Francisco Examiner*)와 「새크라멘토 비」(*Sacramento Bee*)는 『진보와 빈곤』에 대한 별도의 논평 없이 발간기사를 실었다. 대부분의 언론들은 조롱하는 투의 침묵이 아니면, '어린 조지' (little George)의 취미작이라고 경멸하였다.

한편 영국에서 책을 출판할 인쇄업자를 물색하는데 실패했다는 애플톤사로부터의 회신이 도착했다. 출판사들은 기존의 정치경제학에 대해 우호적이지 않은 이 책을 인쇄하기를 꺼렸다. 출판과 관련해서 상황이 별로 개선되지 않고 있는 이 즈음에 그가 어윈 주지사의 도움으로 얻었던 가스 검사관 자리도 어윈이 물러가고 공화당의 조지 퍼킨스(George Perkins)가 들어서자 내놓아야 했다. 그의 생계는 더욱 어려워졌다. 오랫동안의 과로와 신경쇠약 때문에 위경련뿐만 아니라, 담과 방광에도 병이 생겨서 휴식을 취하도록 의사가 권하였지만 사정이 여의치 않은 형편이었다. 당시 캘리포니아의 경제도 어렵기는 마찬가지였다. 거리에서는 한 블록만 걸어가도 10센트를 구걸하는 사람들을 여러 명 만나기가 어렵지 않았다.

모든 상황이 그에게 우호적이지 않은 이때에 뜻밖의 좋은 소식도 있긴 했다. 굿쇼우(C. D. F. von Gutschow)라는 독일인이 캘리포니아에 와 있었는데, 우연히 『진보와 빈곤』을 읽고서 감명을 받아 그 책을 독일어 판으로 출판하고자 하였기 때문이다. 조지는 그가 성의껏 번역해 주는 것을 조건으로 승낙하여, 『진보와 빈곤』의 첫 외국어 판이 나오게 되었다.

이 무렵에 뉴욕의 「헤럴드」지가 조지에게 일자리를 제공했다. 신문사는 조지가 사무실에 얽매이지 않고 그 자신을 위해 더 많은 시간을 사용할 수 있도록 허락하였다. 가족들을 미국 동부에 한꺼번에 데리고 가기에는 비용이 많이 들기 때문에 우선 자신만 먼저 뉴욕으로 떠났다.

처음에 권당 2달러에 팔렸던 『진보와 빈곤』의 가격을 1달러로 낮추었지만 그래도 판매 부수는 늘지 않았다. 하지만 『진보와 빈곤』을 격찬한 사람들 중에는 존경받는 유명인사들도 여럿 있었는데 그 중의 한 명이 상당한 재력가이기도 한 휴잇(Abram S. Hewitt)의원이었다. 그는 국회에 내고자 하는 위원회 보고서를 작성하기 위하여 조지의 자문을 받기도 했다. 1881년에 접어들면서부터 그의 책은 세간의 관심을 끌기 시작했다. 주문이 매 분기마다 쌓일 정도로 곳곳에서부터의 호응이 좋았다. 이 즈음 조지는 아일랜드의 토지문제에 관한 사설을 썼다.

15. 아일랜드 토지개혁 운동에 참여

1879년 4월 20일, 『진보와 빈곤』이 출간되고 나서 몇 개월이 안 지났을 때, 아일랜드 독립 운동을 주도했다는 명목으로 7년간의 징역을 마치고 석방된 마이클 데빗(Michael Davitt)이 본격적으로 대중 집회에 나섰다. 그는 “인간을 위한 토지”를 부르짖으면서 지주들의 폭정에 대항하고 나섰다. 물리적인 저항이 실패로 돌아가고 파넬(Parnell)을 포함한 국회 동료 의원들의 의정 활동도 무위로 돌아가자 사람들은 더욱 데빗이 주창하는 대중 운동으로 몰려들었다.

1879년 가을 더블린에서 파넬과 데빗을 중심으로 한 아일랜드전국토지연맹(Irish National Land League)이 결성되었다. 연맹의 당면한 목적은 소작농에게 강제로 부과되는 지대를 감소시키는 것이었다. 불공정한 지대를 거부하는 운동을 펼치면서 아일랜드 소작농과 연맹회원, 그리고 지주간의 투쟁이 시작되었다. 연맹은 자금을 모으기 위해 파넬과 데빗을 미국에 파견했다. 그들은 62개 도시에서 연설회를 가졌고, 위싱턴 D. C.에 있는 국회에서도 연설을 하였다. 그리고 1880년 3월 미국을 떠나기에 앞서 아일랜드 연맹의 지원 기구 격으로 미국토지연맹(American Land League)을 조직했다.

조지는 데빗이 1880년 가을, 토지연맹 사업차 미국을 재방문했을 때 그를 만났고, 데빗은 『진보와 빈곤』의 출간을 영국에서도 적극 추진하겠다고 약속했다. 조지는 "아일랜드 토지문제 : 문제의 성격과 해결방안"(The Irish Land Question : What It Involves, and How Alone It can be Settled)이라는 글을 통하여, 그 동안 지주 계급들이 누렸던 불합리한 강제적 지대가 토지가치세를 통하여 모든 사람을 위한 재원으로 흡수되어야 한다고 주장했다. 조지는 1881년 10월 15일, 토요일에 조지는 아내와 두 딸을 데리고 리버풀을 향해 떠났다.

한편 조지가 유럽으로 항해를 떠나기 이틀 전에 파넬을 위시한 다른 두 명의 의원이 교도소에 수감되고, 토지연맹은 정부가 악법을 철회하기 전까지 소작지대의 납부를 거부하는 선언문을 채택하는 등 대립 상황이 극단으로 치닫게 되었다. 구금중에 있던 파넬은 급진적인 운동에 대해서는 반대했으나, 이제 그들에게 남은 마지막 수단을 사용하는 데 반대할 수가 없었다. 정부로부터의 연맹 탄압이 계속 되는 가운데 안나 파넬(Anna Parnell)은 여성토지연맹을 조직하였다. 이와 같은 상황에 조지가 영국으로 간 것은 위험한 일이기도 했다. 그가 영국에 도착하자 영국 정부에 체포되지 않도록 조지라는 이름 대신 가명을 쓸 것을 권한 사람들이 있었지만, 그는 자신에 이야기에 귀를 기울이는 모든 이들을 환영한다며 자신의 이름을 사용하기를 고집했다.

「프리맨즈 저널」(*Freeman's Journal*)의 소유주인 에드워드 그레이(Edward D. Gray)의 요청으로 영국에서의 첫 연설이 1881년 11월 14일에 열렸다. 대성공을 거두어 관중들의 반응이 매우 열광적이었고 연이어 더블린에서도 연설할 기회를 가졌다.

『진보와 빈곤』과 "아일랜드 토지문제"의 저자로 영국 내에서 알려진 조지는 다양한 사람들을 만날 기회를 얻게 되었다. 토지에 대한 공공의 권리를 주장하는 교서로 인해 카톨릭 고위층을 불쾌하게 만든 널티(Nulty) 주교도 만나게 되었다. 그리고 글렌스리에 살고 있는 토마스 도슨(Thomas Dawson) 목사를 알게 되었다. 도슨 목사는 『진보와 빈곤』을 읽고서 그 사상에 고무되었다. 저자가 스스로를 무어라고 부르든지간에 그 책의 마지막 장은 저자가 본질적으로 카톨릭인임을 확인케 해주는 것이라고 목사는 생각했다. 조지는 밀의 의붓딸인 헬렌 테일러(Helen Taylor) 양을 더블린에서부터 알게 되었다. 조지 가족이 런던에 갔을 때도 그녀는 그들을 초청하였다. 그녀는 만약 밀이 생존해 있었다면 아일랜드에서 일어나고 있는 소작농 투쟁에 참여했을 거라고 믿고 있었다. 그리고 『진보와 빈곤』이 비록 밀 자신이 이전에 가르쳤던 것과 일면 모순되는 내용도 담고 있지만 분명히 찬사를 표하는 사람 중의 한 명이 되었을 거라고 말했다.

16. 심화되는 아일랜드 토지운동

당시 보수당 정부는 아일랜드의 토지문제를 해결하지 못한 채 차기 정권의 과제로 넘겼다. 새로 들어선 정부는 글래드스톤(Gladstone)이 수상이 되어, 코우퍼(Cowper)경을 아일랜드의 총독으로 임명, 파견하였다. 지주들은 소작농들이 지대를 납부하기를 거부한다며 이를 조속히 해결해 주기를 총독에게 호소했다. 감옥에 갇혀 있던 파넬은 아일랜드 총독 측과 토지연맹이 협상을 하도록 주선하였다. 그 결과 연맹은 지대납부 거부운동에서 후퇴하고, 총독 측도 수감자들을 석방하는 동시에 쌍방이 만족할 만한 토지법을 개정하겠다는 합의를 보게 되었다. 그러나 이와 같은 합의는 오히려 영국 본토 정부로부터의 불신을 사게 되어 코우퍼 총독이 해임되고 새 각료들이 부임하게 되었다. 그러나 어느 날 저녁 새로 부임한 각료 중 두 명이 공원에서 암살되고 이 사건 때문에 영국인들이 아일랜드인들에게 무력으로 보복 행사를 할 것이라는 소문도 나돌았다. 아일랜드 지도자들은 프랑스로 피신하도록 권유받았다.

우려되었던 무력행사는 없었지만, 영국 본토 정부는 그 동안의 유화정책에서 탈피하여 지대납부 거부운동에 대한 탄압 일변도로 정책의 방향을 바꾸었다. 파넬은 여기에 반대하고 나섰지만, 그 자신 역시 토지 운동의 세력을 약화시키고자 했다. 그는 어떠한 형태로도 토지연맹을 부활시킬 의도가 없었다. 그리고 포트랜드(Portland) 감옥에 수감되어 있던 데빗이 석방되던 날, 파넬은 재정지원을 중단하였다. 대신 그는 '아일랜드전국토지연맹'에서 토지라는 단어만 제외한 '아일랜드전국연맹'을 결성하여 자신의 세력기반으로 삼았다.

데빗은 『진보와 빈곤』을 두 번째 읽고 난 후 그 책을 모든 노동자 단체와 토지연맹 및 영국의 도서관에 비치하기를 원했다. 그러기 위해서는 자금이 필요했는데, 그 자금은 예상외의 곳으로부터 나왔다. 조지가 아일랜드로 출발하기 전 뉴욕에 있었을 때 프란시스 셔(Francis G. Shaw)라는 어느 부호가 1천 권의 『진보와 빈곤』을 구매하여 그것을 미국 전역의 도서관에 비치하려고 한다는 소식을 들었다. 조지와 셔 간에 이 때부터 서신왕래가 있었으며 셔는 영국에 있던 조지에게 500달러를 전달하기도 하는 등 재정적으로 지원하는데 힘썼다. 어느 날 셔로부터 소식이 왔는데, 자신보다 더 재력가인 익명의 거부로부터 『진보와 빈곤』의 보급을 위하여 3,000달러를 기부 받았다는 것이다.

데빗은 토지의 국유화를 주장하였고 세금을 통한 토지가치의 흡수라는 조지의 방법을 택하지 않았다. 그러나 당시 조지는 방법의 적용을 부차적인 문제로 여겼고, 토지의 공유라는 것을 우선적으로 중시했으므로 데빗을 지지하였다. 파넬과 그의 세력은 조지가 데빗을 지원하는 것이 불만이었기 때문에 그를 '미국인', '대도시에나 맞는 정치가'로 칭하면서 아일랜드인의 민족적인 감정을 부추겼다.

영국 정부의 계속되는 감시 속에서 조지는 두 번이나 체포되는 경험을 하였다. 한 번은 경찰의 실수로 체포되었지만, 두 번째는 그의 저서와 관련된 사상 때문이었다. 곧 석방되기는 하였지만, 오히려 그가 체포되었다는 소식이 호기로 작용하였다. 영국 본토 및 아일랜드의 신문들은 이 소식을 기사화 했는데, 마침 『진보와 빈곤』과 "아일랜드 토지문제"를 출간하는 시기와 거의 일치하였다. 초판으로 1만 2천 권의 『진보와 빈곤』이 인쇄되었으며, 2천 권은 무상으로 배포되었다. 런던의 「타임즈」(*Times*)지는 정기적으로 『진보와 빈곤』에 대한 사설을 썼다. 한편 태평양 건너 멜버른에서는 1,300권, 뉴질랜드에서는 300권이 주문되었다.

1882년 초 런던에서 토지국유화협회(Land Nationalisation Society)가 조직되었다. 협회의 회장은 월리스(Alfred Russell Wallace)였다. 협회 회원의 대다수는 월리스와 마찬가지로 사회주의적 접근방법을 통해 토지의 강제 매수를 주장하는 사람들과, 그리고 조지처럼 토지에 대한 보상은 없지만 세금을 통해 토지를 공유화하는 방법을 주장하는 사람들로 이루어졌다. 그러나 후자의 그룹에 속하는 사람들은 나중에 이 조직에서 이탈하여 토지개혁조합(Land Reform Union)을 독립적으로 결성하였다. 어쨌든 조지는 토지국유화협회의 초청 강연을 수락하여 런던에서 첫 연설을 하게 되었다.

17. 뉴욕으로 금의환향

1년 전 그가 뉴욕을 떠나 아일랜드로 출발할 때는 그를 알아보는 사람들이 거의 없었다. 하지만, 이제 그는 유명인사가 되어 있었다. 뉴욕의 신문들은 그에 관한 기사를 다투어 실었으며, 노동조합 단체들도 그를 환영하며 나섰다. 아일랜드의 도슨 목사에게 쓴 편지에는 '선지자가 자기 고향에서도 존경받을 수 있다는 사실을 발견했다' 고 조지 자신이 고백했을 정도였다. 뉴욕에 돌아온 후 조지는 제일 먼저 에드워드 맥글린(Edward McGlynn) 신부를 방문하였다.

맥글린 신부는 일전에 아일랜드를 방문하여 토지 문제에 관한 연설을 한 적이 있었다. 그는 뉴욕에서 가장 큰 교회 중의 하나인 성 스테판 카톨릭 교회의 신부였는데, 토지 문제에 관해 개인적으로 관심이 지대했다. 그는 연설 중에 토지 문제의 해결을 위한 조지의 제안에 대해 적극적인 지지를 표명했다. 이 사건으로 인해 카톨릭 해외포교성성(海外布敎聖省)의 시므온(Simeoni) 추기경은 교황의 이름으로 뉴욕의 맥클로스키(McCloskey) 추기경에 몇 차례 편지를 써서 맥글린 사제가 아일랜드의 혁명적 운동에 대해서 매우 동조적인 것이며 카톨릭 교회의 가르침에 공개적으로 배치되는 명제를 담고 있는 연설을 한다고 경고하였다. 맥글린은 맥클로스키 추기경을 만나 자신의 생각을 설명하고 사람들이 자신을 오해하고 있음을 확인시키려고 했으나, 결국 아일랜드의 토지연맹을 지지하는 연설을 더 이상 하지 않겠다는 약속 말고는 어쩔 도리가 없이 물러났다. 맥글린 신부는 『진보와 빈곤』과 그 저자인 조지와 강한 일치감을 이루고 있었다.

서재에서 연구 중인 헨리 조지

이 즈음에 조지에게 많은 도움을 주었고, 영국의 토지 운동에도 재정적으로 지원을 아끼지 않았던 프란시스 셔가 타계하였다. 셔는 유산 중 일부인 1천 달러를 조지에게 남겼는데, 그 자금 덕분으로 그는 관세 문제에 관해 책을 쓸 경제적 여유를 갖게 되었다. 관세 문제는 「뉴욕 헤럴드」(*New York Herald*)의 찰스 노도프(Charles Nordhoff)가 조지가 영국에서 돌아온 후에 제안한 바가 있었다. 노도프 자신은 관세 문제에 관한 한 철저한 자유무역주의자였는데, 조지가 샌프란시스코에서 어려움을 겪고 있었을 때 그를 뉴욕으로 불러 조지를 도와주었던 사람이기도 했다. 조지는 관세 문제에 관해 글을 쓰면서도 실상 그 목적은 관세 문제가 토지 문제와 어떻게 연관되는 것인가를 보여주는 데 있었다.

18.『사회문제』집필

이때 예일대학교의 정치경제학 교수인 윌리엄 섬너(William G. Sumner)의 책임하에 전집을 내는 계획이 있었는데, 조지에게도 원고 청탁이 들어왔다. 그래서 관세에 관한 글을 잠시 멈추어야만 했다. 조지의 원고는 당대의 사회적 문제를 자신의 관점에서 다루는 것이었는데, 제목을『오늘날의 문제』(*Problems of the Time*)로 붙였다. 그 책은 여러 편의 논문으로 구성될 계획이었는데, 네 번째 글 "(토지)집중의 행진"(The March of Concentration)에서는 토지소유의 규모가 확실히 커져가고 있음을 지적했다. 조지는 완성한 글을 단행본의 형태로 출간하였다. 각 논문을 하나의 장으로 구성하고 여기에 추가 또는 교정을 더하여『사회문제』(*Social Problem*)라는 제목으로 프란시스 셔에게 헌정했다.

19. 영국으로 다시 가다

영국의 토지개혁조합은 조지가 재차 방문하여 후원 연설을 해 주기를 요청했다. 조지는『사회문제』의 집필을 마무리짓는 대로 그곳으로 가기로 했다. 조지가 영국에 도착했을 때 전보다 더욱 유명해져 있었다. 왜냐하면 6페니의『진보와 빈곤』이 4만 권 이상의 판매 부수를 올렸기 때문이다. 그 책이 담고 있는 내용과 주장은 뜨거운 논쟁거리가 되었다. 신문과 일반 강연, 그리고 대학 내에서도 자주 화제로 등장했으며, 케임브리지의 헨리 퍼싯(Henry Fawcett)은 조지가 제시하는 방안을 자신의 「정치경제학 해설」(*Manual of Political Economy*)에 실었다. 특권층들은 경계의식을 느꼈고, 브렘웰(Bramwell)경과 같은 사람은 자유 및 자산보호연맹(Liberty and Property Defense League) 기구를 통해 조지를 비난하기 시작했다.

리버풀에 도착한 1883년 12월, 조지는 데빗을 만났다. 당시 데빗은 토지 국유화를 주장하고 있었으며 아일랜드인들의 이와 같은 요구를 대내외적으로 널리 알리기 위해 대중 운동을 기획하고 있었다. 조지는 버밍햄에서 밤을 지샌 후 『진보와 빈곤』의 영국 보급 책임자인 토마스 워커(Thomas F. Walker)를 만나 협의한 후 런던으로 출발했다.

20. 사회주의자들과의 마찰

토지개혁조합을 움직이는 사람들에는 윌리엄 선더(William Saunder), 헬렌 테일러 양, 토마스 워커, 헤드램(S. D. Headlam) 목사, 제임스 듀란(James Durant), 필립 윅스티드(Phillip A. Wicksteed) 목사, 개빈 클라크(Gavin B. Clark) 박사, 챔피온(H. H. Champion), 프로스트(P. B. Frost) 등이 있었다. 이들은 조지가 참여할 캠페인을 조직했다. 영국 본토의 주요 도시와 마을 대부분에서 연설할 예정이었으며, 캠페인은 1884년 1월 9일 런던의 성 제임스 홀에서 시작될 계획이었다. 그러나 조지는 이에 앞서 사회주의자들과의 관계를 정립할 필요가 있다고 생각했다.

챔피온과 프로스트는 각기 토지개혁조합의 회계와 서기를 맡고 있었는데, 그들은 『진보와 빈곤』의 개인주의와는 전적으로 조화될 수 없었으며, 오히려 몇 개월 전 런던에서 숨을 거둔 칼 마르크스의 사회주의를 따르고 있었다. 이들 두 사람은 조지의 개혁에 사회주의 정책을 포함시킬 것과 토지의 공유뿐만 아니라 기계류를 포함한 모든 자본의 국유화를 주장하였다. 그렇지 않으면 사회주의자들은 조지의 캠페인을 반대하게 될 것이라고 경고하였다. 그러나 조지는 답변하기를, 토지개혁조합이 자신의 정책에 관하여 연설해 주기를 요청했기 때문에 미국에서 이 곳에 온 것이며, 만일 그것이 싫다면 그것은 싫어하는 사람의 문제일 뿐이라고 응답했다. 그들의 요구를 받아들일 수는 없었던 것이다. 챔피온과 프로스트는 더 이상 반대할 수가 없었으나, 사회주의 운동의 지도자인 힌드만은 이때부터 조지에 대해 반대하기 시작했다.

21. 영국에서의 캠페인 본격 시작

성 제임스 홀에서의 강연은 성공적이었다. 각계각층의 사람들로 꽉 들어찬 강당에서 조지는 웅변적으로 연설을 하였다. 그는 이어서 플리머스와 카디프에서도 연설을 가졌다. 그리고 카디프에 이어서 브리스톨과 버밍엄에서 연설을 하였다. 청중은 모두 조지의 강연을 듣고 큰 박수로 호응하였다. 그러나 이러한 성공에는 항상 또 다른 반대가 있기 마련이었다. 자유당 정부와 파넬의 세력들은 조지를 터부시했다. 그러한 움직임은 리버풀에서 더욱 심했다. 청년개혁클럽(Junior Reform Club)은 조지를 초청했다가 이후 철회하였다.

조지는 스코틀랜드로 갔다. 최근 2년동안 스코틀랜드 역시 토지 문제로 인해 몸살을 앓고 있었다. 서부 지역 섬들의 소작농이 집단적으로 나서서 무력 행사도 불사하면서 대지주들의 엔클로져를 반대하고 나섰다. 글래스고우로부터 급파된 경찰병력에 의해 물리적 저항은 곧 진압되었으나 일반 시민 역시 소작농의 요구에 상당히 공감하고 있었다. 스코틀랜드의 소작 관행을 담당 조사한 왕립 위원회는 소작료의 인하를 처방책으로 내세웠으나 재산권, 소유권, 평등권, 정의와 같은 중요한 문제들을 해결하지 않은 채 소작료의 일시적 삭감은 해결책이 되지 못했다. 조지의 연설은 뉴솜의 원형 광장에서 있었는데 데이빗 맥크레(David Macrae) 목사가 좌장을 맡았다. 스코틀랜드에서 있었던 조지의 강연한 적도 있었다. 그중 일부는 기도로 시작하여 기도로 마치기도 했다.

22. 옥스포드 경제학계와의 만남

이 후 그는 영국으로 돌아와서 옥스포드를 방문했다. 그는 다양한 종류의 반대, 계급갈등, 지역적 편견, 그 밖의 어려움을 예상하였다. 그 곳에 연설하기 위해 왔던 데빗이 대학생들에 의해 숙소에 감금되어 대중 연설을 할 기회를 갖지 못한 적도 있었다. 조지는 막스 뮬러(F.Max Muller) 교수의 초청으로 왔기 때문에 예의를 갖춘 대접은 받았으나, 연설 중간 중간에 조소와 여러 잡음 속에서 강연을 진행해야만 했다.[2)]

조지의 강연이 끝나자 나서 당시 옥스포드의 발리올 칼리지(Balliol College)의 정치경제학 교수였던 알프레드 마샬(Alfred Marshall)이 제일 먼저 일어나서 논평했다. 그의 비판의 요지는 헨리 조지는 자신의 비판을 이해할 수 있는 특별한 훈련을 받지 않았다는 것이었다.[3)]

케임브리지에서의 강연은 옥스포드 때보다는 훨씬 조용하고 단정하게 진행될 수 있었다. 청중들도 많았으며, 토지가치세의 원리에 대해 이의를 제기하는 질문들도 있었지만 예의를 갖추었다.

23. 매닝 추기경과의 만남

영국에 있는 동안 몇 명의 지도급 인사들을 만났다. 카톨릭 계의 「위클리 리지스터」(*Weekly Register*)의 편집장 메이넬(Meynell)이 조지를 매닝(Manning) 추기경에게 소개하였다. 이 두 사람의 만남에 대하여 메이넬이 회고한 바는 다음과 같다.

"헨리 조지를 매닝 추기경에 소개한다는 것은 나의 큰 특권이었다. 어두움이 깔린 희미한 빛 속에서 서로를 응시하고 있던 두 사람의 모습이 기억난다. 일종의 신앙 고백을 서로 허심탄회하게 나누는 감정 어린 어조가 기억난다. 그들은 반대 방향에서부터 출발하여 같은 목적지로 여행하고 있었던 것이다.

'나는 사람들을 사랑합니다'라고 조지가 말했다. '그리고 그것이 그들 최고의 친구이자 스승이신 그리스도에게 나를 이끌어 주었습니다.' 이에 추기경도 대답했다. '나는 그리스도를 사랑합니다. 그래서 그분이 대신 죽어주신 사람들을 사랑하는 것을 배웠습니다.' 두 사람은 잠시 동안 침묵 속에서 서로를 바라보았다. 말보다 더한 침묵의 웅변으로"

---

2) 당시 서구사회에서 아시아 분야의 지도급 학자로 알려진 막스 뮬러는 헨리 조지의 제안을 받아들여 인도의 토지정책에 반영하기도 하였다(Rose, 1968, p.156)

3) 헨리 조지가 경제학계 일반에 의해 배척된 것으로 오해해서는 안된다. 그의 업적과 탁월한 지성은 헨리 조지 당대보다는 그 이후의 학자들에 의해 인정받았다. 간단히 슘페터(Schumpeter)의 글을 살펴보자(Schumpeter, ***History of Economic Analysis***, New York : Oxford University Press, 1954, p.865). "그(헨리 조지)는 독학으로 훈련한 경제학자였지만, 분명히 경제학자였다. 당시의 학문적 훈련에 의해 습득할 수 있는, 경제학의 여러 주제를 다룰 수 있는 대부분의 지식과 능력을 그는 자신의 생애에 걸쳐서 대부분 다 획득했다... 그가 제시하는 만병통치약으로서의 단일세와 그것과 관련된 용어를 제외하고서는 그는 완전히 정통파 경제학자였으며, 방법에 관한 한 매우 보수적이었다."

24. 뉴욕시장 선거 출마

미국으로 돌아온 조지는 톰 존슨(Tom L. Johnson)을 만나게 되었다. 남북전쟁에서 재산을 다 잃은 집안에서 성장하여 부유한 철도 사업가로 자수성가한 31세의 청년이었다. 그는 조지의 『사회문제』를 우연히 읽고서 『진보와 빈곤』까지 읽게 되었다. 자기 자신이 누리고 있는 부를 가능케 하는 독점적 지위에 반대하는 조지의 정책을 받아들인 그는 뉴욕에 갔을 때 조지를 만나 이후부터 그의 절친한 동료가 되었다.

1886년 『보호무역이냐 자유무역이냐』(*Protection or Free Trade*)를 발간한 후 어느 여름, 톰 존슨을 포함한 몇 명의 친구와 담소하고 있던 조지는 신문을 통해서 새로운 소식을 듣게 되었다. 뉴욕시 노동조합이 뉴욕시장 선거에 조지를 후보로 추대하기로 했다는 기사였다. 유쾌한 기사이기는 하였지만, 조지를 포함하여 그 자리에 함께 있던 어느 누구도 그 기사를 중대하게 받아들이지 않았다. 당시 노동조합은 조직이 잘 정비되어 있지 않았으며, 내부적으로도 의견이 통일되어 있지 않았다. 그러나 조합 측에서 세 번씩 계속 찾아와서 조지에게 후보 추대를 받아 줄 것을 요청하였다. 그는 동료들과 상의하였다. 맥글린 신부는 조지에게 나서라고 권했다. 결국 조지는 자신을 필요로 하는 곳의 요청에 응하기로 했다.

노동조합에서 그를 공식 지명하기에 앞서 그는 뉴욕의 보수 세력으로부터 철회 요청을 받았다. 뉴욕은 전통적으로 민주당이 강세였다. 1789년에 조직된 태머니(Tammany) 파는 뉴욕의 태머니 홀을 중심으로 한 민주당의 후원 단체였다. 윌리엄 그레이스(Willam R. Grace) 현직 시장도 태머니파 출신이었다. 현직 시장의 친구이자 뉴욕시의 각료였던 윌리엄 아이빈스(William M. Ivins)는 조지를 만나 그가 뉴욕 시장에 당선될 수 없으며, 만일 후보 지명을 거부해 준다면 뉴욕 시의 한 지구를 맡아 의회에 진출하도록 도와주겠다고 제의했다. 조지는 선거운동을 통해서 사람들에게 토지에 관한 인식을 더욱 선명히 심어주기를 바랬기 때문에 이 제안을 거부했다. 하지만 그의 당선이 불가능한 것도 결코 아니었다. 9월 23일 클라렌돈 홀에서 지명대회가 열렸는데, 175개의 노동조직에서 409명의 대표자들이 참석하였다. 조지를 지명 투표한 사람은 360명이었다.

10월 2일, 치커링 홀에서 열린 집회에서 존 크래머(John W. Kramer) 목사, 뉴톤 목사, 토마스 데이빗슨(Thomas Davidson) 교수, 콜럼비아 대학의 다니엘 드레온(Daniel DeLeon) 교수, 맥글린 신부, 뉴욕 시립 대학의 데이빗 스콧(David B. Scott)

교수 등이 조지를 지지하는 성명을 냈다.

카톨릭 교단측에서는 맥글린이 조지와 가까이 지내는 것을 달갑지 않게 생각했다. 코리건(Corrigan) 대주교는 맥글린에게 서신을 보내어 조지와의 관계에 우려를 표시하는 한편, 사회주의와 유사한 어떤 것도 멀리하기를 바란다고 했다. 맥글린은 조지를 대주교에게 소개하여 그의 사상과 정책의 본질을 알려주기를 원했지만, 조지를 만난 대주교는 그의 설명을 듣고자 하지 않았다. 대주교는 칙커링 홀 집회에 맥글린이 참여하는 것을 금하였으며, 맥글린은 2주간의 정직 처분을 받았다.

하지만 조지는 노동자 단체의 영역을 넘어서서 시민, 학계, 종교계 등 다양한 계층의 사람들로부터 지지를 받았으며, 선거 운동을 위하여 노동자들이 자진하여 선거자금을 모았을 뿐만 아니라 뜻밖의 사람들로부터의 기부금도 상당액 들어왔다. 뉴욕시장 선거에 공화당, 금주당(禁酒黨), 그리고 민주당의 세 당에서 각기 한 명씩 나왔다. 태머니 파의 제의를 거절하고 결국 뉴욕 시장 선거에 나서게 된 조지는, 이전에 민주당의 표밭이던 노동자 계층의 표를 규합하여 그 세력을 강화하고자 하였다. 태머니 파의 다수는 이와 같은 상황에서 민주당 계열의 두 분파를 연합하여 세력을 한 데 모으기 원했다. 10월 11일 열린 태머니 파의 집회에서 대다수의 대표는 조지를 지지하는 분위기였지만, 당의 핵심 지도부는 조지와 연합할 의사가 전혀 없었으며, 자신들의 대표로 아브람 휴잇을 내세웠다.

휴잇은 대규모 철강회사인 휴잇 주식회사의 소유주로서, 한 때 뉴욕 시장을 지냈던 에드워드 쿠퍼(Edward Cooper)와는 처남매부간이었으며, 몇 년간 뉴욕의 의원을 역임하기도 하였다. 그리고 그는 한 때 『진보와 빈곤』을 읽고 격찬한 바 있으며, 조지에게 국회 보고서의 작성을 부탁한 적도 있었다. 그러나 조지가 합리적인 보수로 여겨 제안했던 용역비를 휴잇이 거절하였고, 특히 휴잇이 자신의 이름으로 그 보고서를 내고자 하면서 결국 일이 틀어진 적이 있었다. 시장 선거전에 나서면서 두 사람은 대립선상에 놓이게 되었으며, 휴잇은 조지가 한때 자신의 비서였지만 토지가치세를 주장함에 따라 해고하였다는 거짓 주장을 신문을 통해 세간에 유포했다.

휴잇은 사회를 무질서로부터 지키고, 무정부주의자, 니힐리스트, 공산주의자, 사회주의자, 그리고 그 밖의 얄팍한 이론가들로부터 제도를 지키는 것이 자신의 임무라고 말했다. 한편 공화당은 젊고 재산이 많으며 고위층과 가까운 루즈벨트(Theodore Roosevelt)를 추대하였다.[4)]

선거운동 기간에 조지에 대한 악성루머가 많이 나돌았다. 그를 '다른 사람들의 권리에 대한 약탈자', '혁명주의자', '가난한 자의 강탈자'로 묘사하는 등 언론의 매도가 끊이지 않았다. 휴잇의 선거운동 관계인이 전달한 어느 목사의 편지는 조지의 사상이 교회의 가르침과 배치되는 가르침이라는 비난의 내용이었는데, 이 편지는 투표일 전날 주일날 교회 문 앞에 붙여지도록 배포되었다.

이제 선거운동 기간은 끝났고, 투표일이 왔다. 노동자들이 많이 거주하는 지구는 투표에 있어 불리하였다. 투표 장소에는 투표수를 세는 대표자가 없었으며, 투표용지를 배포하는 사람이 없는 곳도 많았다. 조지의 지지자들은 새벽부터 밤늦게까지 자원 봉사로 일하였다. 투표결과, 휴잇이 90,552표, 조지가 68,110표, 루즈벨트가 60,435표를 획득하여 휴잇이 시장으로 선출되었다.

25. 맥글린 사건의 발단

조지는 선거가 끝나고 나면 주간신문을 발간할 참이었다. 창간호의 발행 날짜를 1887년 1월 8일로 잡고, 신문사 경영진을 구성하였다. 창간호는 정치와 경제에 관한 글들을 주로 다루고 있었으나 사실 주요한 내용은 맥글린 사건이었다.

맥글린은 뉴욕 시장선거 기간에 2주간의 정직 처분을 받은 바 있었다. 선거 후 약 2주일이 지나서 대주교가 뉴욕의 모든 카톨릭 교회에서 공개되는 교서에서 현재 재산권을 침해하는 불건전한 원칙과 이론이 존재하고 있다고 공격하였다. 그 교서에는 헨리 조지라는 이름은 없었지만 바로 그가 비난의 대상이었던 것은 틀림없었다. 이로부터 며칠 후 「뉴욕 트리뷴」가 맥글린 신부와 인터뷰한 기사가 실렸다. 그는 대주교가 경멸한 바로 그 원칙에 자신이 헌신한 바가 되며, 그것은 교회의 교리에 배치되는 것이 아니라고 직접 해명하였다. 문제는 확대되어 대주교는 맥글린을 연말까지 계속 정직 처분 내렸으며, 맥글린은 로마 교황청으로부터의 호출을 받았다. 그러나 심장질환을 앓고 있던 맥글린으로서 로마까지 여행하기에 무리였다. 그래서 자신의 생각은 이미 수 차례의 연설과 인터뷰 자료, 그리고 출판된 글 등에도 충분히 나타나 있다고 답신했다. 대주교는 시므온 추기경이나 교황으로부터의

4) T. 루즈벨트는 이후 1901년도에 미합중국의 제26대 대통령으로 당선되었다. 그와 같은 가문으로 미국의 제32대 대통령으로 역임한 프랭클린 루즈벨트는 헨리 조지를 '미국이 배출한 진정으로 위대한 사상가'로 격찬하기도 했다(Rose, 1968, 서문).

대답이 있기 전까지 맥글린을 정직 처분하기로 하였다.

그러는 사이에 조지는 「스탠다드」의 창간호에 맥글린 사건을 주요한 기사로 다루었다. 맥글린의 기사를 게재한 신문은 「스탠다드」 말고는 없었다. 「스탠다드」의 창간호 7만 5천 부가 매진되었다. 대다수의 신문들은 이 사건에 대해 침묵하면서 지켜 보고 있기만 원하였다. 대주교가 맥글린을 성 스테판 교회의 목사직에서 해임했을 때 이를 지지하는 신문도 있었다. 조지가 이 사건에 끼어들게 되면 그의 정치생명과 이제 막 시작한 「스탠다드」의 수입에도 치명적일 것이라는 우려도 많았다.

맥글린 사건의 해결은 이제 로마 교황청의 고위층에 달려있는 것 같이 보였다. 로마에 있던 맥글린의 오랜 친구이자 법률 상담가인 기본스(Gibbons) 추기경은 로마 교황과 시므온 추기경과의 개인적인 면담에서 그들은 맥글린에 대한 판결을 내리지 않았으며, 맥글린을 별로 비난하지 않았다고 뉴욕으로 서신을 보냈다. 그는 맥글린에게 로마로 와 줄 것을 청했다. 그러나 맥글린은 자신이 로마에 간다 하더라도 자신의 생각을 전할 수 있는 청문회를 얻을 기회가 없다고 여겼기 때문에 제안에 대해 부정적이었다.

토지공유사상과 교회의 근본적인 가르침 간에 상충되는 것이 전혀 없다고 믿는 맥글린은 자진해서 성직에서 물러설 생각이 전혀 없었다. 3월말 "새로운 십자군의 십자가" (The Cross of the New Crusade)라는 제목으로 성 스테판 교회의 교구 신도들과 그 밖의 카톨릭 교인들이 모인 음악당에서 연설하였다.

이러한 운동은 가난한 자의 생각과 마음을 일깨우고, 사회 정의에 기초하여 문명화가 이루어져야 한다는 생각을 확산하는 운동으로 즉시 번져 나갔다. 운동을 조직화하기 위한 첫 모임은 「스탠다드」의 사무실에서 열렸는데, 임원 중의 한 명인 맥크레이디(McCready)의 제안으로 빈곤퇴치협회(Anti-Poverty Society)로 명명했다. 만장일치로 맥글린 신부가 회장, 조지가 부회장으로 선출되었다.

첫 공개모임은 1887년 5월 1일, 주일날 저녁의 치 커링 홀에서 있었다. 수 천명의 사람들이 모인 곳에서 맥글린이 연설하였다. 당시의 연설에 관하여 조지는 다음과 같이 회고하였다.

"일전에 그렇게 많은 청중이 발돋움하면서 '주기도문' 연설에 환호하던 것과 같은 정열은 뉴욕에는 결코 없었다. 그러나 '주기도문'은 교회가 무시해 온 어떤 의미를 지니고 있었다. '나라이 임하옵시고 뜻이 하늘에서 이룬 것 같이 땅에서도 이루어지이다' 라는 이 짧은 말씀이 하나님의 일반적 부성애와 인간의 일반적 형제애를 선포하는 한 기독교 사제의 입에서 나왔다. 그는 만연하는 빈곤과 고통은 하나님의 뜻이 아니며, 하나님의 질서에 도전하였기 때문임을 지적한다. 그리고 인간이 빈곤과 결핍을 초래하는 사회적 부정에 굴복하지 아니하고 이 불공정을 제거하는 임무에 참여하도록 하나님의 사랑과 천국의 소망을 두고 호소한다. 그 안에 기독교 세계가 이 세상을 다스릴 수 있는 힘이 있는 것이다."

5월 초에 대주교는 시므온 추기경으로부터 서신을 받았는데, 거기에는 편지 접수일로부터 50일 이내에 맥글린을 로마로 소환한다는 내용이었다. 이를 위반하면 맥글린은 파문이었다.

빈곤퇴치협회는 맥글린의 지도하에 이제 막 시작하는 참이었다. 그의 이전 교구신도들의 상당수가 운동에 참여하고 있었으며 그를 따르고 있었기 때문에 로마로 떠날 수 없었다. 50일이라는 기한이 만료되자 그의 파문이 결정되었다. 그러나 성 스테판 교회의 교구신도들이 갖고 있는 맥글린 신부에 대한 존경은 변하지 않았다. 그리고 맥글린 자신도 파문이 되었다 해서 자신이 카톨릭 교인 또는 사제가 아니라고는 생각하지 아니하였다. 코리건 대주교는 맥글린의 파문에 만족하지 아니하고, 맥글린에 대해 공개적인 비난을 하지 않았던 몇 명의 사제들을 처벌하였다. 그리고 미국의 유명한 교회법학자인 버트셀(Burtsell)도 그가 맥글린의 친구이자 조언자였다는 이유에서 교구의 요직을 박탈당했다가 결국 뉴욕의 교회까지 떠나게 되었다.

26. 정치적 어려움

이 즈음에 "단일세"(Single Tax)라는 용어가 나왔다. 비록 『진보와 빈곤』 중에 단일세에 대한 개념이 잠시 소개되기는 하였지만, 그 용어가 사용되기 시작한 것은 1887년 뉴욕의 토마스 쉬어맨(Thomas G. Shearman)이 정치적 구호로 사용하자고 제안하고 나서부터였다. 그러나 조지는 단일세라는 용어가 자신의 철학을 반영해 주는 것으로 여기지는 않았다.

뉴욕 주와 지방자치단체의 선거 활동이 시작되자 1887년 8월에 뉴욕의 주요 노동조합들이 회합했다. 조지와 그 지지자들은 그 해에 노동운동을 통해 상당히 많은 표를 획득하리라고 예상하였으며, 새로운 정당도 설립할 수 있으리라고 기대했다. 그러나 1886년의 뉴욕시장 선거에서 조지를 지지했던 일단의 사회주의자들이 그들의 정책을 표면에 내걸면서 전면에 나섰다. 그들은 뉴욕시에서 상대적으로 소수였으나 매우 활동적이었다. 사회주의자들은, 우선 해결되어야 할 사회문제는 토지 문제가 아니라 생산수단에 대한 모든 사적소유의 철폐라고 주장하였다. 이와 유사한 상황을 1884년과 영국 캠페인에서 경험한 바 있는 조지는 그 때와 마찬가지로 그들과 타협하지 아니하였으며, 결국 사회주의자들은 별도로 사회주의 정강을 채택하여 후보를 별도 선출하였다.

뉴욕시의 연합노동당의 회의에서 조지는 정강을 작성했다. 조지 자신은 출마를 원하지 않았지만 결국 지명을 받아들이기로 했다. 조지는 먼저 주지사인 데이빗 힐(David B. Hill)에게 자신과 공개 토론할 것을 요청했으나, 주지사는 거절하였다. 그러나 사회주의자였던 세르기우스 쉐비치(Sergius E. Shevitch)가 조지에게 도전장을 내밀자 그들은 토론을 벌이게 되었다. 맥글린도 뉴욕주의 곳곳을 돌아다니면서 연설을 하였다.

이번에도 뉴욕시의 카톨릭 교회에서 공개적으로 조지를 비난하고 나섰다. 그러나 조지는 당선에 자신이 있었다. 주 장관을 위한 후보자 어느 누구도 조지만큼 주 전역을 다니면서 연설을 하지 않았다. 그러나 투표 결과는 의외의 참담한 실패였다. 그는 7만 2천 표를 얻는데 그쳤다. 공화당과 민주당은 각기 45만 9천 표, 48만 표를 얻었다. 조지는 뉴욕시에서도 전 해의 6만 8천 표보다 부진한 3만 8천 표만 얻었다.

이 선거를 마친 후 조지는 자유무역을 주장하는 현직 대통령인 클리블랜드(Cleveland)를 지지하였으나 민주당의 클리블랜드는 패하고 공화당의 블레인(Blaine)이 당선되었다. 그리고 연합노동당에서 조지의 지지 세력과 반대 세력간에 분열이 생겼으며, 빈곤퇴치협회도 분열되었다. 1888년에 접어들면서 「스탠다드」는 발간 시작 후 2년째를 맞게 되었지만, 그 판매부수가 2만에서 2만 5천 부 사이에 머물고 있었다. 이 정도의 판매 부수는 당시의 다른 주간지에 비하면 수배나 많은 것이었지만, 잡지의 진보적 성향으로 인해 광고수입이 적었다.

27. 영국과 호주, 뉴질랜드를 방문

이 무렵에 영국의 국회의원 윌리엄 선더스(William Saunders)가 조지를 초청하여 순회 연설을 해 줄 것을 요청하였다. 영국에 간 조지는 기대하지 못했던 많은 환영을 받았다. 도착하는 기차역마다 그를 기다리는 인파가 대단했다. 영국과 아일랜드에서 조지의 『진보와 빈곤』을 이해하는 계층은 더욱 확대되어 갔으며, 정치경제학 교과서에도 조지의 토지가치세가 새로운 주제로 나오기 시작했다. 법관인 콜러리지(Coleridge)경은 대영제국의 토지법을 재검토할 것을 요구하였다. 그리고 톨스토이(Tolstoi)는 한 인터뷰 기사에서 조지의 정책을 적극 지지하는 한편, 그의 역작인 『부활』에서 조지의 사상을 중심 소재로 삼았다. 조지는 여러 교회에서 강연할 기회를 얻었으며, 쉴 틈도 없이 여행하면서 순회 연설을 하였다.

1889년 가을 영국을 방문 중이던 조지는 호주 시드니의 단일세협회(Single Tax Association)의 회장이자 뉴 사우스 웨일즈의 국회의원인 찰스 갈란드(Charles L. Garland)를 만났는데, 갈란드는 조지가 호주와 뉴질랜드를 꼭 방문해 줄 것을 요청했다. 조지가 미국으로 귀국한 이후에도 계속해서 그는 초청편지를 보내 와서, 결국 조지는 아내와 함께 1890년 호주를 향해 떠났다.

1890년 2월 8일 조지 내외는 미국 대륙을 횡단하여 샌프란시스코에서 배를 타고 태평양을 건넜다. 하와이의 호놀룰루에서 잠시 머문 후 그들은 뉴질랜드의 오클랜드에 도착했다. 항구에는 빈곤퇴치협회 오클랜드 지부 사람들이 모여서 그를 맞이하였고, 곧 조지 그레이 경을 만났다. 그는 『진보와 빈곤』을 제일 처음 읽은 몇 안 되는 사람들 중의 한 명이었다. 그는 귀족 가문에서 출생하여 독재 권력에 저항하였고, 식민지의 주지사와 수상을 역임한 민주주의자였다. 조지는 연회를 즐기지 않았지만, 어쨌든 그가 호주에 있는 동안 잠자고 여행하는 것을 제외하고 모두가 다 회합, 리셉션, 인터뷰, 연회연설 등이었다. 그가 그 곳에 받은 친절한 환대는 미국과는 매우 대조적이었다.

당시 호주에서는 단일세주의자들이 활동하고 있었다. 그들은 적극적으로 글을 쓰고 책을 출간하기도 했는데, 조지의 방문을 계기로 호주 내에서 토지에 대한 관심이 더욱 고조되기를 바라고 있었다. 조지가 그 곳에서 만난 사람들 중에 감명을 받았던 사람으로 아델라이드에서 목회를 하는 휴 길모어(Hugh Gilmore) 목사가 있다. 그는 단일세에 대한 신념을 설교하였으며, 심한 반대 속에서도 '하나님의 은혜로 숨을 쉬는 한 어느 누구도 자신을 두렵게 할 수 없다'면서 맞섰다. 조지는 그를 맥글린에 비유하였다. 젊은 단일세주의자들 중 류이 베렌(Louis H. Beren)과 이그나티우스 싱거(Ignatius Singer)은 『독재 이야기』(*The Story of Dictatorship*)을 출간했다. 그 책은 단일세가 도입된 가상적인 세상에서의 정치와 사회상황을 묘사하였는데, 이 후 영국 본토와 미국에서 광범위하게 읽혀졌다. 모든 여행을 마치고, 조지 내외는 1890년 9월 1일, 뉴욕에 도착하였다.

28. 계속되는 집필과 맥글린 사건의 해결

1891년, 봄부터 조지는 이전부터 쓰기를 바라왔던 정치경제학에 관한 집필을 시작했다. 그러나 이 작업이 막 시작되었을 때 교황 레오 13세의 회칙인 『노동의 상태』(*The Condition of Labor*)가 세간의 화제였다. 그 내용을 보면 단일세를 사회주의나 무정부주의와 혼돈하고 있음을 알 수 있다. 이에 조지는 정치경제학의 집필을 연기하기로 결정하고 레오 13세에게 보내는 공개 서한을 썼다. 그 서한은 뉴욕과 런던, 그리고 이탈리아에서 동시 출간되었다.

이 즈음에 카톨릭 교회 일각에서는 맥글린 사건을 재심사하여야 한다는 청원이 증가했고, 마침내 교황은 싸톨리(Satolli) 대주교를 대표로 미국에 파견하였다. 교회법 전문가인 버트셀도 파문의 철회에 관하여 자문하였다. 우선 맥글린이 자신의 생각을 세심하게 글로 옮기고, 그 글을 워싱턴 D. C.의 카톨릭 대학의 교수로 구성된 위원회에서 심사하였다. 심사 결과 그들은 맥글린의 사상이 카톨릭 교회의 가르침과 전혀 배치되는 것이 없다고 결론지었고, 맥글린은 복직되어 1887년 파문 이후 처음으로 1892년 크리스마스에 미사를 집례했다. 맥글린의 복직에는 조지가 레오 13세에게 보낸 공개서한도 큰 기여를 하였다.

허버트 스펜서(Herbert Spencer)는 영국에서 신문과 잡지의 기고문을 통하여 토지문제에 대해 자신이 이전에 갖고 있던 사상에 대해 철회 의사를 표하였으며, 조지의 사상에 대해서도 문제를 제기하였다. 조지는 이러한 스펜서의 공격이, 과거의 신념을 스스로 부인하는 한 철학자의 주장 정도로 여겨졌다. 한편 1890년에 토마스 헉슬리(Thomas H. Huxley) 교수가 물질주의적인 시각으로 자연권을 부인하는 글을 썼다. 조지는 자신이 당대에서 인정받는 철학자들과 싸운다는 것이 쉽지 않다는 것을 알고 있었지만, 그러한 움직임에 대해 방관할 수는 없어서 결국 『혼돈된 철학자』(*A Perplexed Philosopher*)를 쓰게 되었다. 그러나 이 책은 세간의 많은 관심을 불러일으키지는 못했다.

그 동안에 조지의 절친한 동료인 톰 존슨은 조지의 충고를 따라 정치에 참여하여 1890년 마침내 국회에 진출하게 되었다. 그는 자유무역주의자이자 단일세를 주장하는 민주당원이었다. 존슨은 조지의 『보호무역이냐 자유무역이냐』의 내용을 국회보고서에 싣기도 했다. 존슨은 워싱턴에서 자유무역정책을 입법화하기 위하여 매우 적극적으로 활동하였다.

1897년 10월 당시의 헨리 조지

조지의 셋째 딸 제니가 병으로 세상을 뜨자 조지는 크게 상심하였다. 그는 정치 활동도 자신의 뜻대로 잘 되지 않음을 보면서, 이제 자신이 인생의 종점으로 나아가고 있음을 느꼈다. 그는 자신의 인생에 대해 회고해야겠다는 생각도 들어 『정치경제학』에 그 회고 내용의 일부를 실었다.

29. 뉴욕시장 재출마와 임종

1897년, 선거 기간이 다가오자 조지가 뉴욕 시장에 재출마한다는 소문이 나돌았다. 브룩클린과 그 밖의 지역을 몇 개 흡수하여 거대 도시로 성장한 뉴욕의 첫 선거였다. 조지는 출마의사가 없음을 표시했고, 그의 친한 친구들도 건강을 걱정하여 이제 정치에 나서지 말고 계속하던 집필을 마무리하라고 권하였다. 그러나 정말 조지의 마음을 알고 있던 가까운 친구들은 그에게 출마를 권하였다. 조지는 존슨의 회사에서 동료들을 불러 모아 회합을 가진 후, 결국 재출마하기로 결정하였다. 새로운 당의 이름은 토마스 제퍼슨(Thomas Jefferson) 당으로 지었다. 제퍼슨은 정직한 민주주의와 만인을 위한 작은 정부를 표방하였기 때문이었다. 후보 연설을 하기 위해 조지는 다시 바쁜 나날들을 보내었지만 과거와는 달랐다. 그도 불안했었던지 선거 유세장에 항상 아내가 동반해 주기를 바랬다. 조지를 둘러싸고 있던 사람들의 대부분이 가난하고, 늙고, 창백하고, 마음에 상처받은 사람들이었다.

오페라 하우스에서 연설할 때 조지는 갈수록 힘들어 하는 것 같았다. 연설을 마친 후, 가족과 친구들과 함께 호텔로 돌아왔을 때는 자정 무렵이었다. 동료들은 그가 피곤해 하는 것 같아 걱정하였으나, 간단한 식사를 마친 후 다행히 휴식을 잘 취하고 있는 것을 확인하고 모두들 자리를 떴다. 다음 날 아침 아내 애니가 눈을 떠보니 조지는 침대에 일어나 있었다. 그녀가 부르자 그는 괜찮다고 답했다. 그러나 조지는 다시 침대로 돌아가지는 않았다. 잠시 후 그녀가 일어났을 때, 옆방에서 한 손을 의자에 얹어 몸을 지지하면서 서 있는 조지를 보았다. 그의 얼굴을 하얗게 변해 있었으며, 몸은 조각처럼 굳어 있었다. 애니는 그를 부드럽게 침상으로 데리고 갔고, 이내 조지의 친구이자 주치의인 켈리(Kelly)가 도착했지만 그는 이미 의식불명 상태였다. 몇 분 지나지 않아 그는 숨을 거두었다. 1897년 10월 29일, 선거일 4일 전으로서, 향년 58세였다. 그의 장례식은 카톨릭 식으로 치러졌다.

『진보와 빈곤』의 집필을 마치고 난 직후의 헨리 조지

【참고문헌】

George, Henry, Jr., *The Life of Henry George*, Doubleday and McClure Company, New York 1990.

Rose, Edward J., *Henry George*, Twayne Publishers New York, 1968.

Wenzer, Kenneth C., *An Anthology of Henry George's Thought*, Volume I of the Henry George Centennial Trilogy, University of Rochester Press, 1997.

Ⅱ. 헨리 조지의 세계관

한도형 *

땅은 모든 사람의 이익을 위해 있나니
해 아래는 새 것이 없나니
『전도서』

1. 서 론

헨리 조지(Henry George, 1839-1897)는 미국 필라델피아에서 영세한 인쇄업자의 아들로 태어나, 정규교육을 거의 받지 못한 채 14세에 선원생활을 시작하여 인쇄공, 광부, 관청직원, 기자 등 다양한 일자리를 전전하였고, 또한 열렬한 독서가로서 수많은 저서들을 출판하였다. 그의 대표적 저서인『진보와 빈곤』(1879)은 물질적 진보에도 불구하고 극심한 빈곤이 사라지지 않고 오히려 증가하는 현상을 해명하고자 하는 동기에서 집필되었다. 이 저서에서 조지는 당시의 정치경제학을 비판적으로 계승, 발전시켜 인간의 경제적인 삶을 일반적으로 향상시킬 수 있는 방도가 있음을 논증하였다고 하는 점에서 그의 주장에 동의하든 하지 않든 간에 독자에게 심각한 고민거리를 제공하고 있다. 조지는 한 걸음 더 나아가 인류문명의 흥망성쇠의 조건을 동일한 논의의 연장선에서 찾고 있다. 본고에서 필자는『진보와 빈곤』에 나타난 사상과 내용을 토대로 헨리 조지의 세계관을 재구성해 보고 그 의미를 찾아보고자 한다.

대체로 보아 세계관은 인간과 자연, 사회와 역사, 그리고 종교에 대한 철학적 견해 내지는 인생관이라고 할 수 있다. 따라서 세계관은 자연관, 종교관, 역사관, 국가관, 인간관 등으로 구성된다. 세계관은 사람에 따라 그리고 시대와 국가에 따라 차이가 있지만 궁극적으로는 종교에 큰 영향을 받는 것으로 여겨진다.『진보와 빈

---

* 경북대학교 경제통상학부 교수

곤』에 나타난 조지의 세계관은 모두에서 언급한 중심적인 문제를 풀어 가는 과정에서 표출되고 있다. 그는 당시에 통용되고 있던 정치경제학의 기본 대전제 — 임금기금설과 인구론 — 를 부정하면서 물질적 진보에 따라 빈부격차가 심화되는 원인은 생산물 중 일부가 토지소유자에게 지대로 귀속되는 토지소유제도에 있음을 증명하였다. 그리고 토지사유제도는 토지가 인류에게 삶의 평등한 터전으로 제공된 사실을 부정하고, 사회의 공공 필요를 위해 사용되어야 할, 사회에 의해 창출된 가치가 토지소유자에 의해 독점되는 불의를 영속화함으로써, 인구가 증가하고 경제가 성장하면 할수록 빈부격차가 커지고, 주기적인 산업불황이 도래하여 실업과 빈곤이 사라지지 않고 오히려 심화되는 경향이 있음을 증명하였다. 빈곤의 심화는 사회적 정치적 갈등을 유발하고 체제유지를 위해 필요한 비용을 증대시킨다. 뿐만 아니라 경제적 · 사회적 불의는 진보를 위해 사용되어야 할 정신력을 소모시키고, 사회는 정체상태에 빠지게 되며 내적 분열로 말미암아 붕괴하게 된다는 역사적 사실들을 예시하였다. 조지는 사회진보의 조건이 정의와 자유에 기초한 어울림이라는 소박한 견해를 피력하였다.

이와 같은 논지를 전개함에 있어서 조지는 때때로 성서적 전거에 의지하고, 그리고 연역적 방법과 귀납적 방법을 아울러 사용한다. 인간이 땀흘려 일을 해야 자연은 산물을 낸다. 인간은 노동하는 존재이며 노동의 대가로 생존한다. 그러므로 노동하는 인간은 동시에 자신의 임금을 생산하고 있다. 그러나 지대는 불로소득이다. 지대의 사적인 징수는 노동과 자본의 투입에 대한 세금과 같은 것으로 노동에 대한 대가를 부당하게 수취하는 것이다. 빈곤의 원인은 바로 여기에 있다. 빈곤은 자연의 인색함이나 인구의 '기하급수적' 증가 때문에 발생하는 것이 아니다. 그러한 전제에서 출발하는 맬서스의 설명은 자비로운 창조주에 대한 모독이다. 한마디로 말하면 빈곤과 비참은 인간에 의한 부정의한 사회제도 때문에 발생한다. 여기서 사회제도는 조지에 의하면 토지소유제도이다. 이미 암시하고 있듯이 조지는 자연은 공유로, 노동의 산물은 사유로 인정되어야 한다고 주장한다. 조지는 때때로 기성교회에 대한 비판을 사양하지 않는다. 조지의 사상은 신학적으로도 논쟁의 대상이 될 수 있을 것이다. 그렇다손 치더라도 '정의는 우주의 최고법칙'이며, 사회발전이 우연한 섭리나 냉혹한 운명에 의해서가 아니라 '불변의 자비로운 법칙'에 의해 지배되고, '경제법칙과 도덕법칙은 본질적으로 하나'라고 하는 조지의 사상은, 그가 세상을 떠난 지 한 세기가 지난 오늘날에도 음미해볼 만한 가치가 있다고 생각한다. 필자는 본론에서 조지의 경제학과 세계관을 살펴보면서 그의 사상이 가지는 의의를 밝혀보고자 한다.

2. 헨리 조지의 경제학

헨리 조지는 경제적 관점에서 사람을 구별한다면 노동자, 거지, 강도라는 세 가지 부류로 나누어 볼 수 있다고 하였다. 이 희화적인 말은 노동만이 정당한 대가를 낳고 그 외는 노동의 대가를 강탈하거나 빌어먹는다는 것을 의미한다. 조지에 의하면 인간의 경제활동에 있어서 기본적인 동인은 자연과 노동이다. 전자가 소극적인 요소라고 한다면 후자는 적극적인 요소이다. 그런데 부를 창조하는 인간의 모든 생산활동은 반드시 자연이라는 공간적인 무대에서 일어난다. 그것은 자연에서 직접 원료를 추출하는 1차 산업이든, 원료를 가공하는 2차 산업이든, 또는 무형의 서비스의 제공이든 예외가 없다. 자연 요소의 이용과 직·간접적인 관련을 가지는 모든 경제활동은 반드시 토지와 결부된다. 요컨대 토지와 관계하지 않는 노동이란 있을 수 없다. 토지는 인간에 의해서 만들어진 것이 아니라 인간에게 주어진 것이다. 천부인권설을 운위하지 않더라도 인간의 존엄성과 권리는 자연이 인간에게 제공하는 기회에 대한 평등한 이용이 보장되지 않는다면 유명무실하게 되고 만다. 에덴동산에서 추방된 인류는 노동함으로써만 생존할 수 있었으며 그의 전 생산물이 그의 소득(임금)이었다. 그러면 자본은 무엇인가? 자본은 과거의 노동이 응축된 부로서 현재에 부를 생산하기 위해 투입되는 부이다. 자본제공자에 대한 소득을 이자라고 하는데, 조지는 이자의 원인을 '자연의 재생산력'과 '교환으로부터의 이익'에서 찾고 있다. 자본은 주로 노동자나 토지소유자에 의해 보유된다. 자본과 노동은 상호 보완 및 대체관계에 있다. 장기적으로 볼 때, 노동의 직접적인 투입에 의한 소득(임금)이나 부를 생산하기 위한 부(자본)의 생산에 투입되는 노동의 소득(이자)은 새로운 발견이나 발명과 같은 교란에도 불구하고 수렴하는 경향이 있다. 따라서 노동과 자본에 대한 소득분배분(임금+이자)은 반드시 토지소유자에 의해 수취되는 분배분(지대)과 상반관계에 놓인다. 지대 분배분이 증가한다면 [임금+이자] 분배분은 감소하기 때문이다. 이처럼 생산의 주체를 노동이라고 규정하고 생산요소의 구별을 명확히 한 조지에게 소득분배는 수학공식처럼 분명해진다.

조지가 당시의 정치경제학이 빈곤과 비참의 원인을 설명하는데 있어 근거로 삼았던 대전제들을 어떻게 기각하였는가는 본서의 3장에서 자세히 설명되므로 본고에서는 생략하기로 하고 그의 분배법칙을 살펴보자. 조지는 생산물이 지대, 임금, 이자로 각각 토지소유자, 노동자, 자본가에게 분배되는 간단 명료한 법칙을 제시하였다. 그는 리카도의 차액지대론을 따라서 한계내 토지를 소유하는 지주들에게 생산물의 일정 부분이 우선적으로 지대로 분배된다는 명제를 그대로 수용하였다. 그러면 지대를 뺀 생산물의 나머지 부분은 임금과 이자로 각각 노동자와 자본가에게 돌아간다. 임금이나 이자는 지대가 발생되지 않는 한계토지에 노동이나 자본이 투입될 때 산출되는 부에 의하여 결정된다. 따라서 한계토지에서 생산되는 부는 모두 임금과 이자로 분배된다. 자본은 앞에서 말한 바와 같이 더 많은 부를 생산하기 위해 투입되는 과거의 응축된 노동이므로, 노동은 현재의 부와 미래의 부를 생산하는데 투입될 부(자본)의 생산에 선택적으로 투입될 수 있으며, 시장은 동일한 노력에 대한 대가가 동일한 수준에서 결정되도록 그 기능을 수행할 것이다. 그러므로 임금률과 이자율은 대체로 같은 방향으로 움직일 것이다. 그러나 인구가 증가하고 경제가 성장하면 한계토지는 생산성이 보다 낮은 토지로 확장되고 그렇게 되면 될수록 생산물 중에서 지대로 분배되는 비율은 증가하게 될 것이다. 이러한 경향은 기술의 개선이나 새로운 발명 또는 발견이 이루어지더라도 변하지 않는다.

현실의 임금체계는 이를테면 피라밋과 같은 구조를 나타낸다. 피라밋의 저변을 이루는 임금은 토지에서 직접적으로 부를 생산하거나 대도시에서 육체적 단순노동을 제공하는 노동자들이 받는 임금이다. 임금 피라밋의 상부로 올라갈수록 기술, 지식, 특수한 재능, 위험부담, 사회적 관습 등의 요인들이 관계한다. 그런데 이러한 요인들이 작용하여 나타나는 소득격차는 노동의 유형에 따른 「소득-수명 주기」의 고저 장단을 감안할 때에 그 한계가 있다. 다른 한편에서 '이자'는 통상적으로 위험에 대한 보상과 기업관리에 대한 임금을 포함하므로 이것들을 뺀 진정한 이자는 자연의 재생산력을 이용한 부의 자연적 증가와, 시간적·장소적 교환으로부터 발생하는 이익을 얻기 위해 축적된 부로부터 생긴다. 따라서 노동이 자본의 생산과 자본이 아닌 부의 생산에 제한 없이 자유로이 투입될 수 있고 자본의 생산에 필요한 지식이나 기술이 일반화되면 이자도 임금과 더불어 일정한 수준에서 결정될 것이다.

이상의 논의가 타당하다면 소득수준에 큰 격차가 발생하거나 극빈층과 극부층이 형성되는 이유는 임금과 이자만 가지고 설명하기가 어려우며, 생산물 중에서 일정한 몫이 지대로 토지소유자에게 지속적으로 분배되고 있는 사실에 도달하지 않을 수 없다. 지대는 경작의 한계가 확장됨에 따라서 증가할 뿐만 아니라 오늘날 대도시에서 볼 수 있듯이 인구가 증가하고 사회에 잠재해 있던 특수한 능력이 토지에 결부되어 발현되는 과정을 통하여 증가하기도 한다. 오늘날에도 토지는 여전히 특권층을 유지하는 기초이다. 최근에 아르헨티나에서 일어난 소요의 원인이 된 경제적 붕괴는 빈부의 양극화 현상과 그에 수반한 실업 및 인플레의 악화 때문이며, 부유층의 대부분이 지주라는 사실은 잘 알려져 있다. 조지는 사적인 지대 독점이 더욱이 토지투기를 유발하고 그 결과 한계지를 더 확장하여 임금을 더욱 하락시킬 뿐만 아니라, 지대의 투기적 상승은 노동의 토지에 대한 접근을 제한함으로써 생산제약, 요소투입의 중단과 실업 발생, 구매력 감소, 그리고 산업불황과 빈곤의 심화라는 악순환을 낳는다고 주장했다.

산업불황의 원인이 공급과잉이나 또는 수요부족이라고 하는 설명은 조지에게 통하지 않는다. 노동의 공급 그 자체가 생산물과 그리고 노동에 대한 수요이다. 따라서 공급과 수요는 상대적인 개념으로 공급은 수요이고 수요는 공급이다. 즉 수요 없는 공급을 생각할 수 없고 공급 없는 수요를 생각할 수 없다. 공급과 수요간의 부분적인 불일치가 발생할 수 있으나 일반적인 공급과잉이나, 일반적인 수요부족이란 모순적 표현이다. 물자에 대한 필요가 제대로 충족되지 않으면서 수요가 감소한다는 것은 어디에선가 생산이 제약되었다는 것을 의미한다. 그러므로 생산제약과 그로 인한 구매력 감소의 원인이 궁극적으로 토지에 노동이 투입되는 것을 제약하는 어떤 장애와 연결되어 있음을 알 수 있다. 그 장애는 다름 아닌 지대 또는 토지가치의 투기적 상승이다. 이처럼 주기적으로 반복되는 산업불황의 원인이 토지투기에 밀접한 관련성이 있음은 최근의 연구에 의해서도 확인되고 있는 바이다(전강수 · 한동근, 2000). 노동의 실질 능력이 증가하여도 지대가 그 이익의 대부분을 흡수하는 한 임금은 실질적으로 증가하지 않는다. 이것은 단순한 원리에서 연역한 결론일 뿐만 아니라 또한 사실이며 경험에 의해서 입증된 것임을 조지는 실례를 들어가면서 거듭 강조한다. 지식과 기술의 발달이 끊임없이 노동의 실질적인 능력을 향상시켰지만 임금은 그에 상응하는 증가를 가져오지 못했다.

3. 조지 경제학의 윤리적 기초

토지는 천연자원의 보고이자 생물의 번식에 필수 불가결한 햇빛, 물, 공기, 토양 등과 같은 환경을 이루고 있으며, 사람이 활동하는 공간으로서 인간은 토지를 떠나서 존재할 수 없다. 성서의 말씀대로 인간은 흙에서 나서 흙으로 돌아간다. 비록 인권에 대한 보장이 헌법에 명시되어 있다고 하더라도 토지에 관하여 누릴 수 있는 권리가 호흡하고 통행할 수 있는 정도의 자유밖에 없다면, 사람은 시장이 명하는 조건으로 노동할 수밖에 없다. 우리는 앞 절에서 토지사유제도하에서 부의 분배가 양극화하는 경향이 있음을 증명하였다. 그렇다면 토지 이용에 대한 평등한 기회를 보장하기 위하여 국가가 반드시 토지사유제를 폐지하고 토지공유제를 도입하여야 하는가? 그렇게 할 필요는 없다. 토지에서 발생하는 지대는 사회적 잉여이다. 지대는 로빈슨 크루소의 무인도에서는 발생하지 않는다. 지대는 노동의 대가가 아니라, 토지사유제도 하에서 토지소유자가 자신에게 부여되는 독점적 지위로 말미암아 노동 생산물의 일부를 수취할 수 있는 힘에서 발생한다. 그러므로 사람들이 모여들고 인구가 늘어나는 지역에서 필연적으로 발생하는 지대는 사회 공동체가 그 공동의 필요에 충당하기 위하여 만들어내는 공적 잉여라고 할 수 있다. 따라서 지대를 공공적 목적에 쓸 수 있도록 당국에 납부하도록 하면 결과적으로 토지사용에 대한 평등한 권리가 보장되는 것이다. 이러한 지대세(또는 토지가치세)는 세금이라고 할 수 없고, 토지이용자가 그 이용하는 토지에 비례하여 향수하는 공적 서비스(치안, 보건, 환경, 사회기반시설 등)에 대한 수수료와 같다.

조지는 한 걸음 더 나아가 윤리적인 관점에서 볼 때 토지에 대한 배타적 절대적 소유권이 정당한 권리로 인정될 수 없다고 주장한다. 그에 의하면 소유에 대한 정당한 권원은 모두 생산자의 권원과 인간의 자기 자신에 대한 자연권에서 도출된다. 자연은 정직하게 노동의 결과밖에 인정하지 않으며 노동의 결과라면 사람을 가리지 않고 인정한다. 자연의 법칙은 창조주의 법칙이다. 자연법은 노동의 권리 외에 어떠한 권리도 인정하지 않는다. 토지의 개인 소유를 인정하면 타인의 자연권은 부정하게 된다. 바꾸어 말하면 토지의 사적 소유가 타인의 자연적인 노동권을 제한하거나 타인의 노동생산물의 일부를 정당한 이유 없이 전유하게 되는 불의를 초래한다. 이러한 불의는 반드시 부의 불평등한 분배로 나타난다. 노동은 토지를 이용하지 않고서는 생산할 수 없으므로, 토지이용의 평등한 권리가 부정된다면 필연적으로 노동이 자기 생산물에 대해 가지는 정당한 권리는 부정되어 버린다. 토지사유제의 부정의성을 인식한 학자는 조지 뿐만 아니라 그와 동시대인인 허버트 스펜서나 존 스튜어트 밀도 같은 생각을 가졌다. 그러나 그들이 제시한 처방은 조지의 처방과 달랐고, 결핍과 고통에 대한 원인도 그들은 맬서스처럼 '자연의 인색함'에서 찾았다. 조지는 역사적으로 거슬러 올라가 토지사유제도는 강탈에 의해 발생했다는 사실, 원래 공동체의 모든 구성원은 그 공동체의 토지를 이용하고 향유할 수 있는 평등한 권리를 갖고 있었다는 사실, 그리고 로마제국이 쇠망한 것은 토지에 대한 공동의 권리를 부정했기 때문이라는 사실을 논증하였다.

창조주가 만민의 이익을 위하여 창조한 토지를 사유화하여 지대를 수취하는 것은 절도라고 조지는 신랄하게 공격하였다. 이처럼 토지에 대한 조지의 입장이 확고한 것과 같이 노동에 대한 그의 입장도 확고하다. 인간이 땀을 흘려야만 토지가 산물을 낸다는 성서의 말씀은 거역할 수 없는 법칙이다. 자연은 노동에 베풀며 오직 노동에만 베푼다. 뿐만 아니라 조지는 노동이 단순히 생존을 위한 차원에 머무르지 않고 인간성을 고양하는 노동을 통하여 실낙원에서 회복될 수 있을 것으로 생각하였다. 노동의 범주에는 자연스럽게 경제적 가치를 창출하는 데 투입되는 육체적, 정신적 노동뿐만 아니라 사회의 질서와 평화를 유지하고 문화를 창조하는 데 기여하는 모든 노력들이 포함된다. 오늘날 노동의 의미가 재화와 서비스를 획득하기 위한 수단으로, 그리고 노동시스템이 그 목표달성을 위해 사람들을 통제하는 과정으로 왜곡되고 있는 것이 현실이다. 이러한 시스템 하에서도 사람들은 매스 미디어를 통하여 각종 유토피아를 선전하고 그러한 꿈이 곧 이루어질 것처럼 말하지만 이는 허위일 뿐 진실은 아니다. 이에 반해 조지가 바라보는 유토피아는 정의가 관철되고 자연의 법칙이 지배하게 되면 도래하게 될 이상향이다. 정의란 창조주가 모든 사람이 향유할 수 있도록 평등하게 제공한 자연의 기회를 독점하거나 부당하게 제한하지 않는 것이고, 자연의 법칙은 생산물에 대하여 노동이 가지는 권리 외에 어떠한 권리도 인정하지 않는다.

4. 헨리 조지의 인간관

이상향을 그리는 조지를 독자들은 몽상가라고 외면해 버릴 수 있을까? 그렇게 생각할 사람도 있을 것이다. 그러나 유토피아의 가능성은 조지 나름대로의 인간과 사회를 보는 철학에서 나온다. 조지의 인간관은 무엇인가? 현대 경제학은 인간을 자기중심적 존재, 물질적으로 만족을 모르는 탐욕스러운 존재라고 하고, 행위자들 간의 경쟁이 시장의 '보이지 않는 손'의 작용을 통하여 최선의 조화로운 결과를 낳는다고 가정한다. 조지 당시에도 인간의 가장 강력한 동기는 욕심이라고 전제하여 가능한 사회조직을 고려하는 경우가 많았다. 그러나 조지는 탐욕은 궁핍이 존재하기 때문에 생기는 것이라고 주장한다. 그의 말을 들어보자. "사실 빈곤은 수치며 타락이고, '빈곤은 지옥'이다. 사람은 빈곤에서 탈출하기 위해 백방으로 노력하고 안되면 자신의 목숨을 끊기까지도 한다. 그러므로 사람들은 부의 소유를 무엇보다도 동경하게 된다. 인간은 본능적으로 도덕과 진리를 동경하지만, 궁핍의 아픔과 궁핍에 대한 두려움 때문에 부자를 더욱 동경하고 재산가를 따른다. 부가 주는 마력은 부의 소유로 힘과 영향력을 가지며, 타인의 선망과 존경을 받는다는 느낌, 그리고 사회적 지위를 얻는다는 느낌이다. 이 때문에 부자가 돈을 아까워하고 더 많이 가지려고 애쓴다."

인간의 천성에 내재하는 이와 같은 강력한 충동에 비할 때 법의 제재나 종교적 계율은 무력하다. 사람이 사익을 추구한다는 사실이 이상한 것이 아니라 오히려 더 강하게 추구하지 않는다는 사실이 이상하다. 그러나 조지는 빈곤이 짙은 그림자를 드리우고 있는 상황에서도 인간이 더 탐욕스럽지 않고 더 불성실하지 않고 더 이기적이지 않다는 점이 바로 인간의 천성에 선과 진실이 있고 도덕적 자질을 기르는 샘물이 끊임없이 흐르고 있으며, 성실과 순수와 이타심은 사회구조가 아무리 험하더라도 사라지지 않을 것이라고 믿는다. 따라서 조지는 사회의 기초를 재조정하는 개혁이 인간의 선한 본성을 왜곡하는 조건을 제거하고 사회를 분열시키고 있는 힘을 오히려 화합시키고 정화시키는 힘으로 바꿀 것으로 생각하였다. 노동에게 자유로운 일터와 완전한 대가를 주고, 궁핍이나 궁핍에 대한 두려움이 사라지게 되면, 인정받고자 하고 타인의 존경과 찬탄과 공감을 얻고 싶어하는 본능적이고 보편적인 욕구는 부의 획득이나 과시가 아닌 다른 방법으로 타인의 존경과 인정을 얻으려고 할 것이다.

그러므로 조지는 인간 행동의 근본 동기를 이기심이라고 보는 철학은 단견이라고 주장하였다. 이기심은 강력하며 매우 큰 결과를 낳을 수 있기는 하지만 기계적인 힘이라고 할 수 있다. 그러나 인간 본성에는 화학적인 힘과 같이 녹이고 융합하고 감싸면서 모든 것을 가능하게 하는 무엇이 있는데, 여기에는 이기심을 극복하고 몰아내는 어떤 힘이 작용한다. 이것은 도덕세계에서의 전기라고 할 수 있는, 무엇보다도 강력한 힘이다. 오늘의 사회도 여전히 이 힘으로 가득 차 있다. 플루타르크도 말하기를 "인간에게는 자비의 원리가 있다. 인간에게는 인식하고, 생각하고, 기억하는 본성과 함께 사랑하는 본성도 있다"고 하였다. 따라서 우리는 이러한 진정한 힘에 자유와 기회를 부여하기만 하면 된다. 불평등을 낳고, 풍요 속에서 사람들로 하여금 궁핍으로 인해 고통을 받거나 궁핍에 대한 두려움으로 시달리게 하고, 혹사와 질병으로 심신이 상하게 하며, 사람들을 도덕적으로 타락하게 하는 불의는 그 자체로 사회의 조화로운 발전을 저해한다. 조지는 말한다. "현재와 같은 사회제도 하에서는 사람들은 부를 향해 질주하고 다투면서 정의, 자비, 종교, 인정을 짓밟아 버리고 자기의 영혼을 망각하며 죽어서 가져갈 수도 없는 부를 위해 죽을 때까지 싸움을 벌인다. 그러나 부를 공정하게 분배하면 모든 사람이 궁핍에 대한 두려움에서 풀려나므로, 품위 있는 상류사회에서 음식을 탐하지 않는 것처럼, 부에 대해 욕심을 부리지 않을 것이다."

궁핍이나 궁핍에 대한 두려움이 추방되면 노력에 대한 자극이 없어지고, 모든 사람이 안락하고 만족스러운 사회가 되면 사람들은 게을러져서 더 이상의 진보가 없을 것이라고 보는 견해도 있다. 그러나 조지는 이에 동의하지 않는다. 궁핍이 사라진다고 해도 인간의 욕구는 사라지지 않는다. 인간은 만족할 줄 모르는 동물이요, 동물 이상의 존재로서 「하나님의 형상」을 따라 창조된 존재이다. 인간은 내부에 창조적 본능이 있기 때문에 끊임없이 무언가를 하려고 하며, 심지어 오락도 사람의 탐구하려는 힘 또는 건설하려는 힘을 유발하지 못하면 오락이 되지 못한다. 유행과 쾌락을 즐기는 것도 무언가 기대하는 것이 있기 때문이며 그렇지 않다면 권태로 죽을 지경이다. 사람이 싫어하는 것은 노동 그 자체가 아니며 인간에게 저주스러운 것은 노력을 해야 한다는 사실이 아니다. 대가가 생기지 않는 노동과 결과가 나오지 않는 노력을 혐오할 뿐이다. 연명하기 위해서 하는 고되고 무의미한 일에서 해방된다면 인간은 본성적으로 더 열심히, 더 훌륭히 일하게 되며 그럴 때 자신을 위해 또는 타인을 위해 일 다운 일을 하게 된다. 인류의 생활을 개선하는 일, 예를 들면 지식을 확대하고 힘을 증가시키고 문예를 풍부하게 하고 사상을 고양시키는 일은 생계를 위해 하는 일이 아니다. 이런 일은 그 자체를 목적으로 할 뿐, 더 많이 먹고 마시고 입고 과시하기 위해 하는 일이 아니다. 사회에서 궁핍이 사라지면 이러한 종류의 일이 대폭 증가할 것이다.

조지는 자신이 제안한 방식대로 지대를 징수하고 노동과 자본의 투입에 대한 세금을 면제하면 노동의 질과 방식에 큰 변화가 일어날 것으로 기대하였다. 대규모

자본이 투입되는 기업에서는 노동조직이 협동조합 방식을 취하게 될 것이다. 무엇보다도 고된 단순노동은 사라진다. 임금이 높고 노동의 기회가 많아 각각 자기의 능력을 최대한 발휘할 수 있게 되며 어느 직업에서나 두뇌가 손을 지원하게 된다. 무엇보다도 육체적 노동의 강도는 떨어진다. 현대적 생산은 세밀하게 분업화하는 경향이 있지만 그렇다고 해서 일이 단조롭게 되거나 작업자의 능력이 줄어드는 경우는 없을 것이다. 왜냐하면 근무시간이 단축되거나, 근무에 변화를 주거나, 정신적 작업과 육체적 작업을 번갈아 가면서 하는 등의 방법으로 해결될 것이기 때문이다. 방치되는 생산력이 활용될 것이고, 매우 불완전하게 응용되는 지식이 충분히 이용될 것이고, 노동의 활력과 정신적 활동이 새롭게 생겨나서 상상할 수 없을 정도로 생산방법이 발달할 것으로 기대하였다.

조지는 사람들이 여러 가지 잠재적 정신력을 가지고 태어나지만 극히 그 일부만이 능력을 발휘하는 것은 사회적 환경 탓이라고 한다. 사람의 천성은 각 사람의 얼굴모습과 신체구조가 다 다르듯이 매우 풍요로운 반면, 천부적 능력의 차이는 신체적 차이나, 육체적 힘의 차이보다 더 크지 않다고 본다. 위인들의 생애를 보면 그들도 자칫 평범한 인물로 끝날 수 있었다는 점과, 그리고 환경이 도우면 평범한 인물로 그칠 수 있는 사람도 영웅이나 지도자, 학자와 교사, 현자와 성자가 된다는 점을 상기시킨다. 조지는 탄식조로 말한다. "씨는 너무나 넓게 뿌려져 있고 그 싹을 틔우고 꽃을 피우는 힘은 너무나 강하다. 그러나 슬프게도 땅에는 돌투성이고 새가 쪼아먹고 가라지도 무성하구나! 능력을 발휘하는 사람이 하나라면 제대로 성장을 못하고 기형이 되는 사람은 수도 없이 많다." 이처럼 인간에 있어서 내면의 의지가 의식의 궁극적 요소이기는 하나 우리의 의지가 진공에서, 아니 현실을 초월하여 작용할 수 있는 것은 아니다. 인간의 의지는 신의 의지처럼 절대적이고 일반적일 수 없다. 우리의 학식, 지위, 심지어는 성격도 우리 자신의 자질이나 노력보다는 사회적 환경에 의해 형성된 부분이 훨씬 크다. 어떤 사람은 때로 자신의 불행을 타인이나 환경의 탓으로 돌리고 저주하며 비탄에 잠길 경우가 있는가 하면, 다른 사람은 인생을 되돌아보며 감사의 조건들을 깨닫게 된다. 인간은 사회적 환경을 만들며 또 그 가운데서 영향을 받으며 살아간다.

조지는 자신이 주장하는 처방을 통하여 궁핍 내지 궁핍에 대한 두려움이 제거되고 모든 계층에게 여가, 안락, 독립, 점잖고 세련된 생활, 정신적 도덕적 발전의 기회가 주어지면 '사막에 물을 대는' 것과 같은 효과가 나타날 것이라고 한다. 지금은 감추어진 자질, 있을 것 같지 않은 능력이 나타나서 인간의 생활을 풍요롭고 충실하고 행복하고 고상하게 해 줄 것이다. 그 누구에게나 높은 수준의 힘과 빛나는 재능이 있기 때문이다. 모든 사람에게 기회를 주는 사회에서는 도덕이 향상되고, 지적 활동이 활발해지고, 사회생활이 개선될 것이다. 조지는 지대세가 분배와 생산에 미치는 효과를 논하는 곳에서 노동의 능률은 언제나 일반적인 임금과 같이 상승하는데 그것은 임금이 오르면 자존심, 지적능력, 희망, 활력도 증가하기 때문이라고 한다. 뿐만 아니라 광대한 공공토지의 존재가 미국 국민성의 형성에 미친 영향을 논하면서 부지런한 사람이 차지할 수 있는 방대한 공동토지가 저 너머에 있다는 인식이 미국민의 관대함, 독립심, 유연성, 낙관성과 같은 특징과, 그리고 지식의 보급, 보편화된 안락함, 활발한 발명, 적응과 동화의 힘, 자유롭고 독립적인 정신, 활력과 희망과 같은 미국사회의 특징들을 결과했다고 지적한다.

이상에서 필자는 인간에 대한 조지의 생각을 측정해보기 위하여 대체로 그의 말을 옮겨 보았다. 먼저 그의 인간관의 특징을 살펴보자. 첫째, 우리는 조지의 저술에서 인간이 「하나님의 형상」을 따라 창조된 존재임을 나타내는 증거들을 여러 곳에서 발견할 수 있다. 사람의 인격성, 다양하고 풍요로운 개성, 지성과 이성, 창의성과 도덕성은 창조주의 특성들을 나타낸다. 기독교적 인간관의 다른 중요 요소는 원죄이다. 선악을 알게 하는 과일을 따먹지 말라는 하나님의 명령을 파기함으로 인하여 인간은 이제 죽음의 두려움에 시달리게 되었다. 유혹에 넘어간 인간은 죄에의 경향성을 지니게 되었고 이제는 자신의 힘으로 선악을 판단하고 문제를 해결해야 하나 죄가 가로막고 서 있다. 결국 인간의 운명은 신의 섭리 아래에 놓이게 된 것이다. 그러므로 인간은 이기적인 본성과 아울러 선한 본성도 가지고 있는 양면적인 존재이다. 얼굴모양만큼이나 다양한 인간성은 때로 탐욕과 자비, 죄악과 선행의 양극단을 나타내고 있다. 둘째, 조지는 인간의 창의성과 잠재력에 대해 매우 긍정적이다. 이는 신의 형상을 따라 창조된 사람에게서 신의 속성이 남아 있기 때문이다. 우리는 인류의 긴 역사를 통하여 등장한 문명들의 기록과 흔적에서, 그리고 현대의 과학기술 문명에서 그 증거를 찾아볼 수 있다. 그런데 조지는 사람의 품성과 그리고 재능의 습득과 발휘는 후천적인 사회환경적 요인들에 의하여 큰 영향을 받으며, 그리고 개인의 운명도 결정된다고 본다. 예를 들어 서구에서는 문명이 진보했고 중국에서는 문명이 정체되었다고 할 때, 서구인의 아기를 중국에서 중국인에 의해, 차별 없이 기르면 눈, 모발, 피부 등 신체적 특징을 제외하고는 중국 아이들과 같은 언어, 사고, 입맛을 갖게 된다는 것이다. 인간의 의식이 형성되는 과정에서 사회적 환경의 영향은 지배적이다. 셋째, 조지는 사회적 환경 가운데서도 경제를 중시한다. 대부분의 인간활동은 경제적인 것을 매개로 하여 일어난다. 노동은 생존의 수단일 뿐만 아니라, 중세교회의 "노동은 기도"라는 금언에서 알 수 있듯이 영적 회복의 수단이며, 또한 문화 그 자체이기도 하다. 그러므로 노동의 기회와 노동의 대가의 공정한 분배는 인류의 진보를 위해 필수적이다. 조지는 인간의 정신력이 물질을 매개로 하여 발전하고 나아가서 물질을 초월하는 수준에까지 이른다고 보았다. 이것은 서양사상의 공통적인 특징이라고 할 수 있다. 사람이 빈곤의 굴레에서 해방되면 인간의 고상한 품성이 우세하게 되고 인간사회는 예술, 문학, 과학 · 기술, 종교, 그리고 문명의 꽃을 피우게 될 것이다. 인간에게는 그러한 잠재력이 충분히 감추어져 있다. 불행히도 사회 경제적 불평등을 유지하고 노동을 예속화하는 부정의한 토지소유제도가 인류의 진보를 가로막고 있다고 조지는 주장한다.

5. 헨리 조지의 역사관

우리는 위에서 조지 정치경제학의 윤리적 바탕과 그의 인간관을 살펴보았다. 본절에서는 조지의 역사관과 사회발전의 법칙에 관하여 살펴보고자 한다. 조지는 당시의 사상계를 지배하였던 진화론에 반대하였다. 조지는 문명을 "자연 도태라는 원리가 작용하여 인간의 힘을 개선하고 고양한 결과"라고 보는 진화론은 문명이 성장 · 정체 · 쇠퇴하는 현상을 잘 설명하지 못한다고 주장한다. 진화론에 의하면 적자생존과 획득형질의 유전을 통하여 어떤 힘이 서서히 인간의 본성을 개조하며 인간의 힘을 개선하고 고양시켜 진보가 계속된다는 것이다. 이에 대하여 조지는 인류의 역사에서 한 문명은 그 전성기가 지나면 쇠퇴하고 다른 새로운 문명에 의해 대체됨을 발견할 수 있는데 그것은 문명의 연속적인 진화를 주장하는 진화론과 맞지 않는다고 했다. 문명의 전성기가 지나면 반드시 죄악과 부패, 그리고 문명의 쇠퇴가 나타났고, 사회 진보를 중단시키는 장애가 진보의 과정 속에서 조성되었다.

그러면 왜 문명들은 역사상에 등장하였다가 사라지고 마는가? 문명간의 차이의 본질적 성격은 무엇인가? 조지는 문명의 차이는 사회적 환경의 차이에 기인한다고 본다. 어느 사회에서나 전통, 신념, 관습, 법률, 습관, 제도와 같은 환경이 국민성을 결정하는 중요한 요인이다. 영국인이 프랑스인과 다르고, 미국인이 중국인과 다르고, 문명인이 야만인과 다른 것도 유전적인 요인보다는 이러한 요인들에 의해서이다. 인간의 본성은 전세계에 걸쳐 동일하다. 세계 어느 곳에서나 유태인의 독특함을 보존해 온 것은 유태교의 영향이라고 할 수 있다. 이 경우에 종교는 분명히 생물학적 유전에 의해서가 아니라 교육과 어울림에 의해서 전수된다. 현대의 서구인은 문명의 발달 면에서 과거에 비해 그리고 현대의 다른 종족에 비해 더 높은 위치에 있다. 그러나 그것은 서구인이 높은 단상에 올라 서 있기 때문이지 키가 커서 그런 것은 아니다. 수세기에 걸쳐 서구인은 키를 키운 것이 아니라 올라설 수 있는 구조물을 축조해 온 것이다. 문명의 차이는 개인에 내재하는 차이가 아니라 사회에 내재하는 차이다. 사회의 차이는 무엇인가? 크고 작은 여러 사회는 각기 지식, 신념, 언어, 취향, 제도, 법률 등으로 하나의 그물을 짠다. 개인은 자기가 속한 사회가 짠 그물에 출생에서부터 편입되어 죽을 때까지 머문다. 이 그물은 인간정신이 싹트고 발전하는 바탕이 된다. 이 그물은 종족 전체에 대하여 개인에 있어서의 기억력과 같은 역할을 한다. 한 세대가 이룩한 발전은 이러한 그물을 통해 다음 세대의 공동재산으로 이어져 새로운 발전의 출발점이 됨으로써 인류의 진보가 계속된다.

인간 진보의 법칙은 무엇인가? 진보를 자극하는 것은 인간의 본성에 내재하는 의욕, 즉 동물적, 지적, 정서적 본성의 욕구를 충족시키려는 의욕이다. 이는 생존하고, 알고, 행동하려는 의욕으로서 충족할수록 더 커지는 의욕이다. 정신은 인간이 전진하는 수단이다. 인간은 생각을 통해 우주에 대한 지식과 힘을 무한정 확대할 수 있다. 정신력은 진보의 동력이며 인간은 진보에 투입하는 정신력에 비례하여 전진한다. 정신력의 양에는 한계가 있다. 진보에 기여할 수 있는 정신력은 다른 비진보적인 목적에 소비되는 부분을 제외한 나머지의 정신력이다. 정신력을 소비하는 비진보적 목적이란 유지와 갈등이라는 두 범주로 나누어볼 수 있다. 유지에는 생존의 확보뿐 아니라 사회의 지속 및 기존의 발전 성과의 보존이 포함된다. 갈등에는 전쟁과 전쟁준비 외에 타인을 희생시켜 만족을 얻거나 이를 저지하는데 드는 모든 정신력의 소모가 포함된다.

사람이 따로따로 떨어져 살면 개인의 모든 힘이 생존유지에 다 소요된다. 정신력은 사람들이 사회 속에 서로 어울릴 때에 한하여 자유롭게 되어 고차적인 목적에 사용될 수 있다. 어울림으로 인해 분업이 가능해지고 다수의 협력에 의해 생기는 경제성이 나타난다. 그러므로 어울림은 진보의 첫째 요소이다. 개선은 사람들이 평화롭게 어울릴 때 이루어지며 어울림이 넓고 긴밀할수록 개선의 가능성이 더 커진다. 뿐만 아니라 인간에게 평등한 권리를 부여하는 도덕의 법칙이 무시되느냐 존중되느냐에 따라 정신력이 대립 속에서 낭비되느냐 아니냐가 결정되므로, 평등(정의)은 진보의 둘째 요소이다. 이처럼 평등 속에 어울림이 진보의 법칙이다. 어울림은 정신력을 자유롭게 하여 개선에 바칠 수 있도록 해주며, 평등, 정의, 자유는 정신력이 쓸 데 없는 싸움에 소모되는 것을 막아 준다.

역사적으로 어울림을 촉진한 예로는 정복, 상업, 종교가 있다. 로마는 정복을 통하여 평화를 도래케 하고(Pax Romana) 로마문명을 건설하였다. 고대나 근세나 상업을 통한 어울림은 직 · 간접적으로 문명을 촉진하였다. 기독교는 유럽의 야만족을 교화했으며, 종교개혁 이후 암흑시대에 감추었던 지식이 드러나고 도처에 세워진 기독교 조직에서 평화적인 화합의 끈을 묶고 기독교적 질서 속에서의 어울림을 가르치자 더 큰 진보가 일어났다. 이처럼 어울림은 통합을 촉진하는 진보의 원동력이다. 사회가 발전함에 따라 직업과 기능은 점차 전문화하고 개인은 상호의존적이 된다. 뿐만 아니라 사회가 발전함에 따라 집단적인 힘이 조성된다. 그런데 물질세계로 흘러 들어가는 새로운 힘은 토지를 통해서만 이용될 수 있다. 지대는 이렇게 해서 발생한다. 어울림이 확대되면 될수록 지대의 가치는 커진다.

그러면 불평등이 유발되는 중요 원인은 무엇인가? 그것은 공동재산이던 토지가 사유화됨에 따라 나타나는 자연적 독점이다. 토지사유제는 인구가 희소한 시기에는 노동에 대한 적절한 보상을 해줄 수 있지만 인구가 조밀해지고 지대가 상승하면 결국 생산자에게서 임금을 박탈하는 제도로 변모한다. 이렇게 하여 사회발전에 따라 불평등이 뿌리내린다. 인간의 사회적 통합에서 생기는 권력과 부가 불평등하게 분배되면 개선을 이루고 사회를 전진시키는 힘이 억제되고 결국에는 무력화된다. 과거 모든 문명을 파괴한 원인은 부와 권력의 불평등한 분배경향이다. 이집트의 흥망성쇄가 그렇고 로마의 멸망이 그러하다. 서구문명이 과거의 어느 문명보다 더 위대하고 우수한 이유는 생명, 자유, 행복추구에 대한 평등한 권리가 더 많이 존중되었다는 데 있다.

인간진보의 법칙은 곧 도덕법칙이다. 정의를 촉진하고 권리의 평등성을 존중하며 개인의 자유는 타인의 동등한 자유에 의해서만 제약되도록 하는 사회제도 하에서 문명은 발전한다. 사회제도가 이와 같지 않다면 문명은 퇴보하고 중단된다. 부정의하고 불평등한 부의 분배에서 생기는 악은 진보의 자연스러운 부산물이 아니라 진보를 가로막게 된다는 사실은 분명하다. 토지가 독점된 사회에서의 물질적 진보는 필연적으로 불평등을 낳고 이러한 경향이 계속 진행되면 문명은 하강의 길로 접어들지 않을 수 없다. 풍요 속의 빈곤, 그리고 빈곤으로 인해 생기는 여러 가지 악은 정의를 부정하는 데에서 발생한다. 자연이 모든 사람에게 자유로이 베풀어준

기회를 개인이 독점할 수 있게 함으로써 인류는 근본적인 정의의 법칙을 무시하였다. 정의는 우주의 최고법칙이다. 미국 독립선언에 나타난 생명, 자유, 행복 추구권도 토지에 대한 평등권이 부정되면 부정된다. 조지는 자유는 정의이고 정의는 자연법이며, 건강과 조화와 힘과 동지애와 협동의 법이라고 말했다. "자유는 이 모든 것의 근원이고 어머니이고 필요조건이다. 자유가 신장되면 미덕이 자라고 부가 증가하고 지식이 늘어나고 발명이 인간의 힘을 배가하며, 자유를 누리는 국가는 다른 국가를 능가하게 된다."

조지가 말하는 자유는 의인화되어 있다. "인간에게 있어서 자유는, 생명과 빛의 주인인 태양과 같고, 구름을 뚫고 만물을 성장시키며 모든 움직임을 도와 차디찬 무생물에서 극도로 다양한 생명과 아름다움을 이끌어내는 햇빛과도 같다." 단적으로 말하면 모세의 율법에 나타난 자유정신에 의해 유태 사상가들은 높은 경지에 도달하여 유일신을 보았으며, 유태 시인들은 영감을 받아 이 사상을 찬양하는 최상급의 시를 남겼다. 인류의 긴 역사 속에서 자유의 광선이 비추일 때마다 문명은 흥왕하였다. 그러나 그와 동시에 불의가 자라나 진리(자유)의 빛을 가리울 때 문명은 쇠퇴하고 사라졌다. 조지는 스스로 목도하고 있던 근대문명이 진보하느냐 아니면 후퇴하느냐 하는 기로에 서 있다는 정황들을 감지한다. 만물의 아버지, 전능자, 창조주가 인간에게 마치 자연의 증식력이 향상된 것처럼 인간이 향유할 수 있는 하사물을 증가시켜 주었지만 그 결과는 소수의 토지소유자가 모든 이익을 취해 버리고 물질적 진보는 저주로 변하고 말았다. "과거에도 그랬듯이 현대에도 숨은 세력이 준동하면서 불평등을 낳고 자유를 파괴한다. 증기와 전기 등 새로운 진보에서 생긴 힘과 더불어 어떤 세력이 세상에 나타났다. 이 세력은 우리를 더 높은 단계로 발전시키거나 아니면 과거의 여러 국가와 문명을 삼켰듯이 우리를 집어삼킬 것이다. 멀리 지평선에는 먹구름이 내려오려고 한다. 자유는 다시 우리를 부른다. 우리가 정의의 여신에 복종하고 자유를 믿고 따른다면, 현재의 사회를 위협하는 위험은 사라지고 사회에 해를 주는 세력은 발전의 주체로 변할 것이다. 우리는 자유를 따라야 하며 완전히 신뢰하여야 한다".

조지가 그의 저술에서 언급하였듯이 진보의 법칙에 관한 그의 생각은 아직 초보적인 수준에 머물고 있지만 그의 역사관과 진보법칙은 자유, 정의, 평등과 같은 개념에서 출발한다. 그것들은 성서적 세계관에서 유래하는 개념들이다. 저술의 끝부분에서 자주 등장하는 '보편적인 법칙', '영원한 우주의 법칙', '불변의 법칙'이라는 표현에서 알 수 있듯이 그는 자연만물의 법칙이 창조주로부터 비롯되며, 사회발전이 우연한 섭리나 냉혹한 운명에 의해서가 아니라 불변의 '자비로운' 법칙에 의해 지배된다고 천명한다. 인류는 창조주의 법칙의 보편성에서 과학을 발전시켰고 '물질의 법칙'을 발견하였다. 마찬가지로 창조주는 인간사회에서 평등, 정의, 자유의 도덕법칙이 지배하기를 의도하였다. 모든 사람이 하나님의 형상을 지닌 인격체이기 때문에 만인은 평등하다. 정의는 창조주의 하사물에 대한 양도할 수 없는 권리가 모든 사람에게 존중되는 상태를 말한다. 자유는 절대자 창조주의 속성이라고 할 수 있다. 그는 시공의 제한을 받지 않는다. 그의 창조세계, 우주는 광대무변하며 변화무상하다. 그의 말씀은 진리이며 만물을 다스리는 척도이다. 그 속에 참 자유가 있으며 인간의 모든 속박과 굴레에서 벗어나게 하는 능력이 있다.

6. 헨리 조지 사상의 평가

이상에서 필자는 『진보와 빈곤』에 나타난 사상을 통하여 조지의 세계관을 경제윤리, 인간관, 역사관을 중심으로 살펴보았다. 그의 책이 몰고 온 파장은 매우 컸다. 그것은 출판 후 오래지 않아 미국과 아일랜드에서 베스트셀러가 되었으며, 유럽, 남미 등 여러 나라에서 번역되어 독자들의 관심을 끌었다. 그의 사상은 러시아의 톨스토이, 대만의 손문에게 큰 영향을 미쳤으며, 영국, 호주, 덴마크 등의 세제에 오늘에 이르기까지 그 흔적을 남기고 있다. 조지는 생전에 여러 나라를 순방하면서 자신의 사상과 대안을 설교하였으며, 빈곤문제와 사회문제의 해결을 위한 지대세(일명 '단일세')를 현실 정치에서 실현하기 위한 정치적 노력도 사양하지 않았다. 한편 조지는 영국의 경제학자 알프레드 마샬과 조우했고 미국 현대경제학의 중시조들이라고 할 수 있는 학자들과 격렬한 논쟁을 벌이기도 했다. 그러나 토지를 기반으로 하는 조지의 경제이론은 신고전학파 소득분배이론(한계생산력설)에 미친 영향을 제외하면 오늘날 세인들의 관심에서 멀어져 버렸다. 그럼에도 불구하고 조지 사상의 생명력이 그 수명을 다한 것은 아니다. 비록 경제학교과서에서 그의 이름은 사라졌으나 미국을 비롯한 여러 나라에서 조지스트들이 꾸준히 명맥을 이어오고 있으며, 그의 이론은 국지적으로나마 실험되고 있다. 그러므로 우리는 조지의 이론과 사상에 대하여 균형 잡힌 이해와 평가를 할 필요가 있다.

『진보와 빈곤』이 수많은 독자들의 마음을 사로잡은 이유는 그 유려한 문체와 사실적인 설명 외에도 이론의 단순성, 그리고 보편성 있고 강렬한 메시지에 있는 것으로 여겨진다. 사실 그의 소득분배이론은 한번 이해하고 나면 쉽게 잊어버리지 않는다. 마샬은 조지의 토지기반의 분배이론을 비판하고 수요 공급의 경쟁시장이론을 옹호하였으며, 현대의 주류 경제학자들은 후자를 답습하고 있다. 경제학설사적으로 볼 때 조지는 고전학파에서 신고전학파로 넘어가는 과도기에 저술하였으며, 그의 분배이론은 후자의 등록상표인 한계이론의 특징을 지니고 있다.

아무튼 조지의 경제학이 대중의 반응을 불러일으킨 이유는 "암울한 과학"(dismal science)이라는 고전파 경제학의 어두운 전망을 깨뜨리고 새로운 비전과 그 가능성을 제시했기 때문이라고 생각된다. 맬서스의 영향으로 발전의 전망을 상실한 정치경제학에 잘못된 하나의 고리를 바로 갈아 끼우면 아담 스미스가 그렸던 시민사회의 찬란한 비전을 현실화 할 수 있을 것으로 조지는 기대하였다. 그러한 기대를 자신감 있게 논증할 수 있었던 것은 창조주에 대한 그의 확고한 믿음과 인간성에 대한 그의 신뢰 때문이라고 여겨진다.

그는 자신이 처해 있던 극심한 빈곤과 그리고 진보의 명암이 극명한 대조를 이루고 있었던 사회상황 속에서도 자비로운 창조주에 대한 신앙을 잃지 않았고, 역설적으로 자연과 역사 속에 나타난 창조주의 관대한 손길과 불변의 법칙을 통찰하였으리라고 생각된다. 이 점은 사회악과 불의에 대하여 거듭 나타나는 그의 분노와, 그리고 자연의 법칙에 대한 인간의 되풀이된 배반은 반드시 사회적 역사적 재앙을 불러온다는 그의 역사관에서도 나타난다. 인간들이 창조주의 법칙을 믿고 따를 때, 그리하여 창조주가 하사한 토지를 모든 사람에게 골고루 그 이익이 돌아가게 하고 각 사람은 자신이 땀흘려 얻은 노동의 대가를 감사함으로 누리라는 하나님의 법을 따를 때 인간사회의 미래는 밝게 빛날 것이라고 조지는 확신하였다.

그러나 그러한 기대와 확신에도 불구하고 조지와 그의 지지자들의 노력은 사회제도의 개혁에 성공하지 못했다. 조지의 사후 20세기 초에 미국은 사회적 진보운동에 힘입어 자본주의 경제의 폐단들을 시정하고자 제도정치권의 다양한 노력들이 이루어졌다. 그러나 그것은 조지의 방법과는 다른 길을 선택하였고, 미국 보다 여러 해 전에 독일의 비스마르크는 보다 완벽한 사회보장제도를 구축하였으나 그 이론적 기초는 조지의 경우와 달랐던 것으로 사료된다.

사실 조지가 우려했던 역사의 심판은 20세기 전반기에 일어난 두 차례의 세계대전을 통하여 현대 문명세계에 닥쳐왔다. 주지하다시피 1930년대의 대공황은 제2차 세계대전을 불러왔고 대공황과 더불어 탄생한 케인즈 경제학도 어느덧 시대적 사명을 다하였다. 뿐만 아니라 1970년대의 인플레와 1980년대의 스태그플레이션을 통과하면서 두각을 나타낸 신자유주의적 경제정책도 시민들의 삶을 매우 피곤하게 하며 소득격차는 더욱 더 확대되고 있다('20대 80의 사회').

바야흐로 새로운 패러다임을 모색해야 할 때가 이미 이르렀는지도 모른다. 그러나 쿤(Kuhn)의 패러다임 전환이나 라카토스(Lakatos)의 과학혁명도 사실 알고 보면 영원한 법칙을 옆에 두고서 시대적 사조에 따라 사회적 문제를 풀기 위한 인간의 노력에 다름 아니고 무엇일까? 이와 같은 맥락에서 볼 때 『진보와 빈곤』에서 도덕법칙과 경제법칙을 하나로 보는 헨리 조지의 사상은 탁견이라고 할 것이다.

조지가 고민했던 문제는 사회가 진보함에도 불구하고 빈곤이 증대한다는 사실이었으며, 그는 그 원인이 토지소유제도에 있음을 발견하고 증명하였다. 조지가 고민했던 토지소유제도의 문제는 그 뿐만 아니라 존 로크, 존 스튜어트 밀과 같은 근대 서구사회의 정치적, 철학적 기초를 놓았던 사상가들이 고민했던 문제로 밀은 사실상 토지사유제도를 인정하였다. 문제는 여기에서 출발한다. 조지는 토지사유제도에 대하여 강력히 반대한다. 그것은 필연적으로 지대의 사적 수취를 초래하게 되며 이것이 바로 자연의 법칙, 창조주의 법을 어기는 일이라는 것을 사실에 있어서, 그리고 도덕적 감정에 비추어서 논증하였던 것이다. 인간의 미래에 대한 안전은 어디에서 나오는가? 그것은 개인의 재산(토지)에서 나오는가, 아니면 사회적 관계성에서 나오는가? 만약 후자에서 나온다고 한다면 그것은 무엇에 의하여, 그리고 어떻게 확보되어질 수 있겠는가? 그 물음에 대한 대답의 궁극적인 시금석은 조지와 같이 인간의 종교적 신념(세계관)에 달려 있다고 하겠다.

【참고문헌】

전강수·한동근, "한국의 토지문제와 경제위기" 『경제학연구』 제48집 제2호, 2000.

George, Henry, ***Progress and Poverty***, Robert Schalkenbach Foundation, 1981, 김윤상 역, 『진보와 빈곤』, 비봉출판사, 1997.

Irving S. Michelman, ***The Moral Limitations of Capitalism***, Avebury, 1994.

Robert V. Andelson, ed., ***Critics of Henry George***, Associated University Press, 1979.

Ⅲ. 헨리 조지의 토지사상

엄창옥*

1. 조지의 문제의식 : 수수께끼의 열쇠를 찾아서

헨리 조지에게 있어서 이른바 '현대문명의 수수께끼' 란 무엇인가? 이 문제를 해명하려는 것으로부터 조지는 자신의 토지사상을 전개하였다. 여기에 그의 학문적 지향점이 엿보인다. 현실로부터 괴리되어 있고, 현실의 본질을 은폐하고 있었던 기존의 정치경제학(다분히 고전학파를 말한다)을 비판함으로써, 기존의 정치경제학이 도달할 수 없었던 그 '수수께끼의 지평' 에 도달하고자 하였던 것이리라. 그 수수께끼라는 것은, 눈부시게 발전하는 현대사회의 진보 속에서 왜 빈곤이 심화되고 있는가 하는 현실이다. 고뇌의 결론은 의외로 간단하였다. 진보 속의 그 빈곤은 토지의 사유제에서, 더욱 분명하게 말하면, 토지라는 생산요소에 대한 접근이 배제 혹은 제한되므로 발생하는 빈곤이었다.

따라서 조지의 토지사상은 해묵은 토지소유권 그 자체에 관한 사상이라고 하기보다 경제현실 속에 상존하는, 그리하여 인간의 아름다운 본성을 파괴하고 마는 바로 그 토지지배에 관한 것이라고 할 수 있다. 조지의 토지사상은 간단하고 명확하다. 그의 말대로 하면 복잡하고 애매할 이유가 없다. 천연토지는 개인의 것이 아니라 사회 공유의 자원이라는 점이다. 그러므로 공유의 자연토지에서 발생하는 실과를 사회 모두가 공유하는 것이 자연스럽다는 것이다. 따라서 토지를 개인이 소유하는 것은 자연법에 어긋나며, 그 어긋남에 의해서 현대사회의 빈곤이 심화된다는 지적이다.

그러므로 그의 논의는 토지사유를 부정하는, 그리고 부정되어야만 하는 근거를

* 상주대학교 산업경제학과 교수

찾는 데 집중한다. 나아가 그는 만일 토지사유제를 계속 유지하게 되므로 초래하게 될 인류의 불행을 진단하며 경고한다. 이러한 논의를 기초로 하여 그는 「토지공유제」를 주장한다. 그러나 그의 토지공유제가 실현되는 데는 토지사유에 대한 관행과 편견으로 인한 저항이 가장 큰 걸림돌이 될 수 있다. 그는 이러한 편견을 극복하고 현실적으로 실현 가능한 방법에 대해 섬세하고 집요하게 검토한다. 그 결론으로 「토지가치세제」를 해결책으로 내어놓는다. 조지는 이 토지제도를, 인간의 도덕법칙과 물질법칙간의 조화를 이루는, 인간 진보의 법칙과 연결시킴으로써 자신이 제안한 대안의 정당성을 확보하고자 한다. 이것이 조지 토지사상의 대강이다.

조지의 저서 『진보와 빈곤』은 이러한 그의 토지사상을 일거에 장쾌하게 완결시킨 노작이므로, 본 장은 이 책을 중심으로 그의 토지에 관한 사유를 정리해보고자 한다.

2. 빈곤의 원인에 대한 오해와 해명

1) 임금기금설의 기만

빈곤이란 생존수준 혹은 그 이하 수준의 소득에 의해 비롯된 경제적 궁핍과 정신적 황폐화의 현상이다. 이때 조지가 말하는 소득은 근본적으로 임금소득을 의미한다. 자본소득(이자)도 존재하지만, 조지는 자본을 과거노동의 축적물로 정의하므로, 그것은 근본적으로 노동자의 생산활동으로부터 나온 것으로 보고 있다. 따라서 빈곤의 원인을 규명하는 첫번째 작업은 임금이 어떻게 결정되는가를 검토하는 일이다.

현대 주류 경제학에서는 임금은 노동을 추가적으로 투입할 때 생산되는 추가 생산물의 크기(노동의 한계생산력)에 의해 결정되는 것으로 설명하고 있지만, 조지 시대의 고전파이론은 '임금기금설'에 기초하고 있었다. 즉 사회에 축적된 총자본량 중에 자본가들의 의도에 의해 일정 비율이 임금을 위해 기금으로 설정되고, 그 설정된 기금을 노동자가 나누어 갖는 형식으로 임금이 결정된다는 것이다. 이런 이론에 따르면, 임금의 크기는 총자본 중 임금기금의 크기 혹은 노동자의 수(인구

수)에 의해 결정될 수밖에 없을 것이다. 임금기금설에 의하면 임금의 원천은 자본에 있다는 것이다.

현실에서는 임금기금설의 주장대로 임금이 자본에서 나오는 것처럼 보이게 하는 허상이 존재한다. 예컨대 노동자가 고용되어 자신이 생산물을 만들어 내기 전, 혹은 그 생산물이 아직 시장에서 팔리기 전에 임금을 받는 경우를 보면, 그 임금이 자본가의 수중에서 나오는 것처럼 보이고, 그 수중의 돈(임금기금)의 크기에 의해 임금이 결정되는 것처럼 보인다.

> "즉 임금이 흔히 화폐로 지불되고 생산과정에서 생산물이 완성 내지 활용되기 전에 임금이 지불되는 경우가 많기 때문에 임금이 기존의 자본에서 나온다고 생각하며, 자본이 축적되어 있지 않으면 노동의 고용은 없고 자본의 축적 범위 내에서만 고용된다고 생각한다" (George, 김윤상 역, 1997, p.25)

그러나 조지는 오히려 임금기금설에 의해 빈곤의 본질이 은폐되고 있다고 생각했다. 복잡한 현대의 생산과정을 단순화 시켜보면, 임금이 자본에서 나오는 것이 아니라는 것이 분명해진다는 것이다. 원시시대의 경우 '노동에 대한 보상은 항상 자연으로부터' 직접 받았을 것이다. 이는 임금이 사전의 그 어떤 축적물로부터 나오는 것이 아니고, 자신의 생산물로부터 받는다는 것을 의미한다. 노동자가 자신이 생산한 생산물이 시장에서 화폐로 실현되기 이전에 화폐로 임금을 받는다고 해도, 사실 노동자가 받은 임금은 자신이 생산한 생산물 중에 일부를 인출할 '인출권'을 받은 것과 같다는 것이 조지의 설명이다.

교환이 발생하는 경우에도 마찬가지다. 자신의 생산물로 임금을 받을 경우를 가정하면, 현물로 받은 임금은 자신이 조금 전에 생산한 노동 생산물의 일부이며, 그가 임금으로 받은 현물의 가치범위 안에서 타인의 노동 생산물과 교환하는 것이다. 그러므로 실제로는 교환대상물의 교환가치 크기만큼 자신의 노동을 '그곳에 투입한 것'과 같은 의미를 가진다. 외상거래도 마찬가지이다. 미래의 노동생산물의 일부를 사전에 인출한 것에 지나지 않는다.

그러므로 내가 만든 구두로 내가 임금을 받는다고 해서 나를 고용한 자본가의 자본이 줄어들 수는 없다. 원양어선에 탄 선원이 임금으로 화폐를 받는다고 해도 선주의 자본이 줄어들지 않는다. 광산에서 파낸 금광석 대신에 광부에게 주화로 임금을 준다고 해도 광산업자의 자본의 일부가 축소되는 것은 아니다. 자본가의 수중에 있던 화폐의 양이 줄어들었다고 생각할지 모르지만, 그렇지 않다. 그 화폐자본이 이제는 상품으로 형태를 바꾸었을 뿐 줄어든 것이 아니기 때문이다. 그러므로 임금은 자본의 일부에서 나오는 것이 아니다. 결코 자본의 수중에 있는 기금의 일부를 선불(先拂)로 받는 것이 아니다. 달리 말하면 임금은 노동의 선행 없이 지불되지 않는다는 것이다.

조지가 지금까지 통설로 받아들여지고 있던 임금기금설을 기각하려고 하는 이유가 있다. 인간의 빈곤이 임금기금의 부족이나 인구증가에 있는 것이 아니다는 점을 분명히 하고자 했기 때문이다. 조지는 임금기금설에 의해 일반인들뿐만 아니라 경제학자들까지도 기만당하고 있다고 생각했다.

그렇다면 임금은 어디서 나오는가? 그의 대답은, 노동자 자신이 생산한 생산물의 일부에서 직접 나온다는 것이다. 자신의 생산물의 일부를 임금으로 받는 것이다. 모든 노동자는 자신의 노동으로 자신의 임금을 만들고 있다는 것이다. 그러므로 빈곤할 수가 없다. 그럼에도 불구하고 노동하고 있는 노동자에게 빈곤이 그림자처럼 따라 다니고 있다면, 그것이 진정 수수께끼인 것이다. 그가 이야기하고자 하는 것은 빈곤의 진정한 원인이 임금기금의 부족이나 인구의 증가가 아닌 다른 곳에 있다는 것이다. 임금기금설은 이 진정한 원인을 은폐하고 있다는 것이 조지의 지적이다. 이 관점을 확보하는 것이 조지의 토지사상에 도달하는 첫 단계이다.

2) 인구론 그리고 지대이론과의 연합 : 완벽하게 보이는 기만술

맬서스의 인구론은 주지하듯이 '인구의 기하급수적 증가와 식량의 산술급수적 증가'의 가정에 기초하고 있다. 이 가정에 기초한 맬서스의 결론은 '인구에는 생존수단을 초과하여 증가하려는 자연적 경향과 추세가 있다'는 것이다. 실제로 단순한 상상만으로도 인구가 증가하면 지구는 식량조달 한계에 미치게 되고 식량부족으로 인간은 궁핍과 죄악 속에 빠지고 말 것으로 생각된다. 현실적으로도 인구가 조밀한 지역이나 인구가 급증하고 있는 지역에 이런 빈곤 현상이 분명히 보이므로, 이 가설에는 인정하지 않을 수 없는 위력이 있어 보인다.

그리고 이 가설은 자연스럽게 임금기금설과도 조화를 이룬다. 인구가 맬서스식으로 증가하면, 주어진 임금기금을 더 많은 노동자로 지금보다 더 잘게 나누어 가지므로 임금이 하락하게 되고, 빈곤은 극에 달하게 된다는 것이다. 이런 이유로 영국의 역사학자 버클은 '아담 스미스가 임금론의 기초를 세웠다면, 맬서스는 그 상부구조를 올렸다' 고 평가하고 있다.

그러나 조지는 인구론의 한계와 오류를 하나 하나 지적하면서, 맬서스의 인구론에서 가정되고 있는 인간은 '인간이 아니고 괴물' 이라고 비판하고 있다. 맬서스의 상상대로 이런 괴물이라면 식량공급의 한계수준까지 출산만을 계속할 것이다. 그러나 동물은 풍요해지면 생식을 늘이지만 인간은 그와 달리 고상해진다고 조지는 보고 있다. 그래서 만일 인구법칙이 있다면 그것은 오히려 지성발전의 법칙과 조화를 이루어야 한다고 보는 것이다.

뿐만 아니라 조지는 이들 이론의 의도마저 의심하고 있다. 이들 이론은 대중이 빈곤하게 된 책임을 대중들의 낮은 저축성향이나 높은 출산욕으로 돌리고 있기 때문이다. 빈곤의 원인을 인간의 출생이라든가 토지의 식량 생산력의 한계라고 하는 자연법칙으로 돌리려 하고 있다는 것이다. 즉 빈곤의 원인이 인간이 만든 잘못된 제도에 있는 것이 아니라 출산이라고 하는 '하나님의 법칙' 에 있다고 함으로써 빈곤을 정당화하려는 의도를 가지고 있다고 비판하고 있다.

왜곡은 여기에서 그치는 것이 아니다. 조지는 인구론에 임금기금설 뿐만 아니라 리카도의 지대이론까지 합세하여 불평등을 자연의 탓으로 돌리려 하고 있다고 본다. 인구가 증가하면, 기존의 토지가 부족하게 되어 경작될 토지는 지금보다 더 열등한 한계토지로 밀려나게 되고, 그 결과 지대는 상승하게 되고 임금은 하락하게 된다는 것이다. 리카도의 지대이론에 따르면 임금은 지대가 발생하지 않는 한계토지에서의 생산물의 크기에 의해 결정된다. 따라서 인구가 증가할수록 한계토지는 더 열악한 토지로 확장되고, 그에 따라 한계지의 생산성은 하락하므로 임금이 하락하게 된다. 그래서 조지는 이들 세 이론 모두가 빈곤의 원인을 자연의 탓으로 돌리려고 하는 의도를 숨기고 있다고 통렬히 비판하고 있는 것이다.

그럼에도 불구하고 인구밀도가 높은 지역에서 발견되는 궁핍은 무엇 때문인가? 그의 대답은 자연의 인색함이나 인간의 출산욕에 의해서가 아니라 부정한 제도에 의해서 비롯된 것임을 강조하고 있다. 그는 인도의 궁핍을 자세히 검토하면서, '이 나라와 같이 무자비한 수탈과 식민지 지배 하에서는 에덴동산에 인구가 평방 마일당 한 명이 살고 있다고 해도 궁핍과 기근은 불가피하다' 고 강변하고 있다. 인도에서 진정한 빈곤의 원인은 '과거나 현재나 인간의 탐욕이지 자연의 인색함이 아니다' 는 주장이다. 그 예는 인도에만 적용되는 것이 아니라 중국이나 아일랜드의 경우에도 마찬가지인 것이다.

그렇다면 빈곤은 어디서 오는가? 그 진정한 원인을 찾지 못하면 진정한 해결책도 찾을 수 없다는 것이 조지의 생각이었다. 임금기금설이나 인구론 혹은 지대론에서 도출되는 빈곤에 대한 해결책은 단지 인구를 억제하거나 저축을 더 하라는 것뿐이다. 이런 무책임하고 비현실적 처방이 또 어디에 있겠는가?

3. 빈곤의 진정한 원인은 토지의 독점적 소유

1) 불로소득을 전유하는 지주

조지는 빈곤의 원인을 생산측면의 한계에서 찾으려는 고전파 경제학의 시각을 비판하고 있다. 인구론은 생산의 증가가 인구의 증가를 따라가지 못하기 때문에, 임금기금설은 총자본 중 임금기금의 크기가 고용의 크기를 제약하므로, 지대이론은 수확체감의 법칙과 한계지의 낮은 생산성으로 인해 임금이 하락한다는 것이다. 그러나 조지는 빈곤의 원인을 생산측면에서 찾을 것이 아니라 분배측면에서 찾아야 한다는 점을 강조하고 있다. 말하자면, 조지는 인구증가에 의한 사회자본의 증가로 규모의 경제 · 협업의 경제가 발생하여 인구증가에 의한 생산체감 이상의 생산체증이 발생한다는 주장을 하고 있다. 뿐만 아니라 기술혁신으로 인해 한계토지의 생산성도 보다 향상된다고 주장하고 있다. 생산물의 증가는 증가한 인구의 입을 충족시키고도 남음이 있다는 것이다. 그러므로 빈곤의 문제는 생산의 문제가 아니라 분배의 문제라는 것이다.

이제 그가 제기한 현대사회의 수수께끼의 근원에 한층 더 다가선 것이다. 그의 두번째 고민은 분배이론으로 이동한다. 분배이론이란 생산된 생산물을 생산에 참가한 요소에 따라 분배하는 논리틀이다. 자본(가)에게는 이자로, 노동(자)에게는 임금으로, 토지(소유자)에게는 지대로 분배되는 것이다. 그러므로 그의 분배법칙은 이자법칙, 임금법칙 그리고 지대법칙으로 이루어진다.

그러나 이미 살펴본 것처럼 자본에 선행하여 노동이 존재하고, 노동 생산물의 축적으로 자본이 형성되는 조지의 논리틀 안에서는 기본적으로 자본은 노동의 필수조건이 아니라고 할 수 있다. 따라서 자본 없는 토지 위에서 노동에 의한 생산이 이루어지는 단순모형이 성립될 수 있다. 그러므로 조지에게 있어서는 지대법칙과 임금법칙만으로도 분배법칙이 기본적으로 성립된다. 뿐만 아니라 이 경우 지대법칙만 분명해지면, 지대법칙에 의해 지대가 결정되고, 그 지대의 차액으로 임금이 자동적으로 결정된다. 그러므로 지대법칙만이 기본법칙이다. 그는 리카도의 지대법칙을 승인한다. 결국 임금법칙은 지대법칙에서 자연스럽게 유도된다. 그러므로 그의 분배원리는 다음과 같다.

총생산물－지대＝임금

여기에서, 노동자의 빈곤이 임금수준에 의해 결정된다고 할 때, 빈곤의 원천은 지대, 즉 지대법칙에 내재하고 있음을 분명히 알 수 있다.

그러나 그의 고민은 지대이론 그 자체에 있는 것은 아니다. 오히려 지대이론의 배후에 존재하는 토지사상에 초점이 맞추어져 있다. 지대이론의 배후에는 토지 소유자가 한계토지에서 발생하는 생산물(임금) 그 이상의 생산물에 대해서 지대로 수취하는 것을 승인하는 토지의 독점적 소유제가 전제되고 있다. 지대란 '생산물 중에 토지 및 자연능력의 소유자에게 그 소유권에 의해 지불되는 부분'을 말하기 때문이다.

인구가 증가하고 사회가 발전하면 지대는 상승한다. 인구의 증가에 의해 토지 사용자는 중심지로부터 점점 더 멀리 떨어져 있는 토지를 사용할 수밖에 없으므로, 한계토지는 열등한 토지로 확장된다. 한계토지에서는 지대가 발생하지 않을 것이다. 만일 지주가 그 한계토지에 대해 지대를 요구하면 그 토지를 사용하려하지 않을 것이기 때문이다. 그러나 한계토지에서 생산되는 생산물 이상의 초과 생산물을 생산하는 토지에서는 지주가 그 초과 생산분을 지대로 징수하게 된다. 인구가 증가하고 사회가 발전할수록 한계토지는 중심지로부터 멀리 밀려나고, 중심지와 한계지간의 생산물 격차는 확대된다. 그 확대 폭 만큼 지대는 상승하게 되고, 지주는 그 모두를 불로소득으로 전유하게 되는 것이다.

2) 증폭하는 토지가치의 전유구조

조지는 인구가 집적하고 그로 인해 사회적 자본이 증가함으로써 사회적 효율이 발생하고, 그 효율에 의해 토지의 가치는 더욱 증가하게 된다는 점을 새롭게 강조하였다. 인구가 증가함으로써 '집적의 효과'가 발생한다는 것이다.

이러한 집적의 효과를 도입하게 되면, 기술진보 없이 인구만 증가해도 집적의 효과로 인해 노동력의 생산성은 향상될 것이다. 그러므로 중심지와 한계지간의 생산성 격차는 더욱 확대되고, 지대몫은 더욱 증가하게 되는 것이다. 만일 기술의 진보를 생각하면 지대몫은 더욱 상승하게 될 것이다. 기술의 상승은 노동을 절약하는 측면과 인간의 욕구를 증가시키는 경향이 있다. 이러한 경향은 추가생산을 위해 토지수요를 증대시키는 방향으로 작동하게 된다. 그 결과 한계토지는 확장되고, 따라서 생존비 임금수준까지 한계토지를 밖으로 밀어내고 지대몫은 상승하게 된다.

그러나 리카도는 임금기금설의 함정에 빠져 있어서 인구의 증가에 의해 임금하락이 발생한다는 것만 생각했을 뿐, 이러한 집적의 효과에 의한 토지가치의 증가를 고려하지 못했다. 이를 수정된 지대이론이라고 한다면, 조지의 수정된 지대이론에 의해 도시의 발전은 지대의 몫을 더욱 상승시키게 될 것이다.

정리를 해보자. 리카도에 의하면 인구의 증가가 평균생산성을 하락시키지만, 조지에 의하면 그것을 상승시킨다는 점이 분명해진다. 리카도에 있어서는 토지가 확장되면서 기존의 토지의 생산성은 일정하고 확장되는 토지는 한계토지이므로 평균생산성이 점차 낮아지게 되는 것이 자명할 것이다. 그러나 조지의 경우는 다르다. 집적의 효과에 의해 기존 토지의 생산성이 상승하며, 확장되는 한계토지도 기술진보에 의해 생산성이 상승할 수 있으므로 평균적인 토지생산성은 하락할 수 없고 상승할 가능성이 크다는 것이다. 따라서 기존 토지의 생산성은 증가하여 한계토지와의 생산성 격차는 확대되고, 그 크기만큼 지대몫은 상승하게 된다. 현실적으로 리카도의 생각보다 지대의 분배율은 더욱 상승하게 되는 것이다. 생산성의 증가에 의해 총생산물이 증가해도 이와 같이 지대의 몫이 증가하게 되면 앞서 공식에서 보듯이 임금의 몫은 증가할 수 없게 되는 것이다.

조지의 분석은 여기에서 더 나아가고 있다. 물질적 진보에 대한 '기대'가 발생할 경우 빈곤은 더욱 심화된다는 주장에까지 미치고 있다. 물질적 진보가 일어나는 현대도시에는 항상 지대가 상승할 것이라는 기대가 존재한다. 이 경우 토지의 유휴화가 발생한다. 도시 한가운데 값비싼 토지가 사용되지 않고 빈터로 놀고 있는 것이다. 상승하는 지대를 기대하는 투기적 토지소유인 것이다. 그 결과 생산적 토지의 영역이 축소되므로, 경작의 한계는 생산적 필요 이상으로 확대되어야 하고, 한계토지는 더욱 밖으로 밀려나게 된다. 토지투기는 진보가 생산을 증대시킨 것보다 더 큰 비율로 지대를 상승시킨다. 결국 지대몫은 더욱 상승하게 되고 임금몫은 그만큼 하락하게 된다.

인구가 성장하고 기술이 발전하여 진보가 일어나는 도시의 한 가운데서 빈곤이 확대되는 이유는 바로 이러한 지대 증가에 있으며, 이 증가하는 지대를 전유할 수 있도록 보증하는 토지사유제에 있다는 것이 조지의 지적이다. 이것이 진정한 빈곤의 원인인 것이다. 조지는 다음과 같이 설명한다.

> 간단히 말해서 토지의 가치는 노동에 의해 창출된 부를 차지할 수 있도록 하는 토지소유권의 힘에 달려 있으며, 토지가치의 증가는 언제나 노동의 가치를 희생시킴으로써 이루어진다. 그러므로 생산력이 증가한다고 해서 임금이 증가하는 것이 아니며, 그 이유는 토지가치가 증가한다는 사실에 있다. 지대는 모든 이익을 흡수하며 빈곤이 진보에 동반한다.(George, 김윤상 역, 1997, p.214)

우리는 조지가 풀고자 했던 현대사회의 수수께끼의 근원, 즉 눈부신 진보에도 불구하고 빈곤이 항상 존재하는 문제의 원천에 비로소 도달한 것이다. 조지가 빈곤의 원인을 찾아 나선 여행은 마치 줌렌즈의 카메라를 가지고 문제의 핵심에 점차 초점을 맞추어 나가면서 사진을 찍어 가는 모습과 같다.

4. 맷돌의 법칙 : 토지사유화의 결과는 노동의 노예화

토지의 사유화가 전제되는 한, 인구가 증가하고 과학기술이 발전하여 노동 생산성이 증가하여도 그 증가분은 '노동이 자신의 힘을 적용하는 기회(토지)를 사용하는 대가로 지불하는 가격(지대)'으로 지출되어 버리고, 노동자 자신은 그 혜택을 전혀 누리지 못하게 된다. 임금수준은 겨우 생존할 수 있을 정도의 최저액으로 내려가게 된다. 조지의 평가는 다음과 같다.

> 이와 같이 노동은 생산력 향상의 모든 혜택을 박탈당하고 문명 발달의 부작용에 희생된다. 노동은 문명발달에 자연스럽게 수반하는 이익도 얻지 못하고 자유노동은 노예처럼 무기력하고 비천한 상태로 전락한다.(George, 김윤상 역, 1997, p.271)

조지가 노동자를 ‘무기력하다’고 한 것은 원시사회나 공동체 사회의 구성원과 달리 현대사회의 노동자는 사회적 분업 · 공장내 분업을 통해 독립성이 상실되므로 오는 무기력을 의미한다. 뿐만 아니라 자신의 욕구를 직접 충족시킬 수 없으며, 생존을 위한 아무런 수단이 없음으로 인해 ‘자유로운 계약의 주체’도 될 수 없어서도 무기력하다. 자신이 유일하게 가지고 있는 노동을 수행하는 힘조차도 ‘자신의 통제범위 밖에’ 놓여 있으므로 그는 절대적으로 무기력하다. 그러므로 노동자는 사회적 존재방식도 노예상태 이하로 전락하여 삶의 토대를 상실하게 되고, 경제적 기반도 노예 수준의 이하로 전락하여 생존수준에서 연명하고 있다. 그의 표현을 그대로 옮겨보면, 이처럼 토지사유제 하에서 노동자는 ‘원초적 저주’를 받은 존재로, ‘노예나 기계나 상품이 되어 버리고 어떤 점에서는 동물보다도 못한 존재가 되고 만다’고 풍자하고 있다.

결국 문제의 핵심은 토지의 ‘장악’에 있다. 노동에 필요한 토지만을 장악하면, 노동의 열매 중에서 노동자의 생존에 소요되는 부분을 제외한 나머지를 전부 장악할 수 있게 된다는 것이다. 이러한 관점에서 본다면, 인류의 역사는 토지의 독점적 소유를 향한 역사로 얼룩져있다고 할 수 있을 것이다.

노예제는 두 가지 형태에 기원을 두고 있다고 한다. 일반적으로는 전쟁 패배에 의한 포로가 노예의 기원으로 설명되고 있지만, 실제적으로 그 예에 해당하는 지역은 그리 넓지도 않고 그 영향도 미미했던 것으로 분석되고 있다. 오히려 일반적인 노예 형태는 토지가 사유재산으로 전유된 것으로부터 비롯된 것이라고 설명하고 있다. 이집트의 노예제도도 왕 파라오가 토지를 독점하면서, 러시아의 소작농이나 폴란드의 농노도 부족장이 토지를 절대적 사유재산으로 전유하면서 비롯된다. 로마제국도 로마법의 기초 하에 토지사유를 절대화하면서 붕괴해나갔다. 토지는 소수계층에게 집중되고, 노동계층의 궁핍화가 심화되었다. 조지는 로마의 쇠퇴는 토지의 공동권리를 부정하였기 때문에 일어난 결과라고 지적하고 있다. 봉건제는 이러한 로마법의 전통을 극복하면서 최상의 국가권력 하에 토지소유권을 복속시키면서 완성되었다.

그러나 근대로 전환하면서 토지의 공동소유라고 하는 자연적이고 근본적인 관념은 역전되었다. 봉건제의 토지공동소유의 전통에 따라 토지소유자에게 부과되었던 각종 책임과 의무는 해체되어 갔고, 그 부담들은 조세라는 수단으로 일반 개인에게로 이전되었다. 지주는 토지 의무로부터 해방되면서 동시에 노동자로부터 지대를 받아 챙겼다. 지주의 부담은 줄고 노동자의 부담은 오히려 늘어났다. 역설적이지만, 조지는 자본주의적 노동자는 봉건적 굴레에서 벗어나 정치적 자유를 얻었으나 토지의 사적 점유가 강화되면서 노동계층의 예속적 상태는 심화되었다고 분석하고 있다.

이와 같이 근대문명의 물결이라는 것이 생명과 자유의 평등한 권리를 천명하면서도 노동대중에게는 토지에로의 예속을 강화시키면서 빈곤을 재생산하고 있다. 조지는 그 극명한 사례로 미국의 남북전쟁을 들고 있다. '피흘리는 전쟁을 통해 노예제를 철폐한 국민이, (토지사유제를 채택하므로)더 광범위하고 더 위험한 형태의 노예제도가 뿌리내리도록 허용하였다' 고 지적하였다. 조지가 지금까지 역사를 살펴 본 결론은 이러하다.

> 이것은 토지사유제의 결과이다.……노동자 수가 자본량보다 더 빨리 증가했기 때문도 아니다. 인구가 생존물자를 압박하기 때문도 아니다. 기계가 작업량을 희소하게 만들었기 때문도 아니다. 노동과 자본간에 실질적 대립관계가 있기 때문도 아니다. 그것은 단지 토지가 점점 귀해지고 노동이 생산을 하는데 불가결한 자연의 기회를 획득하는 조건이 점점 엄해지기 때문이다. 공공토지는 줄고 있다. 토지소유는 집중되고 있다. 우리가 생존해야할 토지에 아무런 법적인 권리도 가지지 못하는 국민의 비율이 계속 늘어나고 있다.(George, 김윤상 역, 1997, p.379)

이러한 관점에서 볼 때, 토지사유제 하에서의 노예해방 선언은 무용지물이다. 오히려 자유의 미명 하에 지대와 조세의 압박은 더욱 무거워지며, 노예제 시대에서 누릴 수 있었던 지주의 노예에 대한 최소한의 예의마저도 오늘날의 노동자는 누릴 수 없다. 이것이 「맷돌의 법칙」이다. 토지 사유제는 맷돌의 아랫돌이다. 물질적 진보는 맷돌의 윗돌이다. 노동계층은 증가하는 압력을 받으면서 맷돌 가운데서 갈리고 있다.

조지의 주장은 분명하다. 어떤 공화국이 양도 불가능한 인권선언을 발표한 것만으로는 진정한 공화국을 세운 것은 아니라고 보았다. '우리 중 가장 가난한 어린이에게도 토양에 대한 평등한 권리를 보장함으로써 그 선언을 실질적으로 시행할 때까지는 진정한 공화국을 세웠다고 할 수는 없다' 고 주장하고 있다. 노예제를 철폐하려면 토지사유제를 철폐해야 한다는 것이다.

5. 조지의 토지사상과 토지가치세

1) 토지공유제를 주장하다

조지는 토지소유의 역사를 토지공유제와 토지사유제 간의 대립적 운동으로 보고 있다. 그는 특히 로마 역사를 검토하면서 공동체 사회에서 나타나는 토지공유제가 전쟁과 정복으로 혹은 위협과 속임수로 토지사유제로 전환되어 가는 과정을 주목하고 있다. 또한 중세 봉건제 성립과정과 붕괴의 역사도 토지 소유형태를 통해 설명하고 있다. 중세사회는 로마법 전통의 토지사유제 흔적을 극복하면서 토지공유제의 봉건제를 완성시킨다. 그러나 봉건제가 해체되는 과정에서 농노의 생산물이 상품화되고 사유화되면서 공유토지도 분할되고 상품과 동일하게 사유화되어 갔다. 근대시민사회가 등장한 것이다. 이 과정에서 시민의 소유권을 신성불가침의 권리로 인정하는 자유주의적 사유재산제가 확립되었다. 사유재산제는 인간의 자유로운 인격실현과 책임을 전제로 하고 있다. 그러므로 자신의 삶 속에서 실현된 가치는 자신의 인격실현의 결과이므로 보호되어야 한다는 점에서 사유재산제는 보편적 윤리로 정착되었고, 토지도 자연스럽게 바로 그 사적 소유의 대상으로 포함되어 갔다. 따라서 토지의 사적 소유는 사유재산제를 지지하는 자연권 사상 속에서 정당화되고 있는 것이다.

조지는 바로 이 점에 대해서 자유주의적 토지사상에 문제를 제기하고 있다. 조지는 인간이란 독립된 인격이므로 자신의 노동력을 사용할 권리를 가지고 있음을 인정한다. 그러므로 그 노동력의 산물에 대한 배타적 소유권도 인정되어야 한다고 하므로 자연권을 인정한다. 그러나 자신의 노동의 산물에 대한 배타적 소유권이 인정되면, 동시에 타인의 노동의 산물에 대한 배타적 소유권도 역시 인정되어야 한다는 것이 '진정한 자연권'이라고 조지는 주장하고 있다. 자신의 노동 생산물만을 소유해야 하며, 다른 사람의 노동 생산물에 대한 배타적 권리를 주장하여 타인을 불리하게 해서는 안 되는 것이 자연권의 진정한 원리라는 것이다. 지금까지 우리가 논의한 바대로 토지 사유로 인해 발생하는 지대의 배타적 소유는 이 진정한 자연권 사상에 반한다는 것이 조지의 지론이며, 그의 토지사상의 원천이다. 따라서 자유주의적 토지사상은 진정한 자연권 사상에 기초하지 않고 있다는 것이다.

근대 재산권 이론의 기초를 이루는 J. 로크는 인간 자신과 인간의 노동이 첨부된 대상물에 대해서 자연권적 재산권을 획득한다고 선언하고 있다. 그러나 그는 조건을 붙이고 있다. 대상물을 자신의 배타적 권리물로 확보하기 위해서는 '적어도 그것에 못지 않은 질의 충분한 양이 다른 사람에게도 공동으로 남아 있는 경우'에만 가능하다는, 다시 말해서 대상물을 사유화하여도 '타인을 불리하게 하지 않는 경우'에만 가능하다는 것이다. 이른바 '로크의 단서'이다. 그러나 토지의 공급이 제한되어 있고 토지의 절대 공급량이 부족한 현대 사회에서는 토지에 대한 로크의 단서를 만족시킬 수 없을 것이다. 토지에서 지대가 발생한다는 것, 그리하여 지대가 불로소득의 형태로써 지주의 수중으로 전유되고 만다는 것, 그것만으로도 토지가 부족하다는 사실, 그로 인해 타인의 만족을 감소시키고 있다는 것이 증명된다. 현태사회에서 토지에 대한 사유권은 로크적 자연권에도 어긋나는 것이다. 조지의 논의는 다음과 같다.

> 따라서 토지의 사적 소유는 옳지 않다. 자연이 제공하는 기회를 자유롭게 사용할 수 있는 권리가 없다면 노동생산물에 대한 권리를 향유할 수 없고, 그 기회(토지의 사적소유의 기회)를 인정한다면 노동생산물에 대한 권리를 부인하는 결과가 되기 때문이다. 생산자가 창출한 부의 일부를 비생산자가 지대로 취할 수 있다고 하면, 노동의 결과에 대한 생산자의 권리는 그만큼 부정된다.…토지사유제의 정당성을 인정한다면 자연이 보장하지 않는 권리를 인정하는 것과 같다.…(역으로)노동의 생산물에 대한 사유의 정당성이 인정된다면 곧 토지에 대한 사유는 부정된다.(George, 김윤상 역, 1997, p.324)

토지사유제 하에서는 한계토지에서 생산되는 생산물 그 이상의 초과 생산물은 모두 토지소유자에게 귀속된다. 그러나 이 초과 생산물이 누구에 의해서 만들어진 것인가를 살펴보지 않으면 안 된다는 것이 조지의 주장이다. 리카도에 따르면 이 초과생산물은 기본적으로 토지의 비옥도에서 기인한 것이다. 그러나 이때 비옥도를 결정하는 것은, 예컨대 자연토지에 대한 농부의 개량분을 제외한다면, 자연적인 은혜 혹은 그 토지의 위치와 주변의 사회환경에 의존한다는 것이 일반적이다. 따라서 그 초과 생산물은 그것을 전유하는 토지소유자의 노력의 산물이 아니라 자연 그 자체의 선물이거나 사회 그 자체의 기여분이라고 할 수 있다. 뿐만 아니라 조지의 수정된 지대이론에 따르면, 한계토지 이상의 초과 생산물은 인구가 집적하고 사회가 발전하므로 생긴 '집적의 효과'에서 기인한 것이다. 따라서 지대의 이러한 상대적 크기는 사회가 가지는 권리의 크기를 표현하는 것이며, 토지소유자가 사회에 지불해야할 금액의 크기를 나타내는 것이 된다. 그러므로 한계토지에 투입된 노동의 생산물은 노동자가 소유해야 할 것이지만, 그 초과분은 사회의 몫이라는 것이 그의 주장이다. 이러한 조지의 토지사상으로부터 자연스럽게 도출되는 토지제도는 토지공유제이다.

> 그러므로 빈곤을 타파하고 임금이 정의가 요구하는 수준 즉 노동자가 벌어들이는 전부가 되도록 하려면 토지의 사적소유를 공동소유로 바꾸어야 한다. 그 밖의 어떤 방법도 악의 원인에 도움을 줄 뿐이며 다른 어떤 방법에도 희망이 없다. 그리하여 현대 문명에서 명백히 나타나고 있는 부정의하고 불평등한 부의 분배에 대한 해결책은 바로 이것이다. 토지를 공동소유로 해야한다.(George, 김윤상 역, 1997, p.314)

조지의 토지사상은 진정한 자유주의 사상에 기초하고 있다. 진정한 자유주의의 사상을 실현하기 위해 토지소유제도에 대해서는 근본적인 수정이 필요하다고 본 것이다. 사유의 대상이 될 수 없는 것까지 사유를 인정하는 현실 자유주의를 수정하는 입장이다. 토지에 대한 진정한 자연권은 토지를 배타적으로 소유함으로써 달성되는 것이 아니라, 토지를 공유하므로 달성된다는 것이다. 그러므로 그의 토지사상은 '인간은 토지의 자녀'라고 하는 자연법칙 혹은 타인의 산물을 향유할 수 없다는 도덕법칙에 기초하고 있다.

조지의 토지사상은 경제법칙으로도 연결되고 있다. 조지에 따르면 토지사유제는 토지의 효율적 이용을 저해하는 측면이 있다는 것이다. 토지를 배타적으로 소유하게 되면 진정으로 토지를 필요로 하는 자가 토지를 적시적소에 사용할 수 없게 될 것이다. 더욱이 투기를 위해 토지를 보유하게 되면, 생산성이 높은 토지는 투기목적을 위해 보유하게 되므로 유휴지로 방치되거나 비효율적으로 이용하게 된다. 동시에 토지를 필요로 하는 자는 생산성이 낮은 토지로 이동하지 않을 수 없는 비효율적인 현상도 나타난다는 것이다. 뿐만 아니라 토지가 사유화되면 토지개량물의 일부가 지대로 수취되므로 토지사용자가 토지에 대해 적극적인 개량을 하지 않는다는 것이다.

그러나 토지공유제는 이러한 문제를 극복할 수 있다는 것이다. 토지가 사회에 의해 공유되고 사회가 토지 생산물의 사회적 몫만을 환수하게 되면, 토지개량물에 대한 사적 권리가 보다 훌륭하게 보장되므로 토지 개량이 활발하게 되어 토지의 생산성이 증가하게 된다는 것이다. 토지공유제에 의해 토지투기가 사라지면 지대가 그만큼 하락하게 되고, 그 하락분 만큼 임금이 상승한다. 나아가 환수된 지대가 사회 전반에 재분배되면 그만큼 빈곤도 축소된다는 것이다. 또한 사회가 발전함에 따라 지대수입이 증가하므로 국가 재정이 호전되고, 따라서 생산활동에 부과되던 다른 조세를 감면할 수 있게 된다. 그렇게 되면 경제활동이 더욱 활발하게 되어 경제적 효율성이 증가한다는 것이다.

그러나 그의 토지공유제가 토지국유제로 왜곡되는 경우가 종종 있다. 조지의 토지사상은 토지 국유화를 주장하는 사회주의적 토지사상과는 분명히 구별된다. 사회주의적 토지이론은 토지를 자본과 동일하게 생산수단으로 정의하고 국유화될 필요가 있음을 설명하고 있다. 그러나 조지는 토지가 생산수단이기 때문에 국유화되어야 한다는 것이 아니라, 지금까지 언급해온 바와 같이, 토지가 가지는 특수성에 의해 공유되어야 한다는 것이다. 반면에 조지는 토지의 생산물 중 노동생산물의 부분을 분명히 하고, 그것에 대한 사적 소유를 보장하므로 인간의 창의적 활동을 자극하고 토지의 활용을 극대화하려는 입장을 가지고 있다. 그러므로 자본은 인간의 생산물이고 그리고 경제활동에 의해 그 수급량이 조절될 수 있기 때문에 사유화되는 것이 오히려 자연스러운 것임을 강조하고 있다. 노동자가 자신의 노동력을 토지에 투입하여 생산한 생산물은 사유되어야 하며, 사회의 발전에 의해 생산된 생산물 예컨대 지대는 사회에 의해 공유되어야 한다는 의미에서의 토지공유제인 것이다. 조지의 토지공유제는 지대공유제를 의미하는 것이다.

2) 토지가치세를 제안하다

그러나 현실적으로 토지의 사유제를 전면적으로 일시에 폐지하는 것은 간단한 문제가 아니라는 점을 조지는 너무나도 잘 알고 있었다. 대토지소유자가 사회권력의 중심에 자리잡고 있으며 대자본을 소유하고 있기 때문이다. 소규모의 토지를 보유하고 있는 자들 중에서도 자신의 알뜰한 저축으로 구입한 토지를 몰수당할 위협을 느끼는 한 저항세력에 가담할 가능성도 있다. 그러므로 토지사유제가 사유재산제의 중심이라고 믿고 있는 일반대중이 토지의 주술에서 풀려나기까지 상당기간 기다리지 않으면 안될 지도 모른다.

일찍부터 스펜서와 밀은 토지사유제의 문제점을 지적하면서 토지공유제 방안을 제안한 바 있었다. 그러나 이들 대안은 조지의 토지사상과 상당한 차이를 보이고 있다. 스펜서는 토지공유제를 실시하되, 사유하고 있는 토지를 정부가 유상으로 매입하여 환수하는 방법을 제안하였다. 즉, '자신의 노력이나 조상의 노력으로 정직하게 벌어들인 부를 지불하고 취득한' 사유토지에 대해서는 정부가 완전한 보상을 하고 환수하여 공유하도록 하는 것이 적절하다는 것이다. 그러나 조지는 스펜서의 생각이 기존의 사유재산제의 틀어서 벗어나지 못하고 있다고 비판하였다. 토지를 매입할 때 매입가격에 문제점이 있다는 것이다. 이론적으로 토지의 현재 매매가격은 현재 토지이용가치에다 미래에 발생할 토지이익을 현재가치로 환산한 것의 합으로 정의된다. 그러므로 토지매매환수는 미래의 지대수익을 선금으로 지급하는 것과 다름이 없다는 것이 조지의 비판이다. 미래가치를 현재가치로 환산하는 할인율이 시장이자율보다 높은 것이 일반적이기 때문에 미래의 투기적 가치까지 환산해서 국민의 세금으로 지급해주는 것이 된다. 이것은 오히려 지주의 불안정한 투기이익까지 안정하게 선불해 주는 셈이 된다. 조지의 입장에서 보면 스펜서의 대안은 오히려 실시하지 않는 것이 나을 지도 모른다.

한편 밀은, 스펜서가 제안한 매매환수안은 급진적이고 사회적 충격이 크다고 보아 그 대신 '초과이익환수제'를 제안하고 있다. 현재의 토지시장가격을 설정하고, 토지가격이 미래에 그 이상의 가격으로 상승하면 그 증가분을 '불로성 토지이익'으로 정의하고 이를 환수한다는 것이다. 그러나 조지는 이 제도를 실시하면 토지보유에 따른 불로이익은 사라지므로 투기를 억제할 수는 있어도, 빈곤의 뿌리를 제거하지는 못한다고 보고 있다. 왜냐하면 현재 시장가격 안에는 미래의 예상지대가 평가되어 있으며, 토지사유제가 계속 유지되는 한 이러한 지대의 일부는 토지소유자에게 계속적으로 안전망 속에서 '방치'되기 때문이다. 조지는 '토지소유자의 이익을 조금이라도 봐준다면 정당한 개혁이 될 수 없다'는 이유로 이들의 제안을 단숨에 거절한다.

그 대신 그가 제안한 것은 '토지가치세'이다. 조지의 설명은 다음과 같다.

> 내가 주장하는 것은 사유토지의 매수도 환수도 아니다. 매수는 정의롭지 못한 방법이고 환수는 지나친 방법이다. 현재 토지를 보유하고 있는 사람은 그대로 토지를 가지게 한다. 각자 보유하는 토지를 지금처럼 자기 땅이라고 불러도 좋다. 토지매매도 허용하고 유증, 상속도 허용하도록 한다.…토지를 환수할 필요도 없고 단지 지대만 환수하면 된다.(George, 김윤상 역, 1997, p.390)

조지는 이 토지가치세가 매우 '단순하고 쉽고 조용한 방식'이라고 한다. 기존의 토지에 대한 소유의식을 형식적으로 침해하지 않는다. 실제 토지에 인간의 노력을 투입한 결과물에 대해서는 사적 권리를 완전히 보장한다. 토지의 개량에 대한 유인을 시장의 원리에 맡기는 것이다. 거래에 제한을 두지 않는다. 사용에도 제한을 두지 않는다. 소유의 규모에도 제한을 두지 않는다. 상속이나 유증에도 제한을 두지 않는다. 정부가 토지임대에 개입할 필요가 없다. 이러한 방법은 자연법 사상에 완전히 일치한다.

기본적으로 소유권이란 사용권, 처분권, 수익권으로 구성된다. 조지가 제안한 토지가치세제는 사용권과 처분권은 개인의 자유로운 의사에 완전히 맡기는 것이다. 대신에 수익권 중 토지개량의 수익은 개량 주체가 가지고, 지대 중의 일부는 토지소유에 따른 행정비용이나 거래비용으로 토지소유자에게 남기고, 그 나머지만 정부 및 공동체가 환수하는 것이다. 이 지대분은 사회가 창출한 가치증가분이기 때문이다.

조지는 정부가 이 토지가치를 조세로 징수하면 그 규모가 매우 커서 다른 모든 조세를 철폐해도 정부의 수입을 충당할 수 있다고 생각하였다. 뿐만 아니라 그로 인해 생산확대효과도 나타나며, 임금이 올라가고, 빈곤도 추방된다고 생각하였다. 정부가 토지의 거래나 임대에 개입할 필요도 없으며, 징세를 위해 공공기관을 따로 설치하거나 확장할 필요도 없다는 것이다. 오히려 다른 조세를 축소하면 그만큼 국가의 규모가 축소된다. 다른 조세는 생산 및 교환활동에 직·간접적으로 간섭하는 성질을 가지고 있으므로 이들 조세가 철폐됨에 따라 생산활동에 대한 정부의 간섭활동은 축소되어 간다. 따라서 인간의 힘이 자유스럽게 발휘될 수 있게 되고 도덕과 취향과 지성도 고양된다고 한다.

조지는 토지가치세는 조세원칙에도 적합하다고 주장한다. 이 조세를 부과하여도, 일반 조세에서 나타나듯이 과세분이 타인에게 전가되지 않는다고 한다. 토지는 이동할 수 없기 때문에 그 부를 은닉할 수도 없고 탈세할 수도 없다. 토지과세 및 징세 자료를 공개하면 타인의 인격을 침해하지 않고도 조세의 투명성이 확보된다. 세원은 충분하여 국가경비에 사용하고도 남음이 있으며, 따라서 다른 조세 즉 인간의 노력의 결실에 부과하는 벌금형의 조세들은 철폐해도 된다는 것이다. 이를 '지대 단일세'라고 부르기도 한다.

그러나 이러한 조세가 실행되지 않는 이유를 조지는 스스로 다음과 같이 정리하고 있다.

> 사실 과세의 능률성과 정의성의 견지에서 지대가 매우 적절한 과세 대상이라는 점은 공인된 지대원리 속에 들어 있으며, 리카도의 지대법칙을 인정하는 모든 경제학자의 저작 속에 그 싹이 있다. 그런데도 이 원리에서부터 내가 도출한 것과 같은 필연적인 결론을 학자들이 도출하지 않는 것은, 토지의 사적 소유에 관련된 거대한 이해관계를 위협 또는 침해하지 않으려는 태도 및 임금과 빈곤의 원인에 관한 경제학계를 지배해 온 이론의 오류에 기인한다.(George, 김윤상 역, 1997, p.410)

3) 토지가치세가 사회에 미치는 효과

미라보는 지대에만 조세를 부과하자고 하는 '지대단일세' 제도를 주장한 케네의 제안을 글자의 발명이나 화폐의 발명과 '대등한 효용'을 가진 발견이라고 평가한 바 있다. 조지는 이 미라보의 평가가 결코 과장된 것이 아니라고 생각했다. 토지에만 부과되는 '단일세'가 채택될 때 생길 이익을 주의 깊게 검토하면 할수록 지대단일세의 효용은 주목할 만하다고 하였다. 토지가치세가 실시될 경우 나타나는 효과를 조지의 토지사상을 기초로 정리하면 다음 네 가지 분야로 정리해 볼 수 있을 것이다.

첫째는 국민생산에 미치는 효과이다. 기존의 조세체계는 노동에 의해 생산된 가치에 세금을 부과하는 것이다. 이것은 마치 '인간의 노력에 벌금을 부과'하는 것과 같은 것이다. 노력하면 할수록 벌금은 증가하는 셈이 된다. 조지의 표현대로 하면, 농부가 황무지를 옥토로 개간하면 그가 무슨 잘못이라고 한 것처럼 그의 노력에 대해 조세로 벌금을 물린다는 것이다. 그러나 현재의 이러한 조세제도를 철폐하면 생산에 대한 벌금이 없어지므로 생산활동이 자유를 얻게된다. 노동과 자본은 조세로부터 자유를 얻고 노력의 성과를 자신이 가지므로 생산활동은 증대될 것이다. 동시에 이러한 이득들은 그대로 토지의 가치증가 혹은 지대의 증가라고 하는 구체적인 형태로 표현된다. 이렇게 해서 국가가 노동과 자본에 완전한 대가를 보장해주면서도 조세수입을 얻을 수 있는 안전한 원천이 생긴다. 생산활동이 증가하면 이 원천도 확장되는 것이다.

단일한 토지가치세가 부과되면 생산활동이 활발해짐으로써 고용이 증가하는 측면뿐만 아니라 토지투기를 위해 비생산적으로 보유되던 토지가 풀려나서 토지이용이 증가하므로 고용이 증가하는 새로운 구조가 발생한다. 토지에 부과되는 토지가치세액이 토지가치(지대)와 동일하게 부과되면 토지투기는 완전히 사라지게 된다. 지주도 토지를 효과적으로 이용하든지, 아니면 팔아치우는 것이 유리하게 될 것이다. 토지를 개량하거나 나대지를 보유하거나 관계없이 동일한 토지에 대해서는 동일한 지대세가 부과되므로 모든 지주는 토지개량의 유인을 받게 될 것이다. 이 경우 지주는 자가노동을 하게 되므로 노동시장에 대한 노동공급이 상대적으로 줄어들고, 생산과 교환이 활발해지므로 노동수요가 증가하게 된다. 노동시장에 미치는 이러한 효과는 임금을 상승시킨다.

둘째는 소득분배에 미치는 효과이다. 조지는 모든 조세를 철폐하고 지대 전체를 조세로 환수하면 불평등은 거의 완화된다고 생각하고 있다. 과거의 조세제도에서는 지대가 불평등의 원천이었지만, 새로운 조세제도에서는 지대상승은 평등을 촉진하게 된다. 토지사유제 하에서의 지대 상승분은 토지투기의 기대효과까지 합하여 임금과 이자의 절대크기를 희생시키면서 지주의 수중으로 들어가게 된다. 그러나 새로운 토지가치세제 하에서는 투기적 지대상승은 사라지고 사회의 발전만큼 지대가 상승하게 된다. 이 지대의 증가는 임금과 이자의 희생 위에서 일어나는 것이 아니고 새로운 생산증가에 의해 일어나는 것이다. 뿐만 아니라 사회의 발전에 의해 상승된 지대는 완전하게 환수되어 사회가 공유하게 되고, 공유된 지대조세수입은 사회의 공공목적으로 사용되므로 불평등은 한층 완화된다. 한편 토지사유의 비효율 속에는 토지사유제 유지비용이라는 낭비적 요소를 가지고 있기 마련이다. 예컨대 토지로부터 배제된 노동력의 낭비와 불평등을 보완하는 공공비용 등이다. 토지가치세는 이 비용까지도 절약하게 된다.

셋째는 개인이나 계층에 미치는 효과이다. 지대단일세는 토지소유자에게 치명적인 손실을 가져올 것으로 생각되지만 실제적으로는 그렇지 않다는 것이다. 이 제도에 의해 가장 큰 이득을 보는 계층은 소규모 토지소유자 및 자가노동자이다. 각종 조세가 면제되므로 실질소득이 상승하기 때문이다. 농촌의 경우는 토지가 대부분 한계토지이므로 토지세율은 매우 낮아지고 지금까지 납부하던 조세는 사라질 것이다. 자기 집을 소유하던 자도 걱정할 것이 전혀 없다. 토지의 매매가격은 하락하거나 소멸하지만 건축물의 가치는 동일하다. 자신의 토지를 팔 때 매매소득은 크게 하락하지만 생활할 주택을 위해 다른 토지를 매입할 때 그 토지가격도 마찬가지로 하락해 있으므로 아무런 불이익이 없다. 오히려 다른 조세가 면제되므로 실질소득이 더욱 상승되는 것이다. 오직 투기목적으로 불필요한 주택을 여럿 보유하고 있거나 대토지를 보유하고 있는 자는 손실을 보게 된다.

그러나 대토지 소유자에게도 손실만 있는 것이 아니다. 대토지 소유자는 대부분 대자본가이므로 그 토지소유에 의한 손실은 대자본에서의 이득으로 보완되고, 동시에 다른 토지가격이 하락하므로 토지에 매몰된 비용이 크게 감소하여 생산적 부문으로 자금을 전환할 수 있는 이득을 누릴 수 있게 된다. 오직 투기 목적으로만 토지를 보유한 자에게는 치명적인 불이익이 있을 것이다. 부도덕한 이득을 누리고 있었기 때문이다. 조지는 무조건의 평등을 주장하는 것이 아니라 부도덕한 불평등을 제거하고 생산에 기여한 만큼의 평등을 보장하는 제도를 만들어야 한다는 것이다.

넷째는 사회조직 및 생활에 미치는 효과이다. 조지는 부도덕한 불평등이 사라지면 사회가 도덕적으로 한층 건전해질 것으로 보고 있다. 그러므로 이에 따른 관련제도의 축소, 비용절약 등으로 인해 방대한 정부조직이 축소된다고 보고 있다. 이 비용들이 낭비적인 소모에서 생산적 투자로 전환되는 것이다. 이 새로운 제도를 도입하게 되면 정부는 거대하고 복잡한 각종 세무제도를 폐지하게 된다. 지대는 은닉될 수 없으므로 조세와 관련된 각종 부패는 사라질 것이다. 토지의 이용은 시장에 맡기게 되므로 정부가 생산활동에 개입할 여지는 더욱 사라지게 된다. 이에 따라 국가는 통제자 · 지배자라는 성격에서 협동조합과 같은 공공재산의 관리자라는 성격으로 변하게 될 것이다.

조지는 인간을 이기적 주체로 이해하는 방법론을 거부하고 있다. 인류역사는 자비와 사랑의 원리에 의해 진보해왔다고 보고 있다. 지금의 토지사유제는 이 인간의 본능을 파괴하고 있다는 것이다. 이 본능을 회복하는 제도를 상상할 수 있다면 그것이 토지가치세제인 것이다.

6. 조지 토지사상의 실천과 토지공개념

1) 조지 토지사상의 실천

조지의 토지사상을 검토하면서 일어나는 의문은 이러한 토지사상이 현실에서는 어떻게 실현될 수 있을까, 실천과정에서 나타나는 장애들은 어떤 것일까 하는 것들이다. 본 절에서는 조지의 토지사상을 실천하고자 했던 외국의 몇 사례를 소개하고, 일반적으로 나타나는 장애들을 정리해보고자 한다.

현실에서 조지적 토지사상이 실현되는 형태는 크게 두 가지로 분류할 수 있을 것이다. 하나는 특정 지역을 완전히 조지적 토지사상으로 구현하는 형태일 것이다. 예컨대 토지공동체 유형이다. 다른 하나는 토지조세정책으로 나타나는 형태일 것이다. 토지조세정책이 실시되는 유형으로는 전국 수준에서 혹은 특정 지역 수준에서 장기적으로 실행되는 유형의 경우, 또는 특정 정당의 토지정책으로 그 정당의 집권기간동안 실시되는 유형의 경우 등으로 정리된다.

첫번째로는 토지공동체 유형이다. 토지공통체의 대표적인 사례로는 미국 알라바마 주 모빌만의 볼드윈 카운티에 소재하고 있는 '페어호프시'와 델러웨어 주 뉴케슬 카운티에 소재하는 '아든 마을'을 들 수 있다. 페어호프시는 1894년에, 아든 마을은 1900년에 창설되었다. 이들 사례는 조지의 토지사상에 감동된 사람이나 단체들이 토지를 구입하여 토지공동체를 구성하고 조지적 토시사상을 실현하고자 했던 것이다. 이들은 공동체 토지를 구성원에게 임대하여 지대단일세로 임대료를 받고, 그 수입으로 그 지역이 소속되어 있는 행정단체에 법적인 조세를 대납하고 그 남는 수입으로 공동체를 운영하며 공공시설을 건설하여 구성원에게 서비스를 제공하는 것이었다.

그 결과 인구는 증가하였고 경제는 빠른 속도로 성장하였다. 따라서 주변지역이 새로이 편입되었으며 공동체 면적이 지속적으로 확장되었다. 이 공동체는 주변지역보다 질 높은 서비스를 제공하였다. 교육학자 죤 듀이는 학생에 의한 자율 교육을 실시하는 페어호프시를 높이 평가한 바 있으며, 1979년에는 정년퇴직자가 살기 좋은 10대 도시로 선정되기도 하였다. 아든 마을도 1973년 미국의 역사명소로 지정된 바 있다.

그러나 이들 공동체는 현재 상당한 어려움에 직면하고 있는 것으로 알려져 있다. 예컨대 페어호프시의 경우는 공동체의 발전과정에서 주변지역을 편입해 들일 때 주변의 모든 지역을 일괄적으로 매입할 수 없어서 공동체 토지 일부가 여기저기 분산되어 있다. 그로 인해 주변지역 주민들에게는 공동체의 서비스에 대한 무임승차를 기대하는 행위가 생기게 되었다. 공동체 구성원들에게도 이런 무임승차의 이익을 향유하려는 움직임이 일어났다. 예컨대 토지를 사유하려 하였고 조합을 해산하려는 움직임을 보였다. 또한 인근 지역으로 이주하여 높은 지대세를 회피하려는 행동을 보였다. 급기야 1993년 공동체 농민들의 항의가 일어났다. 이유는 알라바마 주에서는 건물에 대한 세금이 높았는데, 공동체 조합이 농민들로부터 높은 세율의 토지세를 거두어 주 정부에게 이 건물세를 대신 내주는 것에 반발하였던 것이다. 건물세를 면제하는 토지단일세제 때문이다. 이들은 건물에 대한 가치를 지대에 포함시킬 것을 요구하게 되었고, 이들의 견해가 수용됨으로써 공동체의 초기 정신인 조지의 토지가치세의 이상은 퇴색하고 말았다. 아든의 경우도 페어호프와 유사하게 주변지역의 영향을 강하게 받아 원래의 정신을 유지하기가 어렵게 되어가고 있으며, 새로이 편입되어 들어오는 사람들 중에도 조지의 사상과 무관한 자들이 점차 증가하므로 아든 공동체는 점차 불안정해지고 있다.

그 외, 웨렌에 의해 조성된 매사추세츠 주의 터헨토(1909년 창설), 쉐이커톤(1921년 창설), 트러펠로(1927년 창설), 메인 주의 핼리던(1921년 창설)등의 조지적인 토지 공동체가 있으나 웨렌의 사후에는 그 설립 취지가 약해지고 말았다. 또한 뉴욕의 변호사 홀에 의해 창설된 뉴저지 주의 약 100가구 주민이 입주한 프리에이커 공동체도 시간이 지나면서 본래의 정신은 퇴색하고 보통의 마을로 변해버리고 말았던 경우이다.

두번째로는 토지가치세제를 각 국가나 지역의 특성에 맞추어 채택한 형태들을 들 수 있을 것이다. 첫째 유형으로 전국적 수준에서 토지가치세제를 실시한 경우로, 중국의 교주만과 대만의 사례를 들 수 있다. 조지의 토지가치세제가 최초로 실현된 사례는 중국의 독일 조차지였던 교주만일 것이다. 독일은 아프리카 식민지에서 개발이득의 상당부분이 토지 투기자들에게 돌아가는 것을 보고 1890년대 중반에 식민지 토지정책에 대한 개혁 논쟁을 벌였다. 이때 독일토지개혁연맹은 조지의 토지사상을 흡수하여 토지투기 근절을 위해 토지의 민간 불하를 금지하고 토지임대제로 전환해야 한다는 개혁안을 제시하였다. 이 개혁안이 중국의 교주만 조차지를 관리하게 된 독일해군의 공감을 얻어 채택된 것이다. 교주만의 토지세제는 토지개량물 가치를 제외한 토지가격의 6%를 토지소유자가 연간토지세액으로 납부하게 하는 것이었다. 그리고 지가 상승분에 대해서는 25년마다 1회씩 혹은 토지를 양도할 때 과세하는데, 그 기간 동안 지가차액의 3분의 1을 징수하였다. 그 당시의 조세는 토지세 이외에는 다른 조세가 거의 없어 지대단일세에 가까웠으며, 후에 관세가 추가되는 정도였다. 독일 본국에서는 이 제도를 매우 성공적이었던 것으로 평가하여, 카메룬 식민지에서도 이 법을 시행하도록 독일의회에서 의결한 바 있다.

또 다른 예로 손문의 토지정책을 들 수 있다. 손문은 자연물에서 발생하는 이득이나 사회발전으로 인해 발생한 이익은 모든 사람의 기본적인 생존조건을 위해 국민 모두가 공유해야 한다는 점을 분명히 하였다. 이러한 가치관은 손문의 민생주의로 표현된다. 특히 그는 국민의 공평한 삶을 위해 '토지소유권의 균등화'를 제창하였다. 사회발전에 의해 증가한 토지가치를 사회가 환수하여 공유해야 한다는 것이다. 손문은 이러한 토지가치를 환수하기 위해 토지증가세를 주창하였는데, 이 토지증가세는 조지의 토지가치세와 그 맥을 같이하고 있다. 정부는 먼저 표준지가를 공시하고, 그 공시된 지가를 토지소유자가 확인한 후 자신의 토지 가치를 스스로 계산하여 정식 토지가격으로 신고한다. 이렇게 하여 처음으로 신고된 토지가치를 기준으로 정해진 해마다 토지가치를 재평가하고, 최초의 신고가치를 초과하는 상승분은 사회발전에 의해 증가된 토지가치로 간주하여 토지증가세를 통해 환수된다. 대만정부는 이렇게 환수된 수입은 손문의 사상에 따라 그 사용 용도를 법률로 정하고 있다. 예를 들면, 공공복리사업이나 국민교육비, 국민주택건설 등에 사용하도록 하고 있어 토지에서 발생하는 이익을 국민 모두가 공유하도록 하고 있는 것이다. 손문의 토지소유권 평등화 사상은 1949년에 시작된 대만의 농지개혁에서도 실현되었다. 경자유전의 원칙에 따라 소작인이 경작토지의 소유권을 취득할 때 농지 가격의 70%를 토지채권으로 보상하고 나머지 30%는 국영기업 주식으로 보상하도록 하여, 소작농은 토지를 소유하고, 과거의 지주는 국영기업의 주주가 되도록 하는 방법을 취하였다.

두번째 유형으로는 일부 지역에서만 토지세를 채택한 경우이다. 조지의 토지가치세제는 기본적으로 토지개량물에 대해서는 과세하지 않고 자연토지에 대해서는 지대 전액을 징수하는 제도이다. 정도의 차이는 있지만 자연토지를 중심으로 지대의 일부를 토지세로 징세한 사례들을 호주와 미국에서 찾아 볼 수 있다. 대표적으로 호주의 퀸스렌드 주와 뉴사우스웨일즈 주를 들 수 있다. 호주의 중앙정부가 토지세를 1951년부터 폐지할 때, 이들 지역은 주 정부 단위에서 미개량 토지를 중심으로 토지세를 부과해왔다. 그 결과 토지와 건물에 동시 과세하는 지역이나 토지세를 부과하지 않는 지역에 비해서 제조업이 성장하였고, 임금이 상승하였으며, 유휴지에는 좋은 건물이 들어서는 등(허치슨, 1960) 눈부신 경제적 성과가 나타나 조지적 토지조세제도의 유효성이 입증되고 있다.

이와 유사한 사례로 미국의 펜실베니어 주와 하와이 주를 들 수 있을 것이다. 이들 지역의 특징은 재산세를 구성하는 세목 중 토지에 대한 과세율이 건물에 대한 과세율 보다 높은 '차등과세'를 실시하고 있다는 것이다. 조지적 토지가치세제를 부분적으로 채택하고 있다고 볼 수 있다. 피츠버그시와 스크랜턴시에서는 1941년부터 이 차등세제를 도입하여 10년에 걸쳐 토지세율이 건물세율의 두 배가 되도록 한 것이다. 그 결과 토지의 이용률이 급증하였고, 쇠퇴하던 도시가 활력을 되찾게 되었다. 건축 허가액이 급속하게 증가하였고, 한 때 도시를 떠났던 기업들이 되돌아왔다. 1997년 경 이러한 차등세제를 채택한 도시는 16개 도시로 증가하였고, 토지와 건물간의 세율의 차이도 6:1(피츠버그) 혹은 11:1(워싱턴)에 이르렀을 정도로 확산되었다.

하와이의 경우도 유사한 효과를 얻고 있다. 하와이 주는 차등세를 1963년에 도입했는데, 당시에는 12명에 의해 전체토지의 52%가 소유되고 있었을 정도로 토지집중이 심한 곳이었다. 차등세가 채택되자 곧 대토지소유자들이 토지개발권을 토지개발회사로 매각하는 변화가 나타났다. 그러나 그 차등세법은 1969년에 개정되어 버렸다. 그 결과 법적용에 면제받는 지역이 증가하게 되었고, 차등세율 간의 폭도 미미하게 되고 말았다.

세번째 유형으로는 조지주의를 정책강령으로 채택한 특정 정당이 집권하면서 토지가치세 정책을 추진한 경우이다. 대표적인 사례로 덴마크의 정의당이 연립내각을 구성하여 '토지세 정부'를 수립한 경우이다. 정의당은 1954년 「헨리조지협회」를 기반으로 토지가치세제를 입안한 바 있었다. 그러나 그 법안은 폐기되고 말았지만, 정의당이 1957년 정권을 잡으면서 이에 기초한 토지조세정책을 수립하였다. 지대를 환수하는 것과 그 외의 조세는 동결한다는 것이다. 그 법안이 발표되자마자 토지투기는 수그러들었고, 실질임금은 상승하였다. 이자율은 하락하였고 국제수지는 적자에서 흑자로 전환되는 등 경제적 · 사회적 효과가 즉시 나타났다. 그러나 1960년 총선에서 반대당은 보수파와 지주세력을 중심으로 결집하였고 언론도 이들을 도왔다. 결국 정의당은 패배하였고, 의회에 진출하는 최소득표에도 실패하고 말았다. 총선 후 토지세법을 폐지하자는 분위기에 의해 조지적 토지법은 1964년 폐기되고 말았다.

영국 노동당의 토지정책은 J. S.밀의 토지사상에 영향을 받았던 것으로 보인다. 노동당의 기본철학은 토지를 효율적으로 이용하고 토지의 개발이익을 환수한다는 것이다. 노동당은 토지의 효율적 이익을 위해서 토지 이용변경에 엄격한 공적 규제를 가하였으며, 동시에 개발이익을 환수하기 위해서 개발이익세, 개발토지세 등을 부과하였다. 그들이 집권하던 기간 동안에는 토지개발이익을 환수하는 다양한 정책을 채택하였다. 1948년부터 1953년까지는 개발부담금으로 개발이익에 대해서는 100%를 과세하였다. 1967년부터 1970년까지는 40% 세율로 개발이익세를 부과하였고, 1974년부터 1976년까지는 개발이익의 정도에 따라 차등적으로 세율을 적용하는 개발이익세를 부과하였다. 1976년부터는 60%의 개발토지세를 부과하고 있다. 시간이 지나면서 토지세율이 점차 완화되는 경향을 볼 수 있다.

이상에서 조지의 토지사상을 실천하려했던 사례들을 살펴보면서 토지가치세제의 실현가능성과 현실적 과제들을 확인할 수 있다.

첫째, 전국적이든 국지적이든, 장기적이든 단기적이든 간에 토지가치세제를 실시한 정도만큼 조지가 예상했던 사회적 · 경제적 효과가 나타났다는 점을 확실하게 확인할 수 있다.

둘째, 현실에서는 이해관계가 대립하고 세력관계가 복잡하게 얽혀 있어서 순수한 토지가치세제를 실현하는 데는 많은 어려움이 따른다는 점이다. 그러나 이런 어려움으로 인해 느슨한 형태의 토지가치세 정책을 채택했을 경우, 그 정책이 유연성을 발휘하기보다는 정책적 수명을 단축시키는 방향으로 작동했다. 오히려 순수에 가까운 형태에서 정책수명도 길었고 정책효과도 컸던 것을 확인할 수 있었다. 대립관계에 있는 장애요소들이 개입할 여지가 컸던 것으로 생각된다.

셋째, 지대를 불로소득으로 취하고 있는 일반적인 행정단위 속에서 토지단일세 마을이 지속적으로 번영을 누리기에는 너무나 큰 한계가 있다는 점이다. 사회 전체가 토지가치세제를 채택하지 않는 한 공동체 구성원에게 밀려오는 불로소득의 유혹을 감내하기란 구조적으로 한계가 있다는 것이다.

넷째, 조지주의적인 토지가치의 공유에 관한 사상이 자연법 사상과 조화를 이룬다고 하는 토지사상을 확립할 필요가 있다. 노동이 상품임에도 불구하고 인간이 다른 인간을 소유하거나 배타적으로 지배하지 않고서도(않아야만) 자유주의적 경제원리가 작동 할 수 있듯이, 토지 역시 그러하다는 것을 일반 사상으로서 확립해야 한다는 것이다. 그렇지 않고 개인적 신념이나 정치적 전략에 의해 부분적으로만 토지가치세제를 실시하게 되면 구조적인 한계로 인해 실패하게 되고, 실패의 사례가 증가하면 할수록 저항세력이 정당성을 얻는 것처럼 보이게 된다. 현실적으로 토지의 지대를 점유하는 비자유주의적인 집단이 자유주의라는 명분 하에서 토지세를 축소시켜나가는 현상을 볼 수 있는 것은 바로 이 때문이라고 생각된다.

2) 한국의 토지공개념

한국의 경우는 '토지 공개념'이라고 하는 토지정책에서 조지적 토지사상과의 접점을 찾을 수 있을 것이다. 토지공개념이란, '토지는 다른 물자에 비해 공공성 및 사회성이 높기 때문에 토지에 대한 공적 간섭을 확대할 필요가 있다'는 인식에 기초하고 있다. 한국에서는 1980년대 말, 토지 투기가 극에 달하여 부의 불균등이 심화되고 있다는 비판이 비등하였을 때 '토지공개념'을 둘러싸고 격심한 논쟁을 벌렸다. 그 결과 소위 토지공개념관련법을 제정하여 투기근절을 시도하였다. 그러나 이러한 기본 취지가 실행된 지 10여 년만에 거의 폐지되고 말았다.

한국의 토지공개념은 조지의 토지사상과 형태상으로는 유사하지만 조지의 영향을 집적 받았다기보다 한국의 토지에 대한 전통과 더 깊은 관련이 있을 것이다. 역사적으로 토지의 편중·집중으로 인해 사회문제가 생길 때마다 모든 토지는 왕(혹은 국가)의 것이라고 하는 '왕토사상'을 기반으로 토지 환수에 대해 논쟁하였던 것을 볼 수 있다. 그리하여 19세기 중반 이전까지만 해도 한국의 토지제도는 토지공유제를 기본 골격으로 유지하고 있었다. 이러한 정신은 헌법에도 반영되어 있다. 헌법 122조에는 '국가는 국민 모두의 생산 및 생활의 기반이 되는 국토의 효율적이고 균형 있는 이용·개발과 보전을 위하여 법률이 정하는 바에 의해 그에 관한 필요한 제한과 의무를 과할 수 있다'고 규정하고 있다. 한국의 헌법정신은 토지 재산권이 천부적 자유권이 아니라 법률에 의해 내재적으로 규정되고 사회적으로 구속성을 갖는 권리임을 분명히 하고 있다.

그럼에도 불구하고 이러한 토지관련 규정들이 토지문제를 해결하기는커녕 토지문제를 확대시킨 것은 이 규정들을 분배적 기능을 강화하는 취지로 운영한 것이 아니라 경제적 효율성을 제고하려는 취지로 운영해왔기 때문으로 보인다. 그러나 1980년대 말의 토지공개념 논의는 토지법을 경제적 효율만이 아니라 경제적 효율과 분배적 정의를 동시에 달성하려고 하는 토지법 구조의 전환을 지향하고 있었다고 생각된다. 당시에 입법된 토지기본법을 보면 잘 알 수 있다. 예컨대 토지기본법 6조 1항에서는 '국가 등은 토지에 관한 기본이념이 구현되도록 공익과 사익을 정당하게 형량하여 토지정책을 수립하고 이를 실시하여야 한다'고 하면서, 동시에 동법 5조 4항에서는 '토지의 소유·이용·개발 등에 의하여 그 가치가 증가함으로써 발생하는 이익은 사회에 환원되어야 한다'고 규정하고 있다.

우선 토지공개념관련법을 간단히 정리해 보기로 하자.

첫번째로 택지소유상한제이다. 이 제도는 도시의 주택용지·상업용지 등으로 개발한 토지에 대해 '소유할 권리'와 '소유한 권리'를 동시에 제한하는 제도이다. 즉 법적으로 정한 면적 이상의 토지를 소유할 권리를 제한하거나 초과 소유분에 대해서는 처분하거나 이용하거나 개발해야 할 의무를 부과하는 것이다. 초과소유자에 대해서는 초과소유부담금(공시지가의 6%-11%)을 부과하므로 토지의 효율적 이용을 촉진하거나 비효율적으로 소유하고 있는 토지를 처분하게 하여 토지공급을 확대하고자 하는 법이다.

두번째로는 개발이익환수제인데, 개발이익은 두 가지 형태로 나타난다. 하나는 토지를 개발함으로써 개발사업자에게 귀속되는 개발이익이다. 또 하나는 공공사업을 시행함으로써, 혹은 토지사용계획을 변경함으로써 토지소유자에게 귀속되는 개발이익이다. 개발이익환수제도는 개발사업자에게 귀속되는 개발이익을 '개발분담금'이라는 이름으로, 토지소유자에게 귀속되는 개발이익을 '토지초과이득세'라고 하는 이름으로 환수하는 제도이다. 그 이유는 정상가액 이상의 초과 증가분은 토지개발자나 토지소유자의 노력에 의한 것이 아니라 사회적 요인에 의해 이루어진 사회적 이익으로 보기 때문이다.

세번째는 지가공시제도 및 감정평가제도를 들 수 있다. 이 제도는 위의 두 가지 토지공개념법이 정상적으로 실행되기 위한 기초법률로써, 토지의 적정가격을 평가 · 공시하여 지가 산정의 기준을 제공하는데 그 목적이 있다. 정부는 표준 토지를 선정하여 토지의 시장가격이라고 할 수 있는 표준적인 적정가격을 조사 · 평가하고 이를 공시한다. 이 가격을 기준으로 초과소유부담금, 개발분담금, 토지초과이득세를 계산하여 부과하며, 토지 소유자나 개발자는 이 공시된 비용을 전제로 토지의 이용과 사용 및 처분을 결정하게 하는 것이다. 이렇게 하므로 토지가격의 평가를 객관화시켜 토지행정의 신뢰성을 확보하려는 제도이다.

이렇게 제정된 토지공개념관련법은 강도 높은 개혁의지를 담고 있었던 만큼 격심한 반론에 부딪혔다. 토지투기가 사회문제의 전면에 등장하고 있을 당시에는 여론의 힘에 밀려 입법화되기는 하였지만, 시간이 지남에 따라 투기문제가 사회 관심의 뒷전으로 밀려나고 더욱이 외환위기에 경제불황이 겹친 1990년대 말에는 경기회복이라는 명분을 내걸고 이 법규들을 폐기하고 말았다. 폐기된 표면적인 이유로는 토지거래를 촉진하여 건설경기를 자극하므로 위축된 경기를 활성화하고자 하는 단기적 경기부양책의 일환이라고 하는 지적이 있지만, 실제적으로는 대토지 소유자들의 격감하는 지대이익을 대변하는 세력들에 의해서 토지공개념이 근본적으로 사유재산권에 반한다고 하는 위헌론적 이유로, 시장질서를 방해하여 토지의 효율적인 사용을 저해한다는 비효율성의 이유로, 그리고 토지의 국유화를 조장하여 사회주의 사회로의 전환을 기도한다고 하는 음모론적 반론에 의해 폐지되고 말았다. 실로 기이한 현상이지만 당연한 결과일지도 모른다. 진정한 자유주의를 위한 법안들이 자유주의자들에 의해 폐지된 것은 그 자유주의자들이 유사 자유주의자들이기 때문일지도 모른다.

그러나 이 토지공개념의 법적 내용을 살펴보면 조지의 관점과 형식적으로 일치하는 점도 있지만 근본적인 차이도 발견된다. 토지가 가지는 다른 재화와의 차별적인 특수성, 특히 토지는 개인이 창조한 것이 아니고 자연이 인간에게 무상으로 준 선물이라는 점에서 조지의 토지사상과 토지공개념은 일치한다. 이러한 토지에서 발생하는 이익은 사회가 창출한 몫이라는 점에서도 조지의 관점과 일치한다. 뿐만 아니라 그 증가된 토지가치는 환수되어야 하며, 환수된 지대는 사회를 위해 사용되어야 한다는 점에서도 일치한다.

그러나 조지가 제안한 토지가치세제는 토지공개념제도와 달리 토지의 사용이나 거래를 제한하거나 토지 거래에 국가가 직접 개입하도록 하는 제도가 아니다. 토지공개념 반대자들이 토지공개념 법안을 두고 '규제위주의 토지정책을 실천하기 위한 이념적 수단'으로써 '토지공개념'이라는 추상적 용어가 사용되고 있다고 하는 지적에 대해서 조지도 동의할 것으로 생각된다. 발상에서는 닮은 듯하나 정책 그 자체에서는 거리가 멀거나 그 정신에 미치지 못하고 있다고 할 수 있다.

토지공개념제도는 토지의 생산성과 효율성을 저해하는 경향이 있다. 택지소유상한제와 같은 토지소유 제한정책은 토지의 생산활동을 제약하는 측면을 가질 뿐, 지대 하락효과가 나타나지 않아 분배를 공정히 하는 효과도 없다. 조지도 이런 정책은 중산층을 증가시킬 수 있을지는 모르지만 빈곤문제는 해결되지 않는다고 지적한 바 있다. 토지 소규모 분할 정책은 토지사유제 옹호자만 증대시킬 뿐 오히려 근본적인 토지개혁에는 걸림돌로 작동한다는 것이다.

지나친 과세방법으로 인해 토지가치의 공유에 대한 저항감만을 불러일으키는 측면도 있다. 토지초과이득세와 같이 미실현된 토지가치를 징수하는 제도는 일반적인 토지소유자에게도 강한 저항감을 가져오게 하며, 이를 회피하기 위해 비효율적인 토지이용을 부추길 가능성도 높다. 이 제도가 실시된 이후 대도시의 유휴토지가 임기응변식으로 이용된 사례를 무수히 발견할 수 있었다. 높은 양도소득세율은 토지의 거래를 방해하고 토지의 장기보유를 유인하므로 적절한 수요자가 토지에 접근하는 것을 어렵게 하며, 전반적으로 토지의 공급을 축소시키는 측면을 가진다. 또한 지대에 대한 과세가 강화되는 만큼 토지 인공물에 대한 감세가 동시에 추진될 때 토지의 효율적 사용이 유인된다는 조지의 지적을 생각하면, 한국의 토지공개념

제도는 여기에 미치지 못하고 있다.

우리는 한국 사회의 경험과 사정을 고려하면서 조지의 토지가치세제를 실현하는 방안들을 검토해볼 필요가 있을 것이다. 조지의 토지사상과 가장 가까운 대안으로서 지대조세제(김윤상)를 들 수 있을 것이다. 지대조세제는 토지가치를 사회가 환수하되 잠재지대를 징수할 것을 제안하고 있다. 과세의 표준을 토지의 잠재적 사용가치를 기준으로 한다는 것이다. 그렇게 되면 잠재지대 이하의 사용자는 손실을 입고, 잠재지대 이상의 사용자는 이득을 확보할 수 있다. 잠재지대가 환수되므로 투기적 이익은 완전히 사라지게 된다. 이 과정에서 토지는 최선의 사용자에 의해 사용된다. 동시에 지대조세제는 정부가 지대세를 최우선으로 징수해가면서 지대세를 제외한 다른 조세는 감면해나가면서 필요세원을 확보한다는 것이다. 만일 지대세만으로 재정수입이 충당되면 다른 조세는 폐지되고 결국 지대 단일세제가 될 것이다. 동시에 재정수입이 부족하게 되면 적정한 혼합이 이루어 질 것으로 생각된다. 지대조세제의 이런 견해는 실현 방법상 '유연성'을 얻고자 하는 점에서, 특히 한국사회의 토지에 대한 특수성을 배려해야한다는 관점에서 나온 것으로 생각된다.

조지의 토지사상을 한국사회에 성공적으로 접목시키기 위해서는 한국사회의 토지선호에 대한 충격을 최소화하려는 배려가 필요할 것으로 생각된다. 조지도 언급한 바 있듯이 사용권과 처분권을 완전히 인정하되 수익권의 일부만을 사회가 가지는 조세구조를 제도적으로 분명히 할 필요가 있다는 것이다. 앞서 언급한 토지공개념관련법안은 이 부분에서 조지적이지 않은 측면이 있다. 또한 한국은 지방분권 · 지방자립에 극도로 취약한 경제구조를 가지고 있다는 측면도 토지가치세제를 실시할 때 배려해야할 사항이다. 토지가치세제가 실시될 경우 초기에는 엄청난 재정불균형을 야기할 가능성이 있기 때문이다. 이를 위해서 종합토지세 중심으로 세제를 개정해나가면서 일정 기간동안 재정조정제도를 통해 재정불균형을 보완해나가야 할 것이다. 동시에 한국의 경우는 토지담보에 의한 은행부채 비율이 매우 높다는 점도 염두에 두어야 할 것으로 생각된다. 이 구조에서 토지가치세제를 급속히 실시하면 은행의 불량채권이 급증하여 금융경색의 문제를 야기할 가능성이 높다. 이 불량채권의 발생문제는 토지보상의 문제와 연관되어 있다. 이에 대한 여러 가지 논의가 있을 수 있을 것이다. 스펜서의 제안처럼 완전보상방법도 있을 수 있고, 조지처럼 보상이 필요 없다는 주장도 있을 수 있다. 지대조세제처럼 일정 유예기간을 두어 그 기간동안 토지가격에 대한 이자를 지급하는 방법으로 토지를 환수하는 방법도 있을 수 있고, 손문의 경우처럼 국채 혹은 국영기업주식으로 보상하는 방법도 있을 수 있다. 아무튼 한국의 특수성을 고려하여 그 충격을 최소화하는 지혜를 모을 필요가 있을 것이다.

1990년대 말 금융위기로 인해 퇴색된 토지공개념을 다시 생각해야 한다. 제2라운드 토지공개념 논의가 시작되어 진정한 토지가치세를 한국형으로 실현하는 예지를 모아야 할 때가 온 것이다. 한국은 세계 최고수준의 토지가격으로 인한 고비용 · 저효율의 문제에 시달리고 있다. 산업체는 값싼 토지를 찾아 외국으로 떠나버리고, 남아 있는 기업과 노동자는 토지의 맷돌법칙으로 인해 경쟁력 저하에 시달리고 있다. 우리는 부정의한 토지제도로 발생한 빈곤의 문제를 극복하기 위해서도, 그리고 주기적으로 되풀이하는 토지투기의 문제를 해결하기 위해서도, 뿐만 아니라 언제 올지 모르는 통일 후의 토지제도를 준비하기 위해서도 토지공개념관련법을 보다 완전한 자유주의적 관점에서 재론하고 재건해야 할 필요가 있다.

【참고문헌】

김윤상,『토지정책론』, 법문사, 1991.
김윤상, '지대조세제 실시에 따른 보상 문제',『대구경북행정학회보』, 제6호, 1994.
김윤상,『토지와 자유』, 11호(1998), 13호(1999.)
김정호,『토지세의 경제학』, 한국경제연구원, 1997.
노영훈·이성욱·이진순,『한국의 토지세제』, 한국조세연구원, 1996.
이규황,『토지공개념과 신도시』, 삼성경제연구소, 1999.
이재율, '헨리조지의 분배론 연구',『경제학연구』, 제46집 제2호, 1998.
이정우, '한국의 토지문제 : 진단과 처방', 발표논문, 2001. 12.
이정전,『토지경제학』, 박영사, 1999.
전강수·한동근,『토지를 중심으로 본 성경적 경제학』, CUP, 2000.
전강수·한동근, '한국의 토지문제와 경제위기',『경제학연구』, 제48집 제2호, 2000.
토지공개념연구위원회,『토지공개념위원회 연구보고서』, 1989.
Henry George, *Progress and Poverty*, 1897, 김윤상 역,『진보와 빈곤』, 비봉출판사, 1997.

Ⅳ.토지가치세제에 대한 의문과 해명

김윤상 *

"중력의 법칙을 부정함으로써 금전상으로 큰 이익을 얻게 된다면
이 명백한 물리적 사실에 대해서도 반대자가 없지 않을 것이다."

-토마스 머콜리(Thomas Babington Macaulay,
1800-1859, 영국의 역사가, 정치가)

토지가치세제에 대해서는 여러 가지 의문이 제기된다. 의문 중에는 생소한 제도에 대한 호기심내지 염려의 차원에서 제기되는 의문도 있고, 토지가치세제에 대한 거부감에서 비롯되는 의문도 있다.

토지가치세제는 토지소유권을 개인에게 인정하지만 지대를 모두 환수하는 제도이다. 토지사유제에서는 토지소유권의 내용인 사용권, 수익권, 처분권을 모두 개인에게 인정하고 토지공유제는 이를 모두 정부가 장악하는 반면, 토지가치세제는 토지소유권의 내용 중 토지수익권을 사실상 무력화하는 제도라는 점에서 토지사유제와 토지공유제의 중간적인 제도이다.

현재 세계 각국의 토지소유제도는 토지사유제 아니면 토지공유제를 기반으로 하고 있기 때문에 토지가치세제는 생소한 제도이고 따라서 토지가치세제에 대해서는 여러 가지 의문이 제기된다. 또 토지가치세제는 토지를 많이 소유하면서 기득권을 누려온 계층이 부당한 이익을 계속 누리지 못하게 하는 제도이기 때문에 기득권 수호의 차원에서 토지가치세제에서 흠집을 찾아내려는 의도를 가지고 제기되는 의문도 있다.

토지가치세제가 설득력을 가지려면 어느 쪽의 의문이든지 다 수용하고 합리적인 답을 내놓아야 한다. 아래에서는 토지가치세제의 특징과 그로 인한 영향을 살펴보고, 토지가치세제에 대해 흔히 제기되는 대표적인 의문을 소개하면서 그에 대한

* 경북대학교 행정학과 교수

필자의 견해를 제시한다.

1. 토지가치세제의 특징

토지가치 공유 : 토지가치세제는 토지가치를 공유로 하는 동시에 토지가치만 공유로 하는 제도이다. 토지가치를 공유로 한다는 것은 토지가치를 개인에게 사유시키지 않고 사회에 귀속시킨다는 의미이다. 또 토지가치만 공유화 한다는 것은 두 가지 의미를 가진다. 첫째로 건물 등 인공에 의해 조성된 토지개량물의 가치는 공유화하지 않는다. 둘째로 토지소유권을 정부가 가지는 것이 아니라 토지사유제에서처럼 토지의 사용과 처분은 개인에게 맡기고 토지소유자의 명의도 그대로 둔다.

토지가치 분납 : 토지가치세제는 토지가치를 공유화 하는 방법 중 지가를 일시에 환수하지 않고 토지소유자에게서 매년 지대액만큼 분할하여 환수하는 방법이다. 이 환수액을 지대세라고 부르기로 한다. 토지소유자가 토지를 매각하면 지대세 납부 의무는 새로운 매입자가 인수하게 된다.

잠재지대 징수 : 지대세의 금액은 토지의 실제 사용도나 실제 지대소득과는 무관한 토지의 잠재적 사용가치 즉 토지를 충분히 사용할 경우에 얻을 수 있는 연간 지대소득 내지 연간 임대료와 일치한다. 즉 지대세는 잠재지대 또는 경제지대를 과세표준으로 하는 조세이다.

지대세 최우선 징수 : 토지가치세제는 지대세를 최우선적인 조세로 징수하는 세제이다. 따라서 전형적인 토지가치세제 하에서는 지대세율이 100%가 되고 다른 조세는 대폭 감면된다. 만일 지대세만으로 정부세입이 충분히 조달된다면 다른 조세는 일체 면제되고 지대세만의 단일세제가 된다.

2. 토지가치세제의 영향

위와 같은 특징을 가지는 토지가치세제를 도입하면 토지와 조세 두 분야에 커다란 변화가 일어난다. 아래에서는 토지 분야에서 나타나게 될 중요한 변화를 살펴보기로 한다.

지가가 0이 됨 : 우선 지가 즉 토지의 매매가격이 0이 된다. 지가가 치솟기만 하는 현실에 오래 젖어온 우리는 이러한 변화가 선뜻 수긍되지 않겠지만 완전경쟁적 토지시장에서는 다음과 같은 이유로 이러한 결과가 나타난다. 토지소유권의 대가인 지가는 미래에 발생할 것으로 예상되는 모든 지대에서 토지소유비용을 뺀 금액이 된다. 토지소유권은 토지의 영구적인 우선사용권인 동시에 영구적 지대수취권이며 또한 토지의 처분권을 포함하므로 지가는 이들 권리의 경제적 가치의 합이다. 그러나 토지의 독과점이 없고 대체토지가 풍부한 완전경쟁적 토지시장에서는 토지의 우선사용권과 처분권은 특별한 경제적 가치를 가질 수 없을 것이다. 따라서 지가는 영구적 지대수취권의 가격 즉 미래의 모든 지대의 현재가치에서 토지소유비용의 현재가치를 뺀 금액이 된다.

한편 토지가치세제를 실시할 때 토지소유비용은 지대세액이 되며 지대세액은 지대액과 일치한다. 그 결과 지가는 0이 된다. 물론 현실에서는 지가가 정확히 0이 되지는 않겠지만, 지가가 대폭 하락하여 거의 0에 가까운 금액이 될 것은 분명하다.

토지불로소득이 0이 됨 : 토지불로소득이란 토지소유에서 생기는 소득이 매입지가를 다른 곳에 투자했을 때 생기는 평균소득과 차이가 날 때 그 초과액을 말한다. 토지불로소득은 두 가지로 구성된다. 하나는 토지매매에서 생기는 지가차액 즉 (매각지가−매입지가)이고 다른 하나는 토지소유기간의 지대·이자차액 즉 토지소유기간의 (지대소득−매입지가에 대한 이자)이다.

완전경쟁시장에서는 토지가치세제가 실시되지 않더라도 토지불로소득이 0이다. 정보가 완전하고 자본의 이동이 자유로운 완전경쟁시장에서는 토지를 소유한다고 해서 다른 곳에 투자하는 것보다 더 많은 소득이 생길 리가 없기 때문이다. 반면 완전경쟁조건이 충족되지 않는 현실의 시장에서는 토지불로소득이 0이 아닌 경우가 일반적이다. 대체로 보아 토지불로소득은, 경기가 상승하는 국면에서는 플러

스이고 경기가 하강하는 국면에서는 마이너스이다.

그러나 토지가치세제를 실시하면 토지시장의 완전경쟁조건이 갖추어지지 않더라도 토지불로소득은 0(또는 거의 0)이 된다. 그 이유는 다음과 같다. 지가는 언제나 0이므로 지가차액은 0이다. 또 지가가 0이므로 매입지가에 대한 이자도 당연히 0이다. 따라서 토지불로소득의 구성요소로는 지대소득만 남는데 지대세를 내고 나면 그것도 사라지고 말기 때문에 토지불로소득은 0이 된다. 만일 토지소유자가 토지의 객관적인 사용가치에 어울리는 사용을 하지 않아서 지대소득이 지대세액에 미치지 못하면 토지불로소득은 오히려 마이너스(−)가 된다.

토지소유자의 행동 변화 : 지대세가 부과되는 상황에서 지대소득이 지대세액에 미달하면 (즉 토지를 최선으로 사용하지 않으면) 손해를 본다. 그러므로 토지소유자는 토지를 최선의 용도에 맞게 직접 사용하거나 타인에게 임대하여 지대세를 납부하고도 손해를 보지 않을 정도로 소득을 충분히 올려야 하며, 그렇지 못하면 토지 소유를 포기하게 된다. 즉 토지를 직간접으로 최선의 용도로 사용하거나 토지를 처분한다는 것이다. 때로는 토지를 최선으로 사용하지도 않고 손실을 무릅쓰면서 소유를 계속하는 경우도 있겠으나 이런 상태가 장기간 계속되기는 어려울 것이다.

토지사용자의 행동 변화 : 지대세가 부과되면 토지소유자는 지대세를 정부에 납부하고 토지사용자는 지대를 토지소유자에게 지불하므로, 토지비용에 관한 한 토지를 소유하면서 사용하건 임차하여 사용하건 양자의 금전적 손익은 동일하다. 그러나 토지임차인은 토지소유자와의 계약을 통해서만 토지를 사용할 수 있기 때문에 토지사용의 보장이라는 면에서 토지를 직접 소유하는 것보다 불리하고, 지가가 0이기 때문에 토지를 매입하기 위해 추가비용이 필요한 것도 아니므로, 토지사용자는 가급적 토지소유권을 취득하려고 하게 된다. 뿐만 아니라 위에서 보았듯이 토지소유자는 사용하지 않는 토지는 처분하게 되므로 매각대상으로서의 토지의 공급도 원활하게 된다. 이러한 이유로 토지소유자와 실수요자가 일치하는 경향이 나타난다.

물론 지대세가 부과되어도 사업소득을 목적으로 하는 부동산 임대업은 여전히 존재할 것이므로 모든 토지의 소유자와 사용자가 일치하는 것은 아니며 이러한 불일치 현상은 도시에서 많이 나타나겠지만 전반적으로 보아 토지의 소유자와 사용자가 일치하는 경향을 보일 것이다.

3. 여러 가지 의문

이상과 같은 토지가치세제의 특징을 알게 되면, 토지사유제에 익숙한 독자는 자연히 여러 가지 의문을 갖게 된다. 흔히 제기되는 의문 몇 가지를 아래에서 검토해 보자. 여러 의문중 독자의 마음속에 떠오르는 의문을 필자의 답과 빨리 비교할 수 있도록 필자가 다룰 의문을 열거해 보면 아래와 같다.

의문 1 : 자본주의와 헌법에 위배되지 않나?
의문 2 : 토지소유자에게 지가를 보상할 것인가?
의문 3 : 지대총액은 얼마나 되는가?
의문 4 : 지대평가가 어렵지 않나?
의문 5 : 지가가 0이면 토지 배분은 어떻게 하나?
의문 6 : 왜 토지불로소득만 문제 삼나?
의문 7 : 누가 토지를 소유하고 개발하려 하겠는가?
의문 8 : 지대세가 전가되지 않나?
의문 9 : 제도 전환 비용이 크지 않을까?
의문 10 : 현실에서나 학계에서 어느 정도 수용되고 있나?

이제 각 의문에 대해 차례로 검토해 보자.

의문 1 : 자본주의와 헌법에 위배되지 않나?

토지가치세제는 토지에서 발생하는 지대를 소유자에게서 모두 징수하며 또 지가를 0으로 만들기 때문에 사유재산을 침해하며 따라서 자본주의와 우리 헌법에 위배된다고 생각하는 경우가 있다.

자본주의의 핵심 개념을 추출한다면 사유재산제와 시장경제일 것이다. 그 중 사유재산제는 개인이 노력을 통해 생산하고 그 생산 결과가 사회에 기여하는 정도에 따라 결정된 대가를 얻을 때 그 소득의 사유를 인정하고 보호하는 제도이며 그렇게 함으로써 개인의 노력과 기여를 장려하는 효과를 갖는다. 그런데 사유재산제 사회에서도 정부의 유지를 위해 세금을 부과하는 것이 불가피하다면 어떤 대상에 세금을 부과하는 것이 사유재산제의 취지에 가장 적합할 것인가?

현재 자본주의 사회에서 세수입의 대종을 이루고 있는 소득세는 과세대상인 소득이 노력과 기여에 의해 발생한 소득인지 불로소득인지를 묻지 않고 모두 동일한 과세 대상으로 삼는다. 사유재산제에 충실한 세제라면 불로소득부터 우선 징수하고 그것만으로 세수입이 부족하면 노력과 기여를 통한 소득에도 과세를 하여야 함에도 불구하고 현행 세제는 그렇지 못하다는 것이다.

반면 토지가치는 본질적으로 불로소득이다. 토지는 사람이 생산한 것도 아니고 또 토지가치는 토지소유자의 노력과 기여와는 무관한 요인 즉 토지의 자연적 형질과 환경, 사회경제적 변화, 정부의 조치 등에 의해 결정되기 때문이다.

이렇게 본다면 현행 세제는 오히려 사유재산제에 어긋나는 세제이며 토지가치세제가 진정한 사유재산제에 충실한 세제라고 하겠다. 그러므로 토지가치세제 때문에 조세 총액이 지금보다 커진다면 몰라도 그렇지 않다면 토지가치세제가 사유재산제에 어긋난다는 주장은 근거가 없다.

뿐만 아니라 토지가치세제는 현행 세제보다 시장 경제와 더 잘 조화되는 제도이다. 사유재산제와 함께 자본주의의 기둥인 시장경제원리란 생산, 분배, 소비 등 경제행위를 시장에 우선적으로 맡기자는 원리이고 이 원리에 충실하자면 시장의 작용을 방해하는 불필요한 간섭이나 장애를 제거하여야 한다. 그러므로 세금을 징수하더라도 가급적 시장의 작용을 방해하지 않는 세금부터 징수하여야 원리에 충실하게 된다.

현행 세제에서 큰 비중을 차지하고 있는 조세는 소득세와 유통세이다. 유통세란 부가가치세 또는 판매세 등 물자의 유통단계에 부과하는 조세를 말한다. 이런 조세는 당연히 경제행위에 짐이 된다. 그러나 토지가치세제는 모든 조세에 우선하여 지대세를 징수하는 제도이며 지대세는 물자의 생산, 분배, 소비 등 경제행위와는 무관한 세금이므로 시장의 작용을 방해하지 않는다. 따라서 지대세는 시장경제를 돕는 세금이다.

이렇듯 토지가치세제가 자본주의와 어긋난다고 하는 비판은 근거가 없다. 그러나 위헌 문제는 자본주의 원리와는 별도의 검토가 필요하다. 법현실에서는 원리보다 실정법이 더 중요한 기준이 되기 때문이다. 현행 우리 나라 헌법에 토지가치세제의 위헌여부를 판정하는 데 관련이 되는 조항을 살펴보자.

헌법
제23조 [재산권 행사의 한계]
① 재산권의 행사는 공공복리에 적합하도록 하여야 한다.
제119조 [경제질서의 규제와 조정]
② 국가는 균형 있는 국민경제의 성장 및 안정과 적정한 소득의 분배를 유지하고, 시장의 지배와 경제력의 남용을 방지하며, 경제주체간의 조화를 통한 경제

의 민주화를 위하여, 경제에 관한 규제와 조정을 할 수 있다.
제122조 [국토의 이용제한과 의무] 국가는 국민 모두의 생산 및 생활의 기반이 되는 국토의 효율적이고 균형 있는 이용, 개발과 보전을 위하여 법률이 정하는 바에 의하여 그에 관한 필요한 제한과 의무를 과할 수 있다.

위와 같은 우리 헌법의 조항은 토지가치세제의 합헌성을 뒷받침하는 데 손색이 없는 것으로 보인다. 그러나 우리 헌법은 토지가치세제와 같은 제도를 염두에 두지 않고 제정되었기 때문에 적극적, 명시적 근거가 되는 것도 역시 아니다. 그렇다면 결국은 헌법의 원리, 헌법이 자본주의를 옹호하는 정당한 이유가 헌법해석의 유력한 근거가 될 것이고 그렇다면 위에서 검토한 바와 같이 토지가치세제는 현행 세제보다 오히려 진정한 자본주의에 더 충실한 제도라는 점이 유리하게 고려될 것으로 기대된다.

의문 2 : 토지소유자에게 지가를 보상할 것인가?

위에서 보듯이 토지가치세제 자체는 자본주의에 어긋나지도 않고 위헌도 아니다. 그러나 현재처럼 토지가 개인 재산의 중요 부분을 차지하고 있는 현실에서 토지가치세제와 같이 지가를 거의 0으로 만드는 제도를 도입할 때 기존의 토지소유자에게 지가를 보상하지 않는다면 이를 둘러싼 위헌 시비가 생길 수 있을 것이다. 이런 의미에서 곧바로 지가보상 문제를 다룬다.

보상이 필요 없다는 쪽에서 들 수 있는 근거는 다음과 같다.

첫째로 토지사유제가 윤리적으로 부당한 제도라는 점이다. 토지를 포함한 자연 일체는 특정인이 생산한 것이 아니라 천부된 것으로서 모든 인간은 자연에 대한 공평한 기회를 가지므로 특정인에게 토지에 대한 우선권을 부여한다면 그로 인해 특정인이 받는 특별이익은 당연히 사회에서 환수하여야 한다는 것이다. 이러한 입장에서 본다면 현재와 같은 토지사유제는 부당한 제도이며 부당한 제도를 바로 잡는 과정에서 보상을 한다는 것은 옳지 않다.

둘째로 일반적인 정책과 보상의 관계를 근거로 든다. 정부의 조치는 언제나 계층간의 이해관계에 영향을 주기 마련인데 특별한 사유가 없는 한 정책 변화에 따른 손실은 개별적으로 보상하지 않는 것이 원칙이다. 만일 토지가치세제의 실시로 인해 지가가 하락한다고 해서 이를 보상해야 한다면 다른 정책에서도 이러한 원칙을 적용해야 한다. 그렇게 되면 모든 조세는 징수해봤자 보상금으로 다시 지출될 것이고 따라서 모든 정책 변화 역시 무의미해진다. 예를 들어 소득세제의 누진구조를 대폭 강화하는 세제개편을 했다고 할 때 고소득자의 소득세가 종전보다 엄청나게 높아졌다고 해서 이들에게 보상을 한다면 누진과세의 의미를 상실하게 된다.

셋째로 현행 제도에서 근거를 찾는다. 현재 우리 나라 제도에서 정부의 정당한 행위로 인해 국민이 입은 손실을 보상하는 경우는 사유재산의 수용 또는 징발과 같이 토지소유권을 박탈하는 경우에 국한되어 있다. 개발제한구역의 지정 등과 같이 토지가치가 사실상 상실되는 때에도 토지소유가 계속되는 한 손실보상은 인정되지 않는다. 따라서 토지가치세제로 인한 지가하락도 보상할 필요가 없다는 것이다.

반면에 보상이 필요하다는 쪽에서는 제도 변화와 관련하여 사회와 개인 사이의 책임론을 근거로 들 수 있다. 토지사유제가 원론적으로 부당한 제도이건 아니건 사회가 그 동안 적법한 것으로 인정하여 온 제도이다. 이제 와서 이 제도를 잘못된 것이라고 보아 바로 잡는다고 해도 구제도를 믿고 행동한 사람에게 제도 변화의 모든 부담을 지우는 것은 옳지 않다는 것이다.

토지사유제 사회에서 토지를 취득하는 목적은 투자와 실수요 두 가지로 나눌 수 있다. 보상긍정설 중에는 투자 목적의 토지소유자를 포함한 모든 토지소유자에게 보상을 해야 한다는 입장도 있을 수 있다. 또 투자 목적의 토지소유자는 위험부담을 각오한 자이므로 보상할 당위성이 적다고 하더라도 적어도 실수요 목적의 토지소유자에 대해서는 보상이 필요하다는 입장도 있을 수 있다. 전자를 투자자 보상설, 후자를 실수요자 보상설이라고 부르기로 한다.

투자자 보상설의 근거는 이렇다. 사유재산제와 토지사유제가 적법하게 인정되어온 사회에서는 국민이 자기의 재산을 토지의 형태로 보유하든 현금, 예금, 증권, 골동품 기타 어떠한 형태로 보유하든 보호를 받아야 한다. 예를 들어 토지가치세제 실시 직전에 토지와 증권을 맞바꾼 두 사람이 있다고 할 때 다같이 제도를 믿고 행동한 두 사람 중에서 토지를 취득한 사람의 재산만이 갑자기 줄어든다면 형평성에 어긋난다.

실수요자 보상설의 근거는 이렇다. 토지를 재산 보호 내지 재산 증식의 수단으로 삼는 것은 부당하다는 견해를 가진 사람이라고 하더라도 토지사유제 사회에서 토지를 안정적으로 사용하려면 지가를 지불하고 토지를 매입할 수밖에 없다. 지가를 지불한다는 것은 미래의 지대를 선납하는 것이므로 토지가치세제 실시로 인해 다시 지대세를 물게 된다면 지대를 이중으로 지불하는 결과가 되어 부당하다.

필자는 원론적으로 보상부정설이 옳다고 생각한다. 그러나 제도를 연착륙시키고 변화에 따른 국민의 고통을 덜기 위해서 필요하다면 다른 사정도 고려하여 유연하게 대처하는 것이 좋다는 입장이다. 필자의 생각을 정리하면 다음과 같다.

첫째로 투자 목적의 토지소유자는 사회 변화 및 정책 변화에 따른 위험부담을 각오한 사람이므로 보상이 필요 없다고 본다.

둘째로 실수요 목적의 토지소유자의 경우에는, 토지가치세제를 실시해도 토지소유권을 계속 보유하기 때문에 실수요자로서 토지를 사용하는 데에는 아무런 지장이 없으나, 토지를 매입할 때 일단 목돈으로 지불한 지대를 토지가치세제 실시로 인해 다시 지대를 지불해야 한다는 점을 감안한다면 다소간의 배려가 있어도 좋다고 본다.

또 현실론으로, 이미 국민이 기존의 토지사유제에 익숙해져 있고 이를 바탕으로 하여 모든 사회제도가 형성되어 있는데 갑작스럽게 토지의 재산가치가 0이 된다면 일반 국민 및 다른 사회제도가 이에 잘 적응하지 못할 우려가 있다. 예를 들어 토지를 담보로 하는 금융거래가 보편화된 실정에서 토지의 담보가치가 일시에 사라진다면 채무불이행의 경우 해결이 어려워지므로 금융질서가 혼란스럽게 될 수도 있다. 또 토지가치세제 도입 시에 토지소유자가 격렬하게 반대를 하게 될 것인데 이를 무마하기 위한 타협책의 일환으로서 보상을 고려할 수도 있을 것이다.

이런 여러 이유로 인해 보상을 고려한다면, 두 가지의 방법을 생각할 수 있다. 하나는 적당한 과도기간을 두어 지대세율을 점진적으로 높여가면서 토지가치세제를 도입하되, 그 과도기간의 지대수입을 토지소유자에 대한 보상으로 보고 정부가 별도의 보상금을 지불하지는 않는 방안이다. 예를 들어 과도기간을 10년으로 할 경우 세율을 매년 7.2% 씩 올리면 과도기간이 끝날 때에는 세율이 100%가 된다. 이 방법은 보상을 고려하는 방법이기도 하지만, 부상부정설의 입장에서 토지가치세제를 도입하더라도 대화와 타협을 통해 정책을 결정할 수밖에 없는 민주국가에서는 대체로 점진적인 도입이 될 가능성이 크므로 자연히 이와 같은 결과가 될 것으로 전망된다.

또 하나의 방법은 실수요 목적의 토지소유자를 보호한다는 입장에서, 토지의 시가가 아니라 토지소유자의 실질적 손실과 이익을 고려하여 적정액을 보상하는 방법이다. 이 때의 보상액 즉 토지소유로 인해 생긴 손실액은 매입지가에 대한 원리금에서 토지소유기간의 지대를 공제한 금액이다.

보상액의 상한 = 토지소유자의 손실
= 매입지가 원리금－토지소유기간의 지대

위와 같은 보상액은 토지 시가에 비하면 훨씬 적은 금액이 될 것이다. 뿐만 아니라 토지소유자는 대체로 보아 당장 생활이 어려운 계층이 아니기 때문에 보상액을 일시에 현금으로 지불해야 하는 것도 아니다. 또한 토지가치세제가 도입되면 다른 조세가 감면되는데 이 감면액을 보상액에서 공제한다면 보상액은 더욱 줄어든다.

의문 3 : 지대총액은 얼마나 되는가?

지대총액 규모가 얼마나 되는가도 큰 관심의 대상이 된다. 현대에 와서는 토지가 생산에서 차지하는 비중은 적어지는 반면 자본, 기술 등의 비중이 커졌기 때문에 지대의 규모도 별로 크지 않을 것이라고 많이 생각한다. 만일 지대의 규모가 얼마 되지 않는다면 토지가치세의 도입을 위해 심각한 논의를 할 필요성도 적다는 점에서 그 규모에 관심을 가지게 된다.

우리 나라에서는 매년 전국의 지가는 평가하고 있으나 전국의 지대를 평가하지는 않고 있다. 따라서 지대총액을 직접 알 수는 없고 지가를 통해 아래에서와 같은 방법으로 짐작할 수 있다.

첫째로 완전경쟁시장에서라면 지대는 다음과 같은 식으로 계산할 수 있다.

금년의 연간 지대=현재의 지가×(연간 이자율−연간 지대상승률 예상치)

위의 식에서 금년의 연간 지대는 1년 후에 발생하는 것으로 본다. 지가 총액이 1,500조 원 정도, 이자율이 10% 정도 된다고 하고 현재의 지가를 결정할 때 예상한 미래의 연간 지대상승률이 5%라고 하면 위 식에 따라 금년의 연간 지대총액은 1,500조×(0.1−0.05)=75조 원이 된다. 그런데 이런 방법을 이용하려면 연간 지대상승률 예상치를 알아야 하는데 직접적인 자료를 얻을 수 없는 점이 아쉽다.

둘째로 토지의 매매가격과 임대가격 간의 관계를 통해 지대를 추산해 볼 수 있다. 매매가격으로 임대가격을 평가하는 평가법을 '적산법'이라고 하는데 적산법에 관해 한국감정평가협회가 정한 [토지보상평가지침] 제49조 제4항을 보자.

토지보상평가지침
제49조 [토지사용료의 평가]
④ 적산법에 의하여 적산임료를 구하는 경우에 적용할 기대이율은 당해지역 및 대상토지의 특성을 반영하는 이율로 정하되 이의 산정이 사실상 곤란한 경우에는 다음 각호의 이율을 기준으로 한다. (중략)

1. 대(상업용) 및 이와 유사한 토지 : 연 8% 이내
2. 대(주거용 및 주상복합용) 및 이와 유사한 토지 : 연 5% 이내
3. 전 · 답 및 이와 유사한 토지 : 연 2% 이내
4. 임야 및 이와 유사한 토지 : 연 1% 이내

위 인용 조문에서 적산임료는 연간 지대를, 이율은 지대/지가의 비율을 의미한다. 1998년의 경우 상업용과 주거용을 포함한 대의 가격이 지가총액의 약 50%, 전 · 답의 가격이 지가총액의 약 15%, 기타토지의 가격이 지가총액의 약 35% 이다. 지목이 대인 토지 중 상업용과 기타의 비율을 알 수 없으므로 대 전체의 이율을 상업용과 주거용의 중간인 6.5%로 보자. 그러면 연간 지대총액은 다음과 같이 계산된다.

$$\text{연간 지대총액} \leq \text{지가총액} \times (0.065 \times 0.5 + 0.02 \times 0.15 + 0.01 \times 0.35)$$
$$= \text{지가총액} \times 0.039$$

위 식을 이용하면, 전국의 지가총액이 1,500조 원이라면 연간 지대총액의 최대 규모는 58.5조 원이 된다.

[표 1]에는 이 방법에 의해 추정한 결과가 실려 있다. 이 때 사용한 이율은 모두 0.039로 하였다.

[표 1] 지대총액과 조세총액의 비교

연 도	과세대상지가총액	지대총액(A)	조세총액(B)	A/B×100
1975	76	2.9	1.5	190
1980	282	11.0	6.6	167
1985	478	18.7	13.5	138
1990	1,060	41.3	33.2	124
1995	1,310	51.1	72.1	71
2000	1,186	46.3	98.2	47

주 : 지가총액은 1998년 지가와 연도별 지가변동률로 추계.
자료 : 통계청 홈페이지(http://www.stat.go.kr)

지가를 통해 같은 시점의 지대를 추정할 때 주의해야 할 점을 지적해 둔다. 지가

총액은 부동산 경기에 민감하여 단기간에 큰 폭으로 변화하는 수도 있고 반대로 상당기간 정체되기도 하는 반면 지대는 서서히 변화한다. 따라서 지대총액이 때로는 과잉추산 되고 때로는 과소추산 되므로 부동산 경기에 따라 추산액을 적절히 해석해 줄 필요가 있다는 점이다. 또 지대세를 징수하는 대신 다른 조세를 감면하게 되면 그로 인해 토지사용을 위해 투입되는 비용이 줄고 그 결과 지대가 상승하기 때문에 지대총액 규모는 위의 방법에 의한 추산액보다 훨씬 클 것으로 전망된다.

의문 4 : 지대 평가가 어렵지 않나?

지대에 과세하려면 토지만의 임대가치인 지대를 평가하여야 하는데 토지는 평가가 어렵고 특히 토지 자체의 가치와 토지개량물(건물 등)의 가치를 구분하기 어렵다는 우려가 있다.

조세를 부과하려면 과표를 평가해야 하고 소득세이건 부가가치세이건 모든 조세의 과표의 평가는 쉽지 않다. 그러므로 지대가 다른 조세의 과표보다 평가가 어려운가를 비교해 보아야 한다.

먼저 과표의 이론적인 정의(定義)에 따라 평가 방법을 비교해 보자.

어느 토지의 지대는, 투입비용이 모든 토지에 있어 동일한 경우에는 그 토지의 생산에서 한계토지의 생산을 뺀 차액이다. 이 때 한계토지의 생산은 토지사용에 투입된 임금, 이자 등 비용과 같다. 이를 투입비용이 토지마다 다른 경우로 일반화하면 다음과 같이 표시할 수 있다.

지대=토지사용에 의한 총수입액−토지사용에 투입된 비용

한편 대표적인 조세인 소득세, 부가가치세, 건물관련세의 과표는 각각 다음과 같이 정의된다.

소득세 과표=총수입액−그 수입을 얻기 위한 필요 비용
부가가치세 과표=총매출액−원료구입비
건물세 과표=건물 신축비용−감가상각액

또 지가는 다음과 같이 정의된다.

지가=모든 미래 지대의 자본화 가치

위의 여러 식을 비교해 보면 다음과 같은 결론이 나온다. 총수입액과 투입비용을 알아야 정확한 평가가 가능하다는 점에서 지대세와 소득세의 과표는 평가의 어려움에 있어 비슷한 수준이다. 부가가치는 모든 거래가 세무당국에 의해 포착되는 경우가 아니라면 정확한 평가가 극히 어렵다. 건물세 과표는 일반적으로 정확한 감가상각을 하기가 쉽지 않고 또 건축양식이 오래된 건물의 경우에는 신축비용을 산출하기도 극히 어렵다. 지가는 현재의 지대 이외에 미래의 모든 지대를 알아야 하므로 지대보다 훨씬 평가하기가 어렵다. 즉 위에서 예시한 각종 과표 중에서 볼 때 지대의 평가가 더 어렵다고 볼 근거가 없다.

또 지대세의 과표에는 토지개량물의 가치가 포함되지 않는 순수한 토지만의 가치가 반영되어야 하는데, 순수토지의 가치와 토지개량물의 가치를 완전히 구분해서 평가하기 어렵다는 의문도 있다.

농지의 경우에는 토지에 개량결과가 혼입되어 물리적으로 분리하기 어렵기 때문에 분리 평가가 어렵다. 그러나 이런 경우에도, 특정의 지출이 수입을 얻기 위해 투입된 비용인가 아닌가를 판단해야 하는 소득세 과표 평가보다 더 어렵다고는 할 수 없다. 반면에 지가가 비싸고 평가의 중요성이 높은 도시용 토지의 경우에는 토지와 그 건물의 분리 평가가 그다지 어렵지 않다. 예를 들어 특정 필지 주변의 개발상태는 그대로인 채 그 필자의 건물만 불타 없어졌다고 가정할 경우의 지대를 평가하면 된다. 실무적으로도, 우리 나라를 비롯하여 상당수의 국가에서는 실제로 재산관련 조세를 토지분과 건물분으로 나누어 평가하고 있다. 이런 점을 종합해서 판단하면 조세 목적의 분리 평가가 다른 과표에 비해 더 어렵다고 볼 수는 없다.

나아가서는 토지는 다른 대상보다 평가에 있어 다음과 같은 유리하다.

첫째로 토지는 다른 과세대상과는 달리 물리적으로 숨길 수 없기 때문에 평가대상에서 누락될 수 없다.

둘째로 인접한 토지간에는 유사성이 있고 인접하지 않았다고 하더라도 위치와 용도에 따라 유사한 가치를 가지는 경우가 많아 상호 참조에 의해 정확한 가치에 접근할 수 있다.

셋째로 토지 과표는 완전히 공개하여 일반인의 검증을 받을 수 있으므로 정실이나 실수에 의한 터무니없는 불공평한 평가를 막을 수 있다. 정부가 공평과세를 했는지를 판단하려면 모든 과세자료가 공개되어야 하는데 소득세 과표는 개인의 소득과 그리고 부가가치세 과표는 개인의 경제 활동과 밀접하게 연결되는 사항으로서 이를 공개하면 프라이버시(privacy)를 침해한다는 우려를 낳을 수 있다. 그러나 토지의 경우에는 당해 토지를 누가 소유하는지에 관계없이 지번과 토지가치 평가액만 공개하면 되므로 프라이버시 침해와 무관하다. 지금도 우리 나라를 비롯한 많은 나라에서 토지과표를 공개하고 있다.

넷째로 토지 평가에는 거래사례비교법을 적용할 수 있다. 이 방법은 정상적인 거래사례를 분석하여 특별한 사정이 있는 경우를 제외한 사례의 평균 거래액을 토지가치로 삼는 방법이다. 당사자간의 자유로운 경쟁을 통해 형성된 가격을 평균하면 실체적인 가치를 추정할 수 있다는 것이다. 또한 거래사례 비교법에서는 당연히 거래사례가 많을수록 진실에 가까운 금액을 찾을 수 있는데 토지는 현재도 매매사례보다 임대사례가 훨씬 많다. 어느 토지의 (또는 토지를 포함한 부동산의) 매매사례는 수년에 한 번씩 발생할까 말까 하는 정도이다. 그러나 부동산 중에는 임대용이 적지 않으며, 임대용 부동산의 경우에는 임대계약이 거의 매년 갱신되고 특히 상업용 부동산의 경우에는 한 건물 내에서도 여러 임대사례가 발생한다. 개인간의 토지거래가 없는 토지공유제에서 토지의 임대가치를 평가할 때는 경쟁입찰 방법으로 거래사례 비교법과 비슷한 결과를 얻을 수 있다. 현 토지사용자가 사용을 포기할 때 정부 또는 정부위탁기관이 그 토지사용 희망자간에 경쟁입찰을 실시하여 지대를 파악하는 방법이다. 경쟁입찰에 의한 지대 평가는 토지사유제 하에서도 물론 사용할 수 있다.

의문 5 : 지가가 0이면 토지 배분은 어떻게 하나?

지대의 100%을 징수하면 지가는 0이 된다. 지가가 변동하지 않으면 토지매매시장이 토지를 적정하게 배분하는 기능을 상실하게 되는데, 그렇다면 토지라는 귀중한 자원을 어떻게 효율적으로 배분할 수 있는가 라는 의문이 생긴다.

토지매매시장이 토지자원의 배분에 관해 별다른 역할을 하지 못하게 되는 것은 토지가치세제의 부작용이 아니라 바로 토지가치세제가 의도하는 바이다. 우리가 최근 수십 년간 경험한 현실시장에서는 지가가 모든 미래의 지대를 반영하지 않으며 토지의 매매와 보유로부터 막대한 불로소득이 발생하고 그에 따라 토지투기의 폐단이 발생하였다. 이와 같이 완전경쟁 토지시장에서는 생길 수 없는 특이현상이 현실 토지시장에서 나타나는 것은 사회 변화가 빠른 반면 인간의 미래예측능력은 극도로 제한되어 있기 때문이다. 바람직한 지가는 모든 미래 지대를 반영해야 하는데 인간의 미래예측 능력은 극히 제한되어 있으므로 상황 변화가 급격하게 그리고 광범위하게 일어나는 사회에서는 바람직한 지가가 형성될 수 없으며 그로 인해 엄청난 불로소득이 발생하고 토지투기가 성행한다. 이러한 사회에서는 토지매매시장의 배분기능에 대한 기대를 버리는 것이 낫다. 반면 변화가 극히 완만한 정적인 사회에서라면 토지불로소득이 그리 크지 않을 것이므로 토지불로소득을 사후적으로 징수하는 보완조치를 두는 정도로도 큰 지장이 없을 것이다. 결국 토지매매시장의 불완전성으로 인한 폐해가 어느 정도인가에 따라 제도 전환의 타당성 여부가 결정될 것인데 변화 속도가 빠른 현대사회에서는 전환이 불가피한 것으로 판단된다.

토지매매시장이 무력화되어도 토지의 적정 배분에는 문제가 없다. 첫째로, 토지가치세제를 실시하면 당해 토지의 지대세에 상응하는 수준의 토지사용을 할 수 없는 사람은 토지를 소유하지 않으려고 할 것이다. 즉 토지를 소유하는 사람은 대체로 토지를 잘 사용할 사람이라고 보아도 무방하므로 토지의 적정 배분이 이루어지게 된다.

둘째로 부동산시장을 통해 토지의 적정 배분을 기할 수 있다. 토지는 나대지 상태보다는 건물 등 개량물을 포함한 부동산을 단위로 하여 거래되는 경우가 많고, 또 현재는 나대지라고 해도 결국은 개발될 것을 전제로 하여 거래되는 경우가 일반적이다. 토지가치세제를 실시하면 토지소유 자체로는 아무 이익이 없게 되므로 개량물을 포함하는 부동산 전체의 적정 배분이 관심의 대상이 되고 그에 따라 부동산의 일부인 토지의 적정 배분도 아울러 이루어질 수 있다.

이 의문과 관련된 것으로서 토지매매시장의 배분기능이 무력화되면 토지소유자 또는 토지소유 희망자가 단기적인 관점만을 가짐으로써 장기적인 관점에서의 토지 배분에 지장이 될 수 있다는 의문도 있다. 또 토지사유제 하에서는 토지가격의 하락을 우려하여 토지소유자가 토지를 양호하게 보전하는데 반해 토지가치세제 하에서는 매각지가가 어차피 0이므로 무책임한 토지소유자가 단기간에 토지를 마구 사용한 후 토지소유를 포기하지 않을까 하는 의문도 있다.

이런 의문도 부동산시장의 기능을 이해한다면 답이 나온다. 부동산 거래자는 부동산 전체의 이익에 관심을 갖게 되는데 부동산의 수명은 장기이기 때문에 부동산 소유자는 자연히 장기적 관점의 적정 이용을 도모하게 된다.

아울러 다음과 같은 방법으로도 토지소유자 또는 토지소유 희망자의 관점을 장기화하는 데 도움을 줄 수 있다. 첫째로 지대세액을 장기에 걸쳐 예고한다. 예를 들어 10년 정도의 기간 동안 징수할 지대세액을, 약간의 변경 가능성을 유보하는 가운데, 예고한다면 토지소유자가 이를 참고하여 그 기간 동안의 토지사용을 계획할 수 있다. 둘째로 정부가 토지의 사용 개발에 관한 장기적 일정을 담은 시간적 토지계획을 수립하여 발표한다. 각자는 이를 참고하여 토지사용을 장기적으로 계획할 수 있다.

의문 6 : 왜 토지 불로소득만 문제 삼나?

토지가치세제는 본질적으로 지대수입이 불로소득이라는 이유로 지대를 환수하는 제도이다. 그에 따라, 세상에는 토지 불로소득 외에도 여러 종류의 불로소득이 있는데 왜 토지 불로소득을 우선적으로 환수하자고 하는가 라는 의문도 흔히 제기된다.

이런 의문에 대한 답을 요약하자면 각종 불로소득 중에서 토지 불로소득이 가장 악성이기 때문이라고 할 수 있다. 불로소득이라고 하면 일반적으로 노력과 기여가 없이 얻은 경제적 이익 또는 노력과 기여에 대한 통상적인 대가 이상의 경제적 이익을 의미한다. 상식적인 수준에서 거론되는 불로소득을 예시하면 다음과 같다. 첫째로 일반적으로 투기라고 지칭하는 행위 즉 매매차액을 노리는 행위에서 발생하는 소득이 있다. 투기에는 토지투기 외에도 증권, 서화, 골동품, 복권에 대한 투기가 있고 그밖에도 농산물 기타 상품에 대한 투기도 있다. 둘째로 매매차액이 아닌 불로소득이 있다. 특별한 선천적 재능과 같은 천부적 원인에 의한 가외 소득, 정부나 권력에 의한 특혜 또는 신분에 의한 특수이익 등과 같은 권력적 사회적 원인에 의한 특별한 소득, 상속이나 증여 등 개인적 원인에 의한 불로소득도 있다. 그밖에도 금융저축에 대한 이자, 예상외로 히트한 상품의 수익, 특허에 의한 이익, 타인이나 사회가 조성한 외부경제의 이익 등을 불로소득이라고 보는 견해도 없지는 않을 것이다.

이러한 각종 불로소득은 그 악성(惡性)의 정도에서 차이가 있는데 악성도는 다음과 같은 기준에 의해 판단할 수 있다.

① 사회적 차원에서 불로소득의 순폐단의 크기로 판단한다. 순폐단이란 불로소득의 총폐단에서 그 불로소득을 인정함으로써 얻을 수 있는 사회적 이익을 뺀 나머지를 말하며, 불로소득의 순폐단이 클수록 그 악성도가 높다.

② 개인적인 차원에서 불로소득의 기회균등성 및 무책손실(無責損失)의 회피가능성으로 판단한다. 첫째로 불로소득을 얻을 기회의 불평등 정도가 클수록 악성도가 높다. 둘째로 한 편에서 불로소득을 얻는 자가 생기면 다른 편에서 아무 잘못

없이 손실을 입는 자가 발생하는 경우가 많은데 이런 경우에 일반 국민이 그러한 무책손실을 피할 수 있는 가능성이 낮을수록 악성도가 높다.

이런 기준에 비추어 본다면 토지불로소득이 가장 악성임에 분명하다. 첫째로 토지 불로소득은 폐단은 크고 사회적 이익은 전혀 없다. 둘째로 법적으로는 누구나 토지를 소유할 수 있으므로 토지불로소득을 얻을 기회도 균등하다고 할 수 있을지 모르나, 토지소유자가 되기 위해서는 막대한 금액의 지가를 지불해야 하는데 이러한 높은 진입장벽이 있는 한 기회는 실질적으로 매우 불균등하다. 셋째로 토지 불로소득은 비지주계층에서 지주계층으로 이전되는 소득인데 토지는 모든 사람의 필수물자이므로 비지주계층이 그 피해를 회피할 방법이 없다.

반면 다른 불로소득은 모두 위의 두 기준 중 하나 이상에서 토지 불로소득보다 악성이 덜하다. 예를 들어 증권의 시세차익도 불로소득의 일종이지만 증권거래는 자본 조달의 한 방법이라는 사회적 기능이 있으며 이자소득도 넓은 의미에서 불로소득의 일종이라고 할 수 있지만 이자소득을 인정함으로써 자본의 축적과 융통을 촉진할 수 있기 때문에 역시 사회적 기능이 있다.

그러므로 불로소득 중 가장 악성인 토지 불로소득이 최우선적인 징수대상이 되는 것이 당연하다. 다만, 권력적 사회적 원인에 의한 불로소득 중에는 토지 불로소득과 비슷한 정도의 악성도를 가지는 것이 있는데 (예를 들면 권력이 특정기업에 특혜를 줌으로써 그 기업이 얻는 특별 이익) 이런 불로소득은 징수에 있어 토지불로소득과 동등한 우선 순위를 부여해야 할 것이다.

의문 7 : 누가 토지를 소유하고 개발하려 하겠는가?

현재와 같은 토지사유제 하에서 토지를 취득하려는 자는 토지의 투자가치를 고려하게 되며 투자 전망이 없는 토지는 소유하려 하지 않는 경우가 많다. 그러므로 토지가치를 모두 징수하는 토지가치세제 하에서는 토지소유 의욕이 떨어지지 않을까 하는 의문이 있다. 이와 관련된 의문으로서 토지개발이나 천연자원 탐사에는 많은 자금이 투입되어야 하는 동시에 그 성공여부도 불확실한데, 성공했을 때 뛰어오르는 토지가치를 모두 징수하게 된다면 개발이나 탐사의 의욕이 줄지 않을까 하는 의문도 있다.

먼저 소유 의욕에 대해 생각해 보자. 토지를 취득하는 목적은 실수요 목적과 투자(내지 투기) 목적의 두 가지로 나누어 볼 수 있다. 토지가치세제는 실수요 목적의 토지취득은 촉진하고 투자(내지 투기) 목적의 토지 취득은 억제한다.

만일 자기 소유가 아닌 토지를 사용하는 세입자(貰入者)가 추가비용 없이 당해 토지를 소유할 수 있다면 당연히 토지소유자를 겸하려고 할 것이다. 세입사업자의 토지사용권은 토지소유자의 권리에 의해 제약되는 데 반해 스스로 토지소유자가 되면 그러한 제약에서 벗어나기 때문이다. 토지가치세제 하에서는 지가가 0이므로 토지취득에 드는 비용이 없고 토지소유자가 되더라도 종전에 세입자로서 토지소유자에게 지불하던 토지임대료에 상당하는 금액을 지대세로 납부할 뿐 그 밖의 비용은 들지 않는다. 따라서 토지가치세제 하에서 실수요 목적의 토지취득은 오히려 촉진된다.

반면 토지가치세제 하에서는 토지를 단순히 소유하는 것만으로는 아무런 이익이 발생하지 않고 토지를 제대로 사용하지 않으면 오히려 손실을 입기 때문에 투자(내지 투기) 목적의 토지소유는 사라질 것인데, 이 점은 토지가치세제의 문제점이 아니라 오히려 장점이다.

둘째로 개발 및 탐사 의욕에 대해 생각해 보자. 개발과 탐사도 일반 사업과 마찬가지로 사업 자체의 수익성 판단에 따라 사업추진 여부를 결정하는 것이 사회를 위해 바람직하다. 토지 및 천연자원의 지대까지 사업자가 사유화한다는 전제하에 사업의 수익성을 판단한다면, 자체로서는 수익성이 적은 사업도 지대상승을 유발할 경우에는 추진될 가능성이 있으며 그로 인해 사회적으로 자원의 낭비를 초래한다.

다만 토지가치세제 하에서도 개발이나 탐사를 촉진해야 하는 절박한 필요성이 있을 경우에는 사업 성공시의 지대를 사업자에게 주기로 (즉 지대세를 면제하기로) 약속하는 방법을 취할 수도 있을 것이다. 그러나 이 때 사업자가 얻게 될 지대는 목적성 보조금에 해당한다. 이런 방법은 특별한 정책적 목적을 달성하기 위해 제한적으로 사용할 수 있는 방법일 뿐 이를 일반화해서는 안 된다.

의문 8 : 지대세가 전가되지 않나?

토지가치세제의 효과는 지대세를 모두 토지소유자가 부담할 경우에 완전한 효과가 발생한다. 교과서에서는 지대세와 같은 토지보유세는 전가되지 않고 모두 토지소유자가 부담하는 것으로 되어 있으나 현실에서는 지대세가 전가되어 토지가치세제를 유명무실하게 만들 수 있다는 의문도 있다.

교과서에는 지대세가 전혀 전가되지 않는다고 되어 있지만 교과서적인 완전경쟁시장과는 달리 토지 또는 상품의 독과점이 존재하는 현실에서는 지대세가 얼마간 전가될 수 있기도 하다. 그러나 현실에서는 거의 모든 조세가 전가될 수 있다는 점을 생각하면 전가 가능성이 있다고 해서 토지가치세제에 반대하는 것은 옳지 않다.

예를 들어 누진소득세는 고소득층에 높은 소득세를 부과함으로써 소득재분배를 통한 과세공평을 달성하는 것이 목적이다. 그러나 고소득층인 기업경영자가 자신의 봉급을 책정할 때 소득세 공제 후의 가처분소득을 기준으로 함으로써 자신의 소득세를 전가시킬 수 있다. 고소득층에 대한 누진소득세가 전가된다면 누진소득세의 목적은 그만큼 제한된다. 또 일반노동자에 대한 소득세 역시 전가될 수 있다. 노조가 임금협상을 할 때 소득세 공제 후의 가처분소득을 기준으로 협상에 임한다면 결국 소득세는 기업에 또는 소비자에게 전가된다. 그러므로 전가를 이유로 지대세를 비판한다면 같은 이유에서 소득세도 비판해야 옳다는 것이다.

이러한 점을 고려한다면 판단의 기준은 전가가 되느냐 안 되느냐에 있는 것이 아니라 전가의 정도가 극심하여 조세 부과의 본래 목적을 달성할 수 없을 정도이냐 그렇지 않으냐에 두어야 한다. 만일 현실에서 지대세의 전가율이 매우 높고 앞으로도 전가율이 낮아질 전망이 없다면 지대세의 이론상의 효과가 아무리 뛰어나더라도 구태여 기존 세제를 개혁하여 토지가치세제로 전환해야 할 이유가 없다. 그러나 전가율이 그리 높지 않거나, 당장은 전가율이 높더라도 점차로 전가율이 낮아진다고 한다면 전가 가능성은 토지가치세제에 반대할 근거가 될 수 없다.

토지가치세제 시행 초기에 지대세의 전가비율이 얼마가 될지는 확실하게 알 수는 없지만 다른 조세보다 높지는 않을 것이다. 또 토지가치세제를 계속 실시해 가면 전가율이 낮아진다. 지대세와 같은 토지보유세는 토지소유자의 토지시장 지배력이 크거나 토지사용자의 생산물시장 지배력이 클 경우에만 전가될 수 있는데, 지대세는 토지 불로소득을 줄임으로써 토지소유자의 시장지배력을 약화시키는 효과를 갖기 때문에 토지가치세제를 실시하면 토지소유자의 전가 능력도 시간이 흐름에 따라 약화된다.

의문 9 : 제도 전환 비용이 크지 않을까?

토지가치세제라는 새로운 제도를 도입하면 제도 전환을 위해 많은 행정 비용이 들고 새 제도에 적응하기 위해 사회와 국민이 큰 부담을 갖지 않을까 하는 의문도 있다.

먼저 행정비용의 문제를 보자. 토지가치세제를 도입할 때 추가로 드는 행정비용은 지대를 새로이 평가하는 비용뿐이다. 그런데 지금까지 평가하던 지가는 평가할 필요가 없어지므로 지가평가 비용이 절감되는 동시에 지대는 지가보다 평가하기가 쉬우므로 행정비용은 종전보다 오히려 절약될 수 있다. 뿐만 아니라 지대세 수입만큼 다른 조세를 면제한다면 면제되는 조세의 과표를 평가하는 비용도 절약된다. 그러므로 행정비용은 문제가 될 수 없다.

둘째로 새 제도에 적응하기 위한 부담의 문제를 보자. 한 예를 들면 현재 채무를 담보하기 위해 토지에 저당권이 설정되어 있는 경우에 지가가 0이 되면 채무담보가 불가능해진다는 문제가 있다. 개인적 적응 문제의 한 예로는 정년퇴직자가 퇴직금으로 부동산을 구입하여 두고 그 임대료로 겨우 생활하는 경우에 토지가치세제가 실시되면 살 길이 어려워진다는 문제가 있다.

적응의 문제는 어떤 제도 전환에서도 발생할 수 있는 것으로서 문제의 심각성이 새 제도를 무의미하게 할 정도가 아닌 한 제도 전환 자체를 반대할 수 있는 구실이 될 수는 없다. 다만 새 제도를 실시할 때에 국민이 적응상의 어려움을 겪는다면 이를 완화할 수 있는 조치를 마련하면 된다.

위에서 예시된 문제의 경우, 채무담보의 문제는 토지가치세제로의 전환시 토지보상을 하면 그 보상금에 담보를 설정하면 되고 그렇지 않더라도 새 제도를 장기간에 걸쳐 점진적으로 실시하면 별 문제없이 적응할 수 있을 것이다. 퇴직노인의 문제는 토지가치세제로의 전환시에 토지보상이 이루어진다면 보상금을 활용하면 되고 그렇지 않다면 정부가 복지정책 차원에서 배려를 하면 된다.

의문 10 : 현실에서나 학계에서 어느 정도 수용되고 있나?

토지가치세제를 전면적으로 채택하고 있는 나라는 없으며 학계에서도 비중 있게 다루지 않고 있는데 그 이유는 무엇인가, 제도에 문제가 있기 때문이 아닌가 하는 의문도 있다.

토지가치세제가 이상으로 삼듯이 지대의 100%를 징수하는 대신 소득세, 부가가치세 등의 세금을 철폐하는 정도의 사례는 아직까지 없다. 그러나 토지가치세제는 완화된 형태로나마 대만, 미국, 호주, 덴마크, 남아프리카공화국 등에서 실시되어 좋은 결과를 낳은 바 있다. 우리 나라도 토지가 재산축적의 수단이 되어서는 안

된다든지, 토지에 대해서는 보다 강한 정부개입이 필요하다고 하는 토지공개념이 대다수 국민의 공감을 얻고 있으며 상당한 정도로 법제화까지 되어 있는데, 토지공개념 중 개발이익 환수정책은 비록 방법은 불완전하지만 토지가치세제와 방향이 같다.

또 토지가치세제에 대한 학계의 태도는 엇갈린다. 지대세와 같이 지대를 과표로 하고 세율이 일정한 토지보유세가 이론적으로 가장 우수한 조세라는 점에 대해서는 이견이 없는 것으로 보인다. 이 사실은 재정학이나 조세론 교과서를 참고하면 쉽게 확인할 수 있다. 그런데도 구체적으로 토지가치세제를 도입하자는 주장을 지지하는 학자는 그렇게 많지 않은 형편이다.

이처럼 토지가치세제가 현실에서나 학계에서 뚜렷한 진전이 없는 이유는, 진리가 세상에 쉽게 수용되지 않는 이유 즉, 기득권자가 지배하는 사회구조, 역사적 우연 등으로 설명할 수 있을 것이다. 토지가치세제에 국한하여 보면 다음과 같이 그 이유를 들 수 있다.

첫째로, 토지가치세제는 토지를 독과점함으로써 손쉽게 사회를 지배하고 이를 유지해 나가는 기득권층을 위협하는 제도이기 때문에 현실에서도 역시 쉽게 수용되지 못했다.

둘째로, 토지가치세제의 주창자인 헨리 조지(Henry George, 1839-1897)는 학계 인사가 아니었고 학계를 포함한 기성 질서를 공격하는 재야학자 내지 운동가였기 때문에 처음부터 학계에 쉽게 수용되지 못했다.

셋째로, 20세기 들어 전통적인 자본주의와 이를 개혁하려는 사회주의의 2대 진영이 세계의 실권을 장악하여 토지가치세제와 같은 제3의 대안이 발붙일 틈이 없었다.

넷째로, 토지의 독자성을 인정하지 않는다는 점에서 공통성을 가진 신고전학파와 좌파 경제학이 양대 진영의 이론적 지주가 되어 20세기 경제학계의 주도권을 장악하여 왔기 때문에 토지를 중시하는 토지가치세제가 대접을 받지 못했다.

4. 마무리

지금까지 토지가치세제의 특징과 영향을 살펴보고 흔히 제기되는 다음과 같은 의문을 검토하였다.

의문 1 : 자본주의와 헌법에 위배되지 않나?
의문 2 : 토지소유자에게 지가를 보상할 것인가?
의문 3 : 지대총액은 얼마나 되는가?
의문 4 : 지대평가가 어렵지 않나?
의문 5 : 지가가 0이면 토지 배분은 어떻게 하나?
의문 6 : 왜 토지 불로소득만 문제 삼나?
의문 7 : 누가 토지를 소유하고 개발하려 하겠는가?
의문 8 : 지대세가 전가되지 않나?
의문 9 : 제도 전환 비용이 크지 않을까?
의문 10 : 현실에서나 학계에서 어느 정도 수용되고 있나?

글의 처음에도 언급하였듯이 이런 의문은 생소한 제도에 대한 호기심 또는 새로운 제도에 대한 염려의 차원에서 제기되기도 하지만 토지가치세제를 반대하는 입장에서 제기되기도 한다. 그러나 검토 결과 어느 의문도 토지가치세제를 부정할 만한 근거는 되지 못함을 알게 되었다.

이 글에서 검토한 의문 이외에도 여러 가지 의문이 있을 수 있고 또 실제로 역사상 많은 의문과 비판이 제기되어 왔다. 이러한 의문에 관해서는 참고문헌을 참고하거나 필자와 개별적으로 토론하여 주기를 기대한다.

【참고문헌】

강원철·김복순, 『1998년 1월 1일 기준 전국 지가총액 추계』, 감정평가연구원, 1998.
김윤상, 『토지정책론』, 법문사, 1991.
류시민, 『부자의 경제학, 빈민의 경제학』, 푸른나무, 1992.
박장환, 『인물경제학사: 주요 경제학자 30인 약전』 법문사, 1993.
이 풍, 『모두가 살맛 나는 약속의 땅을 향하여』, 도서출판 진리와 자유, 1998.
이정전, 『토지경제학』, 박영사, 1999.
전강수·한동근, 『토지를 중심으로 본 성경적 경제학』, CUP(기독교대학 설립 동역회 출판부), 1999.

Andelson, Robert V. and James M. Dawsey, ***From Wasteland to Promised Land : Liberation Theology for a Post-Marxist World***, Shepheard-Walwyn London, 1992, 기독교경제학연구회 역, 『새로운 해방의 경제학』, CUP(기독교대학 설립 동역회 출판부), 1996.

Andelson, Robert V., ***Land-Value Taxation Around the World***, 2nd ed., Robert Schalkenbach Foundation, New York, 1997.

Andelson, Robert V., ed., ***Critics of Henry George***, Associated University Press London, 1979.

Burgess, Ronald, ***Public Revenue Without Taxation***, Shepheard-Walwyn London, 1993 김윤상 역, 『세금은 없애고 지대를 걷자』, 경북대학교 행정학과, 1996.

Cord, Steven, ***44 Objections & Responses***, Center for the Study of Economics, 1995.

Cord, Steven B., ***Henry George : Dreamer or Realist?***, Robert Schalkenbach New York 1985.

Gaffney, Mason and Fred Harrison, eds., ***The Corruption of Economics***, Shepheard-Walwyn Foundation, London, 1994.

George, Henry, ***Progress and Poverty***. 1879, 김윤상 역, 『진보와 빈곤』, 비봉출판사, 1997; 『진보와 빈곤』(축약), 도서출판 무실, 1989.

Hellman, Rhoda, ***Henry George Reconsidered***, Carlton Press New York, 1987.

Lewis, Jr., Stephen R., ***Henry George and Contemporary Economic Development***, Williamstown, Mass. : Williams College, 1985.

Lindholm, Richard W. and Arthur D. Lynn, Jr., eds., ***Land Value Taxation : The Progress and Poverty Centenary***, The University of Wisconsin Press Madison, 1982.

Netzer, Dick, ed., ***Land Value Taxation : Can It and Will It Work Today?***, Lincoln Institute of Land Policy Cambridge, 1998.

V. 헨리 조지와 자유무역

남병탁 *

1. 서 론

자유무역이 보호무역에 비해 자원의 효율적 배분과 국민후생 수준의 증대를 가능하게 한다는 것은 경제학원론 과정에서도 배우고 있지만, 현실에서는 여전히 자유무역의 달성은 요원하기만 하다. 각국의 이해와 각 집단의 이해관계가 맞물려 보호주의가 강화되기도 하고, 한편으로는 GATT, WTO 같은 국제기구를 통해 자유무역의 이상을 실현하려는 노력도 진행되고 있다. 자유무역과 보호무역에 대한 논쟁은 오랜 역사를 지니고 있다. 특히 19세기 후반에는 이에 대한 논의가 사회경제적으로 가장 중요한 이슈로 많은 논객이 서로의 입장을 주장하며 논쟁하였다. 그 중에서도 헨리 조지(Henry George, 1839-1897)는 자유무역과 보호무역의 장단점을 체계적으로 비교 논구하고, 노동자의 이익을 위해서 자유무역이 실현되어야 함을 주장하였다.

헨리 조지는 19세기 미국에서 태어나 절망적인 빈곤 속에서 정규교육도 거의 받지 못하고 어린 나이 때부터 온갖 직업을 전전하면서 대도시의 번영과 가난을 체험하였다. 그는 이러한 개인적 경험을 통해, 경제적 진보에도 불구하고 빈곤이 사라지지 않는 원인을 밝히고 제거하는 일에 일생을 바쳤다. 헨리 조지는 어려운 가운데서도 독학으로 사상적 · 학문적으로 높은 수준에 도달하여 뛰어난 언론인, 사회개혁가, 저술가로서 명성을 날렸다. 그는 미국뿐만 아니라 아일랜드, 호주 등에서도 강연하며 자신의 사상을 전파하였고, 자신의 사상을 실현하기 위해 뉴욕시장에 출마하기도 했다. 그의 사상은 후일 베블렌, 손문, 톨스토이 등에게도 영향을 끼치고, 호주, 뉴질랜드, 대만 등의 토지제도에도 영향을 끼치게 되었다.

---

* 경일대학교 경제학과 교수. 본고는 저자의 졸고(2001)를 일부 수정한 것임.

헨리 조지는 1879년의 『진보와 빈곤(*Progress and Poverty*)』과 1886년의 『보호냐 자유무역이냐(*Protection or Free Trade*)』, 유작 『정치경제학』(*The Science of Political Economy*) 등 여러 권의 저서를 집필하였으며, 수많은 강연 원고, 잡지 기사도 남겼다. 『진보와 빈곤』은 헨리 조지의 사상을 가장 강력하게 표현한 불후의 명저로서 사회가 눈부시게 발전함에도 불구하고 극심한 빈곤이 사라지지 않는 이유, 그리고 주기적으로 경제불황이 닥치는 이유는 토지사유제로 인해 지대가 지주에게 불로소득으로 귀속되기 때문이며, 이 문제를 해결하려면 토지가치세를 실시해야 한다고 주장했다.[1)]

헨리 조지 경제사상의 핵심은 생산과 교환의 자유를 보장하고 노력과 기여의 대가를 생산자에게 모두 귀속시키되 인간의 노력과 무관하게 천부된 토지 내지 자연은 공유로 하여야 한다는 것이다. 다만 자연이 공유대상이라고 해도 생산을 위해서는 그 일부를 독점적으로 사용할 수밖에 없는데, 그럴 경우에는 그에 상응하는 대가를 사회에 납부하게 함으로써 실질적인 공유를 달성할 수 있다고 보았다. 자본과 토지라는 생산요소의 사유를 바탕으로 하는 자본주의, 두 생산요소의 공유를 바탕으로 하는 사회주의를 각각 정과 반이라고 한다면 헨리 조지의 경제사상은 이를 지양하는 합으로서 자본사유, 토지공유의 제3의 이데올로기라 할 수 있다(김윤상, 1999, p.1).

이처럼 헨리 조지는 토지사상에서 불멸의 족적을 남겼다. 그의 경제사상은 빈곤을 해결하려는 냉철한 이성과 따뜻한 가슴으로 사회를 통찰한데서 나온 것이다. 그는 『진보와 빈곤』이후 당대 최대의 논쟁거리였던 관세문제를 연구하였다. 그는 노동자에 대한 지극한 애정으로 보호무역이 노동자에게 이익이 되는지, 혹은 자유무역이 노동자에게 이익이 되는지를 각종 이론과 사례를 들어 검토한 끝에 자유무역을 적극적으로 주장하였다. 그의 자유무역사상은 『진보와 빈곤』에서도 이미 엿볼 수 있으나 『보호냐 자유무역이냐(Protection or Freo Trade)』에서 체계적으로 집대성되었다. 그러나 그의 자유무역사상에 대한 연구는 토지사상에 대한 연구에 비하면 찾아보기가 어려운 실정이다. 실제로 헨리 조지에 대한 대부분의 연구는 토

---

1) 토지가치세는 가치 있는 토지에만 가치에 비례해서 조세가 부과되어 토지에 작용하는 노동력의 왜곡을 초래하지 않으며, 토지소유자에게 부과되고 어떤 식으로도 사용자에게 전가될 수 없는 가장 완벽한 조세로 일컬어지고 있다. 토지가치세는 지대를 조세로 사회에 환수하는 것으로서 지대조세제라고도 불린다. 토지가치세의 보다 상세한 내용에 대해서는 George(김윤상 역, 1997), 이재율(1998, 2001), 전강수(2001), 이정전(1999) 등 참조.

지가치세와『진보와 빈곤』과 관련한 경제이론과 사상에 관한 것이다. 외국에서는 이루 헤아릴 수 없을 만큼 많은 연구가 이루어졌고, 우리 나라에서는 김윤상(1991, 1999)과 이재율(1998, 2001), 전강수 · 한동근(2000), 전강수(2001) 등 최근에야 헨리 조지에 대한 관심이 높아지고 연구가 진행되고 있다. 이처럼 헨리 조지에 대한 연구가 끊임없이 이루어지고 있음에도 그의 자유무역사상과 관련한 연구는 찾아보기 힘든 실정이며, 특히 우리 나라에서는 전혀 이루어지지 않고 있다.

이러한 실정에서 이 글은 헨리 조지의 자유무역에 대한 논지를 정리하여 소개하고 오늘날 정립된 무역이론과 비교 검토하여 특징과 한계점을 지적하고자 한다. 다음 장에서는 보호와 자유무역에 관한 기본적인 견해를 살펴보고, 3장에서는 보호가 임금에 미치는 영향에 관한 논의를 하며, 4장에서는 노동자를 위한 진정한 자유무역이 무엇인가를 살펴본다. 마지막으로 결론을 맺고자 한다.

2. 보호무역 대 자유무역

1) 배경

17-18세기 동안 근대 민족국가의 형성으로 대외무역의 중요성이 강조되며 중상주의라 표현되는 보호주의가 지배적이었다. 중상주의시대에는 금과 은 등 귀금속의 보유량을 국부의 척도로 보고 금은의 확보를 위해 수출을 장려하고 수입을 억제하는 무역정책을 수행하였다. 18C 후반에 아담 스미스는 한 나라의 부는 금과 은이 아니라 토지와 노동에 의해 생산된다고 보고, 중상주의 무역정책을 비판하면서 자유무역을 주창하였다. 아담 스미스는『국부론』에서 생산의 국제분업과 전문화를 통해 각국이 이익을 얻을 수 있으므로 국가가 수출과 수입을 통제하거나 제한하지 않고 자유롭게 할 것을 주장하였다. 이에 앞서 프랑스에서는 중농주의자라 불리는 케네, 튜르고, 미라보 등이 자유주의적 이상에 입각하여 중상주의적 보호주의를 배격하고 완전한 자유무역을 주장하였다. 아담 스미스 이후 19세기에는 데이비드 리카도(David Rieardo)가 비교생산비설을 발표하여 자유무역체제의 이익을 이론적으로 더욱 명확히 하였으며, 존 스튜어트 밀(J.S.Mill)을 거쳐 비교생산비설은 오늘

날 국제무역의 기초이론으로 자리잡고 있다. 19세기 영국은 국제무역, 금융 및 해양 등 제 분야에서 우월한 위치에 있었을 뿐만 아니라, 막강한 군사력과 외교적 지위를 바탕으로 유리한 협상권을 이용하여 타국에도 자유무역을 강요하는 자유주의의 기수로서 역할을 하였다.

한편 19세기 미국은 1820-60년대까지 산업혁명을 수행하였고, 남북전쟁 이후 공업화는 더욱 가속화하였다. 1인당 산출이 현저히 증가했고, 1850년 이후에는 증기력이 생산과 운송에 도입됨으로써 미국의 경제구조는 크게 변화하였다. 철도 건설은 이러한 변화에 특히 중요한 영향을 미쳤다. 미국에서는 1830년에 최초로 철도가 건설된 이후 1869년에는 대륙 간 횡단철도가 완성되었고, 1880년대 말에는 간선철도의 대부분이 완성되었다. 철도는 미국의 국내시장을 급속히 통합하였고 서점운동을 자극하였으며, 농지의 확대와 공장제 생산의 파급을 촉진하였다. 이러한 결과 1840년만 해도 전 세계 공업생산의 11%에 불과했던 미국의 공업생산액이 1880년에는 28%로서 영국과 함께 세계경제에서 선두에 자리하게 되었다. 이러한 진보는 부작용을 수반하였다. 빈곤과 실업이 대도시 지역에서 나타났고 토지가치는 투기적으로 상승했으며, 1877년에는 불황이 초래되었다.

조지는 이렇게 진보 속에서 빈곤이 발생하는 현상을 1858년 이후 신흥 캘리포니아 지역에서, 또 1868년 뉴욕에서 목도하였다. 그 자신 어린 시절부터 줄곧 가난하게 살았던 조지는 극도의 사치와 빈곤이 공존하는 뉴욕의 대로상에서 진보 가운데 빈곤이 발생하는 원인을 해명해야 한다는 소명감을 강하게 느끼게 되었다. 조지는 토지사유제가 진보 속의 빈곤과 주기적 불황을 초래하는 근본 원인이라고 보고 그 해결책으로 토지가치세를 담은 『진보와 빈곤』을 집필하였다(전강수, 2001, pp.119-120).

『진보와 빈곤』을 완성한 후 헨리 조지는 남북전쟁 후 미국의 가장 중요한 문제로서 관세문제를 검토하게 되었다. 18세기에 걸쳐 미국은 서서히 유럽제국 중심의 세계시장 경제체제에 편입되어 왔으나 상당히 소극적이었다. 특히 1790년대 보호주의 논쟁이 대두됨으로써 이러한 입장에는 큰 변함이 없었다. 1791년 의회에 제출한 「제조업보고서(Report on Manufactures)」에서 해밀튼은 보호주의의 필요성을 최초로 논리에 입각하여 체계화하였다. 그는 제조업부문에서 자급체제 확립과 농업부문의 보호를 통한 식량의 안정적인 공급원 확보를 강조하였다. 외국과의 경쟁을 극복하고 경쟁국들이 누리는 정도의 시장확보를 위해서는 장려금과 보조금의 지급과 같은 유인제도를 실시하고, 또 고율의 관세와 같은 수입제한정책의 채택으로 제조업 부문을 보호해 주어야 한다는 것이다. 이에 따라 유치산업은 조속한 기간 내에 육성될 수 있고, 나아가 외국의 제조업 부문과 같이 낮은 생산비용으로 생산할 수 있다고 주장하였다. 이러한 해밀튼의 주장은 미국 19세기 보호주의적 수입정책을 강화하는 이론적 뒷받침을 제공하였다(김세원, 1995, p.43).

더구나 영불전쟁의 발발에 따라 수입에 의존하여 오던 면직물, 견직물 및 철강산업이 기반을 갖추기 시작하였는데, 전쟁이 종식되자 다시 영국산업의 경쟁력에 위협을 느끼게 되어 신생산업 부문으로부터 보호요청이 제기되었다. 1816년 관세법은 이러한 요구에 부응하기 위하여 제정되었으며, 1833년 조정관세법, 1846년 및 1857년 관세법의 제정을 경유하는 동안 보호주의가 강화되기도 하고, 관세인하를 비롯한 자유화조치가 취해지기도 했다. 그러나 1860년대 유럽제국 내 자유화의 추세가 확대되는 시기에 미국은 남북전쟁의 수행에 따르는 비용을 충당하기 위하여 오히려 관세인상을 단행하였으며, 이를 계기로 보호주의적 경향을 굳혀나가기 시작하였다. 예를 들어, 1861년 모릴법(Morrill Act)은 미국의 보호주의를 예고하는 모법이라고도 할 수 있는데 관세율을 1846년의 수준으로 다시 인상하였으며, 그 후 1862년 및 1864년에 걸쳐 보호주의가 더욱 강화되었다(김세원, 1995, pp.47-48).

보호무역론은 19세기 중반 독일의 리스트가 중심이 되어 유치산업(infant industry) 보호를 주장하며 그 영향력을 확대해 나갔다. 리스트는 독일 내에서는 자유교역을 주장하였으나 대외적으로는 독일의 국내 유치산업을 보호하도록 공산품의 수입에 대하여 고율의 관세를 부과하기를 주장하였다. 그는 이러한 주장을 뒷받침하기 위하여 국민경제의 발전단계를 원시상태, 유목상태, 농업상태, 농공상태, 농공상상태의 5단계로 구분하고, 각 단계마다 정부의 적절한 정책에 의하여 일국의 경제가 낮은 단계에서 높은 단계로 이행해 갈 수 있다고 하였다. 특히 제4단계인 농공상태에 이르게 되면 아무리 자연적인 여건이 유리하더라도 보다 많은 자본을 가진 선진국이 생산비 이하로 덤핑하게 되면 후진국의 유치산업은 붕괴되기 때문에 특혜, 보상, 보호관세 등 정부의 각종 보호정책이 필요하게 된다. 그러나 이 모든 정책에 의해 국민경제가 최종단계인 농공상상태로 발전하면, 국내 공산품을 대량으로 국외로 수출하고 국외로부터 원료 및 농산물을 대량으로 수입해야 하므로 자유무역이 다시 유리해진다. 리스트는 당시 영국은 농공상상태에 이미 도달해 있었고 독일은 농공상태에 있었으므로, 독일은 국가의 주권 및 국가간의 경쟁면을 고려하여 보호무역정책을 채택해야 한다고 주장하였다(박기혁, 1995, p.244). 당시 독일의 경제발전 단계가 농공단계였으나 국내공업이 유치상태에 있었으며, 공업화를 달성하려면 관세수단에 의한 보호정책이 실현되어야 한다고 주장하였던 것이다. 리스트의 유치산업 보호론과 데이비드 리카도의 비교생산비설은 각각 보호무역론과 자유무역론의 이론적 근거가 되어 오늘날까지 이르고 있다.

그런데 보호이론이 어떻게 그 오랜 토론 속에서 넓고 강한 지지를 받을 수 있었던가? 자유무역론자들은 그 믿음의 지속이 특수이익집단에 의해 만들어진 것이라고 주장하지만 헨리 조지는 만족스럽지 못한 설명이라고 보았다. 조지에 따르면 미국 노동계 인사들이 보호가 노동에 도움이 되지 않는다는 것을 잘 인식하고 있지만, 자유무역도 마찬가지로 보고 있다. 그래서 관세문제를 노동자의 실제적 문제로 보지 않는다는 것이다. 관세철폐를 위해서는 그것이 대중의 상태를 개선시켜야 하는데, 당시의 가장 중요한 사회현상은 산업의 국지적 마비현상이고 이어서 과잉생산으로 인한 산업불황이 광범위하게 지속되었던 것이다. 산업불황기에는 노동의 초과공급이 심각해지면서 고용의 기회가 하나의 특권으로 여겨지며 일 자체가 선으로 여겨진다. 조지는 보호가 부를 획득하기 위한 사회의 힘을 저하시켜 더 많은 일거리를 만들어 준다고 보았다. 이러한 상황에서는 대중이 바람직한 것으로 여기는 것은 노동생산성이 아니라, 노동의 필요성이고 보호는 더 많은 일거리을 만들어 내는 제도이므로 인기를 얻을 수 있다고 보았다. 즉, 조지는 보호의 지속을 당시의 경제불황과 연결시켜 과잉생산이 고통을 주는 상황에서 부의 생산증가를 위한 개혁 즉 관세철폐는 일반인의 반응을 얻지 못함이 당연하다고 진단하였다. 오히려 왜 생산력의 엄청난 증가에도 불구하고 단순노동자는 살아가기 힘든가에 대한 설명이 있어야 자유무역운동도 설득력을 갖게 될 것이라고 주장하였다. 하지만 경제가 호황이든 불황이든 관계없이 보호의 주장은 항상 있어 왔기에 오히려 보호는 이익집단의 존재가 더 깊은 관계가 있는 것으로 보인다. 다시 말해, 보호관세로 인해 이익을 보는 집단이 자금과 조직을 동원하여 보호가 일반적으로 이익이라는 믿음을 여론에 확산시켜 왔고, 자유무역은 특정인에게 특별한 이익을 주지 않고, 모두에게 소규모의 이득을 주기에 자유무역론은 세력화하기 쉽지 않은 것이다. 결국 노동자들은 높은 임금을 받을 수 없는 것이 경쟁자들 때문이라고 생각하며, 경쟁을 막아주는 것이 보호무역의 목적이라고 하는 보호무역론자들의 반복되는 주장에 동조하게 되는 것이다. 반면 보호반대자들은 대체로 노동자계급의 복지에 특별한 관심이나 임금인상요구를 하지 않을 뿐 아니라, 정부의 이러한 시도도 비난한다. 자유무역을 주장하는 경제학자들은 시장에 대한 정부의 개입을 비난하듯이 노동가격의 유일하고 정당한 규제자는 수요와 공급이라고 주장하면서, 보호주의와 노동조합을 똑같이 비난하고 있는 실정이다.

헨리 조지는 보호무역과 자유무역에 대한 논쟁의 지속에 대해 문제 자체의 어려움보다 금전적 이해가 크기 때문이며 철저하게 규명되지 못했기 때문이라고 주장하고, 객관적인 진리에 입각해서 보다 철저하게 논리를 전개해나가 모두가 확신하게 될 때까지 탐구할 것을 제안하였다. 헨리 조지는 미국 노동자의 이익을 위해 관세문제를 검토하였고, 그 결과 아담 스미스와 리카도보다 케네와 프랑스 중농주의자들에 가까운 철저한 자유무역을 주장하였다. 스미스나 리카도가 노동의 생산물의 자유교역에 주로 관심이 있었다면, 헨리 조지는 자유무역의 범위를 확대하여 해석하였던 것이다. 그는 수송 · 저장 · 교환을 추출, 재배, 제조만큼 중요한 생산과정으로 보았고, 따라서 무역도 중요한 생산과정으로서 무역의 자유화는 생산 자유화의 필수조건이라고 강조하였다.

헨리 조지는 보호관세가 국내생산 가능한 상품을 외국에서 들여오는 것을 막는 것인데, 무역이 침략이 아니고 상호만족을 전제로 하는 것이므로 이것은 미국인의 외국상품에 대한 욕구를 막는 것이라고 주장하면서 보호가 얼마나 잘못된 것인지를 다음과 같이 비유했다.

"전쟁 발발시 상대방 항구를 봉쇄하고 수입을 금지하는데, 이는 적의 무역을 막는 것이다. 그런데 보호관세는 자국민의 무역을 막는 것이므로 보호는 전쟁 중에 적이 우리에게 할 일을 평화시에 우리가 스스로에게 행하는 것과 같다"(George, 1886, p.47).

보호주의자들이 자국시장을 자국 생산자를 위해 지켜야 한다고 주장하지만, 조지는 전쟁시에 자국시장을 자국 생산자에게만 맡기는 것이 불리하듯이 평화시에도 이러한 정책은 불리하다고 주장한 것이다.

2) 관세와 보조금

관세란 역사적으로 가장 오래 널리 사용되어 온 무역정책수단으로서 해외로부터 수입하는 상품에 대해 조세를 부과한 것이다. 관세의 경제적 효과를 보면 정부재정 수입이 발생하고, 수입대체품의 국내가격 상승으로 초과이윤이 발생하며 장기적으로 생산자원이 이동해 오게되어 수입대체산업의 국내생산이 증가하여 보호효과가 발생한다. 관세는 생산과 소비의 왜곡을 초래하고 국제무역 규모를 감소시키면서 국민후생 수준을 감소시키게 된다.

관세는 원래 정부의 세수증대 목적으로 부과되기 시작하던 것이 무역확대 및 국제경쟁의 격화와 더불어 점차 국내산업 보호와 국제수지 개선 등의 목적으로 부과되었다. 세수입 목적으로는 조세저항이 미약하고 수거가 용이하기 때문에 정부가 직접세보다 간접세를 선호하는데, 세입관세(revenue tariff)도 간접세의 일종으로 정부의 재정을 충당하는 역할을 하고 있다. 그러나 간접세는 일상용품에 부과되고 있어 부자보다 가난한 자에게 더 부담이 되는 역진성이 있어 바람직하지 않다고 지적되고 있다. 헨리 조지는 이러한 간접세의 단점이 세입관세에도 적용되어 보호목적이 아니면 세수목적으로는 관세가 적절하지 않다고 주장한다. 관세가 부과된다면 그 정당성은 보호목적이어야 한다는 것이다. 보호목적으로 부과되는 관세를 보호관세라 하는데 세수증대보다 수입경쟁 생산자의 보호가 목적이다. 세입관세는 수입이 있어야 하는 반면 보호관세는 수입을 막는 것이므로 세입관세와 보호관세는 일정단계를 넘어서면 서로 적대적으로 된다. 당시 영국은 자유무역을 주로 하여 세입관세만 부과되고 있었고, 미국은 세입관세와 보호관세가 모두 부과되고 있었다.

그런데 헨리 조지는 국내산업 보호목적을 위해 보호관세가 최상인지 의문을 제기하고 관세 대신 국내생산자에게 보조금을 지불하는 정책을 제안하였다. 헨리 조지에 따르면 보호관세제도는 일반인이 볼 수 없고 보호장려되는 정도도 운에 맡기는 것인데 반해, 보조금은 각 산업에 장려되는 정도를 볼 수 있다. 또한 보호관세의 경우 해당상품 가격인상으로 그 상품을 이용하는 타 산업에 부정적 영향을 끼치는 반면 보조금의 경우 타 산업에 부담을 주지 않기 때문에 국내산업 보호수단으로 보조금이 보호관세보다 우위에 있다고 주장하였다.

오늘날 무역이론에 따르면 관세부과의 효과는 수입대체산업에 보조금을 지불하고 수입제품소비에 대해 소비세를 부과하는 정책효과와 동일하다. 관세가 생산을 왜곡하여 생산의 비효율성을 초래하는 것은 관세가 수입대체산업에 대한 보조금 지급의 성격을 갖기 때문이고, 관세가 소비를 왜곡하여 소비의 비효율성을 초래하는 것은 관세가 수입대체품 소비에 대해 소비세를 부과하는 것과 같기 때문이다. 정부가 수입대체산업을 정책적으로 보호하고자 하더라도 관세정책보다는 보조금정책이나 수입품에 대한 소비세정책을 통해 추진하는 것이 바람직하다. 보조금정책은 적어도 소비의 비효율성은 초래하지 않고 소비세정책은 적어도 생산의 비효율성은 초래하지 않는 데 비해, 관세정책은 두 가지 면에서 비효율성을 초래하기 때문이다. 이와 같이 헨리 조지의 관세에 대한 보조금 선호는 오늘날 무역정책론 관점에서도 적절한 주장이라 할 수 있다.[2)]

보조금이나 장려금으로 산업을 장려하는 것이 관세부과보다는 훨씬 효과적인 방법임에도 관세가 선호되고 있는 것은 간접세가 선호되는 것과 동일한 이유로 일반인이 쉽게 인식하지 못하기 때문에 저항이 적고 수거가 용이하기 때문이다.

3) 산업보호에 대하여

헨리 조지는 산업의 발달은 진화하는 것이라고 보았다. 인구증가와 사회진보와 함께 단순산업이 먼저 와서 정교한 산업의 기초를 형성하고, 자본이 축적되고 수요가 충분하게 되면 제조업이 발달한다. 이 과정에서 유치산업에 대한 보호가 제기된다.

유치산업이란 성장하면 비교우위를 가질 수 있는 산업이지만 개발 초기단계에는 생산비용이 너무 높기 때문에 국제경쟁력이 없는 산업을 말하며, 외국기업과 경쟁할 수 있는 단계에 이르기까지 유치기간 동안만 잠정적으로 보호장벽을 설치하여 육성하면 비교우위를 갖게 될 산업이라 할 수 있다. 유치산업 보호론은 후진국에서 수입대체산업을 육성하려 할 때 보호정책의 근거로 이용된다. 당시 미국의 보호론자도 새로운 산업확립 수단으로 유치산업의 장려를 위한 보호를 주장하였다. 헨리 조지도 신생산업과 바람직한 산업은 장려해야 한다고 인정하였다. 그러나 어떤 산업이 그러한지 구별하기가 어려워 유치산업이 정부의 장려를 받기 어려운 실정이므로, 자유시장에서 산업의 확립 유지능력이 곧 공적효용의 측정이고 생존투쟁이 필요한 산업과 불필요한 산업을 결정하는 최적수단이라고 주장한다. 미국 초기 보호론자들이 유치산업 보호를 위해 보호요청하면서 수년간이면 자립가능하다고 주장했지만 당시에도 여전히 유아 행세를 하고 있다고 비난하였다.

유치산업 보호론은 정치적으로 매우 인기 있는 주장이고 이론적으로 일리가 있는 주장이기는 하지만, 현실적으로 유치산업을 선정하고 보호수단을 선택하는 데

---

2) 관세부과나 보조금 지불은 자유경쟁시장에 국가가 개입하는 것으로 비효율성을 초래하기 마련이다. 보조금 지급은 상대적으로 비효율적인 수입대체산업의 생산이 증가함에 따라 발생한 생산의 비효율성이 초래된다.

에는 매우 신중해야 할 것이다. 조지는 유치산업 보호수단으로 당시에는 관세정책이 주로 사용되었지만 관세정책보다는 보조금정책 등 직접 지원책이 바람직하다고 주장하였다. 일단 보호관세가 부과되면 해당 산업은 보호유지를 위해 온갖 수단을 이용하여 목청을 높이게 되고, 관세지불에 대해 의식하지 않는 일반인들은 그것의 유지를 허용하게 된다. 보호론자들은 특히 새로운 산업의 확립수단으로서 유치산업 보호를 자주 주장하지만, 조지에 따르면 당시 미국의 보호론자들의 목표는 유치산업보다는 국내산업의 장려라고 반박하고 있다. 그런데 보호관세로써 전체 국내산업의 장려는 불가능하므로 전체 산업장려라는 명분 속에서 관세는 일부에 특혜를 주는 것이라고 주장한다. 게다가 관세부과에 필연적인 낭비와 최적직업에서부터 노동과 자본의 이전에서 오는 손실 등 산업의 총 수입을 감소시킨다는 비효율성 문제도 지적하였다.

헨리 조지는 보호의 기본목적은 생산자의 이득 즉 자본의 이윤을 증대시키는 것인데 대체로 실패한다고 보았다. 만약 보호관세로 장기적인 이윤을 획득하고 있다면 그것은 다른 방식으로 국내경쟁에서 보호된 이윤을 생산자로서가 아니라 독점가로서 유지하는 것이다. 그 이윤은 자본에 대한 이윤이 아니라 자연기회, 특허권 등에 대한 이윤이다. 그러한 독점중 가장 중요하고 잘못된 것은 토지의 독점에서 나오는 것이다. 토지 소유자는 생산자가 아니면서 보호의 혜택을 다 차지하게 된다. 영국에서 곡물에 관세를 부과했을 때 곡물가격이 상승하고 농부들의 수익이 상승하자 농지사용에 대한 경쟁이 격화되어 지대가 상승하여 지주만 이득을 보게 된 사실을 들면서 보호가 생산자의 이득을 증대시키는 데 실패한다고 주장하였다. 목재, 설탕 등에 대한 관세가 이들 상품의 가격상승으로 이윤을 낳지만 결국에는 그 토지 소유자에게 돌아가게 되었으며, 붕사의 경우 네바다주에서 발견되기 전까지는 무관세였으나 발견 후 관세가 부과되었고, 이는 가격상승으로 이어졌으며 이윤은 생산자보다는 자연기회의 독점자에게 돌아가게 되었다는 것이다. 이처럼 보호가 산업을 보호하고 촉진시키는 것은 초기단계에서만 가능하고, 생산력이 적응하고 조정되면 보호된 산업에서도 이윤은 평상수준으로 하락하게 되고, 보호의 효과는 사라지게 된다. 헨리 조지는 이러한 사례를 통해 보호가 기본목적을 달성할 수 없다는 것을 보여주면서 보호를 반대하였다.

3. 보호가 임금에 미치는 영향

일반적으로 관세를 부과하면 국내가격이 상승함에 따라 생산이 증가한다. 국내대체산업에서는 이윤의 증대로 보다 높은 생산요소 가격을 지급할 수 있게 되어 자원을 다른 부문에서 수입대체산업 부문으로 이동시켜 생산량이 증가하는 현상을 관세의 생산효과 혹은 보호효과라 한다. 헨리 조지가 특히 관심을 둔 것은 관세가 소득분배에 미치는 영향에 관한 것으로서 미국 노동자에게 어떻게 영향을 끼치는가에 관한 것이었다.

다른 경제정책이 소득분배에 영향을 미칠 수 있듯이 관세도 수입품의 국내가격에 영향을 끼치고 수입경쟁 산업의 생산과 요소의 가격에 영향을 미침으로써 요소의 소득분배에 영향을 끼칠 수 있다. 관세로 인해 소득이 상승하는 집단은 관세부과 혹은 보호를 주장할 것이고, 손해를 입는 집단은 보호의 철폐를 요구할 것이다. 당시까지의 보호무역에 대한 논의는 보호가 생산에 미치는 영향에 국한되었고, 보호가 임금이나 소득의 분배에 미치는 영향에 대해서는 논의가 진전되지 않았다. 헨리 조지는 이 부분에서 기존의 주장보다 한 걸음 더 나아가려고 노력하였다. 헨리 조지는 노동자에 대한 지극한 애정으로 노동자를 위해 보호문제를 검토하기 시작하였다. 과연 보호가 노동자에게 유리한지, 자유무역이 노동자에게 유리한지를 철저히 알아보려고 노력하였다. 그러나 당시까지의 논의는 어디까지나 개연성과 사례에 의한 주장일 뿐이었고, 헨리 조지의 주장도 현실적인 예시와 추론으로 나온 것으로 그 논리의 내적 정합성이 부족하다고 할 수 있다.[3)]

당시 보호론자들은 보호가 임금을 상승시킨다고 주장하지만 논리적 근거가 미약하고 부의 분배에 관해서는 더 이상 논의를 하지 않았다. 보호론자들에 따르면 보호가 임금을 상승시킨다고 하는데, 실은 역으로 말해서 보호가 임금이 타국의 낮은 수준으로 하락하는 것을 막아준다고 주장한 것이다. 만약 보호가 철폐되면 외국생산자들이 국내생산자들보다 저가에 판매하기 때문에 국내생산이 감소하게 되어 임금이 하락해야 한다고 가정하고, 높은 임금을 유지하면서 생산이 가능하려면 보호가 필요하다고 주장하였다.

자유무역론자도 보호가 부의 생산을 감소시킨다는 데서 임금을 하락시킨다고

3) 무역이 생산요소 소득에 미치는 영향에 대한 이론적인 연구는 Heckscher(1919)에 의해 처음으로 이루어졌다.

추론하고 더 이상 논쟁의 진전이 없는 실정이었다. 헨리 조지는 부의 생산에 영향을 미치는 것은 분배에도 동시에 영향을 미치게 되며, 부의 생산의 증가 혹은 감소가 분배비율을 변화시킬 수도 있다고 지적한다. 그는 보호관세는 부의 생산을 감소시킬 뿐 아니라 소비자에게는 높은 가격을 부과하고, 생산자에게는 추가이윤을 줌으로써 부의 분배를 변화시킨다고 주장한다. 그래서 분배에 유리한 집단이 보호관세부과에 가장 적극적이고 노동자들에게는 관세가 부과되지 않으면 임금하락이 있을 것이라고 경고를 하여 노동자들이 동조하게 된다고 하였다.

헨리 조지에 따르면 보호주의자들은 보호가 임금을 상승시킨다고 주장하고 노동자 보호구실로 상품에 관세를 부과하면서 한편으로는, 저임금 노동자를 수입하고 임금상승 요구를 묵살하고 있다. 이는 보호의 목표가 노동의 판매자에게 있는 것이 아니고 노동의 구매자에게 있고 임금유지가 아니라 이윤유지에 있음을 보여주고 있다. 결국 노동자들은 자신을 보호하기 위해 조직하여 스스로 경쟁을 제한해야 한다고 주장한다.

또한 조지는 보호가 노동자의 임금을 상승시킨다는 주장에는 고용주의 이윤증가가 노동자의 임금상승을 의미해야 하는데, 현실적으로 많은 노동자들이 구직하려고 대기 중이기 때문에 고용주는 임금을 인상시키지 않는다고 보았다. 보호관세가 임금을 상승시키는 경우는 관세가 국내상품에 대한 수요를 증가시켜 특정 숙련노동에 대한 급작스런 수요증가가 있을 시 임금이 일시적으로 상승 가능하다고 보았다. 그러나 이는 특정 기술노동자와 노동조합만이 그러한 임금상승을 유지할 수 있고, 비숙련 노동자의 경우에는 관세로 임금상승 효과가 있다 하더라도 노동자의 유입으로 그 효과는 금새 사라진다고 주장했다.

헨리 조지는 노동시장에서의 경쟁이 임금을 균일화하는 경향이 있지만 일의 매력과 접근의 난이도 등으로 직업간 차이가 존재한다는 것을 인정하였다. 또한 노동조합이 노동의 경쟁을 제한하여 임금을 상승시켰고, 비조합원과의 임금차이도 유발하였다고 보고 노동조합의 중요성을 강조하였다. 그는 임금상승의 가능성을 제한하는 것은 상품의 자유로운 판매가 아니라 노동경쟁을 제한하는 것이 어렵기 때문이라고 보고, 미국 노동자가 두려워해야 할 것은 저임금 외국노동자의 생산물이 시장에서 판매되는 것이 아니라 그 저임노동이 미국 노동시장으로 유입되는 것이라고 주장했다. 그는 저임노동의 생산물의 유입과 저임노동의 유입은 전혀 다른 영향을 미친다고 보았다. 전자는 분배할 총량을 증가시키는 부의 생산에 영향을 주고, 후자는 노동자에게 갈 비율을 줄이는 분배에 영향을 준다는 것이다. 상품이동만 있고 노동이동이 없는 경우 임금에는 영향을 끼치지 않지만, 상품이동은 없고 노동이동만 있는 경우에는 임금이 조정될 수 있다고 보았다. 이러한 생각에서 미국 노동자를 위해서는 노동의 이동을 제한해야 한다는 주장을 하기에 이른다. 값싼 노동의 경쟁으로부터 노동자를 보호하는 진정한 제도는 값싼 노동의 수입금지뿐 아니라, 임금경쟁이 필요한 이상으로 자신을 유지할 충분한 부가 없는 자와 노동조합에 가입하고, 그 규칙을 따른다는 약속을 하지 않는 자의 이민을 금지해야 한다고 주장하였다.

헨리 조지는 이처럼 보호가 현실에서 임금을 상승시킬 수 없음과 노동자에게 이득이 되지 못함을 보여 주었고, 관세를 철폐하고 자유무역을 하면 생산이 증가하고 고용증대, 실질소득의 증대로 노동자에게 유리하다고 주장하였다. 리카도 모델에서처럼 노동이 유일한 생산요소인 경우에는 자유무역으로 사회후생이 증가하고 노동의 실질임금이 상승한다. 그러나 노동이외의 생산요소가 추가될 경우에는 자유무역으로 사회후생의 증가가 있더라도 노동의 실질임금이 반드시 상승한다고는 볼 수 없다. 소득의 분배문제가 발생하는 것이다.

스톨퍼와 사뮤엘슨(Stolper and Samuelson, 1941)은 자본 풍부국인 미국에서 수입품에 대해 관세를 부과하게 되면 노동의 임금이 상승하고, 자유무역을 하면 노동계급이 상대적으로 불리해 진다는 것을 보여주었다.[4] 미국의 노동조합에서 수입품에 관세부과를 요구하고 있는 까닭도 관세부과가 희소한 자원인 노동에 대한 실질임금을 상승시키기 때문이다.

또한 헥셔(Heckscher, 1919)와 사뮤엘슨(Samuelson, 1948, 1949)은 노동이동이 없더라도 상품의 국제적 이동만으로도 요소가격이 균등화될 수 있다는 것을 보여주었다.[5] 이는 헨리 조지의 주장처럼 노동이동을 제한하고 상품이동만 자유롭게 하여도 저임금국가에서 생산된 상품의 유입은 미국 내 노동자들의 임금을 하락시킬 수 있다는 것이다.

헨리 조지는 이처럼 보호가 임금에 미치는 영향에 관해서는 논리상 오류를 범하고 있다. 비록 보호가 생산과 소비를 왜곡시키지만 해당 산업의 노동의 임금을 상승시킨다는 것이 오늘날 일반적으로 받아들여지고 있다. 더욱이 노동시장이 완

4) 이들은 수입품에 관세를 부과할 경우 그 나라에 상대적으로 희소한 생산요소의 실질소득은 증가하고 풍부한 생산요소의 실질소득은 하락한다고 주장했는데 이를 스톨퍼·사뮤엘슨정리(Stolper-Samuelson Theorem)이라 한다.

5) 이를 요소가격 균등화이론(Factor Price Equalization Theorem)이라 부른다.

전경쟁적이면 임금이 전반적으로 상승하게 된다. 물론 헨리 조지는 노동시장이 단일노동시장이 아니고 숙련노동시장과 비숙련노동 시장으로 구분하였음을 알 수 있다. 그리하여 숙련노동의 경우 임금상승이 가능하나 비숙련노동 즉 단순노동은 구직자가 대기중이기 때문에 임금상승이 어렵다고 보았다. 하지만 이처럼 노동을 숙련노동과 비숙련노동으로 구분하여도 미국의 경우 숙련노동이 상대적으로 풍부하고 비숙련노동이 상대적으로 희소하기에 자유무역은 희소한 비숙련노동의 임금을 저하시키는 결과를 가져올 것이다. 헨리 조지는 미국의 노동자들을 위해 자유무역을 주장하였으나 이론적으로는 미국의 자유무역이 상처를 입게 되었다. 이러한 오류들로 인해 아직도 저술이 널리 유포되어 있긴 하지만, 오늘날 세계에서 크게 주의를 끌지 못하거나 중요한 영향력을 갖지 못하게 되었다고 볼 수 있다. 그의 저술들이 이제 학구적 경제학자들에게 힐책받거나 반박 받을 만한 것이 아님은 물론 위험한 것으로 간주되지도 않게 된 것이다(Roll, 정윤형 역, 1982, p.396).

4. 진정한 자유무역

헨리 조지는 『보호냐 자유무역이냐』의 서문에 들어가기 전 첫 페이지에서 케네와 중농주의자들을 절대왕정의 암흑기에 새로운 시대의 영광을 예견한 사람들이라고 극찬하며, 한 세기 전의 불란서 현자들을 추모하였다. 중농주의는 자유무역 혹은 자유거래(free trade)와 토지단일세를 주장했다는 점에서 조지와 매우 유사하다. 특히 자유무역 혹은 자유거래에 대해서는 자유방임(Laissez faire) 모토의 원천이었다고 중농주의자의 사상을 극찬하며 그 사상을 받아들인 것으로 보인다. 심지어 아담 스미스를 비롯한 영국의 자유무역론자들이 한번도 그들과 같은 진정한 자유무역론자가 되었던 적이 없다고 하며, 자신도 사례와 논리적 결과에 따라 그들의 결론과 동일한 철저하고도 진정한 자유무역 혹은 자유거래(true free trade)에 도달하였다고 서문에서 밝히고 있다(George, 1886, p.xiv).

헨리 조지는 자유무역이 진정으로 노동자에게 이익이 되는가를 탐구하였다. 무역은 노동절약적 생산방법이지만 보호철폐의 효과는 부의 생산을 일시적으로 증가시킬 따름이며, 근본적으로 노동자의 빈곤을 해결해주지 못한다고 보았다. 노동자의 빈곤에는 보다 근본적인 해결책이 있어야한다고 보았던 것이다. 그는 노동을 일련의 강도에 의해 소득을 빼앗기는 사람으로 비유하고 독점, 보호관세, 부패한 정부, 전쟁 등이 생산을 저하시키고 노동의 부를 비생산자로 이전시키지만 이들은 좀도둑에 불과하고, 이런 모든 것이 교정되어도 '토지 사적 소유제'란 큰 강도가 있는 한 노동의 상태는 영구적인 개선이 어렵다고 보았다(George, 1886, p.268). 헨리 조지는 완전한 의미에서의 자유무역은 빈곤을 해결할 수 있다고 보았기에 보호관세가 폐지되고 세입관세가 대신하면 자유무역은 단지 전초기지를 확보한 것으로 보았다. 보호관세의 철폐로 부의 생산증가가 있음에도 노동계급에 항구적인 이득을 줄 수 없음은 토지가 일부의 소유가 되는 한 소유자들이 토지사용대가를 올리기 때문이라고 보았다. 그래서 보호철폐 혹은 다른 개혁이 노동계급에 혜택이 되기 위해서는 토지에 대한 불평등한 법적권리를 제거하고 그 공동유산에 대한 자연적이고 동등한 권리를 확립해야 한다고 주장한다.

이 문제와 관련하여 헨리 조지는 우선 자명한 두 원리를 제시한다.[6] 첫째, 모든 사람은 자연이 제공하는 요소를 똑같이 사용 향유할 권리가 있다. 둘째, 각자는 자신의 노동이 생산한 것을 배타적으로 사용 향유할 권리가 있다. 노동생산물에 대한 개인의 소유권을 완전히 확보하기 위해 우선 자연을 공공재산으로 간주해야 한다. 토지는 원하는 사람이 사용하고 단지 이용자는 배타적 이용권리에 대한 공평한 지대를 공동체에 지불해야 한다. 이런 식으로 모두는 명백히 공동유산인 자연요소를 사용하고 향유하는데 있어 평등할 수 있다. 토지가치는 공동체에 속하게 되고 공익목적으로 사용될 수 있다. 여기서 헨리 조지는 토지가치세의 도입을 제안한다. 토지에서 발생하는 전체소득을 공동체가 사용하기 위해 취하는 대신 다른 모든 조세를 폐지한다. 조지는 소득세, 소비세 등 노력소득에 대한 과세는 사유재산권을 침해한다고 주장한다. 개인에게 전적으로 귀속되어야 할 노동생산물을 국가가 부당하게 징수하고 있다는 것이다. 그래서 조지는 토지가치세를 토지의 연간 임대료에 이를 때까지 상승시키고 토지 단일세제를 채택함으로써 '개인의 것은 개인에게, 사회의 것은 사회로' 되돌리는 정의의 도덕법칙을 실현할 수 있다고 주장하였다. 토지가치세의 경제적 효과를 보면 근면과 성실에 대한 벌금처럼 부과되던 노동과

---

6) George(1886), p.280 참조. 이 자명한 원리는 중농주의의 자연적 질서에서 연유한 것으로 보인다. 자연적 질서의 본질적인 측면들은 토지의 수익을 향유할 권리, 자신의 노동을 구사할 권리, 다른 사람의 자유를 해치지 않는 범위 내에서 자유를 누리는 권리이다(Roll, 정윤형 역,1982, p.124).

자본에 대한 각종 조세를 철폐함으로써 소비와 투자를 자극하며 생산의욕을 높이고, 토지독점과 토지투기를 억제함으로써 토지의 생산적 이용기회를 증가시킨다. 또한 소득불평등의 근본 원인인 지대의 사적전유와 토지투기를 봉쇄함으로써 임금과 이자의 저하를 막고 분배의 평등화를 촉진한다. 이러한 형평성의 제고는 사회도처에서 낭비와 손실을 방지하는 한편 노동능률을 높이고 정부 기능을 축소함으로써 경제 전체의 효율성을 증진시킨다.[7]

헨리 조지에 따르면 진정한 의미의 자유무역은 보호의 단순 철폐뿐 아니라 수출입에 관한 모든 규제를 폐지하는 것이어야 한다. 그리고 더 나아가 자유무역은 외국무역과 마찬가지로 국내교역에도 적용되어야 한다. 진정한 의미에서 자유무역은 구매 판매 수송 교환 사업수행에 부과되는 국내조세의 폐지를 요구한다. 그래서 진정한 의미의 자유무역은 모든 간접세의 폐지와 모든 공공수입을 위하여 직접세에 의존함을 의미한다. 그런데 무역은 일종의 생산양식이므로 무역의 자유화는 생산의 자유화이기에 이로운 것이다. 그러므로 가치 있는 것을 국내로 가져와 국부에 보탬이 되는 것에 과세하지 말아야 하는 동일한 이유로 국내에서 가치 있는 것을 생산함으로써 국부에 보탬이 되는 것에도 과세하지 말아야 한다고 주장한다. 그래서 헨리 조지의 자유무역에 대한 원칙은 간접세뿐 아니라 노동의 산물에 부과되는 모든 직접세도 폐지할 것을 요구한다.[8]

자유무역은 자유생산을 의미하며 생산을 완전히 자유롭게 하기 위해서는 생산에 대한 모든 세금 제거뿐 아니라, 다른 모든 규제도 제거하는 완전한 사회를 재건하는 것이며, 토지이용에 대한 모두의 자연적이고 동등한 권리를 복권하는 것이다. 즉, 헨리 조지는 무역에 대한 규제가 토지와 다른 자연자원의 독점과 생산과 분배의 독점, 인간활동의 모든 영역에서 기회의 평등에 대한 개인의 권리를 박탈하는 것과 같다는 것을 보여주었고(George, 1886, p. x), 그리하여 진정한 자유무역은 노동을 해방시킨다고 주장하였다.

---

7) 보다 자세한 토지가치세의 경제적 효과에 대해서는 George, 김윤상 역(1997), 제9권 참조.
8) 헨리 조지는 이러한 자유무역의 원칙과 일치하는 두 종류의 세금을 제시하였다. 첫째 사치품에 대한 세금을 들고 있다. 사치동기는 부를 지출하는 능력을 보이는 것이고 이는 세금 지불 능력으로 보일 수 있기에 사치재에 대한 세금은 부의 생산을 저지하지도 않고 부의 향유를 제한하지도 않는다. 둘째, 토지가치세를 제안하였다. 토지가치세는 토지에 부담을 주지 않고 단지 가치있는 토지에만 부과되고 가치에 비례해서 부과된다. 토지가치세에 관해서는 앞의 주1) 참조.

5. 결 론

이상에서 헨리 조지의 자유무역사상을 살펴보았다. 헨리 조지는 보호의 장단점을 비교하고 왜 보호가 지속되고 있는지를 분석했다. 보호의 지속을 이익집단과 더불어 당시의 과잉생산현상과 연결시켜 시대 특수상황을 정확히 인식하고 문제분석에 결부시켰다. 그러나 과잉생산여부에 관계없이 보호의 주장은 항상 있어 왔기에 오히려 보호는 이익집단의 존재가 더 깊은 관계가 있는 것으로 보인다. 한편 국내산업 장려차원에서 이루어지는 보호관세는 그 효과가 미지수이므로 보다 확실한 장려를 위해서는 보조금 지불을 권장하였는데, 이는 오늘날에도 일반적으로 받아들여지고 있다.

헨리 조지의 자유무역에 대한 주장이 노동자의 이익을 위한 것이었지만, 실은 자유무역이 자원의 최적배분을 달성한다는 경제학의 이론을 바탕에 두었기에 국민경제적 입장에서도 유의한 주장이었다. 그러나 관세가 임금에 미치는 영향에 대해서는 오늘날 확립된 이론과 배치되는 주장을 함으로써 이론적 측면에서 한계를 보이고 있다. 헨리 조지의 관세문제에 대한 검토는 노동자들의 이익을 위해 이루어졌는데, 무역이 노동절약적 생산방식이기에 관세철폐로 부의 생산이 증가하고 일시적으로 노동자에게 임금상승을 가져올 수 있다고 보았다. 그러나 스톨퍼와 사뮤엘슨이 미국에서 수입품에 관세를 부과하는 경우 노동자의 임금상승을 가져올 수 있다고 밝힘으로써 헨리 조지의 노동자를 위한 자유무역론은 크게 상처를 입게 되었다. 이러한 이론적 정합성의 결여로 헨리 조지의 자유무역론이 경제학자들의 연구관심 대상에서 벗어나게 되었다. 하지만 노동자를 위한 자유무역주장이 관세철폐에 머무르지 않고 모든 간접세와 직접세의 폐지와 토지단일세의 도입을 주장하면서 다시 노동자를 위한 논리로 되살아나게 된다. 또한 헨리 조지는 노동자 특히 미국 노동자의 이익을 위해 관세문제를 검토하였는데, 관세철폐는 단기적으로는 노동수요증가, 고용지속 및 임금상승으로 연결되지만 일반적으로 항구적인 임금상승이나 노동계급의 상황개선은 예측 불가능한 것으로 보고, 미국 노동자의 임금인상을 위해 저임금 외국노동자의 이민을 반대하고 노동조합의 결성 및 활동을 중시하였다.

그의 가장 특이한 주장은 생산활동을 추출, 제조 등에만 국한하지 않고 수송, 운반 등으로 확장하여 무역 또한 생산활동으로 규정하면서 나온다. 그래서 그는 수입을 국부를 증가시키는 생산활동의 일종이라고 보고 생산과 교환의 자유를 보장하고, 노력과 기여의 대가를 생산자에게 모두 귀속시켜야 한다고 주장하였다. 즉 자유무역에 대한 옹호가 수입이라는 생산활동에 대한 과세를 반대하는 것이 되었고, 조지는 여기서 한 걸음 더 나아가 진정한 자유무역은 관세철폐뿐 아니라 다른 생산활동에 대한 과세도 반대해야 한다고 주장하였다. 이는 경제활동을 촉진하고 노동과 자본에 대한 수익을 증가시킬 것이다. 그러나 토지사유제로 인한 지대수취가 있는 한 노동자의 임금은 생존유지 수준으로 수렴한다고 보고 토지가치세의 도입을 주장하였다. 여기서 헨리 조지는 자유무역과 토지가치세를 하나의 체계속에서 결합하여 빈곤의 문제를 해결하는 열쇠를 제공하게 된다. 즉 진정한 자유무역은 토지 단일세제를 통해 경제활동을 촉진하면서 빈곤의 문제를 해결하는 길이 되는 것이다.

본고는 헨리 조지의 자유무역사상을 소개하고 오늘날 정립된 무역이론과 비교검토하여 특징과 오류를 지적함으로써, 오늘날 그의 토지가치세와 『진보와 빈곤』에 대한 연구와 논의는 활발한 반면, 그의 자유무역사상에 대한 연구가 미흡한 이유의 단초를 제시하였다. 국제경제학의 이론적 발전에 따라 헨리 조지의 자유무역에 대한 주장은 논리상의 오류가 드러나게 되었고, 또한 자유무역에 대한 옹호는 이후 일반화되었기에 더 이상 경제학자들의 관심을 끌지 못한 것으로 보인다. 이처럼 헨리 조지의 자유무역사상은 이론적 정합성의 결여로 경제학자들의 관심의 대상에서 벗어났지만, 그는 노동의 해방을 위한 실천방안으로 토지가치세를 결합한 철저한 자유무역을 주장하였다는 점에서 그 특징을 찾을 수 있다. 다시 말해 헨리 조지의 자유무역사상의 특징은 자유무역에 대한 주장이 인류의 자유를 향한 여정에 필수적임을 보여준 것이라 할 수 있다.

【참고문헌】

김세원, 『무역정책』, 무역경영사, 1995.
김윤상, 『토지정책론』, 법문사, 1991.
김윤상, "헨리 조지 : 인물과 사상", mimeo, 1999.

김종현, 『경제사』, 경문사, 1980.

남병탁, "헨리 조지의 자유무역사상", 『한국경상논총』, 제19권 2호, 2001.

박기혁, 『경제학사』, 법문사, 1995.

이재율, "헨리 조지의 분배이론 연구," 『경제학연구』, 제46집 2호, 1998.

이재율, "토지가치세의 공정성 문제," 『국제경제연구』, 제7권 2호, 2001.

이정전, 『토지경제학』, 박영사, 1999.

전강수, "헨리 조지 경제사상의 배경과 의의," 『경제학연구』, 제49집 3호, 2001.

전강수 · 한동근, "한국의 토지문제와 경제위기," 『경제학연구』, 제48집 2호, 2000.

Andelson, Robert V., ed., *Critics of Henry George*, London : Associated University Press, 1979.

________________ and J.M. Dawsey, *From Wasteland to Promised Land*, Obris Books, 1992, 기독교경제학연구회 역, 『새로운 해방의 경제학』, CUP, 1996.

Brown, James, ed., *Land Use & Taxation — Applying the Insights of Henry George —*, Lincoln Institute of Land Policy Massachusetts, 1997.

George, Henry, *Progress and Poverty*, Robert Schalkenbach Foundation New York, 1992[1879], 김윤상 역, 『진보와 빈곤』, 비봉출판사, 1997.

____________, *Protection or Free Trade*, Robert Schalkenbach Foundation New York, 1992[1886].

____________, *The Science of Political Economy*, Robert Schalkenbach Foundation New York, 1992[1898].

George, Henry Jr, *The Life of Henry George*, New York : Robert Schalkenbach Foundation, 1960, 박호정 역, 『헨리 조지의 생애』, 성경적 토지정의를 위한 모임, 1997.

Heckscher, E., The Effects of Foreign Trade on the Distribution of Income, in H. S. Ellis and L. A. Metzler(eds.), *Readings in the Theory of International Trade*, Blakiston Philadelphia, 1949.

Netzer, Dick, ed., *Land Value Taxation*, Massachusetts: Lincoln Institute of Land Policy, 1998.

Roll, Eric, *A History of Economic Thought*, 3rd ed., 1956, 정윤형 역, 『경제사상사』, 까치, 1982.

Samuelson, Paul A., International Trade and the Equalization of Factor Prices, *Economic Journal*, vol. 58, 1948.

________, International Factor Price Equalization Once Again, *Economic Journal*, vol. 59, 1949.

Stolper, W.F., and P.A. Samuelson, Protection and Real Wages, *Review of Economic Studies*, vol. 9, 1941.

Ⅵ. 헨리 조지와 환경문제

김종달*

1. 서 론

산업혁명 이후 진행된 유례없는 생산력의 증대는 봉건적 생산양식의 제약된 물질적 기반을 뛰어넘어 인류에게 '풍요한 미래'를 전망해주는 듯이 보였다. 하지만 그칠 줄 모르는 자본주의적 대량생산은 생산의 토대가 되는 자연자원과 환경의 고갈, 파괴를 초래했다. 산업주의의 확대 재생산이 지속되면 될수록 그만큼 환경파괴 속도는 빨라져서 지역적 그리고 지구적 규모로 확대되고 있다. 환경의 파괴는 이제 특정한 생산관계와 생산양식의 파괴를 넘어 생명체로서의 인간의 생명까지도 위태롭게 할 지경까지 이르러 근대 이래 새로운 위기의식을 우리에게 심어주고 있다.

이 글은 이러한 현대의 환경위기를 극복할 수 있는 합리적인 해결책을 모색해 본다는 의미에서, '헨리 조지'라는 한 인물의 사상체계 속에 담겨 있는 그의 환경관을 해석해 보고 현대적인 함의를 도출하고자 한다. 100년 이상이 흐른 지금, 헨리 조지의 독해를 통해 환경위기라는 현대적인 문제의 새로운 인식과 해결방안을 모색하는 '고전과 현대의 만남'이라 볼 수 있을 것이다.

헨리 조지의 주장은 경제적 진보를 저지하고 불필요한 빈곤을 초래하는 사회제도가 있다는 것인데, 이러한 제도적 장애가 제거된다면 빈곤이 극복되고 자연에 대하여 창의적인 노력을 가할 때에는 부를 창출할 수 있다는 것이다. 동물과 식물은 존재와 증식으로 생존한계에 압력을 가하지만, 인간은 자연자원에 대한 접근권만 주어진다면 자연자원을 효과적으로 이용하여 이 한계를 확장할 수 있어 경제적 진보를 이룩할 수 있다는 주장이다.

헨리 조지는 근대의 경제성장으로 인한 진보가 빈곤을 수반하는 현상에 주목하

---

* 경북대학교 경제통상학부 교수

면서 이는 지주의 토지독점으로 인한 지대 취득 때문이라고 파악한 대표적인 인물이다. 그의 이러한 문제인식은 이후 주로 재정학이나 토지경제학을 연구하는 사람들의 조세정책에 대한 연구로 진행되었고, 크리스찬들은 성서의 희년 사상의 현대적인 함의를 도출하는데 조지를 많이 인용하곤 했다. 하지만 헨리 조지는 토지단일세 주창자라는 일반적인 협소한 인식과는 달리 자신의 고유한 자연관, 환경관을 가지고 있었으며 이는 주요한 저작들 속에서 그의 사고의 기반을 형성하고 있다(Jurgen and Krabbe, 1991, pp.485-486).

2. 조지의 자연관

'토지'라는 생산요소에 대한 특성을 이해하는 것이 조지 사상을 이해하는 첫걸음이자 조지의 자연관을 인식하는 중요한 열쇠가 된다. 조지에게 토지는 단순히 생산을 위해 사용되는 경제적인 의미의 '부지' 또는 '땅'이라는 의미 이상을 차지한다. 토지에 대한 표면적인 이해를 넘어서 그는 토지를 아주 광범위하게 정의하고 있다.

> 토지라는 용어는 단지 물이나 공기와 구별되는 지구의 표면만이 아니라 인간 이외의 물질적 우주 전체를 의미한다. 사람이 자연과 접촉하고 자연을 사용하는 것은 토지를 통해서 가능하며 사람의 신체도 토지에서 나온 것이기 때문이다. 즉, 토지라는 용어는 모든 자연의 물질, 힘, 기회를 포괄한다(George, 김윤상 역, 1997, p.37)

그의 이러한 이해에 따르면 토지는 자연을 대표하는 것으로서 경작이 가능한 토양뿐만 아니라 모든 단단한 지표면, 모든 건축용지, 그리고 광물, 석유, 삼림, 야생동물 등의 모든 자연자원과 해양, 대기 등을 포함하는 아주 포괄적인 의미를 가진다. 이렇게 조지는 토지란 원래 그 자연상태 속에 인간의 노력이나 자본의 투자를 전혀 내포하고 있지 않은 순수한 자연상태 그대로인 것으로 파악하였다. '자연이 제공하는 모든 기회나 힘'으로서의 토지는 '노동의 선행조건이며 노동의 장소이고 노동에 필요한 원료'(George, 김윤상 역, 1997, p.157)가 된다는 주장으로 나아간다. 다시 말해 천연적 토지는 노동을 함축하고 있지 않으므로[1] 인간의 노력과는 상관없이 존재하며, 동시에 '인간의 서식처이고 인간 자신이 필요로 하는 필수품을 공급받는 창고'이며 욕구를 충족시킬 물자를 공급하기 위해 노동을 투입하는 대상이 되는 원료라는 것이다(George, 김윤상 역, 1997, p.282).

> 토지 또는 토지 생산물이 없다면 해산물도 취할 수 없고, 태양열도 이용할 수 없고, 그 밖의 어떠한 자연력도 이용할 수 없다. 우리는 토지에서 태어나 토지로부터 물자를 얻어 살다가 토지로 돌아간다...물질적 진보는 인간의 토지에 대한 의존성을 없애주지 않는다. 물질적 진보는 토지에서 부를 생산하는 힘을 보태어 줄 뿐이다.

따라서 조지에게 생산은 인간과 자연이 상호작용하는 과정이라고 이해되었다. 더욱이 조지는 '물질은 남고 사물의 힘은 지속된다'라고 이해하고, 급기야 인간마저도 '물질이 일시적으로 취하는 한 형태이며 운동이 변화하는 한 방식'(George, 김윤상 역, 1997, p.128)이라고 해석함으로써 그의 생태주의적 사고의 단면[2]을 보여주고 있다. 또한 '자연이 균형을 유지하는 어떤 방식을 통해 자연의 생산력과 파괴력간에 어떤 균형이 존재한다'(George, 김윤상 역, 1997, p.188)는 생각은 니즈(A. Kneese)와 아이레스(R. U. Ayres) 등 초기 선구적인 환경경제학 접근방법인 물질균형론적 관점(material balance approach)[3]과 맥락이 닿아 있다. 사실 조지의 생각은 투입산출분석(input-output andysis)을 이용한 이들 기계론적인 물질균형방법론보다는 한 단계 더 나아가 동태적 관점을 가지고 있다. 조지는 '인간은 제한된

---

1) 토지개량물은 인간의 노동력이 투입되어 노동으로 가공된 산출물을 말한다. 이후 살펴보겠지만 조지는 천연적인 토지에 대해서는 공공소유와 지대의 공유를 주장한 반면, 이러한 토지개량물의 경우 토지개량에 참여한 생산자에게 그 개량의 이익이 돌아가야 한다고 주장하였다.

2) 유기체들의 진화와 지구의 진화를, 생물학과 지질학으로 나누는 관습에서 분리된 것으로 보지 않고 하나의 긴밀하게 어우러지는 과정으로 보고 있는 유기적 자연관에 가까운 생각을 갖고 있음을 알 수 있다.

3) '물질균형적 접근방법'은, 경제성장으로 인해 환경계로부터 경제계로 투입되는 물질의 양이 증가하면 질량보존의 법칙에 따라 그만큼 폐기물의 배출량도 증가하게 되는데, 환경의 자정 능력을 초과하여 환경재를 남용하게 되면 엔트로피가 크게 증가하여 환경오염이 불가피하게 발생하며 궁극적으로 인간의 생존 기반마저 붕괴될 수 있다는 접근방법이다. 이러한 인식에 기반해 있는 학자들은 환경문제의 해결방안으로서 생산감소로 인한 자원사용량의 감소, 오염물질의 성질변화, 오염배출의 장소와 시간변경으로 집중적인 오염물질의 배출을 분산시키는 등 기술적인 해결책을 내놓고 있다.

범위 내에서 자연의 균형을 깨뜨리는 힘을 가지게 되는데 자연의 조건을 변화시켜 자연 속에 있는 여러 강도의 재생산력을 뜻에 따라 이용' (George, 김윤상 역, 1997, p.88) 함으로써 '부의 증가'를 이룩하고 진보를 달성할 수 있다고 생각했다.

그의 이러한 인식은 기본적으로 인간이 합리적으로 생산한다면 자연의 한계에 도달하지 않고서도 끊임없는 물질적 진보가 가능하다는 그의 낙관론적인 사고에 기반해 있다. 실제로 조지는 서부개척이 한창이던 때에 살았던 인물이라 저서를 통해 볼 때는 산업을 통한 자연자원의 고갈과 파괴는 고려하지 않았던 것으로 판단된다. 석탄, 석유와 같은 자연자원의 사용은 심각한 현대 환경문제를 야기시켰고, 이들 자원의 고갈은 미래 경제의 혁명적인 전환을 예고하고 있다. 이와 같은 자원의 중요성에 대해서는 과소 평가한 것으로 보인다.

그러나, 그의 이론에는 자원의 적절한 이용을 통한 관리라는 사고의 맹아가 있음을 알 수 있다. 자연의 한계를 침해하지 않는 '제한된 범위내'에서만 이러한 진보가 가능하다는 그의 조심스러운 강조를 되새겨 본다면 경제적 생산성의 분배문제가 중요시되었던 당시에도 그는 자연자원의 고갈문제의 가능성을 간접적으로 암시해주고 있다. 다시 말해 이러한 그의 인식을 좀 더 확장시켜보면, 자연적 균형이 이루어질 수 없을 정도로 즉, 자연의 자정능력을 뛰어넘는 무제한적인 생산활동과 그로 인한 오염물질의 방출은 반드시 환경위기를 초래할 것이라는 이해에 도달할 수 있다.

> 동식물의 세계에서는 어느 동식물의 존재 여부와 관계없이 그 동식물의 한계가 존재하지만 인간에 있어서 생존물자의 한계는 토지, 공기, 물, 햇빛의 궁극적 한계 내에서라면 인간 자신에 의존한다는 것이다. 사실이 이러하므로 하급 생물의 경우를 인간에 비유한 것은 명백히 잘못된 것이라고 하겠다. 동식물은 생존물자의 한계를 압박하지만 인간의 지구의 한계에 도달하기 전에 생존물자의 한계를 압박할 수 없다. 이 점은 전체적으로만 진실이 아니라 각 부분에 있어서도 진실이다. 어느 작은 만이나 항구의 수위를 낮추려면 그에 인접한 대양뿐만 아니라 세계의 모든 바다, 모든 대양의 수위를 낮추어야 하듯이, 어느 장소의 생존물자의 한계는 그곳의 물리적 한계가 아니라, 전 지구의 물리적 한계이다(George, 김윤상 역, 1997, pp.126-127)

생산에 대한 조지의 인식을 좀더 구체적으로 살펴보자. 조지에 따르면 생산에는 다음과 같은 세 가지 방식이 있다(George, 김윤상 역, 1997, pp.178-179) : 자연의 산물의 형태나 장소를 인간의 욕구충족에 적합하도록 바꾸는 것(adapting), 식물과 동물을 기름으로써 자연의 생명력을 활용하는 것(growing), 그리고 위치에 따라 달라지는 자연의 힘 또는 상황이나 직업이나 성격에 따라 달라지는 인간의 힘 중에서 더 우위에 있는 쪽을 활용하여 일반적인 부를 증대시키는 것(exchange). 이 중에서 조지는 특히 생산의 두번째 측면을 주목했다. 즉, '자연의 재생산력 내지 생명력' 만이 생산요소들의 가격을 결정하며, 생산의 다른 두 방식은 생산과정에서 중요하게 고려되기는 하지만 가격결정이론에서는 고려되지 않는다. 또한 인간의 노동력은 자연의 산물을 인간의 욕구에 적합하도록 적응시키는 과정(adapting)안에서 의미있는 것으로 인정된다. 따라서 인간의 생산적인 힘과 능력은 바로 이러한 자연적인 산출물을 적응시키는 데 사용되므로 인간과 자연간의 관계는 '상호침투' 하는 적극적인 상호관련성을 가진다.

이와 같은 조지의 토지 즉, 자연에 대한 관점은 조지의 분배이론으로 이어진다. 인간의 노동을 투여하여 생산된 산출물과 인간노동이 포함되지 않은 자연적인 상태의 토지(자연)산출물은 각각을 이해하고 취급하는 방식에서도 차이가 난다고 보는 것이 바로 조지의 생각이었다. 토지는 노동과 자본과는 구별되는 아주 독특한 생산요소로서 인식되며, 천연적인 자원이라고 할 수 있는 토지는 노동으로 가공되기 이전에 벌써 자신의 가치를 지니고 있었으며, 이러한 '자연적 기회' 를 사용한 대가로 토지소유자에게 주어지는 대가가 바로 지대를 형성한다고 인식하고 있었다.

반면에 노동이라는 생산요소는 '모든 인적인 노력을 포함하는 것' 으로 정의되는데, 토지라는 노동대상과 결합되었을 때만이 노동의 가치가 실현된다. 조지는 부를 '생산적 노동' 이라는 개념을 통해 설명하는 과정에서 '인간의 노동없이 자연이 인간에게 부여한 것이 부가 될 수 없다' 라고 노동의 의미를 적극적으로 해석한다. 하지만 이러한 노동 역시 '욕구를 만족시키는 힘을 가지는 유형적인 생산물이 나오지 않으면 노동을 하더라도 부가 되지 않는다' 라고 주장하면서 토지 즉, 자연자원의 잠재적인 가치의 중요성을 강조한다.[4] 다른 한편 자본은 토지와 노동이 아닌 것으로서, 이 두 가지 본원적 생산요소의 결합에 의해 생산된 것(George, 김윤상 역, 1997, p.38)이라고 할 수 있다. 따라서 조지는 생산물 다시 말해, 부의 분배는 토양의 가치, 즉 무지대 토지에서의 대가 또는 사용토지 중 가장 열등한 토지에서의 대가가 가장 먼저 이루어지고 다음으로 남은 부분에 대해 노동에 대한 가치실현이 뒤따르며 제일 마지막으로 자본의 가치가 실현되는 순으로 이루어진다고 주장(George, 김윤상 역, 1997, p.164)하면서 리카도식 분배원리를 받아들이고 있다. 이는 토지가 노동의 선행조건이며 노동의 장소이고 노동에 필요한 원료이므로, 노동은 토지가 있어야만 실행될 수 있고 노동에 의해 부로 전환될 물자는 토지로부터 나온다는 그의 기본적인 인식으로부터 형성된 것이다. 따라서 생산의 세 요소에 대한 자연스러운 순서는 토지, 노동, 그리고 '축적된 노동' (George, 김윤상 역, 1997, p.157)이라고 할 수 있는 자본 순으로 매겨지며, 가격의 형성 또한 이러한 순으로 이루어진다.

이와 같은 인식은 토지의 잠재적 가치의 중요성에 대한 고전학파들의 관심의 표현이라고 할 수 있는데, 당시 농업생산이 산업에서 중요한 비중을 차지하고 기계화로 인한 공업화가 본격적으로 진행되기 이전의 토지에 대한 주요한 관심을 나타낸 것이라고 할 수 있다.

3. 신맬더스주의와 조지

맬더스는 당시 북아메리카 식민지에서 나타난 현상을 기초로 해서 인구의 자연증가는 기하급수적으로 증가하면서 토지에서 얻을 수 있는 물자는 산술급수적으로 증가하므로 예방적 차원에서 출산증가를 억제하고 적극적 차원에서 사망률을 높이는 정책이 필요하다고 강변하면서 현실적인 궁핍과 비참을 인구증가라는 자연적인 원인에 돌리고 있었다.

맬더스주의가 가지는 논리는 조지 사후 100년에 발생한 현대 환경문제를 둘러싸고 부활한 신맬더스주의자라고 할 수 있는 게랫 하딘(G. Hardin)을 통해 새롭게

4) 이러한 주장을 맑스의 견해와 비교할 수 있다. 맑스는 인간의 합목적적인 노동을 수행하는데 필수적인 요소로서 노동수단과 더불어 노동대상을 꼽고 있다. 그가 말하는 노동대상에는 인간의 '노동에 의해 여과되어진' 원료(raw material)만이 아니라, '자신의 생활요소인 물로부터 분리되어 나온 포획된 물고기나 원시림의 목재 그리고 광맥으로부터 채취된 광석 등 천연적으로 존재'하는 대부분의 자연들이 포함된다. 하지만 이러한 천연자원이 그대로 있을 경우에는 '가치가 실현되지 않는' 반면 '노동의 불로 세례를 받을' 경우에는 원료가 되어 그 가치가 창출되기 때문에 가치생산의 역할을 하는 노동의 기능을 강조한다(김영민, 1993, pp.228-229). 한편 이것은 자연자원의 생산적인 사용과 관련하여 중요한 함의(맑스의 '생산적 노동'의 개념)가 되는 반면에 자연 그대로의 가치를 적극적으로 고려하지 않고 있다는 점에서 생태학자들의 비판의 대상이 되고 있다.

조명해 볼 수 있다. 1968년 사이언스(Science)지에 발표된 '공유지의 비극(The Tragedy of the Commons)'이란 글은 환경문제 접근에서 자연 소유권과 인구문제를 둘러싸고 많은 논란을 불러일으켰고 오늘날도 계속되고 있다.

하딘에 따르면, 공유지에 거주하는 인구가 적다면 공유지는 실제적으로 무한한 것이 되고, 아무 문제가 발생하지 않을 것이다. 그러나, 인구가 증가하게 되면, 공유지에 가해지는 부담이 증가하게 될 것이고, 결과적으로 개인의 이익을 극대화시키려는 행위는 공유지를 비극으로 몰고 가게 된다는 것이다. 개인은 유한한 세계에서 자신의 가축을 무한정 증가시키게 만드는 체제 속에 갇혀 있고, 공유지의 자유를 신봉하는 사회에서 개인은 자신의 이득을 극대화시키고, 이로 인해 전체 사회는 '비극'이라는 종착역으로 치닫게 된다. 결론적으로 공유지의 자유는 모든 사람들에게 파멸을 가져오게 된다.

하딘은 이러한 공유지의 비극을 막기 위해, 비극이 일어나는 상황에 따라 사유재산권과 공해세, 그리고 인구 증가 억제라는 서로 다른 해결책을 제시한다. 궁극적으로 그는 공유지의 비극을 막고, 더 많은 소중한 자유를 보존하고 확대할 수 있는 유일한 방법은 출산의 자유를 포기하는 것이라고 말한다. 이를 통해 비로소 우리는 공유지의 비극을 종식시킬 수 있을 것이라고 보았다(Hardin, 1968/1998, p.27).

그러나, 헨리 조지는 이러한 맬더스의 인구론을 가장 신랄하게 비판하고 있다. 이것은 현대의 하딘도 해당이 된다. 즉 조지는, 맬더스의 인구론이 빈곤이 불가피하다고 함으로써 개혁에 대한 요구를 얼버무리고 양심의 추궁으로부터 이기심을 보호하는 효과를 가지며, 빈곤층에게 어쩔 수 없다는 좌절감으로부터 헤어나오지 못하게 하는 사고습관을 심어주고 부유층의 탐욕과 권력층의 이기심도 정당화한다고 맹렬히 비판했다(George, 김윤상 역, 1997, p.95).

조지는 인구가 아무리 많고 천연자원이 아무리 풍부하더라도 부의 생산자가 희망도 자존심도 의욕도 절약심도 가질 수 없는 곳에서는, 그리고 부재지주가 토지생산물의 대부분을 가져가 버리고 경찰과 군대가 이러한 부당한 제도에 대한 저항을 짓눌러버리는 상황에서는 빈곤과 굶주림은 피할 수 없는 것이라고 반박했다(George, 김윤상 역, 1997, pp.122-123).

또한, 인구증가가 생존물자의 수요를 증가시키고 이로 인해서 더 열등한 토지로 생산점을 이동시키게 함으로써 지대를 상승시키게 된다는 맬더스의 인구론적 지대이론에 대해 다음과 같은 비판을 가했다. 인구증가로 인해 노동의 효과성이 높아지는 속도가 질이 나쁜 토지로 경작이 확장되는 속도보다 빠르면, 경작의 한계가 낮아지고 지대가 상승하더라도 노동에 대한 최저 대가는 오히려 커지기 때문에 결국 비율로서의 임금은 하락하더라도 양으로서의 임금은 더 많아지게 되고(George, 김윤상 역, 1997, p.223), 또 한편 인구증가와 더불어 노동의 힘이 증가하면 생산방법이나 도구가 개선된 것처럼 같은 노동에 의해 더 많은 결과가 나옴으로써 토지의 자연적 힘이 향상된 것과 같이 될 뿐만 아니라, 그로 인해 노동의 우월한 힘이 발현되고 그 힘이 특정토지에 국지화되기 때문에 결국 토질, 기후, 광물자원 기타 자연적 상황과 마찬가지로 토지에 내재한 것처럼 되고 토지소유권과 더불어 이전한다(George, 김윤상 역, 1997, p.224)고 주장하였다.

결국 맬더스의 인구법칙에 내재된 파시즘적 사고를 극복하기 위한 조지의 사투는 토지 즉, 자연자원을 기술적인 조건의 개선과 토지의 독점적 소유의 지양 등으로 효율적인 사용을 가능하게 한다면 빈곤은 극복할 수 있고 인구성장은 안정적으로 물질적인 진보를 위협하지 않는다는 인식의 기반 위에 서 있었다.

하딘의 주장은 기본적으로 기하급수적으로 증가하는 인구를 억제하지 못하면 인류는 파멸에 치달을 것이라고 주장했던 맬더스의 사고와, 모든 사람들은 자신의 이익에 따라 행동하는데 각 개인의 높은 만족은 결국 사회의 전체의 높은 만족을 가져올 것이라는 아담 스미스의 사고에 영향을 받았다. 조지의 비판에 덧붙여 하딘류의 주장을 현재의 관점에서 비판적으로 고찰해 볼 수 있다.

첫째, 하딘의 논의에서 자원은 한정되어 있고, 인구가 증가함에 따라 지구의 부양능력은 한계에 다다르기 때문에, 생존을 위해서는 이를 억제시켜야 한다고 주장하였다.

> 맬더스가 말했듯이, 인구는 기하급수적으로 증가하는 경향이 있다. 유한한 세계에서 이는 세계의 1인당 상품 분배가 점차 줄어들 것을 의미한다. 유한한 세계는 단지 유한한 인구만을 부양할 수 있다(Hardin, 1968/1998, p.24).

하딘의 이러한 인식의 출발은 생존주의(survivalism)의 입장에 서 있다. 생존주의는 지구 및 생태계가 감당할 수 있는 한계가 있으며, 이 한계를 넘어서면 파국을 초래할 수 있다는 입장이다. 예를 들어 특정한 종의 개체군이 환경용량(carrying-capacity)의 한계를 넘어 성장하게 되면, 생태계는 붕괴되고 이 속에서 살았던 개체군은 파괴된다. 자연적 과정을 통해 이러한 종의 생명을 유지시켜 주었던 예전의 환경용량으로 생태계를 복원시키지 않는다면 이 종은 살아남을 수 없을 것이다.

하딘의 이러한 생각은 맬더스의 영향을 받아서 인구의 폭발적 증가를 생태계의 가장 위협적인 요소로 파악하여, 가용자원의 절대적 한계로 인해 자원을 이용하는 개체 수를 감소시키지 않는다면, 자원 이용에 있어 절대적 평등을 보장받을 수 없다고 주장하였다. 그러나, 생존을 다른 모든 가치보다 우선시하기 때문에, 생존을 위해 무엇이든지 해야 한다고 한다면 자칫 극단주의로 흐를 수 있다.

둘째, 하딘의 논의에서 사람들은 항상 이기심에 따라 행동할 것이라고 가정한다. 그러나 이러한 인간 본성은 많은 비판을 받는다. 공유지의 비극에서 만약 목동들이 이기심에 따라 행동하지 않는다면 그 자체로서 비극은 해결될 것이다. 하딘은 '인간은 합리적인 존재이기 때문에 각 개인은 자신의 이익을 극대화시키는 것을 찾는다'라고 말했다. 이는 논리적으로 다음과 같은 문장으로 바꾸어 쓸 수 있다. "자신의 금전적 이익을 극대화시키지 않는 모든 목자들이나 사람들은 비합리적이다". 그러나 이러한 가정은 현실에 있어 잘못된 경우가 많다. 어떤 사람들은 최소한의 노력과 환경 피해만으로 삶의 필요를 충족시키기 위해서 간소한 삶을 선택할 수도 있다. 이 사람들의 경우에 더 많은 자유시간의 기회, 문화와 사회적인 활동과 지적인 개발이 가능하기 때문에 간소하고 검소한 삶의 선택을 하는데 이는 더 나은 삶의 양식을 제공한다. 이런 개인들은 자신의 물질적인 이익을 극대화시키는데 관심이나 걱정을 가지지 않을 수 있다.

하딘은 공유지의 비극이 사람의 마음이나 윤리로 인해 생겨나는 자기중심적 행동에서 비롯된다고 보았다.

> 모두에게 활짝 공개되어 있는 공용목초지를 생각해 보자. 모든 목장주들은 가능하면 많은 소 떼를 키우려고 노력할 것이다. 합리적인 존재로서, 가축을 기르는 개인은 자신의 이익을 최대화하려 노력한다... 합리적인 개인이라면, 자신이 추구해야 할 합당한 유일한 방법은 자신의 가축을 한 마리 더 늘리는 것이라고 결론을 내릴 것이다. .... 그러나 이러한 결론은 공유지를 소유하고 있는 모든 개인이 내리는 결론이다. 바로 여기에 비극이 놓여 있다(Hardin, 1968/1998, p.26).

또한, 개인의 이기심은 자유시장경제하에 사유 재산, 사적 자유, 부의 극대화를 추구하는 과정에서 나타난다. 하딘은 '산업화된 자본주의 경제'를 토대로 하여, 모든 개인들은 자유시장 체제내 합리적 · 이기적 존재로서 자신의 부, 서비스와 재화의 소비를 증가시킴으로써 자신의 삶의 질을 개선시킬 것이라고 가정한다.

하딘의 논의에서 공유지의 비극을 가져오는 본질은 사적 이기심이 공유지를 계속해서 이용하게 만들어 파국에 다다르는 것이 아니다. 결국 문제의 본질은 공유지를 비극으로 몰고 가는 원인과 이념과는 상관없이, 어떤 개인들 또는 사회가 그들을 받쳐 주는 유한한 생태계를 더욱 과도하게 이용하게 되고, 이로 인해 사회나 경제가 붕괴하게 된다는 사실이다. 다시 말해, 하딘이 말하는 비극이란 단지 유한한 생태계내 토지나 자원의 이용을 끊임없이 증가시킬 때 생겨나는 비극을 말하는 것이지, 논리적으로 어떤 특정한 정치경제적 체제 또는 제도에 바탕을 둔 가정에 근거하여 논의를 전개한 것은 아니라는 데 있다.

공유지를 비극으로 몰고 가는 보다 중요한 원인은 사회제도나 체제의 잘못으로 인해 발생한다. 즉, 환경문제는 개인의 행동이나 이데올로기 문제를 넘어서 산업화 방식, 에너지 체제, 생활양식의 문제에서 비롯된다. 그러므로 이러한 사회 제도에 대한 분석 없이는 공유지의 비극을 막는 근본적인 해결책을 찾기는 어렵다. 또한, 전 세계의 모든 공유지는 서로 동일하지 않고 그들 각각의 문화에 따라 공유지를 이용하는 방식이 모두 다르다. 공유지에 대한 수많은 다른 정의가 존재하고 다양한 사회에 따라 공유지에 대한 다양한 사고를 가지고 있다. 어떤 문화권에서는 아무런 규제 없이 공유지를 내버려두기도 하고, 또 다른 문화권에서는 공유지를 종교적 금기로 여기기까지 한다. 결론적으로 각 공유지들은 다양하고 이를 이용하는 사람에 따라 달라지기 때문에 공유지를 떠받혀 주는 다양한 사회 제도에 대한 분석이 있어야 한다. 즉, 스위스처럼 공동체에 의한 공유지의 합리적 관리는 지금까지 환경문제를 전혀 야기시키지 않고 있다.

셋째, 하딘은 궁극적인 환경문제의 원인은 인구증가에서 비롯되는 것으로 보았으며 공유자산의 사적 소유화나 개인에 대한 규제 등을 통한 문제를 제기하고 있다.

> 공유지의 비극은 바다의 오염, 국립공원 등에서 찾아 볼 수 있다... 공해의 문제는 궁극적으로 과다한 인구에 의해 생겨난다. 인구가 증가하면서 자연적 정화과정이 압박을 받게 되고, 이러한 현상은 우리에게 사적 소유권에 대한 새로운 정의를 요구한다(Hardin, 1968/1998, p.28).

규제를 통한 인구억제정책을 살펴보면, 하딘은 맬더스의 사고를 받아들여, 토지에서 얻을 수 있는 물자에 비해 기하급수적으로 증가하는 인구로 인해 공유지의 비극이 발생한다고 본다. 이로 인한 공유지의 비극을 막기 위해서는 행정당국에 의한 강제를 통해 인구를 억제해야 하며, 출산의 결정은 개인이 아닌 사회에 맡겨야 한다고 주장하였다. 즉, 정부 행정당국에 의한 상호 강제, 상호 동의에 의한 강제만이 공유지의 비극을 막을 수 있다고 주장하였다. 이러한 하딘의 주장은 위에서 맬더스를 비판한 조지의 논리를 동일하게 적용하면 근본적인 비판의 대상이 된다.

물론 조지의 이론도 인구증가가 지구환경문제에 주요한 원인이 되고 있는 현재 시점에서 볼 때, 무제한적인 사람들이 지구상에서 상당한 수준의 삶을 살 수 있을 것이라고 본 조지 이론은 인구문제에 대해 너무 관대한 것은 틀림없다.

4. 사회생태론과 자연자원의 공유

사회생태학자인 북친(M. Bookchin)은 하딘과 같은 신맬더스류 환경론자들의 생존론적 주장을 '생태파시즘(Eco-Fascism)'이라 규정하면서, 생태적인 혼돈을 특정소수계층을 위한 이기주의로의 복귀수단으로 이용하고, 자연자원의 부족을 강조하는 신화를 통해 스스로를 지켜나가는 전략을 세운 뒤에, 다른 어떤 가치보다도 우선하여 생태가치를 주장한다는 것이다.

북친은 현대 문제 중 지구생태계의 안정을 유지하고 있는 시스템의 파국적인 붕괴라는 대규모 생태위기를 가장 중요하게 보지만, 이러한 생태문제는 사회문제이며 종교적, 정신적 또는 정치적인 이데올로기의 결과가 아니라고 본다(Bookchin, 박홍규 역, 1998, p.31).

북친에 의하면 제2자연인 사회는 제1자연인 자연세계에서 진화했으며 인간의 탁월한 정신적 능력과 사회적 창조성에 의해서 그것이 제도화되고 구조화되었다. 초기 사회에서는 참여, 상호부조, 연대 등이 강조되고 그것이 제도화되었으나 점차 경쟁적이고 지배종속관계를 영속화시키는 제도를 형성하게 되었다.

현대의 생태적이고 사회적인 위기를 논의하면서 북친이 주목하는 것은 인간의 지배 속성이다. 인간은 서로에 대한 지배를 당연한 것으로 받아들여왔고, 이를 자연으로 확대하였다는 것이다. 오늘날 자연은 '맹목적이고', '말이 없으며', '잔인하고', '경쟁적이며', '인색하고' 자유와 자아 실현을 추구하는 '인간적 속성'과는 반대되는 악마적인 '필요 영역'으로 간주된다. 인간은 자연과 대립적인 관계에 있는 것으로 설정되어 있다는 것이다(Bookchin, 문순홍 역, 1999, p.111).

자연에 대한 보편적인 이미지는 이성, 과학, 기술이 지배하는 유형으로 나타나게 만들었다. 인간은 위계체계, 계급, 국가 제도, 성별 그리고 인종 구분으로 파편화되었다. 이것은 민족주의적인 증오, 제국주의적인 모험 그리고 세계지배 철학을 촉진시켰다. 이 지배 철학은 복종과 종속을 질서와 동일시하고 있다. 이로 인해 공동체에서 개인이 의미를 갖고 장소가 의미를 갖는 사회 그리고 이러한 의미을 부여하는 문화적, 경제적, 이데올로기적, 미학적 그리고 가족적 유대가 모두 서서히 붕괴되었다. 자연과 사회 사이에 생겨난 공백은 거대하고 황폐한 도시로 채워지고 전지구적인 규모로 확대되고 거대한 기업체가 그 공백을 메우게 되었다. 궁극적으로 고도로 중앙집중화된 국가 제도들과 통제불가능한 힘을 가진 군사력으로 채워졌다. 이로 인해 개인의 자유 뿐만 아니라 생태계 위기가 발생했다는 것이다(Bookchin, 문순홍 역, 1999, p.114).

북친에 의하면, 현실을 질서화하는 방식으로서 사회 내 위계 조직은 사회제도적인 현상이다. 인간에 의해 형성된, 잘 조직된 관료제와 군사력으로 유지되는 제도만이 군주에게 절대 권력을 쥐어 줄 수 있다는 것이다. 이러한 제도화된 '지배-복종' 관계는 인간에게만 존재하는 것이다. 위계 조직이 계급보다도 더 근본적이고 위계 조직에서의 지배가 계급착취보다 더 근원적이다. 계급, 착취 그리고 국가가 폐지된다고 할지라도 인간들이 위계적으로 서열화되고 지배되는 것을 막지 못한다(Bookchin, 문순홍 역, 1999, pp.124-125).

그래서 북친은 지배-종속의 위계질서의 제거를 통해 현대 생태위기를 해결할 수 있다고 본다. 그러기 위해서는 자연세계를 객관적인 사회 윤리의 토대로 삼아 창조성, 배려, 합리성이라는 관점에서 인간의 뛰어난 정신적 능력으로 사회를 생태적이며 합리적인 제도로 재구성해야 한다는 것이다(Bookchin, 박홍규 역, 1998, pp.45-46). 자연을 창조적이며 다산적인 생물 공동체로 포착하는 사고와 감수성(생태적 감수성)은 자유극대화적이고 생태적인 사회를 구성할 수 있게 한다. 그러한 사회는 권력이 분산되어 있으며, 국가가 없고, 예술적이며, 집산주의적이고, 고도로 해방지향적이다(Bookchin, 문순홍 역, 1999, pp.129-130).

북친은 조지와 같이 사회제도의 변화를 통해 환경문제를 해결하려는 입장이지만, 내용에 있어서는 조지의 자연자원 가치의 공유제도보다 더 근본적이고, 현실적으로 달성하기 어려운 사회지배구조의 개혁을 주장하고 있다. 헨리 조지는 토지의 독점적 소유에 대한 폐해를 지적하면서 토지의 공유화를 주장했다. 조지는 사적 소유권에 대해 기능주의적 합법화를 부여하여, 토지 이용에 필요한 것은 사적 소유가 아니라 개선의 보증임을 주장했다. 개선의 사유권과 자연자원의 공유를 기능적으로 구분한 것이다. 자연자원의 생산적 이용은 긍정적인 외부성을 발생시키기 때문에, 모든 개선이 사적으로 전유되는 것은 아니며, 그 외부성은 공유 영역에 속한다. 이에는 한 국가의 문화 유산, 경관, 기후, 역사적 도시 및 촌락의 건축학적 조화 등이 있는데, 조지의 토지단일세의 조세 항목에는 자연자원에서 발생하는 지대, 공유자산의 개선으로 인한 지대, 그 개선의 이면에서 발생하는 지대 등이 있을 수 있다.

자연자원에 대한 개선뿐만 아니라 손상도 고찰하는 것이 조지의 접근법을 따르는 것이다. 오염기업, 해저 유전 개발업자, 어부 등은 공유 자연자원을 훼손한 데 대해서는 음(-)의 소득 흐름을 발생시켜야 한다. 즉 공동체는 공유 자연자원의 남용을 보상하는 소득을 발생시켜야 하는 것이 조지의 원칙이라 할 수 있다. 자연자원의 범위를 넓히면 단일세의 과세 기준이 확대되는 것이다. 자연자원 이용에 대한 조세는 배분적 중립성에 가까운 조세이고, 자연자원을 절약하고, 건전한 경제성장을 촉진하는데 기여할 수 있다.

조지의 주장에는 자연권 사상과 나름의 평등관이 내포되어 있다. 조지는 사회는 정의를 바탕으로 형성되어야 하며, 모든 사람이 생존하고 생활하는 데 생활의 기회와 수단을 이용할 수 있어야 하고 자연의 혜택을 동등하게 누릴 수 있어야 한다고 주장하였다. 그의 이러한 인식 밑에는 모든 사람은 '거스를 수 없는 법칙'인 신에 대한 소명의식을 가지고 동등하고 진실되게 일하는 인간의 모습이 담겨져 있으며 이러한 인간의 활동은 진보를 가져올 것이라고 주장하였다.

이러한 사상적 기반하에서 조지는 노동생산물에 대한 사적소유와 토지에 대한 공적소유를 주장했다. 토지의 공공소유의 실현을 위해 조지가 제시한 방법은 토지단일세이다. 조지는 토지의 독점적 소유의 폐단을 극복하는 길은 토지의 공공성을 부각시키는 길밖에 없다고 간주하고 난 후, 구체적인 공공성의 실현으로서 토지의 사적소유권에 대한 일괄적인 철폐와 개량물에 대한 사적권리의 보장하에 각 토지 필지마다 최고가격 청약자에게 임대하는 방식이 경제적 효율성과 분배상의 평등한 권리를 실현하는 길(George, 김윤상 역, 1997, p.390)이라고 생각했다.

하지만 그는 이보다 더 손쉬운 방법을 모색한 끝에 토지를 환수하지 않고 단지 지대만 100% 징수하는 토지단일세를 제안했다(George, 김윤상 역, 1997, p.221). 단일세는 우선, 토지개량물이나 노동의 대가에 대해서는 과세되지 않으므로 생산을 억제하지 않고 투기성 지대를 무너뜨림으로써 생산을 오히려 증대시켜 자본에 새로운 기회를 열어줄 수 있고, 숨기기 어렵고 가치평가가 쉬운 토지의 특성과 관계공무원의 인력감소 등 징세가 용이하며, 이동과 은닉이 불가능한 까닭으로 조세평가와 징수가 확실하며, 사회로부터 특혜를 받는 사람에게만 혜택에 비례하여 징수를 하고 그 징수액은 사회의 각종 필요경비로 쓸 수 있기 때문에 조세의 공평성과 자연이 예정하는 평등성이 실현되는 장점이 있다(George, 김윤상 역, 1997, pp.396-407).

조지의 자연권사상은 루소(J. J. Rousseau)부터 받은 영향이 크다. 일반적으로 자연권사상은 로크와 루소의 견해로 대표되는데 사실 이들 둘의 자연권에 대한 개념은 그 폭과 넓이가 상당히 다르다. 근대 자연권사상의 아버지라고 할 수 있는 로크(J. Locke)는 무제한의 많은 양의 재산을 소유하는 것은 신이 내린 하사물로서 개인의 자연권에 속하며 정부는 전체 시민사회로부터 위임받은 한계 내에서만 정당한 권력을 가지며 재산을 보호하기 위해서 요구되는 것을 넘어서 국가가 어떤 사람의 재산권에 간여할 권리를 가질 수 없다고 주장한 반면(김남두, 1993, pp.21-43), 루소는 상대적으로 불평등한 사유재산제도 도입의 문제점을 지적하면서 로크식의 무제한적인 자연권 대신 자신의 생존에 필요한 만큼의 점유와, 노동과 경작의 산물만을 소유로 인정하는 제한된 의미의 사유재산제도만이 개인의 자연적 권리라고 주장했다. 둘다 노동의 산물만을 소유할 수 있다는 데에는 의견을 같이하고 있으나 루소의 경우 육체적, 지적능력 그리고 재간의 차이로 인한 노동의 결과에서의 차이와 그로 인한 불평등을 주목하면서 소유규모를 제한하였다(김남두, 1993, pp.46-59). 조지는 재산권으로 인한 이러한 불평등을 그냥 넘기지 않고 노동의 성과물에 대한 소유와 기본적인 자연 자원의 공유를 강조하는 점에서 루소의 영향을 많이 받았다고 할 수 있다.

5. 토지가치세의 적용과 한계

지구환경문제로까지 이르게 된 오늘날 환경파괴는 토지 보유 시스템에 기인하는 바가 크다. 투기를 위해 많은 지역이 취득되고 이로 인해 "뜀뛰기(leap-frog)" 개발이 이루어지고 사람들은 이용가능한 토지를 찾아 더 멀리 이주함에 따라, 교통, 전기, 물공급, 쓰레기 처리, 시장 등 필요한 모든 시설은 외곽으로 뻗어나가게 된다. 이 조건이 바로 잡아지면, 중심지에서 외곽으로 비정상적인 확산에 따른 낭비와 지출, 조급한 자연 이용을 불필요하게 할 수 있다. 토지가치세는 중심지에 더 가까운 부지를 더 값싸게 취득할 수 있는 조건을 가능하게 만든다.

많은 경우 토지 독점이 최악인 곳에서 환경문제는 악화된다. 브라질 열대림의 파괴는 좋은 사례이다. 가장 좋은 농토는 소수의 대토지소유자가 소유하기 때문에 도시 슬럼에서 복잡하게 사는 사람들은 농사에 별로 적합하지 않은 열대림으로 농사를 지으러 가면서 많은 열대림 파괴를 초래한다. 토지가치세를 적용하면 이 상황을 개선할 수 있으며, 열대림에 의존하지 않는 좋은 토지가 농토로 이용가능하게 된다. 아프리카 국가에서 전체 공동체는 지배적인 통치 파벌 때문에 거주에 적합하지 않은 메마른 땅에 이주할 수 밖에 없다. 상속을 받지 못한 사람들의 곤궁은 종종 인구과잉 또는 토지 남용에 기여하지만, 진정한 원인은 토지독점이다(http://www.henrygeorge.org).

하딘과 같은 신고전파적인 접근이 제안하고 있는 환경정책들인 환경감시(monitoring)나 기업 자유에 대한 규제와 제한을 요구하는 조치들은 실제로 효과는 적으면서 많은 비용을 치르는 경우가 많다. 이런 차원에서 토지가치세를 부과하고 다른 세금은 경감하면 좋은 환경 기준을 달성할 수 있는 방안이 될 수 있다. 정부에 의해 부과되는 규제 증대가 아니라 공동체 의식 및 자발적 준수의 증가에 의존할 수 있다.

이산화탄소, 아황산가스 배출규제들을 위해 앞으로 많이 이용될 배출권거래제도는 기존 이용자를 유리하게 하는 '祖父' 조항(grandfathering)[5]으로 인해 새로운 사업에 대한 진입장벽으로 비유인적 효과를 지닐 뿐만 아니라, 자연자원의 치명적 이용을 지속시킨다. 배출권의 배분은 항상 현재의 오염활동수준으로부터 출발할 것이고, 다양한 오염자들에 대한 오염활동, 기존 오염자들의 조부조항, 새로운 오염자에 대한 접근제한으로부터 출발한다. 이러한 과정은 토지와 관련하여 조지에 의해 설명된 과정과 동일하다. 공유자원에 대한 기존 이용자들은 오염을 시킬 어떠한 권리도 획득할 수 없다. 기존의 이용을 인정해 주는 문제는 자연자원과 관련한 헨리 조지의 경제적 정책 접근의 중심문제였을 뿐 아니라, 현대 환경정책의 중심문제이기도 하다. 기업이 오염을 시킬 수 있는 소유권을 부여받았을 때, 기업의 생산

5) 배출권의 초기 배분에 있어 과거의 선점(先占)을 그대로 인정하여, 배출수준을 그대로 인정하는 해 주자는 조항이다.

을 중단시킬 어떠한 법적 장벽도 존재하지 않고, 어떠한 반대도 없을 것이다. 이는 선별적 집행과 보조금 정책을 정당화시키는 강제적 재산권을 기업에 부여하는 것이기 때문이다. 오염물질을 전혀 배출하고 있지 않았던 기업들은 오염을 시킬 소유권을 행사할 수 없고, 보조금을 받을 자격이 없다.

이런 방법은 자연자원이용을 규제하는데 있어 조지의 접근과 매우 다르다. 선별적 집행을 하는데 있어, 만약 기존의 산업이 환경규제를 반대하고 있고 충분한 정치적 지지를 모을 수 있다면, 기존 산업은 이러한 기준의 적용을 보류할 것이다. 헨리 조지는 정치적으로 무장된 산업들의 독점을 기술혁신과정에 의해 성립된 동태적 '조세 제도'를 통해 정치적으로 중립화시키려고 노력했다. 새로운 기술은 자연자원의 이용을 더욱 가치있게 만들고, 토지세로 인해 기존 사용자들을 자원이용으로부터 몰아낸다.

산업화 과정에서 자연이 점점 희소한 투입요소가 되기 때문에, 헨리 조지의 해결책은 매력적인 것이다. 생활수준이 증가할 뿐만 아니라, 인구가 점점 증가하고, 이용 가능한 용도가 증가함에 따라, 많은 새로운 자연자원 이용은 기존의 이용으로 인해 부정될 것이다. 심지어 가치가 없지만 손상되지 않은 자연자원도 가치있게 되고 프리미엄이 붙여져 팔릴 것이다. 헨리 조지의 많은 예에서, 사유지의 경우 심한 산업화 과정을 통해, 공유지의 경우 양도할 수 없는 인디안 토지의 지속적 보호를 통해, 이는 결국 보다 높은 가치를 부여받았다.

기술발전의 심화와 이에 따른 자연자원이용의 심화에 따라 손상되지 않은 자연자원의 가치는 전보다 더욱 증가하였다. 이는 기존의 자연자원 이용자들이 세금을 통해 공유지에 대한 적절한 보상 없이도 이용자들이 자연자원을 지속적으로 이용가능하게 함으로써, 보다 많은 지대의 증가를 유도할 수 있다는 사실을 의미한다. 이렇게 부당하게 배분된 지대는 자연자원의 경쟁적 이용을 방해하고, 따라서 새로운 자연자원 이용의 도입을 방해함으로써 기술진보를 방해한다.

에너지전환 정책 차원에서도 중요한 시사점을 주고 있다(김종달, 1998). 현대 환경문제에는 산업혁명 이후 지속적으로 사용해온 석탄, 석유 등의 화석연료에 기인하는 바가 크다. 태양, 풍력, 바이오매스, 연료전지 등 재생가능하고 친환경적인 연료로의 전환이 불가피한 상황이다. 그러나, 기존 석유경제를 지탱하고 있는 많은 기존 제도들이 태양경제와 수소경제로의 전환을 가로막고 있다. 토지가치세는 이러한 방향에서 상당한 유인을 제공할 수 있다. 현재 기술경제수준에서 태양에너지는 아직 화석연료에 비해 비용경쟁력이 떨어진다. 그러나, 이러한 상황은 화석연료에너지산업은 다양한 직·간접적 보조를 받아왔고 이런 에너지를 이용하는 기술도 100년 이상 발전해왔기 때문이다. 땅에 있는 잠재적 에너지 자원을 소유하는 능력이 주요 원인이 되어 왔다. 태양을 소유하는 것은 가능하지 않다. 석유와 석탄에서 얻는 이윤은 대체로 토지에서 오고 다양한 형태의 태양에너지에서 얻는 이윤은 오로지 자본에서만 나온다. 토지 지대를 징수하고 노동과 자본의 조세 부담을 덜어주는 조세 체계는 태양, 풍력 등 재생에너지를 기존 화석연료와 보조를 맞출 수 있게 한다. 토지 가치세제는 환경문제 해결에 기여할 수 있을 것인데 비해, 단일세의 처방의 환경적 효과에 대한 연구는 찾기 어렵다.

공유자원의 경우 일반적으로 사적 재화와 달리 분할하기 어려울 뿐더러 사유화하기란 매우 어렵다. 예를 들어, 인류는 가축과 식물의 사유화 과정 속에서 많은 환경문제에 직면해 왔고, 많은 종들의 멸종을 목격해 왔다. 자연의 상품화과정을 통해 자연 역시도 노동력과 같이 마치 재생산될 수 있는 재화로 취급되어, 자원 고갈에 직면해 왔고, 끊임없는 자본축적과정을 통해 자연은 대규모로 파괴되고 광범위하게 오염되어 왔다.

위와 같은 맥락에서, 조지의 토지가치세제는 유용한 방안이 될 수 있으나, 자원고갈 및 지역과 지구환경문제를 접근하는데는 좀 더 확장되고 보완이 되어야 할 것이다. 예를 들어, 광산의 고갈은 폭포의 개발과는 분명 다르다. 토지에 대한 정의에서 조지는 둘 다 포함했다. 일반적인 조건에서 폭포는 계속해서 떨어지고 고갈되지는 않지만 광산은 고갈된다. 자연자원사용은 사유재산권에 의해 보호되지만, 광산의 고갈과 같은 손상은 보호되지 않는다(Jurgen and Krabbe, 1991, pp.498-499). 즉, 조지의 제시방안은 현대의 산업경제와는 잘 맞지 않는 것 같다. 그는 원재료 공급자로서 물리적 측면에서 특성을 고려했지만, 산업발전이 원재료의 공급에 기반을 두고 있다는 것은 과소평가했다. 기술발전이 자연자원스톡의 고갈을 가져온다고 사실을 추가한 이론 전개가 요구된다.

또한, 조지의 관심이 집중되었던 땅과 그가 간간이 언급했던 다른 자연자원 사이에는 한 가지 기본적인 차이가 존재한다. 토지는 조사가능하고, 나눌 수 있고, 경계를 지을 수 있고 침입자로부터 보호할 수 있고 사유화할 수 있지만, 대부분의 다른 자연자원들은 사유화가 매우 어렵고 상상할 수도 없다. 예를 들어 공기는 나눌 수 없고, 떠돌아다니고 담을 수 없다. 깨끗한 공기는 드물지만, 모든 사람들이 호흡하는데 배제될 수 없으므로 집합적인 재화이다. 석유정제 공장이나 자동차 배기가스에 대해서는 강한 반대가 있을 것이다.

지하수에 대해서도 동일하게 적용할 수 있다. 지하수에 대한 개인이나 지역의 재산권을 확립하는 것이 어렵고, 잘 알려지지 않은 지하수의 위치 때문에 더 어렵다. 일반적으로 사용권은 공동 당국에 의해서 감독되도록 설정된다. 그러나, 공동재산권은 개인적인 손상에는 적용할 수 있다. 만약 어떤 사람이 지하수를 오염시킨다면 모든 지역의 우물들은 사용 금지되어야 할지도 모른다. 유사하게 토지의 건강상태가 식물, 야생, 기후를 통해서 모든 사람에게 영향을 미친다. 그러나, 토양은 이미 오염되었고 회복이 거의 불가능하다.

식물과 야생동물들은 환경과 함께 생태계를 구성한다. 조지가 말했듯이 인간은 자연을 다스리는 선물을 받았으나, 인간은 또한 자연을 다스리는 규칙을 잘못 해석하고 말았다. 특정 종이 들어옴으로써 다른 모든 사람에게 돌이킬 수 없는 결과를 초래하면서 전체 시스템을 파괴한다. 그래서 혹자는 전체 자연환경이 공유재산이고 그 공유재산을 보존하는 것이 모두에게 이로운 것이라고 말할 것이다. 마지막으로 자연환경만이 이러한 특성을 가지고 있는 것이 아니라 역사적, 문화적 유산, 특별한 자연광경, 도시의 역사적 건축물들도 공유재산의 특성을 가진다.

조지의 지대는 그 생산의 초과분에 의해 결정되는 것으로 보기 때문에 토지는 사실상 사적인 상품으로서의 모든 가치를 상실한다. 본질적으로 토지는 사적으로 임대되는 공동체의 자산인 것이다. 정부가 모든 토지를 현재 시장가격으로 구입할 수 있다고 제안한 하비 보텔슨(H. Bottelson)식의 구매방식(Daly, 1991, p.260) 등 모두 탈상품화될 때 토지는 공공신탁의 대상이 될 수 있다는 주장이다.

미국의 생태학자인 제레미 리프킨(J. Rifkin)은 '지구행성의 광대한 땅의 전체영역들은, 지구의 유전적 다양성을 보존하기 위하여 공공신탁(public trust)하에 놓아야 한다' 고 주장하며, '자연을 담보로 한 채무를 통해 여신기구들은 보호구역이나 열대우림지역 등 개도국의 채무의 일부분을 변제해 주어야 하고, 선진국들은 민간부분으로부터 광대한 면적의 땅을 인수하여 공공책임 하에 두기 위한 야심찬 국내계획을 국제적인 발의와 결합할 필요가 있다' 고 주장한다(Rifkin, 1991).

6. 결 론

환경문제에 대한 조지식 처방의 대표적인 문제의식은 환경자원의 공공재적인 성격을 어떻게 보존하면서 환경자원을 효율적으로 사용하느냐와 관련되어 있다. 최근에 많이 부각되고 있고, 특히 신고전파 환경경제학 접근법의 기반이 되는 것은 환경자원에 대한 사유권, 재산권 책정을 주장하는 '코즈'류의 접근방식이다. 이 접근 방법은 하딘이 주장한 '공유지의 비극(The Tragedy Of the Commons)'을 예로 들면서 '원래 유한한 환경에서... 공유자원의 이용에 대한 자유를 신봉하는 사회에서 모든 사람들이 자기 자신의 이익을 극대화하려고 서두르게 되고 결국 그 결과 그 사회의 운명은 황폐함으로 끝난다' (Hardin, 1968/1998)는 주장과 맥락을 같이 하고 있다. 시장을 통한 환경자원의 효과적인 이용은 경제적 효율성을 증진시킬 뿐만 아니라, 정치적인 차원에서도 시장에서 다양한 선택조건들이 제시되기 때문에 결국 개인의 자유를 확보하는 최고의 메커니즘이 된다고 주장하면서 사유재산권 확립을 통한 문제해결을 표방한다(김일중, 1995).

그러나, 헨리 조지는 토지의 독점적 소유에 대한 폐해를 지적하면서 토지를 비롯한 공공자원의 가치공유화를 주장한다. 환경보전과 경제성장의 동시적 조화를 시간적, 공간적 차원에서 구현하려는 지속가능한 발전이라는 대안적 발전 논의에서 헨리 조지의 정신은 출발점이 될 수 있다. 생태경제학의 대표적인 학자인 델리(H. Daly)는 그의 저서 '비극 없는 공유지(Commons Without Tragedy)'를 통해 공동체적 접근을 통한 지속가능한 발전을 주장하였는데, 내용에서 유사한 점이 많다.

100년 전의 조지나 오늘날의 델리, 모두 토지를 생활공동체가 생물적이고 무생물적인 주위환경과 관계를 가지고 존재하는 자연적인 환경, 즉 생태학적 개념으로 인식하고 있다. 또한 대기, 물, 토지 등을 동일한 환경요소로 보는 유기론적 입장을 가지고 있다. 이러한 이유로 자연토지는 모든 곳에서 개인적인 차원이라기보다 생활공동체로 간주할 것을 주장한다. 다만, 조지의 토지단일세가 이제는 더 이상 충분한 정부 수입을 가져다주지 못하므로, 토지와 건물의 차등과세에 덧붙여서 판매세, 소득세, 희소자원에 대한 조세(severance tax), 그리고 소비세, 가솔린세 등이 실시될 것을 주장한다(Daly, 1991, pp.328-329).

그러나, 희소자원을 보전하고, 해로운 물질의 이용을 줄이고, 토지 투기를 종식시키면서 사회적으로 유익한 이용을 촉진시키고, 불로소득을 공동체로 회수시키고 건전한 사업을 유도한다는 공동체를 위한 경제학이라는 점에서 공통의 목표를 가지고 있다. 많은 보완과 조심스런 판단이 요구되는 주장들이 조지 이론에 많이 있지만, 환경문제가 위기로까지 인식되는 지금의 상황에 조지의 정신은 더 조명되어야 할 것이다.

【참고문헌】

김남두, 『재산권 사상의 흐름』, 天地, 1993.

김일중, "재산권의 경제분석", 『규제연구』 제4권 제2호, 1995, pp.5-26.

김종달, "에너지 전환의 정치경제", 한국환경정책학회, 『환경정책』, 제6권 제2호, 1998, pp.42-55.

구승회, "머레이 북친: 자유의 생태학과 생태사회주의의 이념," 『에코필로소피 : 생태 · 환경의 위기와 철학의 책임』, 새길, 1995, pp.255-281.

이진우, "자연의 자유, 인간의 필연," 『녹색사유와 에코토피아』, 문예출판사, 1998, pp.171-200.

문순홍, "환경문제와 생태사상", 『교양환경론』, 따님, 1995.

Andelson, Robert, V., Commons Without Tragedy : The Congruence of Garett Hardin and Henry George, ***Commons Without Tragedy***, Andelson R. V.(ed). Shepherd-Walwyn, London, 1991.

Ayres, R. U. & Kneese, A. V., Production, Consumption, and Externalities, ***American Economic Review***, 1969, pp.282-292.

Ayres, R. U., Industrial Metabolism, Theory and Policy, ***Industrial Metabolism. Restructuring for Sustainable Development***, Ayres, R.U. and Simonis, U.E.(eds.), United Nations University Press, Kokyo, 1994.

Bakhaus, J. & Krabbe, J.J, Henry George's Contribution to Modern Environmental Policy : Part Ⅰ, Theoretical Postulates, ***American Journal of Economics and Sociology***, vol. 50, No.4, 1991, pp.485-501

Bakhaus, J. & Krabbe, J., Henry George's Contribution to Modern Environmental Policy : Part Ⅱ, The Theory Applied, ***American Journal of Economics and Sociology***, vol. 51, No.l, 1992, pp.115-127

Bookchin, Murray, ***Remaking Society : Pathways to a Green Future***, South End Press, 1990, 박홍규 옮김, 『사회생태주의란 무엇인가?』, 민음사, 1998

______________, ***The Philosophy of Social Ecology : Essays on Dialectical Naturalism***, 1990, 문순홍 옮김, 『사회 생태론의 철학』, 솔, 1997.

______________, What is Social Ecology? in Modern Crisis, Blackrose Montreal Books, 1987, 문순홍, "사회생태론," 『생태학의 담론 : 담론의 생태학』, 솔, 1999, pp.108-133.

Daly, H. E. and John B. Cobb, Jr., ***For the Common Good***, Beacon Press, Boston MA, 1989.

Daly, H. E., ***Steady-State Economics***, Island Press, Washington D.C. 1991, pp.14-49.

George, Henry, ***Progress and Poverty***, New York : Robert Schalkenbach Foundation, 1981, 김윤상 역, 『진보와 빈곤』, 비봉출판사, 1997.

Goodstein, Eban, The Economic Roots of Environmental Decline : Property Rights or Path Dependence, ***Journal of Economic Issues***, vol. xxlx, No.4, 1995.

Hardin, Garret, The Tragedy of the Commons, 1968 reprinted in ***Debating the Earth***, Oxford University Press, 1998, pp.23-39.

Harrison, Fred, Post Socialism and the Single Tax: a Holistic Philosophy ***Now The Synthesis: Capitalism***, Richard Noyes.(eds), ***Socialism and the New Social Contract***, Shepherd-Walwyn, London, 1991.

Henry George Institute, Henry George's Remedy, at http://www.henrygeorge.org.

Marx, K., ***Das Kapital,*** vol 1, 1867, 김영민 역, 『자본론』 1-1, 1-2, 이론과 실천, 1989.

Pepper, David, ***The Roots of Modern Environmentalism***, 1984, 이명우 외 옮김, 『현대 환경론』, 한길사, 1996.

Rifkin, Jeremmy, ***Biosphere Politics***, 1991, 이정배 역 『생명권 정치학』, 대화출판사, 1996.

Swaney, James, A., Market Versus Command and Control Environmental Policies, ***Journal of Economic Issues***, vol. xxvl No.2, 1992.

Ⅶ. 헨리 조지의 소득분배이론

이재율 *

1. 서 론

헨리 조지가 노동자의 광범한 빈곤과 경제적 불안정의 치유책으로 제시한 토지가치세는 그의 소득분배이론을 바탕으로 하고 있다. 조지는 먼저 고전학파의 임금기금설과 맬서스 인구론을 비판하여 빈곤의 원인이 인구 증가가 아니라는 점을 보이고자 하였다. 그리고 나서 그는 정태적인 소득분배론을 전개하고, 그것을 바탕으로 진보과정에서 소득분배가 변화하는 동태적 소득분배론을 제시하였다. 그는 기본적으로 리카도의 지대론을 계승하고, 임금론과 이자론은 고전학파의 이론과는 다른 독특한 소득분배이론을 제시하였다. 조지의 소득분배이론의 결론은 총생산의 증가에 따라 지대가 절대적으로 그리고 상대적으로 증가하며, 그 결과 노동자의 빈곤이 확대된다는 것이다. 여기에 그의 분배적 정의론이 추가된다. 즉 토지는 누구에 의해서 생산된 것이 아니라 창조주에 의해 선물로 주어진 것이므로 누구에 의해서도 사유화될 수 없다는 것이다. 조지의 실증적 소득분배론과 분배적 정의론이 결합하여 토지가치세제가 도출되었다. 우리는 토지가치세를 성급하게 수용하기 전에 조지의 소득분배이론이 이론적으로 타당한지를 검토해 볼 필요가 있다.

조지는 리카도 지대이론에 따라 생산물이 먼저 지대와 지대를 제외한 나머지, 즉 임금과 이자의 합으로 분배된다고 하였다. 그 후에 나머지가 임금과 이자로 어떤 비율로 분배되는가를 설명하였다. 이러한 순차적인 설명방법은 설명의 편의상 채용할 수 있는 방법이라고 생각된다. 그러나 조지가 보여준, 지대를 제외한 나머지가 임금과 이자로 분배되는 원리는 논리적으로 문제가 많은 것으로 보인다. 그리고 이자의 발생근거를 자본의 생산성 증대효과나 절욕에서 찾지 않고 자연의 재생

---

* 계명대학교 경제학과 교수

산력에서 찾았다. 이 견해는 조지에게서 특유하게 찾아볼 수 있는데, 논리적으로나 현실적으로 타당하지 않은 것으로 생각된다.

자연에 대한 평등한 권리와 모든 개인의 노동에 대한 배타적인 사유권을 전제한다는 점에서 조지의 정의론은 로크의 재산권 이론과 매우 유사하게 전개된다. 그러나 로크의 토지사유제에 대한 입장은 다양하게 해석될 정도로 모호한 점이 있지만, 조지는 명백하게 토지사유제를 불의한 것으로 비판하였다. 그리고 현재의 토지사유제가 즉시 시정되고 공유화 되어야 하며 그 구체적인 방법으로 지대의 100%를 조세로 환수하는 토지가치세를 제시하였다. 실질적으로 몰수나 다름없는 이 제도를 도입함에 있어서 현재의 지주에게 어떤 보상도 해서는 안 된다고 주장하였다. 우리는 이 주장이 과연 정당한지를 고찰해 볼 필요가 있다.

2. 지대이론

1) 지대의 정의와 지대법칙

조지는 토지가 생산의 제1차적인 요소이며, 생산물이 분배될 때에도 지대와 그것을 제외한 나머지 부분으로 먼저 나뉘어지고, 그 다음에 임금과 이자로 분리된다고 하였다. 따라서 그는 소득분배를 논함에 있어서 지대이론부터 시작한다.

조지는 리카도의 지대이론을 대부분 그대로 수용한다. 그는 지대를 "생산물 중 토지 기타 자연능력의 소유자에게 그 소유권에 의해 귀속되는 부분을 말한다" (p.158[1])고 정의하였다. 이 정의는 리카도의 정의와 유사하다. 리카도는 『정치경제학 및 과세의 원리』(이하에서 『원리』로 약칭함)에서 "지대는 대지의 생산물 중에서 토양의 본원적이며 파괴될 수 없는 힘(the original and indestructible powers of the soil)의 사용에 대한 대가"[2]만을 지대라고 정의하였다. 조지와 리카도 공히 토지개량물의 사용대가는 지대에서 제외하였다.

1) 이하에서 본문 가운데 밝힌 페이지는 조지의 『진보와 빈곤』(번역본)의 페이지이다.
2) Ricardo(1970), p.67.

그런데 리카도는 원리에 앞서 출간한 팜플렛인 『이윤론』에서 지대는 "토지의 본원적이고 고유한 힘(the original and inherent power of land)의 사용에 대한 지불"[3]이라고 정의하였다. 『이윤론』과 『원리』의 두 정의는 비슷해 보이지만 자세히 보면, '고유한 힘'이 '파괴될 수 없는 힘'으로 바뀌었다. 양자는 같은 것인가 아니면 다른 것인가? 만일 두 정의가 동일한 것으로 해석하면 지대는 오직 토양의 본원적인 힘의 사용에 대한 대가이며, 토지에 대한 투자에서 발생하는 이윤과는 구별된다. 그런데 리카도는 『원리』 18장 구빈세의 끝 부분에 있는 각주에서 『이윤론』에서와는 달리 기술하였다.

> "---자본의 일부가 일단 농장의 개량에 지출될 때, 토지와 불가분하게 융합되어 그 생산력을 증가시키는 경향이 있기 때문에, 그것의 사용에 대해 지주에게 지급되는 보상은 엄격하게 지대의 성질을 띠며, 모든 지대법칙에 따르게 된다."

리카도는 토지에 대한 투자를 두 종류로 나누어, 지력을 일시적으로 증가시키는 일시개량투자에 대한 보수는 명백하게 이윤이지만 지력을 영구적으로 증가시키는 영구개량투자는 토지와 분리될 수 없을 정도로 융합되어 있어 그것의 사용 대가는 지대의 성질을 띤다고 하였다. 리카도가 의미하는 바는 다음과 같다고 생각된다. 영구개량투자는 한 번 투자되면 그 양이 불변이라는 점에서 토지의 성질을 띤다. 그러므로 그 사용료는 지대법칙에 따라 결정된다. 그렇지만 영구개량투자의 사용 대가는 이후의 투자결정에 영향을 미친다는 점에서 완전한 지대는 아니다. 그러므로 리카도는 영구개량투자의 대가를 일종의 준지대로 간주한 것 같다.

조지는 영구개량물 가운데 매우 오래되어 거기서 발생하는 이윤이 앞으로의 토지개량투자의 유인으로 작용하지 않는 경우에는 그것을 토지의 일부로 간주하여 거기서 발생하는 지대에 토지가치세를 부과해도 무방하다고 보았다.[4]

리카도 지대론에 따르면, 토지는 비옥도와 위치에 따라 질적 차이를 갖는다. 인구가 적을 경우에는 비옥도가 가장 높은 1급지에서만 생산해도 농산물의 공급이 충분하다. 그러나 인구가 증가하여 농산물 수요가 증가하면 1급지에 노동과 자본

---

3) Ricardo(1966), Ⅳ, p.18.

4) 조지는 "로마시대에 매립한 늪지나 계단식 농지로 조성한 구릉은 이제는 지진이나 빙하가 남긴 흔적과 다름이 없다"고 하였다(김윤상 역, 1997, 제8권 4장).

을 더 많이 투입하지만 수확체감의 법칙이 작용하여 추가적인 산출이 체감하므로 더 열등한 토지로 경작을 확대한다. 각 등급의 토지에 노동과 자본을 동일한 양만큼 투입할 경우, 한계지에서 얻을 수 있는 산출량을 초과한 산출량이 바로 각 등급 토지의 지대가 되며, 이것이 바로 차액지대이다. 이렇게 지대가 결정되면 총생산 가운데 지대를 제외한 나머지는 당연히 임금과 이자의 합이 된다. 그러므로

생산물 = 지대 + 임금 + 이자 (1)

따라서,

생산물 − 지대 = 임금 + 이자 (2)

라는 등식이 성립한다.

조지는 이 관계를 통하여 지대가 증가하면 나머지인 임금과 이자는 모두 감소한다는 점을 보여주고자 하였다. 즉 노동자와 자본가의 공동의 이해 대립자가 지주임을 밝히려 한 것이다. 뒤에서 언급하겠지만 지대는 진보과정에서 계속 증가한다는 점과 지대는 정당성이 없는 소득이라는 두 가지 관점에서 조지는 지대가 가지는 문제점을 강조하였다.

소득분배가 반드시 이런 방식으로 순차적으로 이루어지는 것은 아니고 동시적으로 이루어질 수도 있지만, 설명의 편의를 위해서 그리고 지대가 가지는 의미를 강조하기 위해 조지의 방식으로 소득분배를 설명해도 무방하다고 생각된다.

2) 지대분배율의 증가 여부

조지는 동태적으로 경제가 성장하는 과정에서 지대의 크기가 증가하고 총소득 가운데 지대가 차지하는 비중, 즉 지대분배율이 계속 증가한다고 주장하였다. 이 현상이 바로 빈곤의 원인으로 지목되고 있다. 이미 리카도도 이런 비슷한 주장을 한 바 있다.

리카도는 『이윤론』과 『원리』에서 지대의 크기와 분배율이 장기적으로 증가한다고 보았다. 인구증가와 자본축적에 의해 경작이 더 열등한 토지로 확대되므로 지

대가 증가한다는 것이다. 그러나 기술진보가 발생하면 우등지에서만 경작을 해도 곡물수요를 충족시킬 수 있으므로 지대가 감소하는 경향이 있다는 것이다. 그런데 지대감소로 인한 이윤증가가 자본축적을 낳고, 그 결과 임금상승과 이로 인한 인구증가가 초래된다. 그 다음에는 경작확대가 일어나서 지대는 다시 이전 수준으로 회복된다. 결국 그는 기술진보가 일시적으로 지대를 감소시키나 장기적으로는 증가경향을 방해할 수 없다고 보았다. 리카도는 기술진보가 활발하게 일어난다고 보지 않았기 때문에 장기적으로 지대분배율은 증가한다고 보았다.

그런데 리카도는 맬서스의 반박과 당시의 경험적인 증거로 인해 나중에 『맬서스에 대한 주석(*Notes on Malthus*)』에서 지대분배율이 장기적으로 증가한다는 종전의 주장에서 후퇴하였다[5]. 리카도는 지대분배율을 증가시키는 힘과 감소시키는 힘이 모두 작용한다고 분석한 후 처음에는 증가시키는 힘이 강하다고 보았으나 나중에는 확신을 가지지 못하였다.

조지는 명백하게 "생산물 중 지대로 분배되는 비율이 생산력의 향상에 따라 계속 높아진다"(p.217)고 주장하였다. 그는 리카도와 마찬가지로, 지대분배율을 증가시키는 첫째 요인으로 인구증가를 꼽았다. 조지는 리카도가 지적하지 않은 인구증가의 생산성 증대효과를 강조하였다. 인구가 증가하면 협업과 분업의 효과로 인해서 인구가 일정한 지역에 집중되고 그 지역의 생산성 향상 효과로 인해서 지대가 증가한다는 것이다. 분명히 이런 효과가 발생한다. 그러나 조지는 이 효과를 과대평가한 것으로 보인다. 인구집중의 생산성 효과가 크고 그것이 무한히 계속된다면 모든 사람은 한 곳에 모여서 하나의 거대도시에 살게 될 것이다. 하지만 지나친 밀집은 주거문제, 과밀에 의한 불쾌감, 용수문제, 용지의 부족 등 많은 부정적인 결과를 낳는다. 그리고 조지의 주장이 맞다면 봄베이, 캘커타, 다카 등 제3세계의 대도시의 평균소득수준은 매우 높아야 할 것이다. 그러나 실은 그렇지 않다. 인구의 집중만으로는 생산성 증가에 한계가 있다. 다른 요소의 양과 기술수준이 불변인 경우에 인구가 증가하면 처음에는 한계생산과 평균생산이 증가할 수 있으나 궁극적으로 그것들은 감소하는 것이다. 그러므로 자본이 많이 투자되고 기술이 진보해야만 한계생산체감의 법칙이 극복될 수 있다.

둘째로, 기술진보의 영향에 대한 조지의 견해는 리카도와 다르다. 리카도는 기

---

5) Ricardo, 1966, pp.190-193 참조.

술진보는 지대를 감소시키는 경향이 있다고 보았다(비록 장기에는 지대가 회복될 수 있다는 점을 인정했지만). 그러나 조지는 기술진보에 의해 생산량이 증가하면 인구증가가 없더라도 곡물수요가 증가한다고 보았다. 곡물뿐 아니라 일반적으로 수요는 생산력의 증대에 따라 증가한다고 그는 주장하였다. 조지의 주장이 큰 설득력을 갖는 것이 분명하다. 그러나 그 결과 경작한계가 얼마나 확대될 것인지, 그리고 그 결과 지대분배율이 증가할 것인지는 불확실하다. 비농업 부문의 고용증가로 말미암아 경작한계가 축소될 수도 있다.

셋째로, 인구증가와 기술진보가 지대를 상승시키므로 지가상승을 기대하게 되어 토지에 대한 투기가 발생하며, 이로 인해 경작이 불필요하게 더 열등한 토지로 확대된다는 것이다. 그 결과 우등지의 지대가 상승하게 된다.

이상 조지의 주장은 지대의 절대적 크기가 증가한다는 것을 함의할 수는 있으나, 지대분배율이 증가한다는 주장의 근거가 될 수는 없다. 조지가 예측한 대로 기술진보가 있을 때 경작한계가 충분히 확대되어 노동-자본의 한계생산물이 종전과 동일한 수준으로 유지될 것으로 예상할 수 없다. 왜냐하면 기술진보의 결과로 임금도 상승할 수 있기 때문이다.

Mallock의 실증적인 자료를 보면, 영국의 경우 1801년의 지대분배율은 20%였고, 1914년에는 4%로 감소하였다. Brown의 자료에도 영국의 지대비중이 크게 감소한 것을 볼 수 있다. 1880년경 지대분배율은 14.8%였고, 1960년경에는 5.8%로 감소하였다.[6] 한국의 경우 임료소득비율은 1963년에 6.0%, 1974년에 4.7%, 1980년에 5.8%로 나타났는데, 여기에는 건물임대료도 포함되어 있음에도 그 비중은 미미했다. 그렇지만 자기소유 토지의 사용 대가인 귀속지대를 포함한다면, 지대분배율은 이보다 더 클 것이다. 1997년말 기준으로 한국의 총지가가 GDP의 4.4배로 추정되는데, 그 비율이 지금도 유지되고, 지대수익률을 3%로 추정하면[7], 지대는 GDP의 13% 정도가 된다. 이 수치에는 이윤의 성질을 지닌 토지개량투자의 사용 대가가 포함되어 있다.

---

6) Harrison, 1979, p.86, 88 참조.

7) 이재율(1998) 참조. 지대수익률을 3%로 잡는 이유는 그것이 현재의 평균이자율 5%보다 예상지대상승률(예컨대 2%)을 뺀 만큼 낮기 때문이다. 지가(P)와 지대(R), 그리고 이자율(r), 예상 지대 및 지가상승률(g) 사이에는 다음과 같은 관계가 있다. $P=R/(r-g)$, 따라서 $R=P(r-g)$, 그러므로 지대수익률(R/P)는 $(r-g)$이다.

이상의 논의를 통해서 볼 때, 조지가 말한 바와 같은 지대분배율의 증가 현상은 나타나지 않으며, 지대분배율의 절대적 크기도 그것이 빈곤의 가장 중요한 원인으로 지목될 만큼 크다고 판단하기는 어렵다고 본다. 그러나 지대는 무시할 수 없을 만큼의 비중을 가지고 있는 것은 분명하다.

3. 이자이론

1) 이자의 발생원인

조지는 이자는 자본 사용에 대한 대가라고 정의하고, 이윤과는 구별된다고 하였다. 이윤에는 이자뿐 아니라, 기업관리에 대한 임금 부분과 위험부담에 대한 보상도 포함되어 있다고 하였다(pp.150-151).

조지는 당시 널리 인정되던, 이자는 절제의 대가라는 설과 이자는 자본의 생산성 증대효과의 산물이라는 학설을 부정하였다(pp.169-170). 그는 이자가 절제의 대가라는 절욕설을 매우 타당성 있게 논박하였다. 절욕은 소극적인 것으로서 그 자체로서는 아무 것도 생산하지 않기 때문이다. 절욕을 해도 자본을 빌려주지 않으면 이자를 받을 수 없으므로 절욕은 이자 발생의 필요조건일 뿐이다. 그러므로 이자는 자본을 빌려준 대가로 받는 것이다. 그런데 조지는 이 논점도 부정한다. "대여함으로써 차용자에게 서비스를 했다고 한다면 차용자도 안전하게 보관하는 서비스를 했다고 대답할 수 있기"(p.169) 때문이다. 그는 사용되지 않아도 얼마 안 있으면 사용할 수 없게 되는 자본을 예로 들고, 그것을 사용한 후 원본만이라도 돌려주는 것이 자본의 대여자에게 유리할 수도 있다는 점을 지적하였다.

이러한 자본의 예가 있다고 하더라도 대여자의 서비스와 차용자의 서비스 가운데 어느 것이 큰가는 시장에서 밝혀진다. 일반적으로 이자가 존재하는 것은 대여자의 서비스가 더 크기 때문일 것임이 분명하다. 그럼에도 조지가 이자를 '노동에 대한 부당한 처사'라고 보는 것은 왜 그런가? 아마도 조지는 당시 강력하게 태동하던 사회주의의 영향을 받아 이자에 대한 부정적인 선입견을 가지고 있었던 것 같다.

이런 관점에서 조지는 바스티아의 대패의 예를 반박하였다. 바스티아의 예는 다음과 같다. 연간 작업일은 공히 300일이라고 가정할 때, 갑이라는 목수가 10일 걸려서 대패를 만들어 290일 동안 쓸 수 있다고 하자. 을이라는 목수가 1년 후 새로운 대패를 돌려주기로 하고 갑에게 대패를 빌리고자 하였으나 갑은 거절하였다. 그래서 을은 연말에 대패 이외에 판자 하나를 보상하기로 서로 합의하고 대패를 빌렸다. 바스티아는 대패가 노동생산성을 증가시키므로 대패 사용료로 판자를 지급하는 것은 공정한 보상이라고 하였는데, 조지는 이 주장을 부정하였다. 조지는 을이 대패를 만들 수 없다면 판자를 '기술적 우위성'에 대한 대가로 인정할 수 있다고 하였으나, 그는 을이 대패를 마음만 먹으면 만들 수 있으므로 이런 가능성을 사실상 부인한다.

조지는 다음과 같이 반론을 제기한다.

> "갑이 대패를 빌려주지 않고 자신이 사용한다면 290일 후에 대패가 못 쓰게 될 것이고 그러면 연간 작업일 중 나머지 열흘간 일해서 새 대패를 만들어야 할 것이다. 을이 대패를 빌리지 않는다면 열흘간 스스로 대패를 만들어 나머지 290일간 사용할 수 있을 것이다. 대패를 사용하여 하루 노동하여 판자 한 장이 나온다고 할 때 1년 후에 보면 두 사람 다 대패에 관한 한 연초와 같은 상태가 된다. 즉 갑은 대패가 있고 을은 대패가 없으며 둘 다 판자 290장이라는 연간 노동의 결과를 가지게 된다. 을이 당초에 제시했던 조건대로 대패를 빌렸다면 새 대패를 반환함으로써 상대적 상황이 꼭 같게 나타난다.---1년 후 두 사람은 대패를 빌리지 않았을 경우와 꼭 같은 상태가 된다. 갑이나 을이나 서로 잃은 것도 얻은 것도 없다"(pp.170-171).

조지는 아예 대패를 대차하지 않은 경우와 이자 없이 대패를 대차하는 경우에 기말의 상황이 동일하므로 이자를 지불하지 않는 것이 정당하다고 주장하였다. 그러나 이 주장은 잘못된 것이다. 갑이 대패를 빌려주지 않으면 더 일찍 290개의 판자를 가질 수 있으나, 빌려주면 10일 이후부터 290개를 생산해야 한다. 현재를 미래보다 더 선호하므로 이것은 큰 차이이다. 을은 대패를 빌림으로써 10일 앞당겨 판자를 생산할 수 있는 것이다. 조지는 시간선호라는 측면을 도외시해 버렸다.[8]

---

8) 조지는 대차행위가 상호 편리성을 증진시킨다는 점을 인정한다. "을은 즉시 일이 시작되고 갑은 열흘 후에나 일이 시작된다고 하면 판자라는 대가가 없어도 대패를 빌려줌으로써 서로 이익을 얻는다."(p.173) 만일 갑과 을이 공히 즉시 일을 시작한다면 어떻게 할 것인가? 조지는 대답하지 않았다.

결국 갑과 을의 차이는 무엇인가? 초기에 대패가 있는 갑은 처음부터 판자를 생산하여 판매할 수 있고, 소비재를 구입할 수 있지만, 대패가 없는 을은 10일 동안 대패를 만들기 위해 소비재를 구입할 수 있는 판자를 생산하지 못한다. 조지는 1년 동안의 생산물을 팔지 않고도 생활할 수 있는 특수한 상황을 예로 들었기 때문에 그 차이를 간파하지 못하였다.

만일 을이 열흘간 일해서 대패를 만들 수 있다면 을은 굳이 대패를 빌리려 하지 않을 것이다. 을이 대패를 빌리는 이유는 생활 수단이 없어서 10일 동안 대패를 만드는 데 종사할 수 없거나, 기술적 열위성 때문이다. 이런 경우 을의 선택은 예컨대, 맨손으로 이틀에 하나의 판자를 만들 것인가, 아니면 대패를 빌리고 연말에 판자 하나를 대가로 지불할 것인가이다. 후자가 을에게 훨씬 유리하다. 모두 다 자본을 원하는 양만큼 만들려면 모두에게 충분한 식량자본이 축적되어 있어서 스스로 자본재를 만들 수 있어야 한다. 이 말은 모두가 자본가가 될 수 있다는 의미이다. 자본을 빌리거나 혹은 자본가에게 노동력을 파는 이유는 모두가 자본가가 될 수 없을 정도로 자본이 희소하기 때문이다. 대패와 같은 도구는 그것을 만드는데 며칠 걸리지 않기 때문에 누구든지 만들 수 있다. 그러나 예컨대, 만드는데 1년이 걸리는 기계는 오직 자본가만이 만들 수 있고 소유할 수 있으며, 따라서 기계는 희소하므로 이자를 주지 않고서는 빌릴 수 없다.

조지는 이상과 같이 이자의 정당성을 부정한 후 다른 각도에서 이자의 근거를 발견하였다. 포도주, 꿀벌, 가축 등은 1년 후에 더 가치 있는 것으로 변화된다. 이러한 자연의 능동적 힘이 이자의 원인이라고 조지는 단언하였다. 그리고 그는 부의 호환성으로 인해 자연의 내재적 증식력을 이용하는 농업에서 발생하는 이자가 모든 형태의 자본에 동일하게 확산된다는 주장을 하였다.

2) 이자법칙

조지는 이자율의 결정을 해명하는 이자법칙을 다음과 같이 전개하였다.

첫째로, 자본이 노동을 고용하는 것이 아니라 노동이 자본을 고용한다. 둘째로, 자본의 양은 고정된 것이 아니며 언제나 아래 원인에 의해 증감할 수 있다; ①자본생산에 투입되는 노동의 증감에 의해. ②부와 자본 간의 전환에 의해(p.187).

조지에 의하면, 이자율의 상한은 자본의 생산증가분이고, 하한은 소모된 자본의 단순 대체수준인 零이다. 이자율이 상한을 초과하면 자본 차용이 손실을 낳고 최저한도에 미달하면 자본의 현상유지가 안 되기 때문이다. 상한을 결정하는 것은 자본 일반의 평균적인 증가력이다. 자연의 생명력이 이자의 원인이므로(p.188), "이자율의 최고한도는 이 생명력이 생산에 기여하는 강도와 정도에 의해 결정될 것이다." 조지는 영국의 공업이 차지하는 비중이 커져서 이자율이 하락할 것 같지만, 무역과 투자에 의해 미국 같은 나라와 연결되기 때문에 정상적인 이자율이 유지된다고 하였다.

만일 조지의 주장처럼 이자의 원천이 자연의 증가력에 있다면 위의 주장도 가능하다. 그러나 우리가 위에서 논한 것처럼 이자는 비농업 분문의 생산성 증대효과에서도 발생한다.

조지는 모든 사정을 고려할 때 자본의 대가와 노동의 대가는 동일하게 된다고 하였다. 임금은 절대액으로, 그리고 이자는 비율로 표시하므로 양자가 동일하게 된다는 것이 무슨 뜻인지 명확하게 표현하기는 어렵다고 그도 시인하였다. 그렇지만 이 생산물이 노동과 자본의 대가로 나누어지는 비율을 비교해 볼 수는 있다고 그는 주장하였다. 이자율이 수렴하는 하나의 수준 혹은 근사적 수준이 있다는 것이다.

이러한 견해는 조지의 독특한 자본관에 유래하며, 그의 자본관은 맑스와 방불하다. "자본은 노동에 의해 생산되며, --- 이것은 마치 태양열이 석탄에 축적되었다가 화로에서 방출되는 것과 같다. 그러므로 생산에서 자본의 사용은 노동의 한 형태일 뿐이다. 자본은 소모됨으로써만 사용될 수 있기 때문에 자본의 사용은 노동의 투입과 같다고 할 수 있다"(p.190). 이것은 마치 맑스의 불변자본이 생산물에 가치를 이전하는 현상과 같다.[9] 자본을 이용하는 자는 자본의 생산성 증대효과를 이용하는 것이 아니라 그냥 축적된 과거의 노동을 꺼내 쓸 뿐이다. 이 주장은 자본이 희소하지 않을 경우에는 타당하다. 마치 토지가 희소하지 않다면 지대는 발생하지 않는 것과 같다. "자본의 현상유지를 위해서는 노동에 의해 생산되는 자본의 양이 노동을 돕는데 소비되는 자본의 양과 맞먹어야 한다. 그러므로 자유경쟁이 허용되는 상황에서 임금을 하나의 공통적인 수준으로 수렴시키고 이윤을 기본적으로 동일하게 하는 원리가 작용하여 임금과 이자 간의 균형을 형성하고 유지한다"(p.190).

9) 맑스는 불변자본, 즉 과거노동이 새로운 가치를 창출할 수 있다는 점을 부정하는데, 이것은 매우 비현실적인 주장이다.

게다가 조지는 '임금과 이자가 같이 상승 · 하락한다고'까지 주장하였다. 임금이 하락하면 이자가 상대적으로 올라간다. 그러면 노동이 자본을 생산하는 쪽으로 투입됨과 동시에 부가 소비적 용도에서 자본적 용도로 이동한다는 것이다. 그러나 노동은 바로 자본으로 바꾸어지지 않는다. 소비재 생산을 줄여도 좋을 정도로 저축이 있어야 한다. 그리고 과연 소비와 생산 용도로 자유롭게 이동할 수 있는 부가 얼마나 되겠는가?

4. 임금이론

조지는 『진보와 빈곤』 제1권에서 당시의 임금학설인 임금기금설을 비판하는 것으로 논의를 시작한다. "생산력의 증가에도 불구하고 왜 임금은 생존을 겨우 유지할 수 있는 최저 수준으로 떨어지는 경향이 있는가?"에 대한 임금기금설의 대답은 노동자의 수의 증가, 즉 인구 증가였다. 조지는 그 대답에 대해 만족할 수 없었기 때문에 임금기금설을 비판한 것이다.

조지는 노동의 대가인 임금은 개인간, 그리고 직업간에 격차가 있지만 일반적인 임금수준의 결정에 어떤 법칙이 작용한다고 하였다. "인간 행동의 기본 원리는 최소의 노력으로 욕구를 충족하려고"(p.195) 하는 것이므로 "동일한 조건에서 투입된 동일한 노력에 대한 보수는 경쟁 과정을 통해 균등하게 된다"(p.196).

노동의 자유로운 이동이 가능하다면, 임금노동자의 임금은 자가노동자의 임금과 일치하게 되는 경향이 있다. 고용주가 자가노동자의 임금 이상을 지불하지 않을 것이기 때문이다. 노동자도 그 이하를 받지 않을 것이다. 그렇다면 자가노동자의 임금은 어떤 수준에서 결정되는가? "임금은 생산의 한계 즉 지대를 지불할 필요 없이 개방된 자연의 최고생산점에서 노동이 얻을 수 있는 생산물에 의존한다"(p.203). 지대가 발생하지 않는 한계지에서 발생하는 노동생산물이 임금이라는 것이다.

만일 생산에 자본이 사용된다면, "임금은 총생산물에서 노동을 자본의 형태로 축적하도록 유도하는데 필요한 부분을 제외한 것이다"(p.203). 즉 한계지에서의 총생산물에서 이자를 제외한 부분이 임금이라는 것이다. 그의 임금이론은 한계생산력설로 발전할 수 있는 소지가 있었다. 그래서 클라크(J. B. Clark)는 조지의 임금

이론에서 자신의 한계생산력설의 힌트를 얻게 되었다고 고백하면서 그의 임금이론을 극찬하였다.[10)]

그리고 앞에서 본 바와 같이 토지, 노동, 자본이 모두 생산에 투입될 경우, 지대를 제외한 부분이 이자와 임금으로 분리되는 과정에 대한 조지의 설명은 매우 비현실적인 가정에 입각해 있다. 즉 노동이 자본으로 전환되고, 소비성 부가 자본으로 전환되는 데 있어서 제약이 없다는 것이다. 이 주장의 문제점에 대해서는 이미 언급한 바 있으므로 생략한다.

조지는 장기적으로 물질적 진보가 이루어지지만, 그 혜택을 노동자는 보지 못한다고 주장하였다.

> "생산력의 향상에도 불구하고 임금이 겨우 생존할 수 있을 정도의 최저액에 머무는 이유는, 생산력의 향상과 더불어 지대가 더 큰 비율로 상승함으로써 임금이 낮게 유지되기 때문이다." (p.269)

임금수준이 생존비 수준에서 결정된다는 주장은 고전학파와 맑스 경제학, 그리고 조지의 경제학에서 공통적이다. 사실 그 당시에는 임금 수준이 생존비 수준에서 거의 벗어나지 못했으므로 이 관찰은 사실에 부합된다. 그러나 19세기 말 이후 임금수준은 점차 상승하기 시작하였고, 현재 선진 각국에서는 생존 수준을 훨씬 넘어서고 있다. 이런 점에서 고전학파가 인구법칙에 근거한 것이나, 맑스주의가 노동가치론과 자본의 유기적 구성의 고도화에 의존한 것, 그리고 조지가 지대 증가에 의존한 것들은 그 이후의 임금 상승 현상을 설명하지 못한다.

필자의 생각으로는 루이스(Arthur Lewis)의 '무제한적 노동공급(unlimited supply of labor) 모형'이 산업화 초기의 저임금과 산업화 후기의 임금 상승을 모두 설명해 주는 모형이라고 생각된다. 산업화 초기에는 노동수요에 비해 전통부분에서 노동이 무제한적으로 공급되었기 때문에 거의 생존 수준에서 임금이 결정되었다. 그렇지만 현대부분에서 급속도로 자본축적이 이루어지자, 전통부분의 잉여노동이 소진되면서 임금이 상승하기 시작한 것이다. 이런 점에서 조지가 저임금과 빈곤의 원인으로서 지대 상승 경향을 지목한 것은 과장된 것으로 볼 수 있다. 지대 상승은 빈곤의 여러 요인 가운데 하나의 중요 요인이라고 볼 수 있다.

---

10) Clark, 1902, 서문

5. 조지의 분배적 정의론과 토지가치세

조지는 진보의 열매를 지주가 독차지한다고 보았고, 이 현상은 부당하다고 주장하였다. 실제 진보의 열매를 지주가 독차지하는 것이라고 볼 수는 없지만 상당부분 지주에게 돌아가는 것은 사실이다. 그가 지대의 사유화를 부당하다고 본 근거는 토지 자체가 사유화될 수 없기 때문이라고 하였다. 조지는 자연권 이론에 입각하여 각자는 자신의 신체와 노동에 대해 배타적 자연권을 가진다고 보았다. 그리고 그 연장선에서 모든 개인은 각자의 노동의 결과물에 대해서도 자연적 권리를 갖는다고 하였다.

> 개인의 소유를 정당화하는 근거는 일차적으로 인간의 자기 자신에 대한, 자기 힘의 사용에 대한, 그리고 자기 노력의 결실을 향유할 수 있는 권리가 아니겠는가? 이러한 근거는 각 인간이 독립된 유기체라는 자연적인 사실에서 발생하고 또 이 사실에 의해 인정되는 개인적 권리가 아니겠는가? 독립된 유기체라는 의미는 인간이 각자 특정한 두 손과 특정한 두뇌와 특정한 위장을 가지며 그리고 한정성, 일체성, 독립성을 가진 전체라는 것을 말한다. 사람은 각자 자기 자신의 것이기 때문에 대상에 투입되는 노동도 자기 자신의 것이다. 또 같은 이유로 어느 사람이 만들거나 생산한 것은 어느 누구에게도 자기의 것이라고 주장할 수 있고 이것을 향유하고 사용하고 교환하고 증여할 수 있다. 그 밖의 누구도 이것에 대해 권리를 주장할 수 없으며 이 사람이 갖는 권리의 배타성은 다른 사람에게 아무런 해가 되지 않는다. 이리하여 인간의 노력에 의해 생산한 것에 대해서는 배타적으로 보유하고 향유할 수 있는 명백하고 다툴 수 없는 권리가 발생한다(p.320).

그렇다면 누구에 의해서도 생산된 적이 없는 토지, 창조주의 선물인 토지는 사유의 대상이 될 수 없다는 것이다.

그리고 조지는 인간의 생존권으로부터 토지에 대한 모든 사람들의 평등한 권리를 도출하였다. 그는 다음과 같이 말했다.

> 인간이 창조주의 평등한 허락을 받아 이 땅에 존재한다고 하면 우리 모두는 창조주의 하사품을 평등하게 향유할 수 있는 권리를 갖고 있으며 또 자연이 공평하게 제공하는 모든 것을 평등하게 사용할 수 있는 권리를 갖고 있다(p.324).

이 절에 대한 각주에서 그는 말하기를 "토지사유제를 정당화하려면 궁극적으로 어떤 사람은 다른 사람보다 우월한 생존권을 가진다는 이론에 바탕을 둘 수밖에 없다"(p.325)고 하였다. 그리고 그는 『토지문제(The Land Question)』에서 다음과 같이 썼다.

> 모두가 생존권을 갖는다면, 누구도 다른 사람보다 더 우월한 생존권을 가질 수는 없다. 이것에 대해서 이론은 있을 수 없다. ---그렇다면 모든 아일랜드 사람들이 동일한 생존권을 가지므로, 그들은 아일랜드 토지에 대해서도 동일한 평등권을 가지지 않으면 안 된다. ---그들은 생명의 유지를 위해 자연이 제공하는 요소들-즉 공기, 물, 그리고 토지에 대해 동일한 평등권을 가지지 않으면 안 된다. 왜냐하면 생명의 유지에 필요한 요소를 부인하는 것은 평등한 생존권을 부인하는 것이기 때문이다.[11]

그는 평등한 생존권은 바로 평등한 토지권을 의미한다고 본 것이다.

조지는 자기소유권과 자연에 대한 평등한 권리를 일종의 자연권이라고 전제하였다. 인간이 무엇인가를 생산하기 위해서는 자기의 것인 노동과 모두가 평등한 지분을 갖는 자연이 필요하다. 자연이 풍부한 초기사회에서는 자연을 얼마든지 무상으로 이용할 수 있다. 그래서 조지는 다음과 같이 말하였다. "가치를 갖지 않는, 혹은 경제학적 용어를 사용한다면, 지대를 낳지 않는 토지에 대해서는 그것을 사용하는 누구든지 그의 노동이 거기서 생산한 모든 것에 대해 정당한 권리를 가지며, 사회는 그 토지의 사용에 대해 어떤 지불도 요구할 수 없다."[12] 조지는 자연에 대한 소유권은 부정하되 자연이 희소하지 않은 경우에는 무상 이용권이 허용된다고 보았다.

조지의 접근방법은 로크(John Locke)의 재산권 이론과 매우 흡사하게 전개된다. 로크도 자기소유권(self-ownership)과 자연에 대한 공유권을 전제하였다. 그는 자연은 창조주가 인류에게 공동의 자산으로 선물한 공유물이라고 보았다. 그에 의하면, 타인에게도 동등한 사유화의 기회를 주는 조건하에서는(enough and as good left in common for others) 누구나 자연(토지)에 자신의 고유의 것인 노동을 혼합함으로써 자연을 사유화할 수 있다고 하였다. 문제는 타인에게 동등한 기회를 주어야 한다는 소위 '로크 단서'이다. 인구가 증가하면서 토지가 모두 사유화되어 토지를 소유하지 못하는 사람이 나타나면, 토지 사유는 로크 단서의 위배가 아닌가? 그러

11) George, 1982, p.36
12) George, 1988, p.32

나 로크는 토지 사유를 정당화하는 듯한 논리를 전개하였다. 즉 토지를 사유화하는 것은 그것에 의해 생산성을 크게 증가시켜 타인에게 유익을 주었으므로 로크 단서의 위배가 아니라는 것이다. 물론 로크를 정반대로 해석할 수 있는 여지도 있기 때문에 로크의 입장을 단정하기는 어렵지만, 그는 토지의 사유화를 크게 반대하지 않은 것 같다.

조지는 로크와 달리 토지가 희소하지 않을 경우에 한해서 무상으로 사용할 수는 있으나 토지는 원칙적으로 공유물이라고 하였다. 처음부터 사유화는 불가하다는 것이다. 다만 지대가 발생하지 않을 정도로 토지가 풍부한 초기 사회에서는 토지를 무상으로 사용할 수 있다는 것이다. 로크의 단서를 철저하게 해석하면, 조지와 매우 유사한 결론에 도달한다. 즉 토지가 희소해지면 토지 사유는 로크 단서의 위배가 되므로 토지는 다시 공유 상태로 되돌아 와야 하는 것이다.

그런데 토지가 희소하기 시작했을 때, 즉 지대가 발생하기 시작했을 때, 토지공유제도가 확립되었다면 아무런 문제가 없을 것이다. 토지가 사유화되었던, 무상으로 사용되었던, 오랫동안 토지가 사유화되어(혹은 무상으로 사용되고) 있다가 희소해졌을 때, 즉시 사회가 공유화 조치를 취했다면 아무런 문제가 없었을 것이다. 그러나 사유화가 현재까지 그대로 유지되어 왔고, 오늘날의 지주들은 대부분 자신의 노동의 산물을 지불하고 정당한 방법으로 토지를 취득하였다. 여기에 정의 실현 과정의 복잡한 문제가 가로 놓여 있다.

역사의 초기단계에서는 지주가 정당하게 토지를 소유하였지만, 토지가 희소하게 되자, 지주들이 부지불식간에 공유지를 도둑질한 셈이 되었다. 그들은 그 토지를 상속시키거나 증여하거나 처분하여 공장 등 다른 자산을 사기도 하였다. 현재의 지주들은 대부분 자신의 노동의 대가로 토지를 구입하였다. 그러므로 "지대세(토지가치세)는 현재의 지주들에게만 부과되는데, 그들 중 많은 사람들이 최근에 매입한 사람들이다. 이 제도는 이미 불로소득을 실현한 과거의 지주들에게는 전적으로 책임을 면제시킨다."[13] 그렇다면 현재의 지주에게만 책임을 묻는 것이 과연 공정한 것인가?

조지에 앞서서 평등한 토지권을 주장했던 스펜서(Hebert Spencer)도 현재 지주의 권리를 부정하는 것은 곤란하다고 하였다. 그리고 마샬(Alfred Marshall)도 그것

---

13) Feder, 1994, p.137

은 불공정하다고 하였다.[14)]

조지는 토지사유를 일종의 장물취득과 같다고 보았다. 맨 처음에 도둑질한 물건은 그 후 그것을 돈으로 정당하게 구입했다고 하더라도 소유권을 인정받을 수 없다는 논리이다. 이 주장은 다소 논리의 비약이라고 생각된다. 토지는 초기에는 사유화가 인정되었거나 무상으로 사용되는 것이 정당했던 시기가 있었다. 그리고 사유화 혹은 무상 이용이 부당하게 될 시점에 사회의 누구도 환수 조치를 취하지 않은 채 현재까지 정당한 제도로 여겨져 왔기 때문에 그 제도를 믿고 토지를 정당한 절차에 의해 취득한 지주에게만 그 책임을 묻는 것은 부당하다고 본다. 그러므로 원칙적으로 토지의 사유제는 시정되어야 하되 정의 실현의 책임과 비용은 사회가 공동으로 져야 할 것이다. 사회가 공동으로 부담을 지는 방법에는 어떤 것이 있는가?

첫째, 밀(J. S. Mill)이 주장한 바대로 현재 수준의 지대는 지주에게 보장하되, 앞으로 증가하는 지대는 조세로 흡수하는 방법이 있다. 이것은 지대의 인상분만을 조세로 흡수하는 것이다. 둘째, 점진적으로 토지가치세를 실시하는 방법이 있다. 그것은 예컨대 1년에 2-3%씩 세율을 인상하여 30-40년에 걸쳐서 완전히 실현하는 방법이다. 이 방법은 점진적이어서 저항이 적다는 점에서 좋은 점도 있으나 수십 년 동안 일관성 있게 추진될 수 있을지가 문제이다. 셋째, 토지가치세를 부분적으로 실시하는 방법이 있다. 지대세율을 20-40% 정도로 하여 즉시 실시하는 방법이다.

6. 요약 및 결론

조지는 리카도의 차액지대설을 논의의 출발점으로 삼아, 생산물의 분배에 있어서 먼저 지대가 결정되면, 나머지가 이자와 임금으로 분배된다고 설명하였다. 조지의 지대이론은 리카도의 차액지대설을 받아들여서 그것을 더 발전시킨 면이 있다. 그러나 이자론에서는 그는 상당한 정도로 혼란에 빠져 있는 것 같다. 이자의 정당

---

14) 자세한 내용은 이재율(2001) 참조.

성을 오직 자연의 증식력에서 찾는다던가, 자본과 노동간의 자유로운 전환을 전제한다던가 하는 매우 비현실적인 견해를 표명한 것이다. 그러나 그의 임금론에는 큰 진보가 있었다.

조지는 고전학파의 상호 일관성 없는 분배이론인 차액지대설과 임금기금설 등을 비판적으로 검토하여 일관된 분배이론의 체계를 수립하려고 노력하였다. 이 시도는 부분적으로 성공하였다고 볼 수 있다. 즉 임금기금설을 비판하여 임금이 과거의 자본에서가 아니라 현재의 생산물에서 나온다는 것을 밝혔고, 또한 임금이 한계지에서의 생산물임을 밝혀 한계생산력설의 태동에도 큰 영향을 주었다. 그러나 노동과 자본을 보완적인 투입물로만 보는 고전학파의 한계를 극복할 수 없었기 때문에 토지, 노동, 자본의 세 요소 사이의 소득분배를 일관된 원리로 설명할 수가 없었다.

그리고 장기적으로 지대분배율이 지속적으로 증가하여 노동자들의 빈곤이 강화된다는 그의 주장은 이론적으로 그리고 실증적으로 문제가 있다. 자본축적이 계속되면서 임금수준이 상승하였고, 지대분배율은 감소하였다. 조지의 주장은 19세기 말을 배경으로 하고 있기 때문에 오늘날 그대로 맞다고 할 수 없다. 그러므로 경제성장의 열매가 상당 부분이 지대 증가로 흘러간다는 의미로 받아들이면, 조지의 주장을 정확하게 이해한 셈이 되리라고 본다. 지대의 증가는 여전히 노동자 빈곤의 중요한 한 원인인 것이다.

조지가 제시한 정의론은 매우 설득력이 있다. 토지는 누구에 의해서도 생산되지 않았기 때문에 사유화되어서는 안 되고 모두에게 평등한 권리가 보장되어야 한다는 것이다. 그러나 이미 사유화되어 있는 토지의 공유화를 어떻게 실현할 것인가에 있어서 조지의 주장은 과격한 면이 있다. 장물취득의 논리는 논리의 비약이고 지나치게 급진적이다. 역사의 초기에 토지가 사유화되거나 무상 이용되는 것이 정당하던 시기가 있었으므로 계속 사유화한 사람들은 부지불식간에 토지의 도둑이 되었다. 이들은 이미 토지를 다른 형태의 자산으로 바꾸거나 처분해 버리거나 죽었다. 그러므로 정당한 자신의 자산으로 토지를 구입한 현재의 지주에게만 책임을 지우는 것은 부당하므로 부분적인 보상을 하고 토지가치세를 도입하는 것이 올바른 해결책이라고 본다. 물론 현재의 지주들도 완전한 소유권을 주장할 수 없으므로 부분적인 보상을 받고 정의 실현에 동참해야 한다.

【참고문헌】

김정호, 『토지세의 경제학』, 한국경제연구원, 1997.

이재율, "헨리 조지의 분배이론 연구", 『경제학연구』, 제46권 2호, 1998. 6.

이재율, "리카도 지대론 연구", 『국제경제연구』, 제5권 2호, 1999. 8.

이재율, "토지가치세의 공정성 문제", 『국제경제연구』, 제7권 2호, 2001. 8.

이정전, 『토지경제론』, 박영사, 1988.

Clark, John Bates, ***The Distribution Of Wealth***, Macmillan Co. New York, [1899], 1902.

Dwyer, Terence Michael, ***A History of the Theory of Land-Value Taxation***, Ph. D Dissertation, Harvard University, 1980.

Feder, Kris, Public Finance and the Cooperative Society, ***A Philosophy for A Fair Society***, Michael Hudson, G.J. Miller and Kris Feder, Sherpheard-Walwyn Ltd, London, 1994, pp.123-162.

George, Henry, ***The Land Question and Related Writings***, Robert Schalkenbach Foundation, New York, 1982.

George, Henry, ***A Perplexed Philosopher***, Robert Schalkenbach, Foundation, New York, [1892], 1988.

George, Henry, 김윤상 역; 1997, 『진보와 빈곤』, 비봉출판사, 1997.

Harrison, Fred, Longe and Wrightson : Conservative Critics of George's Wage Theory, in Robert V. Andelson ed., ***Critics of Henry George***, Associated University Press, London, 1979.

Ricardo, David, On the Principles of Political Economy and Taxation, ***The Works and Correspondence of David Ricardo***, Vol. I Piero Sraffa(eds.), Cambridge University Press, [1951], 1970, 정윤형 역 『정치경제학 및 과세의 원리』, 비봉출판사, 1991.

________, Notes on Malthus's Principles of Political Economy, ***The Works and Correspondence of David Ricardo***, Piero Sraffa(eds.), Vol. II, Cambridge University Press, [1951], 1966.

________, An Essay on the Influence of a Low Price of Corn on the Profits of Stock, ***The Works and Correspondence of David Ricardo***, Piero Sraffa(eds.), Vo l. IV, Cambridge University Press, [1951], 1966.

Ⅷ. 헨리 조지 경제사상의 배경과 의의

전강수 *

1. 서 론

헨리 조지(1839-1897)는 19세기 후반 미국의 경제학자이자, 사회철학자이며 사회운동가였다. 1879년에 출간된 그의 대표적인 저서 『진보와 빈곤』(*Progress and Poverty*)은 수백만 권이 팔렸고, 그의 사상은 미국 뿐 아니라 세계 여러 나라에 광범위한 영향을 미쳤다. 그의 사상은 중국의 쑨원과 러시아의 톨스토이 등 대 사상가들에게도 깊은 영향을 주었다. 헨리 조지 생시에는 전 세계적으로 조지스트(Georgist)의 세력이 맑스주의자들의 세력보다 더 컸다고 한다(이정전, 1999, p.580).

조지의 사상은 경제학에도 큰 충격을 주었다. 당시는 경제학자가 전문가로서 정착되어가던 시기였던 만큼 정규 교육을 받지 않았던 조지는 경제학자들에게 전문 경제학자로 대접받지 못했다. 그러나 그의 사상이 엄청난 대중적 인기를 끌게 되면서 경제학자들은 그것을 외면하고 있을 수만은 없었다. 많은 경제학자들이 헨리 조지 비판에 열을 올렸고, 그들과 조지 간에 치열한 논쟁이 전개되기도 했다. 헨리 조지 비판의 대열에 참가했던 경제학자들 중에는 Alfred Marshall, J. B. Clark, R. T. Ely, E. R. A. Seligman 등 쟁쟁한 인물들이 포함되어 있다. 한계생산력설로 유명한 클라크는 조지를 비판하는 과정에서 조지에게서 힌트를 얻어서 한계생산력설을 고안하게 되었다고 고백하기도 했다.

『진보와 빈곤』 출간 이후 엄청난 영향력을 발휘했던 조지의 경제사상은 20세기에 들어와서 학계의 관심 대상에서 사라져 버렸다. 이같은 상황을 풍자해서 Geiger는 "The Forgotten Man : Henry George"라는 논문을 집필했고, 그 30년 후 Bruchey

---

* 대구가톨릭대학교 경제통상학부 교수

는 "The Twice 'Forgotten' Man : Henry George"라는 논문을 집필한 바 있다(Geiger, 1941; Bruchey, 1972). 적지 않은 사람들이 조지 사상이 이렇게 급격하게 퇴조한 원인을 그것의 내재적 결함에서 찾는다. 급격한 퇴조가 이론적 결함의 증거라는 것이다. 그러나 개프니 같은 사람은 조지의 사상에 극력 반대하던 지주층과 그들의 사주를 받은 경제학자들이 조지의 사상을 집요하게 공격하고 조지스트들을 대학에서 몰아내는 '작전'을 수행했다고 주장한다(Gaffney, 1994). 그에 따르면 조지 사상의 급격한 퇴조는 이와 같은 공격과 작전 앞에 조지스트들이 무릎을 꿇은 결과이다. 또 다른 사람들은 조지의 사상이 우익도 좌익도 아닌 중도의 노선을 취하고 있었기 때문에 좌우 협공을 받고 침몰했다고 보기도 한다.[1)]

그러나 조지의 경제학 '체계'는 실패했지만, 그 핵심은 살아 남아서 근대 사상의 주류 가운데 진입하였다고 보는 사람도 있다(Bruchey, 1972). 그는 그 증거로서, 현대의 부동산 과세의 전문가들은 토지가치세가 주택의 질에 어떠한 유해한 영향을 미치지 않는다는 점에 동의한다든지, 토지가치세는 토지가 풍부하고 자본이 부족한 국가들에게 자본 형성을 자극하고 토지의 저밀도 이용을 억제하는 수단으로 권유되고 있다는 사실을 지적한다(Bruchey, 1972, pp.117-121). 현대의 경제학계는 조지의 사상에 무관심하지만, 적어도 조지가 정규 경제학 교육을 받지 않았다는 것을 가지고 조지의 경제사상을 폄하하던 태도는 사라진 듯하다. 예를 들어 슘페터는 "헨리 조지는 독학의 경제학자이지만 분명히 경제학자이다. 그는 당시의 정식 교육을 통해 얻을 수 있었던 경제학 지식과 논리의 대부분을 학교 밖에서 습득하였다"고 말한 바 있다.[2)]

현대의 세계경제의 상황이 조지의 사상에 대한 재조명을 요구하고 있다고 보는 사람도 있다. 조지의 이론 체계 속에는 현대 세계를 괴롭히는 빈곤, 불황, 환경문제를 설명하는 분명한 논리가 들어 있기 때문에 그의 사상에 주목할 필요가 있다는 것이다(Feder, 1994; Harrison, 1994). 또 사회주의의 붕괴 이후 이념적 공백과 경제적 혼란에 고통받고 있는 구 사회주의 권에는 맑스주의를 대체하는 이념으로서 조지주의(Georgism)가 유력하다고 보기도 한다(Noyes, 1991).

지금까지 한국의 학계는 조지의 사상에 대해 거의 관심을 기울이지 않았다.

---

1) 김윤상 교수가 대표적이다. George, 김윤상 역(1997, 역자의 글) 참조.
2) J. A Schumpeter, 1954, p. 865. Andelson and Dawsey, 기독교경제학연구회 역(1996, p.215)에서 재인용.

1980년대 후반 이후 김윤상(1991)과 이정전(1999)에 의해 헨리 조지 사상이 소개되었고, 최근에는 이재율(1998)에 의해 조지의 분배이론이 검토되었다. 전강수(1998)과 전강수 · 한동근(2000)은 각각 조지의 이론을 가지고 한국의 농지개혁을 평가하고 한국의 경제위기의 원인을 진단한 바 있다. 이렇게 조지의 사상을 소개하고 그것을 한국 경제의 분석에 적용하는 작업은 어느 정도 이루어졌지만, 그의 사상을 전체 경제사상의 흐름 속에 위치시켜 파악하는 작업은 이루어지지 않았다.

이 글은 헨리 조지의 경제사상을 전체 경제사상의 흐름 속에 위치시켜 파악해 보려는 노력의 일환이다. 그러나 이 작업은 워낙 방대한 것이기 때문에, 조지 이전의 지배적 경제사상, 즉 중농주의 및 고전학파와의 관련 속에서 조지 경제사상의 위상을 파악하는 것으로 범위를 좁히고자 한다.

조지를 추종하건 않건 그를 '최후의 고전학파'라고 묘사하는 사람들이 있다(Dwyer, 1982, p.303; Feder, 1992, p.25). 조지가 고전학파의 분석 도구를 그대로 사용했으며 고전학파의 정신을 계승하는 부분이 있었기 때문일 것이다. 그러나 조지를 이렇게 묘사한다면 고전학파의 오류로부터 경제학을 구원하고자 혼신의 힘을 다했던 조지의 노력을 설명하기가 곤란해지는 측면이 있다. 그래서 현대의 정통 조지스트들 중에는 조지가 새로운 경제학 패러다임을 만들었다고 보는 사람들이 있다. 맑스주의를 고전학파에 포함시켜 생각하는 사람이 있는가 하면 그것을 새로운 패러다임으로 보는 사람이 있는 것과 마찬가지다. 조지가 고전학파의 일원이었는가 아니면 새로운 패러다임을 만들었는가 하는 것은 중요한 문제이기는 하지만, 이 글에서는 이에 대해 확정적으로 결론을 내리는 것은 피하고자 한다. 왜냐하면 그 작업의 어려움에 비해 결과의 유용성이 그리 크지 않으리라 생각되기 때문이다. 대신에 중농주의와 고전학파 경제학이 조지의 경제사상에 어떤 영향을 미쳤는지, 조지는 그것들을 어떻게 받아들였으며 어떻게 수정하려고 했는지 구체적으로 확인하는 데 논의를 집중할 것이다. 또한 이렇게 정립된 조지의 경제사상이 얼마나 현실 설명력을 갖는지, 또 어떤 현대적 의미를 내포하는지에 대해서도 논의할 것이다. 이 논의들은 헨리 조지의 경제사상을 전체 경제사상의 흐름 속에 위치시켜 파악하는 데 일조할 수 있으리라 생각한다.

2. 조지 경제사상의 이념적 · 현실적 배경

헨리 조지의 경제사상의 핵심은 다음의 몇 가지로 간단하게 정리할 수 있다.

① 경제법칙과 도덕법칙은 하나이다.
② 독점과 토지사유는 도덕법칙에 어긋나는 경제적 불의이다.
③ 이같은 경제적 불의가 존재하는 한 진보 속의 빈곤, 주기적 불황, 사회와 문명의 쇠퇴는 불가피하다.
④ 자유거래와 토지가치세(토지단일세)를 실행하지 않으면 이러한 문제들은 해결할 길이 없다.

조지가 이러한 경제사상을 갖게 된 것은 그의 개인적인 성장 과정과 당시 미국의 경제 현실과 깊은 관련이 있다. 조지는 독실한 기독교 가정에서 태어나 성장하였다. 청년기에 신앙을 버리고 방황했던 때를 제외하고는 죽을 때까지 기독교 신앙에 충실한 삶을 살았다.[3] 여기서 그의 신앙을 언급하는 것은 그것이 그의 경제사상의 형성에 매우 깊은 영향을 주었기 때문이다. 그가 도덕법칙, 즉 자연법의 존재를 확신하고 그것을 경제 분석의 기준으로 삼고, 경제법칙(효율)과 도덕법칙(정의)은 하나라고 공언했던 것은 바로 이 신앙에 힘입은 것이었다. 단 그의 신앙은 개인의 구원만을 지향하고 사회에는 무관심한 신앙이 아니라, 사회개혁에 깊은 관심을 가지고 정의로운 하나님의 법이 이 땅 위에 실현될 수 있다고 믿고 그 일을 위해 헌신하는 신앙이었다. 그의 이런 신앙은 19세기 전후에 형성되어 그후 미국의 개혁 운동에 깊은 영향을 끼치게 되는 기독교 개혁가들의 복음적 완전주의(Evangelical perfectionism)에 뿌리를 갖고 있다(Yanosky, 1993, pp.2-10).

19세기 미국의 개혁 운동은 복음적 완전주의와 함께 생산자주의(producerism)의 영향도 많이 받았다. 사실 복음적 완전주의와 생산자주의는 상호 결합하여 미국 개혁 운동의 주된 이념을 형성했다. 미국의 초기 노동운동은 이 생산자주의의 영향을 많이 받았다. 생산자주의는 계몽주의의 영향을 받아서 사회를 생산자와 기생 계

3) 조지의 생애를 다룬 글은 적지 않다. 대표적인 것으로서 Barker(1955); George, Jr.(1900); Andelson and Dawsey, 기독교경제학연구회 역(1996, pp.197-221); Geiger(1933, pp.19-78); Yanosky(1993) 등을 들 수 있다.

층으로 구분하고, 생산자가 자신의 노동과 노동 생산물을 전부 소유해야 한다고 주장하는, 숙련 노동자 중심의 이념이었다(Yanosky, 1993, pp.10-16). 일찍부터 가게에서, 광산에서, 방앗간에서, 농장에서, 인쇄소, 선상에서 온갖 노동에 종사했던 조지로서는 자연스럽게 이 생산자주의를 받아 들였을 것이다. 불로소득에 대한 조지의 강한 반대는 바로 이 생산자주의에서 유래한다고 보아도 좋다. 독점과 토지사유에 대한 반대도 마찬가지다.

조지 경제사상의 배경을 이해하기 위해서는 이와 같은 미국 개혁 운동의 이념적 성격 뿐 아니라 19세기 중반 이후의 미국 경제의 상황을 살펴보지 않으면 안된다.

1820년대-60년대까지 미국은 산업혁명을 수행하였다. 산업혁명에 의한 급속한 공업화는 남북전쟁 이후에는 더욱 가속화되었다. 1인당 산출이 현저하게 증가했고, 1850년 이후에는 증기력이 생산과 운송에 도입됨으로써 미국의 경제구조는 크게 변화하였다. 철도 건설은 이러한 변화에 특히 중대한 영향을 미쳤다. 미국에서는 1830년에 최초로 철도가 건설된 이후 1860년까지 30,000마일의 철도가 건설되었다. 철도 연장 거리는 1873년에는 70,000마일, 1880년대 말에는 160,000마일로 급속하게 확대되었다. 1869년에는 최초의 대륙간 횡단철도가 완성되었고 1880년대 말에는 간선 철도의 대부분이 완성되었다(Bruchey, 1972, p.107). 철도는 미국의 국내시장을 통일하였고 西漸運動을 자극하였으며, 농지의 확대와 공장제 생산의 파급을 촉진하였다. 이러한 급속한 공업화의 결과, 1840년만 해도 전 세계 공업생산의 11%에 불과했던 미국의 공업 생산액이 1880년에는 28%로서 영국과 함께, 또 1890년에는 31%로서 영국을 제치고 세계 제 1위의 자리에 올라서게 되었다.[4)]

이러한 엄청난 진보는 부작용을 수반하는 것이었다. 빈곤과 실업이 대도시 지역에서 나타났고 토지가치는 투기적으로 상승했으며 1877년에는 마침내 불황이 초래되었다. 조지는 이렇게 진보 속에 빈곤이 발생하는 수수께끼 같은 현상을 1858년 이후 신흥 캘리포니아 지역에서, 또 1868년 *Herald* 지의 특파원으로 지내던 뉴욕에서 자기 눈으로 직접 목격하였다. 그 자신 청소년 시절 이후 줄곧 빈곤 가운데 살았던 조지는, 극도의 사치와 지독한 빈곤이 공존하는 뉴욕의 대로 상에서 진보 속에 빈곤이 발생하는 원인을 해명해야 한다는 소명감을 강하게 느끼게 된다.

4) 김종현(1987), p.180의 표 7-5 참조.

그리고 토지투기가 극성을 부리던 캘리포니아로 돌아간 직후 그는 그 빈곤의 원인이 바로 토지가치의 투기적 상승에 있음을 인식하게 된다. 토지사유제가 진보 속의 빈곤과 주기적 불황을 초래하는 근본 원인이라고 보고 해결책을 토지문제에서 찾는 조지의 경제사상은 이상과 같은 경제적 현실의 체험에서 빚어진 것이다.

3. 조지와 중농주의 및 고전학파의 관련성

여기서는 조지 이전의 경제학, 즉 중농주의와 고전학파의 경제학이 조지의 경제사상에 어떠한 영향을 미쳤는지 살펴보기로 하자. 사실 조지가 자신의 경제사상의 골격을 만들어 낸 것은 경제학을 접하기 전의 일이다. 그래서 경제학 학습이 조지의 가설을 확증하고 발전시키는 데 큰 자산이 되었으리라는 것은 짐작할 수 있지만(Geiger, 1933, p.200), 중농주의와 고전학파 경제학이 조지의 경제사상에 미친 영향을 구체적으로 확인하는 것은 매우 어렵다. 다만 이들 경제학에 대해 조지가 어떤 태도를 취했는가 하는 것은 구체적으로 확인할 수 있다. 기존 경제학에 대한 조지의 태도는 그것들이 조지에게 미친 영향을 드러내 주는 간접적인 지표가 될 수 있을 것이다. 따라서 여기서는 주로 중농주의와 고전학파에 대한 조지의 태도를 검토함으로써 이들 경제학이 조지의 경제사상에 미친 영향을 추론해 보고자 한다.

1) 중농주의

중농주의는 자유거래와 토지단일세를 주장했다는 점에서 조지와 매우 비슷하다. 그러나 조지는 진보 속의 빈곤이 나타나는 이유가 토지가치의 상승 때문이며 그것을 해결하기 위해서는 토지가치를 공적으로 징수해야 한다는 인식에 도달하는 데 있어서 중농주의로부터 도움을 받은 바가 없다는 사실을 분명히 밝힌 바 있다. 이 사실은 다음의 기술에서 분명하게 확인할 수 있다.

> "나는 케네 등 중농학파의 학설을 영국 학자들의 저술을 통해 간접적으로 알게 되었기 때문에…"; "나는 케네의 학설에 대해 전혀 몰랐지만, 완전한 논리를 거

> 쳐 동일한 실천적 결론에 도달하였으며…"(George, 김윤상 역, 1996, pp.410-411)

> "가장 중요한 문제에서 나는 개인적으로 케네와 그 추종자들을 알았던 아담 스미스보다 그들의 견해에 더 가깝게 접근했다. 그러나 확실히 나의 경우에는 그들로부터 도출한 것은 없다."(George, 1898, p.163)

Geiger(1933)와 Petrella(1984)는 위와 같은 조지의 진술을 근거로 중농주의는 조지의 경제사상에 직접적인 영향을 미치지 않았다고 본다. 특히 Geiger(1933)는 조지와 중농주의자들 간의 이론적 차이를 구체적으로 열거하면서 이같은 견해를 뒷받침한다. Geiger에 의하면 중농주의자들은 농업만이 순생산물을 낳는다고 보는 결정적인 실수를 범하였다. 뿐만 아니라 조지는 토지단일세를 부의 공평한 분배를 달성하기 위한 수단으로 간주한 반면, 중농주의자들은 단지 18세기 프랑스의 복잡한 조세체계를 단순화하기 위한 수단으로 간주했으며, 또 조지의 단일세는 경제지대의 전부를 징수하는 것을 목표로 한 반면, 중농주의자들의 단일세는 순생산물의 약 1/3을 징수하고자 했다. 더욱이 조지는 토지소유를 부당한 것으로 간주한 반면, 중농주의자들은 토지소유를 옹호하고자 했다. 이같은 차이점을 보지 않고 정책 대안과 용어의 유사성만을 근거로 조지에게서 중농주의의 영향을 찾으려 하는 것은 잘못이라는 것이다.

조지가 자신의 경제사상의 골격을 만드는 단계에서 중농주의에 대한 학습이 없었다는 것은 분명하다. 그리고 여러 가지 중요한 점에서 중농주의와 차이가 있다는 것도 사실이다. 그렇다고 해서 조지가 중농주의의 영향을 받지 않았다고 결론을 내리는 것은 성급하다고 생각한다. 『진보와 빈곤』 출간 이후 조지는 중농주의에 관해 상세하게 검토했으며, 그로부터 적지 않은 격려와 영향을 받은 것으로 보인다. 이것은 그의 유작 *The Science of Political Economy*에서 확인할 수 있다. 여기서 조지는 중농주의를 매우 높이 평가하고 있다. 조지는 중농주의가 진정한 정치경제학의 중심 원리를 파악했다고 칭찬하는가 하면, 부패한 절대 왕정 가운데서 퍼져 나온 자유의 빛이었다고 격찬하고 있다.

조지는 특히 두 가지 점에서 중농주의를 칭찬한다. 그 중 하나는 중농주의자들이 경제에는 자연적 질서가 존재하며 토지가치를 공적으로 징수하는 것은 바로 그 자연적 질서에 부합된다고 보았다는 점이다.

> "그들(중농주의자들 : 인용자)은 진정한 정치경제학의 중심 원리를 파악했다. 이것은 … 사회 유기체의 자연적 성장에서는 그 유기체의 자연적 필요를 자연적으로 충족시키는 기금이 발달한다는 원리이다. 이 기금은 사회의 모든 물질적 필요를 충분히 충족시킬 수 있으며 그 목적, 즉 원래 의도되어 있던 목적을 위해 징수할 수 있다. 이 경우 정당하게 개인에게 귀속된 것은 일체 빼앗지 않는다. 더욱이 이 기금은 개인들에 대한 엄청난 피해와 국가에 대한 직접적인 재앙을 방지하기 위해서는 그렇게 징수하지 않으면 안 된다." (George, 1898, p.150)

조지는 『진보와 빈곤』에서 이미 지대를 공적으로 징수하여 공공 경비에 충당하는 것이 정의로울 뿐 아니라 효율적임을 주장하였고 또 그렇게 토지가치세를 징수할 경우 세입을 충분히 조달할 수 있다는 사실을 밝힌 바 있다. 하지만 그는 토지가치세의 세입 충분성에 대해 직관적 설명으로 그칠 뿐, 근거를 제시하지는 않았다. 그런데 그는 여기서 중농주의에 대한 검토를 통해 지대가 공공 경비의 원천이 되는 것은 자연법이 명하는 바이며, 사회가 성장할 경우 지대도 공공 경비를 충분히 조달할 정도로 증가하는 것이 자연적 질서임을 확인하고 있다. 조지는 중농주의에서 토지가치세의 자연법적 근거를 발견했던 것이다.

또한 조지는 중농주의자가 '진정한 자유거래' (true free trade)의 사상을 전개했다고 칭찬한다. 그가 말하는 진정한 자유거래란 거래의 자유 뿐 아니라 모든 생산에 필수적인 자연 자원에 대한 접근의 자유를 포함하는 생산의 자유를 의미한다(George, 1898, p.152-153). 조지는 중농주의자들이 이와 같은 진정한 자유거래를 추구했으며, 토지단일세도 바로 그것을 실현하기 위한 수단이었다고 본다. 조지는 이러한 중농주의의 자유거래 사상을 고전학파의 자유거래 사상과 분명하게 구별한다. 후자는 자연 자원에 대한 접근의 자유를 무시하는 불구화된 자유거래 사상이라는 것이다. 진정한 자유거래라는 개념은 『진보와 빈곤』에서는 맹아적인 형태로 밖에 나타나지 않는다. 이 개념이 본격적으로 개진되는 것은 1886년 출간된 *Protection or Free Trade*에서였다. *Protection or Free Trade*의 내용을 인용해 보기로 하자.

> "단지 보호를 철폐하는 것-단지 보호관세를 수입관세(revenue tariff)로 대체하는 것-은 자유무역 원리를 불충분하게 또 약하게 적용한 것이기 때문에, 그것을 자유무역이라고 부르는 것은 잘못이다. 수입관세는 보호관세보다 약간 완화된 무역 규제에 지나지 않는다. 진정한 의미의 자유무역은 보호의 철폐뿐 아니라 모든 관세와 수출입에 대한 모든 규제(공중 위생과 도덕을 위해 부과되는 것들을

> 제외하고)의 일소를 요구한다. 그러나 자유무역은 논리적으로 세관의 철폐에서 머물 수 없다. 그것은 외국 무역뿐 아니라 국내 교역에도 적용되며, 진정한 의미에서는 구매, 판매, 운송 혹은 교환, 그리고 거래와 사업의 이행에 부과되는 모든 국내 조세의 철폐를 요구한다." (George, 1886, p. 286)

> "자유무역은 자유 생산을 의미한다. 지금 생산을 완전히 자유롭게 하기 위해서는 생산에 부과되는 모든 조세뿐 아니라 다른 모든 규제들을 철폐할 필요가 있다. 요컨대 진정한 자유무역이 이루어지기 위해서는 생산의 능동적 요소인 노동이 수동적 요소인 토지에 자유롭게 접근할 수 있어야 한다. 이를 위해서는 모든 토지 독점은 분쇄되어야 하며, 토지를 모든 사람의공동 재산으로 취급함으로써 자연적 요소에 대한 모든 사람의 평등한 권리가 확보되어야 한다." (George, 1886, p. 289)

조지는 *Protection or Free Trade*에서도 이러한 진정한 자유무역의 원리를 최초로 명료하게 제시한 사람들은 중농주의자들이었다고 밝히고 있다. 이렇게 볼 때 조지는『진보와 빈곤』집필 후에 중농주의에 대해 진지하게 검토했으며, 그 과정에서 그들로부터 진정한 자유거래의 사상을 배웠다고 생각된다. 그 결과 그의 이론의 두 중심축인 자유무역과 토지가치세가 하나의 체계 속에서 유기적으로 결합될 수 있게 되지 않았나 여겨진다.

물론 조지가 중농주의자들을 칭찬하기만 했던 것은 아니다. 그는 중농주의자들의 잘 알려진 실수, 즉 농업만이 순생산물을 낳는다는 명제에 대해서도 언급한다. 조지는 그것이 중농주의자들의 결정적인 실수라고 말하면서 그 때문에 위대한 진리를 담고 있던 중농주의의 전체 이론 체계가 잘못인 것처럼 오해되고 결국 사람들의 관심에서 멀어져 버리는 결과가 초래되었다고 주장한다.

2) 고전학파

조지가 활동하던 시기는 신고전학파가 형성되던 때였다. Marshall, Clark, Seligman 등이 조지와 논쟁을 주고 받았다. 그래서 조지를 신고전학파 경제학(economics)의 시대에 고전학파의 정치경제학(political economy)을 부활시키려고 했다고 비판하는 사람도 있고(Collier, 1979, p.438), 또 '최후의 고전학파 경제학자'라고 부르는 사람도 있다. 이것은 모두 조지가 고전학파의 영향을 많이 받았다는 것을 전제로 하는 이야기들인데, 이를 부정하는 사람은 거의 없는 것 같다. 실제로 조지는 리카도의 차액지대설을 받아들여 논의의 기본 도구로 삼았고, 고전학파의 국제무역이론과 화폐이론도 그대로 받아 들였다.

Petrella는 일련의 연구들을 통해 조지와 고전학파의 관계를 집중적으로 탐구하고 있다. 이 가운데 Petrella(1984)는 조지의 경제정책론이 기본적으로 아담 스미스의 도덕이론에 뿌리를 두고 있다는 것을 논증하고 있다. 여기서 Petrella는 제도적 환경이 절제와 정의와 같은 도덕적 덕목을 고양시킬 때 자연적 자유의 체계가 성립한다고 본 스미스의 견해를 조지가 받아들였다고 보고 있다. 『진보와 빈곤』에서 조지가 토지단일세의 효과로서 소득분배의 개선과 함께 인간의 도덕적 잠재력의 회복을 이야기하는 것은 바로 스미스 도덕이론의 영향이라는 것이다. 그 결과 조지는 스미스와 마찬가지로 공리주의적 경제정책론을 거부할 수 있었다고 Petrella는 결론짓고 있다.

Petrella(1998a)와 Petrella(1998b)는 Lakatos의 과학연구 프로그램의 방법론에 기초하여 고전학파와 조지의 관계를 검토하고 있는데, 조지가 고전학파의 중핵 명제들(hard core propositions)[5] 중 어떤 것을 받아들이고 어떤 것을 거부했는지, 그리고 고전학파의 각종 보호대 이론들(protective belt theories)을 어떻게 다루었는지 구체적으로 밝히고 있다. Petrella(1988a)는 고전학파의 중핵 명제들을 8가지로 정리한 후,[6] 조지는 이 가운데 '경제적 후생은 후생 일반에 대한 좋은 근사치이다'라는 8번째 명제[7]를 제외하고는 모두 받아 들였다고 본다. 고전학파의 8 번째 명제 대신에 조지가 제시한 새로운 중핵 명제가 바로 토지가치세라는 것이다. Petrella(1988b)는 Petrella(1988a)의 후속 논문이라고 할 수 있는데, 여기서는 조지가 고전학파 중핵 명제의 수정에 맞추어 그 보호대 이론들을 어떻게 취급했는지 검토하고 있다. 조지는 자신의 수정된 중핵 명제를 위협하지 않는 고전학파의 무역이

5) Lakatos는 과학연구 프로그램이 중핵, 보호대, 발견법으로 구성된다고 본다. 여기서 중핵이란 기본원리들의 집합체를 의미하며, 보호대란 보조 가설들의 집합체를 의미한다.

6) ①경제주체는 합리적이다, ②경제활동의 기본 동기는 개인의 이기심이다, ③많은 재화가 적은 재화보다 더 낫다(최소희생의 원칙), ④시장은 경쟁적 균형과 확정 해(solution)에 의해 특징지워진다, ⑤희소성의 세계에서는 모든 것은 기회비용을 갖는다, ⑥추상과 단순화를 위한 가정은 경제분석의 타당한 수단이다, ⑦완전한 지식과 선한 정부가 주어져 있다면, 경제적 후생(economic welfare)은 시장 경쟁에 의해 극대화된다, ⑧경제적 후생은 후생 일반(welfare in general)에 대한 좋은 근사치이다(Petrella, 1988a, p.370).

7) 경제적 후생이 후생 일반에 대한 좋은 근사치라는 말은 시장 경쟁에 의해 경제적 효율성이 달성되면 경제적 후생이 극대화될 뿐 아니라 후생 일반도 극대화된다는 의미이다.

론과 화폐이론은 그대로 그의 연구 프로그램 속에 받아들이고, 수정된 중핵 명제를 위협하지는 않지만 고전학파 정정 작업에 중요한 의미를 갖고 있던 차액지대설과 수확체감의 법칙은 신중하게 취급하여 확장한 반면, 수정된 중핵 명제를 위협하는 임금기금설과 인구론은 거부했다는 것이다.

Petrella의 일련의 연구는 조지에 대한 고전학파의 영향과 고전학파에 대한 조지의 태도를 구체적으로 밝혔다는 점에서 주목할 만하다. 그러나 그는 지나치게 고전학파의 틀 안에서 조지를 해석하려는 경향을 보인다는 점에서 문제가 있다. 조지가 도덕법칙을 강조한 것을 스미스 도덕이론의 영향으로 보는 것이라든지, 조지가 고전학파의 중핵 명제들 가운데 대다수를 그대로 받아 들이고, 경제적 효율성이 사회적 후생의 극대화로 이어진다는 명제 한 가지만 거부했다고 보는 것에서 Petrella의 이런 경향을 확인할 수 있다.

조지가 도덕법칙을 강조한 것이 스미스 도덕이론의 영향이라고 보는 것은 견강부회의 느낌이 있다. 조지가 도덕법칙을 강조한 것과 스미스의 도덕이론의 공통점이라면 인간에게는 도덕적 정서가 있음을 말했다는 것 정도이다. 스미스는 이기심이 인간의 지배적 본성이라는 것을 전제로 한 후, 인간의 본성에는 과도한 이기심을 억제하는 요인도 존재한다는 것을 말하기 위해서 도덕적 정서, 즉 동감(sympathy)을 언급하였다. 그리고 각 개인이 동감에 의해 조절된 이기심에 따라 사적 이익을 추구할 때 사회적 이익은 극대화된다고 보았다. 조지의 생각은 이런 스미스의 생각과는 많이 다르다. 그는 인간이 이기심에 지배되어 움직이는 존재라고 생각하지도 않았고, 또 이기심에 따른 사적 이익의 추구가 사회적 이익의 극대화로 이어진다고 보지도 않았다. 개인의 이기심과 사회적 이익 간의 관계 따위는 그의 관심거리가 아니었다. 물론 조지도 사회적 이익의 극대화에는 관심이 있었는데, 그는 그것이 이기심의 발휘가 아니라 정의, 자유, 평등 등의 도덕법칙을 구현한 제도의 건설에 의해 실현될 수 있다고 믿었다.

따라서 조지가 도덕법칙을 강조한 것은 스미스의 영향이라기보다는, 중농주의의 자연법 사상이나 미국 개혁 운동의 저변에 흐르고 있던 복음적 완전주의의 영향이라고 하는 것이 더 타당할 것이다.

조지의 고전학파 訂正문제를 다루는 Petrella의 견해에도 문제가 있다. 페트렐라는 조지가 경제적 효율성 및 교환적 정의(commutative justice)와 분배적 정의(distributive justice)를 별개의 것으로 생각했다고 주장한다. 그에 의하면, 조지는 고전학파가 교환적 정의를 제대로 취급한 것으로 생각해서 그와 관련되는 중핵 명제들

— 앞서 말한 7개의 명제들 — 을 그대로 받아 들이는 한편, 토지가치세를 새로운 중핵 명제로 추가함으로써 분배적 정의를 무시한 고전학파를 정정하고자 했다는 것이다. Petrella는 조지가 경제적 효율성과는 무관한 분배적 정의의 차원에서만 토지가치세를 주장했다고 보는 셈이다. 만일 이것이 사실이라면, 정정이라는 단어보다는 보완이라는 단어가 더 적절할 것이며, 경제적 효율성 및 교환적 정의에 관한 한 조지는 고전학파의 직접적인 영향 아래 있었다고 해야 할 것이다.

그러나 과연 조지는 고전학파의 7개 중핵 명제들만으로 경제적 효율성이 달성된다고 보았을까? 조지에게 토지가치세는 단지 분배적 정의를 실현하기 위한 수단에 불과했을까? 보다 근본적인 문제를 지적하자면, 과연 조지는 경제적 효율성 및 교환적 정의와 분배적 정의를 별개의 것으로 생각했을까? 과연 조지의 경제사상은 고전학파의 경제사상에 분배적 정의를 내용으로 하는 중핵 명제 하나를 추가한 것에 지나지 않는다고 평가해도 좋을까?

아래에서는『진보와 빈곤』및 *The Science of Political Economy*의 내용을 검토함으로써 위의 질문에 대한 해답을 찾아보고자 한다. 이것은 조지에 대한 고전학파의 영향과 고전학파에 대한 조지의 태도를 구체적으로 확인하는 데 도움을 줄 것이다.

조지는 결코 경제적 효율성과 분배적 정의를 별개의 것으로 생각하지 않았다. 그는 경제법칙과 도덕법칙은 본질적으로 하나라고 언명했으며, 토지문제가 분배문제 뿐 아니라 경제적 효율성에 깊은 영향을 미친다는 것을 상세하게 밝혔다. 토지문제가 어떻게 경제적 효율성에 영향을 미친다고 보았는지 그의 논리를 몇 가지만 살펴보기로 하자.

첫째로 조지는 토지사유제가 토지의 효율적 이용을 저해한다는 것을 분명히 밝혔다. 조지의 진술을 인용해 보자.

> "토지사유제를 인정해야 토지를 적절하게 사용할 수 있는 것이 아니라 실은 그 반대이다. 토지를 사유재산으로 하면 적절한 사용에 오히려 방해가 된다. 토지를 공공재산으로 하면 필요가 있을 때 즉시 사용 내지 개량할 수 있다. 그러나 토지를 사유재산으로 하면 토지소유자 스스로 사용 내지 개량할 능력이나 의사가 없는 경우에도 타인의 사용 내지 개량을 못하게 할 수 있는 권리를 토지소유자가 갖는다. 소유권에 관한 다툼이 있을 때에는 값비싼 토지가 몇 년간 놀게 된다. 영국의 도처에서 토지개량자에 대한 보장이 없어서 개량이 중지되어 있다. 토지가 공공재산이었다면 빌딩과 작물로 뒤덮일 수 있는 넓은 땅이 소유자의 변덕 때문에 놀고 있다. 미국의 경우에 이미 정착이 많이 이루어진 지역에도 지금보다 서너 배의 인구를 수용할 수 있는 땅이 있지만 소유자가 가격이 오르기를 기다리

면서 사용하지 않기 때문에 이민 온 사람들이 이런 땅을 지나 노동생산성이 훨씬 떨어지는 곳으로 가서 정착할 수밖에 없다. 귀중한 땅이 이런 이유로 유휴화되어 있는 모습은 모든 도시에서 볼 수 있다. 토지사유제는 다른 기준으로도 그렇지만, 토지의 최선사용이라는 기준으로 보더라도 불합격이다."(George, 김윤상 역, 1996, pp.387-388)

둘째로, 조지는 토지가치 상승에 대한 기대의 형성과 그에 따른 토지가치의 투기적 상승이 주기적 불황을 야기하는 주범임을 밝혔다. 조지의 불황 이론에 관해서는 나중에 언급하겠지만, 불황으로 인한 생산 중단, 실업, 기업의 도산, 상업의 파탄 등은 모두 효율성과 관계 있는 현상들이 아닌가?

셋째로, 조지는 토지가치의 사적 전유는 공공 경비의 본래의 원천을 고갈시켰으며 그로 인해 소득세, 소비세, 관세, 법인세 등 노력소득에 대한 조세의 부과가 불가피하게 되었다고 말한다. 이 같은 조세가 경제에 초과부담을 초래하여 효율성을 저해한다는 것은 너무도 잘 알려진 사실이다. 뿐만 아니라 복잡한 조세 체계는 정부의 기구를 쓸데없이 확대시켜서 사회적 자원을 낭비시킴으로써 경제의 효율성을 저해한다.

넷째로, 조지가 토지사유제를 진보 속의 빈곤을 초래하는 근본 원인으로 보았다는 것은 주지의 사실인데, 이러한 분배의 악화 또한 각종의 사회적 낭비를 초래하고 노동 의욕을 저해함으로써 경제적 효율성을 저해시키는 요인이 된다는 것을 조지는 분명히 인식하고 있었다. 조지의 진술을 인용해 보자.

"많은 계층을 빈곤과 악에 빠뜨리는 나쁜 사회제도로 인해 사회가 입는 손실을 금전으로 나타낼 수 있다면 가공할 금액이 될 것이다. 영국에는 공적인 구호 대상에 백만 명 이상이 등록되어 있다. 뉴욕 시 하나만 해도 비슷한 목적으로 연간 칠백만 달러 이상을 지출하고 있다. 그러나 공공자금의 지출액과 자선단체 또는 개인의 지출액은 총 손실의 첫 항목이자 극히 작은 항목에 불과하다. 그 외에 현재의 부정의하고 불평등한 부의 분배로 인해 사회가 현 생산수단으로도 얻을 수 있는 총생산량도 다 얻지 못하는 예를 들어보자. 자선사업으로 인해 노동의 잠재소득이 소멸되고 또 무기력하고 준비성도 없고 게으른 습관이 생김으로써 입는 손실. 빈곤계층의 사망률 특히 유아사망률 통계에서 알 수 있듯이 조기 사망으로 인한 엄청난 금전적 손실. 빈곤이 심화되면 더욱 늘어나는 유흥주점으로 인한 낭비. 도둑, 창녀, 거지, 부랑자 등 빈곤과 절망에서 생기는 사회의 기생충 같은 존재로 인한 손실. 이들로부터 사회를 방어하는 데 드는 비용. 이밖에도 손실의 예는 수없이 들 수 있다. 부의 불평등한 분배로 인해 생기는 무지와 악, 무기력과 부도덕은 정부의 무능과 부패를 초래하고 공공수입을 낭비하며 무식하고 부패한 공무원에 의해 정부 권한

과 기능이 오용되어 더 큰 낭비를 초래한다." (George, 김윤상 역, 1996, p. 429)

위의 내용을 통해 조지가 토지문제를 분배적 정의의 차원에 국한시키지 않고 경제적 효율성의 차원에서 깊이있게 논의했음을 분명히 확인할 수 있다. 조지는 토지문제를 해결하지 않는 한 경제적 효율성은 결코 달성할 수 없다고 믿고 있었던 것이다. Dwyer(1982)는 헨리 조지에게 있어서 지대의 공적 징수는 분배적 정의 뿐 아니라 시장 효율성의 필요조건이었다고 말하고 있는데(pp.300-301), 이것이야말로 조지에 대한 정확한 이해라고 해야 할 것이다.

그러면 이제 조지가 고전학파 경제학을 어떻게 생각하고 있었는지 살펴보기로 하자. 조지는 과연 고전학파 경제학이 경제적 효율성과는 무관한 분배적 정의의 측면을 추가하기만 하면 되는, 부분적 결함 상태에 놓여 있다고 보았을까? 대답은 부정적이다. 조지에게 있어서 토지사유제는 분배적 정의를 침해할 뿐 아니라 경제적 효율성을 심각하게 저해하는 결정적 요인이었으며, 따라서 고전학파 경제학의 문제는 부분적인 것이 아니라 전면적이며 치명적인 것이었다.

고전학파에 대한 조지의 전체적인 인상은 *The Science of Political Economy*에 잘 나타나 있다. 여기서 그는 자신의 저서 『진보와 빈곤』에 대해 언급하면서, 그 책은 자신이 설명할 필요가 있다고 여긴 전체 주제를 꼼꼼하게 검토하고 "정치경제학을 전면적으로 改鑄(completely recasting)" (George, 1898, p.203) 하려고 했다고 말하고 있다.

그러면 먼저 조지가 아담 스미스에 대해 어떻게 평가했는지 살펴보기로 하자. 조지는 스미스가 자유무역론자였고, 중상주의와 투쟁했으며, 자연적 질서의 체계를 존중했다는 점에서 중농주의의 뛰어난 전통을 이어받고 있다고 평가한다. 그러나 조지에 의하면, 중상주의 비판까지만 해도 중농주의자들과 보조를 맞추던 스미스는, 중농주의자들이 명백한 이론적 오류("농업만이 순생산물을 생산한다")에 빠져 버린 지점과 또 모든 생산을 조세와 규제로부터 자유롭게 하고자 하는 생각을 실천적인 제안의 형태로 옮기는 지점에 와서는 더 이상 그들과 함께 전진하려 하지 않았다. 스미스는 중농주의자들이 희미하게나마 인식했던 정치경제학의 위대한 진리, 즉 사회의 자연적 성장에서는 그 사회의 물질적 필요를 자연적으로 충족시키는 기금이 발달한다는 원리는 전혀 언급하지 않았다는 것이다. 조지는 스미스가 정치경제학의 위대한 진리를 잘못된 논리로 설명하고자 했던 중농주의자들의 시도 앞에서 갈팡질팡했던 것으로 본다. 조지의 말을 인용해 보자.

> "그(스미스: 인용자)는 '노동생산물은 노동에 대한 자연적인 보수 내지는 임금이 된다'는 사실과 토지의 전유가 노동자에게서 그의 자연적인 보수를 빼앗아 왔다는 사실을 명백히 인식했다. 그러나 그는 결코 '다른 모든 사람들과 마찬가지로 지주들은 씨를 뿌리지 않은 곳에서 수확하기를 좋아한다'는 사실을 확인하는 것 이상으로 지대 현상을 더 깊이 들여다 본 적은 없다. 그는 주거지이자 모든 물자의 寶庫인 자연이 제공하는 것을 소수의 사람이 전유하는 것이 마치 자연적 질서의 일부인양 받아들여져야 한다는 듯이, 인간과 그들이 살고 있는 토지와의 관계라는 커다란 주제를 간과해 버린다."(George, 1898, p.167)

조지가 보기에 스미스는 지대가 불로소득이며 지대의 전유가 임금을 압박하는 원인이라는 점을 인식했으면서도, 지대에 관해 더 이상 탐구하려고 하지 않았고 또 지대의 전유를 허용하는 토지사유제를 당연한 것으로 받아들이는 혼란된 태도를 보여주고 있었던 것이다. 조지는 스미스의 이러한 태도를 영국의 지주 계급의 강력한 위치와 결부시켜 이해한다. 영국은 프랑스에 비해 지주들의 권력이 훨씬 강했기 때문에 일개 학자로서 지주 계급의 이해와 정면으로 맞서는 것은 어리석게 여겨졌을 것이며, 따라서 스미스는 실상은 지주 계급에게 향했어야 할 공격의 화살을 상인과 제조업자들에게로 돌려 버렸다는 것이다. 조지는 이같은 스미스의 태도를 '신중함'(prudence)이라고 표현해 주는데, 이같은 '신중한' 태도 덕분에 스미스의 경제학은 지주들의 이해를 위협하는 급진적인 요소(반독점)를 포함하고 있었음에도 불구하고, 지주들에게서 적대감은 커녕 오히려 호감을 불러 일으키는 '성공'을 거두었다고 한다. 케네가 아니라 스미스가 정치경제학의 아버지로 기억되게 된 것도 이런 '성공'의 결과였다는 것이다.

그러나 조지에 의하면 스미스의 '성공'은 경제학 전체로 보아서는 왜곡과 '음울한 과학'(dismal science)으로의 전락의 시작이었다. 스미스는 공격의 화살을 중상주의 체제에 돌림으로써, 노동 및 노동생산물에 과세하는 것에 대해 심각하게 반대하지 않고서도 자유무역을 이야기하는 왜곡된 정치경제학을 탄생시켰다는 것이다.

조지는 스미스 이후의 고전학파 경제학은 이렇게 왜곡의 길로 들어선 정치경제학의 노선을 수정하기는커녕 임금기금설, 인구론, 차액지대설 등을 만들어내면서 왜곡을 심화시키는 방향으로 전개되었다고 본다. 임금기금설은 임금이 노동자 고용에 사용되는 자본량(임금기금)과 노동자 수에 의해 결정된다고 보는 이론이다.

조지에 따르면 임금기금설이 고전학파의 대표적인 임금이론으로 자리잡게 된 것은 스미스가 "노동생산물은 노동에 대한 자연적인 보수 내지 임금이 된다"고 보던 애초의 입장을 버리면서부터이다. 그러면서 스미스는 노동생산물이 임금의 원천이 아니라 고용주의 자본이 임금의 원천이라는 논리를 전개하게 되었다는 것이다. 조지는 스미스가 애초의 입장을 버린 것이 토지문제를 외면한 것과 깊은 관련이 있다고 생각했다. 임금이 자본량과 노동자 수에 의해 결정된다고 한다면, 지주의 지대 전유에 의한 임금의 압박은 논의할 여지가 없어진다. 조지가 보기에 고전학파는 자본의 축적을 경제성장의 전제 조건으로 보고 빈곤의 원인을 노동자 수의 증가에서 찾는 오류를 범했는데, 거기에는 임금기금설이 일조한 바가 크다.

조지는 맬더스의 인구론은 고전학파 경제학이 토지문제를 외면해 버린 이후 빈곤의 원인을 다른 곳에서 찾으려고 했던 노력의 대표적인 소산이라고 보는 것 같다. 주지하다시피 맬더스의 인구론은 인구의 증가 속도는 생존 물자의 증가 속도보다 훨씬 빠르기 때문에, 인구 증가가 억제되지 않는다면 빈곤과 비참은 불가피하다고 주장하는 학설이다. 조지는 이에 대해 "대중의 생각과 일치하는 망상에 과학의 외관을 부여"(George, 1898, p.183) 한 터무니없는 학설이라고 강도 높게 비판한다. 그는 인구론이 임금기금설과 긴밀하게 연결되어 서로를 강화하고 지지하고 있음을 지적한다. 임금기금설이 빈곤의 원인을 노동자 수의 증가에서 찾는 것과 인구론이 빈곤의 원인을 인구 증가에서 찾는 것은 기본적으로 동일한 내용이라는 것이다.

조지의 인구론 비판에는 다분히 종교적이며 철학적인 면이 있다. 조지가 보기에 맬더스의 비관주의는 자비로운 창조주의 관념과 맞지 않으며, 사회진화론과의 연결은 윤리적으로 용납되기 어려운 것이었다(Petrella, 1988b, p.383). 그러나 조지가 인구론을 강도 높게 비판한 보다 직접적인 이유는 그것이 빈곤의 진정한 원인을 은폐하고 있다는 사실에 있었다. 맬더스의 인구론은 불의한 제도와 법률로 인해 발생하는 빈곤과 비참을 인구 증가와 자연의 인색함 탓으로 돌리고 있다는 것이다. 인구론은 틀림없이 스미스가 토지문제를 외면하면서부터 빈곤의 진정한 원인이 무엇인지 파악할 수 없는 지경에 빠져 버린 고전학파 경제학에 탈출구를 제공했을 것이다. 그러나 조지가 보기에 고전학파 경제학은 맬더스의 인구론을 받아들임으로써 더욱 더 심각한 왜곡 상태에 빠져들었던 것이다.

고전학파 경제학이 왜곡됨으로써 나타난 결과는 심각한 것이었다. 이제 더 이상 부의 생산과 분배의 자연적 법칙을 연구하는 것이 기득권 세력에 위협을 가할 수 있는 여지는 사라져 버렸다. 급속한 진보 속에서 극심한 빈곤이 발생하는 것은 인간의 잘못이 아니라 자연 법칙과 하나님의 섭리 때문이라는 믿음이 보편화되었다(George, 1898, p.174). 기득권 세력은 자기 주위의 빈곤과 비참을 아무런 양심의 가책도 받지 않고 바라 볼 수 있게 되었다. 조지가 경제학이 '음울한 과학'으로 전락했다고 비판하는 것은 바로 이 때문이다.

조지는 리카도는 스미스 경제학의 이같은 문제를 인식하고 있었다고 평가한다. 리카도의 차액지대설은 토지문제를 외면한 스미스의 잘못을 바로 잡기 위한 노력의 소산이었다는 것이다. 조지가 자신의 분배법칙을 전개할 때 의존했던 이론적 도구도 리카도의 차액지대설이었다. 그러나 리카도의 차액지대설에는 결정적인 결함이 있었다고 조지는 주장한다. 그것은 지대의 증가를 인구 증가에 따른 최열등지의 이동이나 동일 토지에서의 수확의 체감으로만 설명한다는 점이다. 그리하여 리카도의 차액지대설은 고전학파 경제학을 왜곡 상태에서 구출하기는커녕 오히려 맬더스의 인구론을 지지하고 강화하는 역할을 하게 되었다는 것이다. 조지가 보기에 리카도의 차액지대설은 토지문제를 다루면서도 빈곤의 원인을 인구 증가라는 자연 현상에서 찾도록 만드는 잘못된 학설이었다. 조지 자신은『진보와 빈곤』에서 분배의 법칙을 이야기하면서 지대의 증가와 그로 인한 임금 및 이자[8]의 하락을 인구 증가, 기술 개선, 토지 투기 등과 관련시켜 설명하였으며, 그 중에서 인구 증가의 영향에 관해 이야기할 때에도 최열등지의 이동이나 수확 체감의 법칙 뿐만 아니라 소위 '집적의 효과'[9]를 적극적으로 고려함으로써 인구 증가와 자연의 인색함에서 빈곤의 원인을 찾는 맬더스와 리카도의 오류를 벗어나고 있다.

요컨대 고전학파 경제학은 중농주의가 희미하게나마 발견한 경제학의 위대한 진리들 — 진정한 자유거래는 거래의 자유 뿐 아니라 생산의 자유와 토지와 자연자원에 대한 접근의 자유를 포함한다는 것과, 사회의 자연적 성장에서는 그 사회의 물질적 필요를 자연적으로 충족시키는 기금(지대)이 발달한다는 원리 — 을 상당부분 외면하고 거래와 무역의 자유만을 주장하는 피상적인 자유방임주의를 채택함으로써 왜곡의 길로 들어섰다고 헨리 조지는 주장하였다. 조지는 결코 이 왜곡의 영향이 Petrella가 주장한 것처럼 분배 정의를 무시하는 부분적인 결함을 낳는 데

8) 조지에게 있어서 이자는 자본에 대한 대가를 통칭하는 말이다.
9) 조지는 인구가 증가하면 협동과 교환의 힘이 커져서 토지의 생산성이 향상되는 것과 같은 효과가 발생하며, 그 생산성 향상은 특정 토지에 국지화된다고 주장하였다. 이를 집적의 효과라 부른다(George, 김윤상 역, 1997, pp.224-232)

그친 것으로 생각하지 않았다. 그리하여 조지는 자신의 과제를 고전학파 정치경제학을 완전히 改鑄하는 것으로 잡게 되었던 것이다. 조지가 보기에 임금기금설이나 인구론, 차액지대설 등은 왜곡된 정치경제학의 결함을 보완하기 위해 등장한 이론들이지만, 그것들은 모두 왜곡을 도리어 심화시키는 역할을 했을 뿐이다.

4. 조지 경제사상의 의의

여기서는 조지가 고전학파 경제학을 어떻게 수정했는지 대표적인 부분 몇 가지를 검토함으로써 그의 경제사상의 의의를 간단하게 정리해 보기로 하자.

1) 임금기금설 비판과 새로운 임금이론의 제안

앞에서 살펴 본 대로 조지는 임금기금설이 고전학파 정치경제학의 왜곡을 심화시킨 잘못된 임금이론이라고 보았다. 조지의 비판은 임금이 자본에서 나온다고 하는 임금기금설의 전제 조건에 초점을 맞춘다. 조지는 자가노동의 경우, 현물임금을 받는 경우, 임금 계산은 현물로 하되 지불은 화폐로 하는 경우, 보통의 화폐임금의 경우를 일일이 검토하면서, 임금은 미리 축적된 자본에서 나오는 것이 아니라 현재의 노동과 생산의 결과물로부터 나온다는 것을 증명하였다. 실제로 임금기금설은 조지가 비판한 내용과 유사한 근거에 의해 기각되어 버렸다(Collier, 1979, p.439). 현대 주류 경제학의 임금이론인 한계생산력설은 이와 같이 임금이 과거에 축적된 자본이 아니라 현재의 노동 생산물로부터 나온다는 인식이 없이는 성립 불가능한 것이었다(이재율, 1998, p.316).

조지는 임금기금설을 비판했을 뿐 아니라 새로운 임금 이론을 제시하였다. "임금은 생산의 한계, 즉 지대를 지불할 필요 없이 개방된 자연의 최고 생산점에서 노동이 얻을 수 있는 생산물에 의존한다" (George, 김윤상 역, 1996, p.203)는 것이 그것이다. 조지는 토지와 노동만 생산에 투입되는 경우 임금은 한계지에서의 노동 생산물에 의해 바로 결정되고, 토지, 노동, 자본이 모두 생산에 투입되는 경우에는 우선 '임금 + 이자'가 한계지에서의 노동 생산물에 의해 결정되고 노동과 자본의 상호 전환에 의해 성립되는 균형에 의해 그것이 임금과 이자로 나뉘어진다고 보았다 (이재율, 1998, p.316). 한계생산력설을 창시한 클라크는 조지의 임금 이론을 검토하는 과정에서 노동의 생산물을 다른 요소의 생산물과 분리해서 독립적으로 생각할 수 있는 방법을 발견했다고 고백한 바 있다. 결국 조지는 임금기금설이라는 잘못된 임금이론을 경제학에서 추방하는 데 중요한 역할을 담당했을 뿐 아니라, 임금의 원천은 현재의 노동 생산물이며, 그 수준은 한계지의 노동 생산물의 양에 의해 결정된다고 보는 새로운 임금 이론을 제시함으로써 한계생산력설의 탄생에 결정적으로 기여하였다고 평가할 수 있다.[10)]

2) 분배이론의 수정과 새로운 불황이론의 제시

조지는 고전학파의 분배 이론이 임금은 임금기금설, 지대는 차액지대설, 이자는 자본의 수요 공급(혹은 이윤은 임금과의 상반관계)으로 설명하고 있다고 정리한다. 그는 생산요소는 토지, 노동, 자본 3가지 밖에 없고 생산물은 모두 이 3 요소의 소득으로 분배될 수밖에 없다는 자명한 사실을 상기시키면서 고전학파의 분배 이론은 이 자명한 전제 조건에 부합하지 않는다고 주장한다. 즉 이 전제 조건에 따를 경우 지대법칙을 인정하면 나머지 두 법칙, 즉 임금법칙과 이자법칙을 자동으로 인정할 수 밖에 없는데, 고전학파의 분배 이론은 그렇게 되어 있지 않다는 것이다. 조지의 결론은 각 소득을 설명하는 법칙들은 상호조화성과 연관성을 띨 수밖에 없음에도 불구하고 고전학파의 소득 법칙들은 서로 조화되지 않는다는 것이다.

조지가 여기서 분배 이론의 진위를 판별할 수 있는 명확한 기준을 제시하고 있다는 점이 주목된다. 조지와 같은 시기에 활동했던 초기의 신고전학파 경제학자들은 한계생산력설을 주장하면서 생산물이 한계생산력에 의해 결정되는 각 소득으로 완전 배분되는 것을 증명하기 위해 애를 쓰는데, 이것은 아마도 조지의 지적에 자극을 받은 것이 아닌가 짐작된다.

---

10) 클라크가 조지의 이론에서 힌트를 얻어 한계생산력설을 창안했다고 해서 그가 조지의 이론에 찬성하고 받아들인 것으로 오해해서는 안 된다. 그는 오히려 조지 비판의 선봉에 섰으며 미국의 대학들에서 조지스트 학자들을 쫓아내는 일에도 앞장섰던 사람이다. 이에 대해 자세한 것은 Gaffney(1994) 참조.

조지는 지대법칙과 '임금+이자'의 법칙은 동전의 양면과 같다고 주장한다. 그에 의하면 지대는 각 토지의 생산량과 한계지의 생산량 간의 차이에 의해서 결정되고, '임금+이자'는 한계지의 생산량에 의해 결정된다. 그 다음에 '임금+이자' 부분은 노동과 자본의 자유로운 상호 전환에 의해 성립하는 균형에 의해 임금과 이자로 나뉘어진다. '임금+이자'가 임금과 이자로 나뉘어지는 것에 관한 설명에 문제가 있다는 점이 지적되고 있지만(이재율, 1998, pp.316-317), 어쨌든 이렇게 하여 조지는 각 소득 법칙들 간의 상호조화성과 연관성을 확보한 분배 이론을 만들어 낼 수 있었다.

그런데 사실 조지 분배 이론의 白眉는 물질적 진보가 소득 분배에 미치는 효과를 분석한 『진보와 빈곤』 제4권이다. 여기서는 물질적 진보를 대표하는 요인을 인구 증가, 기술 개선을 포함하는 각종 사회적 개선, 토지가치 상승에 대한 기대로 잡고 그 요인들이 소득 분배에 어떠한 영향을 미치는지 분석하고 있다. 조지의 결론은 어떤 경우에도 지대의 비중이 올라가고 임금과 이자의 비중이 하락하는 상대적 빈곤이 발생하며, 세 가지가 합쳐질 경우에는 상대적 빈곤 뿐만 아니라 임금과 이자의 절대적 수준까지 하락하는 절대적 빈곤이 일어날 가능성이 높다는 것이다. 조지가 이러한 결론을 도출하는 과정에 대해서는 일일이 설명할 여유가 없기 때문에 여기서는 생략하기로 하고, 조지의 분배이론 중 고전학파를 극복하고 있다고 평가되는 몇 가지에 대해 언급하고 넘어가기로 하자.

첫째로, 앞에서도 언급했지만, 인구 증가의 효과와 관련하여 고전학파는 그것이 한계지를 확장한다는 사실만 고려한 반면, 조지는 그것이 사실상 기존 토지의 생산성을 높이는 '집적의 효과'를 발생시킨다는 사실을 지적한다. 차액지대설에 의하면 지대는 토지 간 생산성의 차이에 의해 결정되므로, 조지의 주장대로 기존 토지에 국지적으로 집적의 효과가 발생한다면 지대의 비중은 한계지의 확장이 없이도 상승하게 된다. 이 같은 논리를 가지고 조지는 지대 비중의 상승을 단지 한계지 생산성의 하락으로만 설명하는 고전학파의 단순함을 극복할 수 있었다.

둘째로, 자본주의 경제의 장기 전망과 관련하여, 고전학파(특히 리카도)는 인구 증가가 한계지를 확장하여 지대를 상승시키고 임금을 생존비 수준으로, 또 이윤을 0으로 떨어뜨리는 '정체상태'(stationary state)를 예상하는 반면, 조지는 정체상태까지는 가지 않은 상태에서 주기적 변동을 반복하는 경제를 예상하고 있다(Collier, 1979, p.439). 이 점에서 조지는 고전학파의 지나친 비관주의를 극복했다고 평가받고 있다(Petrella, 1988b, p.387).

셋째로, 조지는 토지가치에 대한 기대가 소득 분배에 미치는 영향을 분석한 후 그 분석 내용을 이용하여 기대를 불황의 기본 원인으로 파악하는 획기적인 불황이론을 제시했다. 케인즈 이전에 불황의 기본 원인으로서 기대에 주목했던 학자는 조지 외에는 없는 것으로 알려지고 있다(Dwyer, 1982, p.303). 토지가치 상승에 대한 기대가 토지투기를 유발하고 그것이 생산을 압박하여 불황이 야기된다고 설명하는 조지의 이론은 계속 확대 · 발전하여 최근에는 조지스트들이 가장 자신 있게 주장하는 이론의 하나가 되었다. Harrison(1983, 1998)과 전강수 · 한동근(2000)은 주요 선진국들과 한국에서 토지투기가 불황의 중요한 원인이었음을 실증적으로 입증한 바 있다. 또한 조지는 토지가치에 대한 기대가 소득 분배에 미치는 영향을 분석하면서 토지의 투기적 보유로 인한 유휴화 및 저밀도 이용에 대해 강조하고 있다. 이것은 오늘날 전 세계 주요 도시를 괴롭히는 도심의 슬럼화 현상과 스프롤(sprawl) 현상[11]의 원인을 설명하는 데 큰 시사점을 제공해 주고 있다.

3) 외부성 개념의 제기

Dwyer(1982)는 조지를 "외부성에 가장 큰 관심을 기울였던 고전학파 경제학자"였다고 평가한다(Dwyer, 1982, p.298). 조지는 외부성의 개념을 분명하게 인식하고 있었고, 그것을 지대 발생의 중요한 원인으로 파악하고 있었다. 이것은 조지 이전의 고전학파 경제학자들이 지대를 주로 농업과의 관련에서만 파악하여 외부성과 연결시키지 못했던 것과는 대조적이다. 조지는 현대 도시 경제에서는 지대는 토지의 자연적 능력보다는 위치와 연결된 외부성에 의해 발생한다는 사실을 강조했다. 앞에서 말한 집적의 효과가 바로 이것에 해당한다. 마샬은 외부경제를 소개할 때 그것을 위치 지대와 연결시키고, 토지의 공공 가치라고 묘사하며, 사회는 지대 과세를 통해 그 공공가치를 초과부담 없이 징수할 수 있다고 주장한 바 있는데, 이것은 조지의 주장을 따른 것으로 보인다(Dwyer, 1982, p.299).

Dwyer는 조지의 외부성에 대한 처방을 "놀랍도록 현대적"이라고 평가한다. 순외부효과를 반영하는 지대를 공적으로 징수하는 토지가치세는 조세 부과를 통해

11) 시가지가 무질서하게 확장되어 주변 녹지와 농경지를 잠식하는 현상을 말한다.

외부성을 내부화함으로써 외부성의 최적 수준을 실현하고자 하는 현대 이론과 정확하게 일치하기 때문이다.

조지의 처방은 환경 오염에 의한 외부불경제를 배출 부과금이나 환경세를 통하여 해결하려고 하는 현대 환경이론의 정신과도 일맥상통하는 면이 있다(Petrella, 1988a, p.369). 현대 환경이론은 공기의 오염이 다른 사람들을 깨끗한 공기의 혜택으로부터 배제하는 외부불경제를 낳는다고 보며, 이를 해결하기 위해서는 공기 사용의 사적 비용과 사회적 비용의 차이를 오염자에게 부담시켜야 한다고 주장한다. 토지 독점에 대해서도 똑같은 논리가 적용될 수 있다. 즉 토지의 독점은 다른 사람들을 토지 사용의 혜택으로부터 배제하는 외부불경제를 발생시키며, 이를 해결하기 위해서는 토지 사용의 사적 비용과 사회적 비용의 차이를 토지 사용자에게 부담시켜야 한다는 논리가 그것이다. 이것은 다름 아닌 토지가치세이다. 원래 경제학에서 토지란 좁은 의미의 토지만이 아니라 물과 공기 등 전체 환경을 포함하는 것으로 정의한다는 사실을 상기할 때, 토지가치세의 원리와 환경 대책의 원리가 일맥상통하는 것은 그다지 특별한 일이 아니다. 이와 같이 조지의 이론이 현대 환경문제를 이해하고 해결할 수 있는 논리를 담고 있다는 것은 주목할 만한 일이다. 이런 연유로 현대의 조지스트들 중에는 환경운동에 적극적으로 참여하는 사람들이 적지 않다(예를 들어 Green Tax 운동).

4) 토지가치세 : 효율과 형평의 조화

앞에서도 언급한 바 있지만, 경제법칙(효율)과 도덕법칙(정의 혹은 형평)이 본질적으로 조화를 이룬다는 것은 헨리 조지 경제사상의 근본 철학이었다. 이것은 효율과 형평의 상충 관계(trade-off)를 두고 고심해 온 주류 경제학의 오랜 경향과는 매우 대조적이다. 앞에서 보았다시피 조지의 경제분석은 모든 사람이 토지와 자연자원에 대해 공평한 권리를 가져야 한다는 도덕법칙이 무시될 경우 어떤 경제적 비효율(분배의 불평등은 물론이고)이 발생하는지 설명하는 내용으로 가득 차 있다.

조지는 자신의 대안 — 토지가치세 — 이 도덕법칙에 부합된다고 주장한다. 그는 로크의 재산권 이론을 사용하여 노동이나 노동 생산물과는 달리 토지는 사유화의 대상이 될 수 없다고 보았다. 노동 생산물의 경우 개인에게 소유권을 인정하는 것이 옳지만 토지의 경우에는 모든 사람에게 평등한 권리를 인정하는 것이 옳다는 것이다. 조지가 보기에 토지가치세는 토지가치를 공적으로 징수하여 사회 구성원들에게 공평하게 분배하는 것이기 때문에 이 원칙에 정확하게 부합된다. 토지가치세는 이것 뿐 아니라 또 다른 하나의 불의를 해결한다. 조지는 소득세, 소비세, 각종 기업 관련 조세 등 노력소득에 대한 과세야말로 사유재산권을 침해한다고 주장한다. 개인에게 전적으로 귀속되어야 할 노동 생산물을 국가가 부당하게 징수하고 있다는 것이다. 조지는 토지가치세=토지단일세가 이러한 불의를 타파하여 '개인의 것은 개인에게, 사회의 것은 사회로' 돌리는 정의의 도덕법칙을 실현한다고 주장한다.

조지에 따르면 이같이 도덕법칙에 정확하게 부합되는 토지가치세는 각종의 경제적 비효율을 해결하는 놀라운 효과를 갖는다. 조지가 말하는 토지가치세의 경제적 효과를 간단하게 정리하면 다음과 같다.

토지가치세는 마치 근면과 성실에 대한 벌금처럼 부과되던 노동과 자본에 대한 각종 조세를 철폐함으로써 소비와 투자를 자극하며 생산 의욕을 획기적으로 높인다. 또한 그것은 토지 독점과 토지 투기를 억제함으로써 토지의 생산적 이용 기회를 증가시킨다. 그리고 토지가치세는 소득 분배의 불평등의 근본 원인인 지대의 사적 전유와 토지 투기를 봉쇄함으로써 임금과 이자의 저하를 막고 분배의 평등화를 촉진한다. 토지가치세 수입은 공공지출을 통해 국민들에게 공평하게 분배되어 소득 분배의 평등화를 더 한층 촉진시킬 수 있다. 이러한 형평성의 제고는 사회 도처에서 낭비와 손실을 방지하고 노동 능률을 높임으로써 효율성의 증진으로 이어진다. 나아가 토지가치세는 한편으로는 정부의 각종 조세 관련 기능을 불필요하게 함으로써, 다른 한편으로는 빈곤으로 인한 각종 사회악을 감소시켜 관련 정부 기능을 축소함으로써 정부를 간소화시킨다. 이것은 경제 전체의 효율성의 증진으로 이어진다.

현대의 조지스트들은 여기에다 한 가지 중요한 효과를 추가한다. 즉 토지가치세는 토지의 유휴화를 억제함으로써 무분별한 도시 개발과 환경 파괴를 방지한다는 것이다. 무분별한 도시 개발과 환경 파괴는 토지 투기로 인해 인위적으로 한계지가 확장됨으로써 일어나는 경우가 많기 때문에(Andelson and Dawsey, 기독교경제학연구회 역, 1996, pp.146-148), 한계지의 인위적 확장을 저지하는 효과를 갖는 토지가치세는 그것들을 방지하는 효과도 갖게 된다. 현대의 조지스트들은 토지가치세의 원리를 환경문제 해결에 보다 적극적으로 이용하는 것을 통해서도 환경 파괴를 막을 수 있다고 주장한다.

토지가치세에 관해서는 수많은 논의가 이루어져 왔다. 그 가운데 토지가치세의 문제점에 대한 비판도 무성했는데, 여기서 그것을 다룰 여유는 없다. 다만, 그 중에는 토지가치세로는 세입을 충분히 조달할 수 없다든지, 토지가치세가 토지 이용의 異時的 效率性을 저해한다든지, 보상 없는 토지가치세 실시는 부당하다든지 하는 경청할 만한 비판도 있지만, 조지의 토지가치세는 토지 몰수나 지대 폐지를 주장한 것이라고 하는 터무니없는 비판도 있음을 지적해 둔다.

효율과 형평을 함께 충족시키는 토지가치세 정신은 자본주의와 사회주의에 대한 체제 대안의 모색에도 적극적으로 활용되고 있다. 현대의 조지스트들은 자본주의는 토지사유제를 허용함으로써 소득분배의 불평등, 주기적 불황, 실업, 환경 파괴 등의 경제 문제를 겪어 왔고, 사회주의는 토지를 비롯한 모든 생산 요소의 이용을 국가의 계획과 통제에 맡김으로써 극도의 비효율을 경험한 것으로 이해한다. 조지스트들은 조지의 진정한 자유거래의 사상, 즉 자유시장과 토지가치세를 실시하면 자본주의의 장점인 효율과 사회주의의 장점인 평등을 조화롭게 결합시킬 수 있다고 주장한다. 그들에 의하면 이러한 제도가 실현된 경제체제야말로 진정한 제3의 경제체제이다. 그들은 지금까지 제3의 체제로 부각되었던 복지국가 체제나 시장 사회주의 등은 자의적으로 자본주의와 사회주의를 절충한 것에 지나지 않는다고 비판한다.

이런 주장을 하는 사람들은 정통파 조지스트들이라고 할 수 있는데, Fred Harrison, Mason Gaffney, Kris Feder, Nicolaus Tideman 등이 여기에 속한다. 이들은 조지의 경제사상을 신고전학파나 맑스주의의 경제사상을 대체할 수 있는 하나의 패러다임으로 간주한다. 그들은 조지스트 패러다임이 자본주의라는 正과 사회주의라는 反을 지양하는 合이라고 믿는다. 그들은 스스로를 조지스트, 그 경제학을 Geonomics 혹은 Geo-classical이라고 부른다. 그들은 특히 조지스트 패러다임이 이념적 공백 상태에 빠져 있는 구 사회주의권에 도입될 필요가 있다고 생각하고 있다. 그래서 조지스트들은 구 사회주의 국가들에 깊은 관심을 가지고 연구 활동, 전파 활동, 자문 활동에 적극적으로 나서고 있으며 나름대로 상당한 성과를 거두고 있는 것으로 알려지고 있다.

조지스트로서 이와는 다른 경향을 보이는 사람들도 있다. 이들은 조지가 토지 공유라든지 토지 단일세를 주장한 것은 지나쳤다고 본다. 이들은 토지세 이외의 모든 조세의 철폐를 고집하지도 않는다. 이 온건파 조지스트들[12]은 토지가치세를 우선적으로 징수하고 부족할 경우 다른 조세를 징수할 수 있다고 생각한다. 미국 펜실베니아 주에서 토지세율은 올리고 건물세율은 낮추는 복수세율(two-rate) 재산세제 개혁을 주도했던 사람들은 바로 이들이다. 이들은 극히 현실적이고 온건한, 그리고 점진적인 방법으로 조지의 이상을 추구하는 사람들이다.

5. 결 론

이상에서 헨리 조지 경제사상의 배경을 여러 각도에서 살펴보고, 그 의의를 몇 가지로 정리해 보았다. 특히 중농주의 및 고전학파와의 관련 속에서 조지 경제사상을 검토해 본 결과, 다음의 사실들을 확인할 수 있었다.

조지는 경제학을 공부하기 전부터 진보 속의 빈곤이라는 수수께끼를 해결하고자 하는 소명감을 느끼고 있었으며, 그 해답은 토지가치의 상승에서 찾아야 한다는 것을 깨닫고 있었다. 그것은 아마도 미국 개혁 운동의 이념과 산업혁명 이후 미국 경제의 공업화 과정에서 나타난 경제적 현실의 체험에 영향을 받았을 것이다.

중농주의로부터 조지는 지대를 공적으로 징수하는 것이 자연적 질서에 부합한다는 것과 진정한 자유거래는 거래의 자유뿐 아니라 생산의 자유와 자연 자원에 대한 접근의 자유를 포함한다는 것을 배웠다. 그는 중농주의의 토지단일세론이 비록 이론적 오류를 포함하고 있었지만, 경제학의 위대한 진리를 파악했다고 평가한다.

조지는 고전학파 경제학은 중농주의가 희미하게나마 발견한 경제학의 위대한 진리들을 상당 부분 외면하고 거래와 무역의 자유만을 주장하는 피상적인 자유방임주의를 채택함으로써 왜곡의 길로 들어섰다고 주장하였다. 조지가 보기에 이 왜곡의 영향은 단지 분배 정의를 무시하는 부분적인 결함을 낳는 정도를 넘어서는, 전면적이고 치명적인 것이었다. 그리하여 조지는 자신의 과제를 고전학파 정치경제학을 완전히 개주하는 것으로 잡게 되었던 것이다. 조지가 보기에 임금기금설이나 인구론, 차액지대설 등은 왜곡된 정치경제학의 결함을 보완하기 위해 등장한 이론들이지만, 그것들은 모두 왜곡을 도리어 심화시키는 역할을 했을 뿐이다.

조지는 고전학파의 임금기금설을 전면 부정하고 임금이 현재의 노동 생산물에

12) Steven Cord가 대표적이다. 그의 견해에 관해서는 Cord(1984) 참조.

서 나온다는 것을 입증함으로써 현대 임금이론 탄생의 가교 역할을 했으며, 고전학파 분배 이론의 부정합성을 지적하고 각 소득 범주의 결정 메커니즘이 상호 조화를 이루는 분배 이론을 제시함으로써 신고전학파 경제학자들로 하여금 분배 이론을 전면 재조정하게 만들었다. 그는 인구증가, 기술개선, 기대가 소득 분배에 미치는 효과를 분석하는 과정에서, 자본주의 경제의 미래와 관련해 정체상태를 전망한 고전학파의 지나친 비관주의를 극복하는가 하면, 기대와 그로 인한 투기가 불황의 원인이 된다는, 당시로서는 획기적인 불황이론을 제시하기도 했다. 또 조지는 그 시절에 벌써 외부성의 개념과 그 해결 방법을 분명히 인식하고 있었다. 경제법칙과 도덕법칙의 동시적 실현을 믿고 있던 조지에게 토지가치세는 그것을 가능하게 할 가장 중요한 수단이었다. 효율과 형평의 조화의 가능성을 보여준 조지의 토지가치세는 오늘날 조지스트들로 하여금 자본주의(正)와 사회주의(反)를 모두 지양하는 — 즉 양자의 장점을 조화롭게 결합하고 단점을 제거한 — 제3의 경제체제(合)을 모색할 수 있게 하는 이론적 기초가 되고 있다. 현대의 조지스트들 중에는 이렇게 경제체제의 모색이라는 거대 담론을 제기하는 사람들이 있는가 하면, 토지세율을 높이고 건물세율을 낮추는 재산세제 개혁을 통하여 조지의 이상을 점진적으로 실현하고자 하는 온건파들도 있다. 조지의 경제사상은 조지스트 패러다임의 추구라는 형태로, 또는 지방 정부 차원의 재산세제 개혁이라는 극히 현실적인 형태로 오늘날까지 계승되고 있는 것이다.

【참고문헌】

김윤상, 『토지정책론』, 법문사, 1991.

김종현, 『근대경제사』, 경문사, 1987.

이재율, “헨리 조지의 분배이론 연구”, 『경제학연구』, 제46집 제2호, 1998, pp.301-327.

이정전, 『토지경제론』, 박영사, 1999.

전강수, “한국 농지개혁의 재평가-헨리 조지 이론에 기초하여”, 오두환 편저, 『공업화의 제유형』(II), 경문사, 1996, pp.213-234.

전강수 · 한동근, “한국의 토지문제와 경제위기”, 『경제학연구』, 제48집 제2호, 2000, pp.125-153.

Andelson, Robert V, ed. *Commons without Tragedy*, Shepheard-Walwyn, 1991.

______________, and James M. Dawsey, *From Wasteland to Promised Land*, Obris Books, 1992, 기독교경제학연구회 역, 『새로운 해방의 경제학』, CUP, 1996.

Barker, Charles A., *Henry George*, Oxford University Press, 1955.

Beck, Hanno T., Land-Value Taxation and Ecological-Tax Reform, Kenneth C. Wenzer(eds.), *Land Value Taxation*, Shepheard-Walwyn, 1999, pp.205-223.

Bruchey, Stuart, The Twice ‘Forgotten’ Man : Henry George, *American Journal of Economics and Sociology* Vol. 31, No. 2, 1972; reprinted in Lissner, 1991, pp.104-129.

Collier, Charles, Henry George's System of Political Economy, *History of Political Economy*, Vol. 11, No. 1, 1979; reprinted in Lissner, 1991, pp.413-442.

Cord, Steven B., *Henry George : Dreamer of Realist?*, Robert Schalkenbach Foundation, 1984.

Dwyer, Terence M., Henry George's Thought in Relation to Modern Economics, *American Journal of Economics and Sociology* Vol. 41, No. 4, 1982; reprinted in Lissner, 1991, pp.296-306.

Feder, Kris, Issues in the Theory of Land Value Taxation, Ph. D. dissertation, Temple University, 1992.

___________, Public Finance and the Co-operative Society, *A Philosophy for a Fair Society*, Michael Hudson, et. al, eds., Shepheard-Walwyn., 1994, pp.123-162.

Foldvary, Fred E., The Business Cycle : A Georgist-Austrian Synthesis, American *Journal of Economics and Sociology*, Vol 56, No. 4, 1997, pp.521-541.

Gaffney, Mason, Neo-classical Economics as a Stratagem against Henry George, Mason *The Corruption of Economics*, Gaffney and Fred Harrison(eds.), Shepheard-Walwyn, 1994, pp.29-163.

Geiger, George R., *The Philosophy of Henry George*, The Macmillan Company, 1933.

______________, The Forgotten Man : Henry George, *The Antioch Review*, Vol. 1, No. 3, 1941; reprinted in Lissner, 1991, pp.87-103.

George, Henry, *Progress and Poverty*, Robert Schalkenbach Foundation, 1981[1879], 김윤상 역, 『진보와 빈곤』, 비봉출판사, 1997.

____________, *Protection or Free Trade*, Robert Schalkenbach Foundation, 1992[1886]

____________, *The Science of Political Economy*, Robert Schalkenbach Foundation, 1992[1898].

George, Jr., Henry, *The Life of Henry George*, Robert Schalkenbach Foundation, 1960.

Harrison, Fred, *The Power in the Land*, Universe Books, 1983.

__________, The Georgist Paradigm, Mason Gaffney and Fred Harrison(eds.), *The Corruption of Economics*, Shepheard-Walwyn, 1994, pp.165-235.

__________, (eds.), *The Losses of Nations*, Othila Press Ltd., 1998.

Lissner, Will and Dorothy B. Lissner, eds., *George and the Scholars*, Robert Schalkenbach Foundation, 1991.

Noyes, Richard(eds.), *Now the Synthesis*, Shepheard-Walwyn, 1991.

Petrella, Frank, Henry George's Theory of State's Agenda, *American Journal of Economics and Sociology* Vol. 43, No. 3, 1984; reprinted in Lissner, 1991, pp.344-361.

__________, Henry George and the Classical Scientific Research Program : The Economics of Republican Millennialism, *American Journal of Economics and Sociology* Vol. 47, No. 2, 1988a; reprinted in Lissner, 1991, pp.362-379

__________, Henry George and the Classical Scientific Research Program : George's Modification of It and His Real Significance for Future Generations, *American Journal of Economics and Sociology* Vol. 47, No. 3, 1988b; reprinted in Lissner, 1991, pp.380-393.

Richards, David, The Greens and the Tax on Rent, *Now the Synthesis*, Ricard, Noyes(eds.), Shepheard Walwyn, 1991, pp.155-173.

Schumpter, J. A, *History of Economic Analysis*, Oxford Univ. Press, 1954.

Yanosky, Ronald W., Seeing the cat: Henry George and the rise of the single tax movement, 1879-1890, Ph. D. dissertation, University of California, Berkeley, 1993.

Yandle, Bruce and Andy H. Barnett, Henry George, Property Rights and Environmental Quality : Classical Answers to 'New' Problems, *American Journal of Economics and Sociology* Vol. 33, No. 4, 1974; reprinted in Lissner, 1991, pp.268-275.

Young, Arthur N.. *The Single Tax Movement in the United States*, Princeton University Press, 1916.

Ⅸ.한국의 토지문제 : 진단과 처방

이정우 *

1. 아직 땅값이 문제가 되나?

우리 나라에서 가진 자와 못 가진 자 사이의 불평등 중에서 가장 심각한 것은 아마 토지 문제일 것이다. 불과 10년 전, 땅을 통해 일확천금 하여 화려하게 무대에 등장한 땅부자들이 있었다. 그 무대의 뒤쪽에는 갑자기 두 배로 뛰어오른 전세금을 장만치 못해서 연쇄 자살로 생을 마감했던 가난한 세입자들이 있었다. 땅을 가진 자와 갖지 못한 자, 그들 사이에 벌어졌던 기막힌 희비쌍곡선은 아직도 우리의 기억에 생생하다. 그래도 1992년 이후 땅값의 광란적 상승이 멈추었음은 불행 중 다행이지만 아직은 우리 나라에서 토지문제가 해결되었다고 볼 수는 없고, 상당한 불안 요소가 남아 있다. 많은 사람들은 이제 우리 나라에서 토지 문제는 해결되었고, 옛날 이야기가 되었다고 생각하고 있지만 실제로는 그렇지 않으며 근본 대책이 시급하다는 것을 주장하는 것이 이 글의 목적이다.

세계적으로 토지문제가 심각하기로 유명한 일본은 지난 10년간 땅값이 절반 이하로 폭락하였으며, 그 과정에서 심각한 경기 후퇴와 일부 금융기관의 도산 등 경제의 장기침체를 벗어나지 못하고 있다. 소위 平成불황이 10년간 계속되었으나 아직 그 불황의 끝은 보이지 않고 있으며, 혹자는 앞으로 10년 더 불황이 계속될 것이라고 점치기도 한다.

비슷한 상황에 있던 우리 나라에서는 1992년 이후 땅값 상승이 멈추었고, 특히 IMF 사태 직후인 1998년에는 땅값이 13.4%나 하락한 바 있다. 그러나 1998년을 제외하고는 1990년대 이후 거의 매년 소폭의 상승 혹은 하락을 거듭하고 있어서 땅값은 큰 변화가 없다는 점에서 일본과는 많이 다르다. 이와 같이 한국의 땅값은 거

---

* 경북대학교 경제통상학부 교수

품이 완전히 빠졌다고 보기는 어렵다. 그리하여 한국에서는 뭐니뭐니 해도 땅에 투자하는 것이 최고라고 믿는 이른바 '토지신화'가 사라지지 않고 있으며, 부동산에 돈을 묻어두려는 사람이 아직도 적지 않다. 과거 한국의 땅값은 대략 10년을 주기로 큰 파동을 겪어 왔다는 사실을 믿고, 언젠가는 땅값이 다시 오를 것이라는 기대를 품고 있는 사람도 우리 주위에 적지 않은 실정이다.

최근 정부에서는 경기불황에 대한 하나의 정책수단으로서 부동산 경기 활성화를 내세우면서 토지에 대한 여러 가지 세금 감면 등 정책적 혜택을 제시하고 있다. 이는 한국에서 토지 문제가 가져온 장기적 해악이 얼마나 컸던가를 인식하지 못하고 우선 당장 눈앞의 경기를 살리고 보자는 지극히 근시안적 처방이라고 하지 않을 수 없다. 경기 문제도 물론 중요하긴 하지만 그보다 훨씬 더 중요한 것은 경제의 체질을 얼마나 튼튼하게 유지하느냐 하는 것이다. 결국 장기적으로 관점에서 볼 때, 한국경제가 지금처럼 허약한 체질을 갖게 된 원인 중의 중요한 요인이 바로 토지문제에 있다는 사실을 조금이라도 인식한다면 부동산을 통한 경기부양책은 그야말로 '언 발에 오줌누기'란 혹평을 면치 못할 것이다.

사실 1990년대 말 한국을 비롯한 아시아 몇몇 나라가 겪은 경제위기는 토지 문제와 전혀 무관한 것이라고 볼 수 없다. 아시아 나라 중에서도 1990년대 말에 경제위기를 맞은 나라가 있고, 그렇지 않은 나라가 있는데, 위기를 맞은 나라들 — 태국, 인도네시아, 한국, 일본 — 은 공통적으로 토지문제를 안고 있는 반면 위기를 모면한 나라들 — 싱가포르, 대만 — 은 일찍이 토지문제를 해결했다는 점은 깊이 유의할만한 대목이다. 토지 문제가 경제위기의 근본원인이라고까지 주장하기는 어렵겠지만 적어도 토지 문제가 경제 위기를 가져온 여러 가지 원인 중 하나의 중요한 원인이라는 점은 부정하기 어렵다(전강수·한동근, 2000).

이렇게 본다면 한국의 토지문제는 아직 해결된 것이 아니며, 말하자면 현재는 잠복기 들어간 고질병이므로, 상황에 따라서는 언제든지 재발할 수 있다고 보아야 한다. 그러므로 정부는 지금처럼 안이한 태도로 이 문제에 접근해서는 안 되며, 국민경제의 체질을 강화한다는 목표를 가지고 토지 문제에 대한 장기적, 근본적 관점으로 접근해야 할 것이다.

2. 한국의 땅값은 어느 정도인가?

해방 후 50년 간 한국의 땅값은 가히 천문학적 비율로 상승해왔다. 통화량, 물가, 소득, 임금 등 어떤 장기 지표와 비교하더라도 땅값은 훨씬 빠른 속도로 상승해왔다. 전국 수준의 땅 값 상승률 통계는 1975년 이후에 대해서만 나와 있으나 주요 도시의 땅값 상승률 통계는 1964년부터 나와 있다(이진순, 1992). 그리고 서울의 땅값 상승률은 1953-1966년 사이의 값이 나와 있다(황명찬, 1989, p.113). 서울과 주요 도시는 분명히 다른 개념이긴 하지만 함께 묶어도 크게 무리는 아니라고 보아서 이들 자료를 연결해서 계산해보면 대체로 한국 주요 도시의 땅값은 1964-1991년 기간에 891배로 상승하였고, 서울에 국한해서 본다면 1953-1991년 기간에 무려 39,920배로 상승하였다. 반세기 동안 4만배 인상, 이것이 한국의 땅값 인플레의 실상이다.

방금 본 것은 지가 상승률 통계이고 정작 중요한 전국의 토지가치가 얼마인지는 전혀 알려져 있지 않았다. 토지 문제에 대한 과거 정권들의 관심은 지극히 낮았다는 사실은 토지에 관한 통계가 제대로 정비되지 못했다는 사실에서 유추해 보더라도 잘 알 수 있다. 그리하여 과거에는 한국의 땅값이 얼마인지 전혀 알 수 없었으나 1988년 서울경제신문 보도에 의해서 처음으로 한국의 땅값 총액이 밝혀졌고, 그 후부터 하는 수없이 정부가 지가총액을 발표하기 시작했는데, 정부 발표에 의한 최근 한국의 지가총액은 아래와 같다.

1988. 10월(최초 발표)	937조원
1992. 1. 1	1,821조원
1995. 1. 1	1,638조원
2001. 1. 1	1,493조원

즉, 정부 발표에 따르면 최근 지가 총액은 1,500조 원 정도이며, 이것을 국민 1인당으로 치면 3,700만 원이 된다. 단, 이 중에서 6대 도시의 땅값이 전체의 60% 가까이 되며, 전국토의 0.61%에 불과한 서울의 땅값만 해도 전국의 37%에 달한다. 다른 나라와 비교하면 한국의 땅값은 총액으로 따져서 아마 일본, 미국에 이어 세계 3위일 것이다. 올림픽에서 3위라면 자랑스럽겠지만 토지 종목의 3위는 자랑은 커녕 우리 경제의 목을 조르고 있다고 해도 과언이 아닐 정도로 우리 경제의 장애요인이라고 보아야 한다.

대략 이야기해서 10년 전 한국 : 미국 : 일본의 지가총액은 1 : 2 : 3이었는데, 최근 일본의 지가폭락으로 인해 1, 2위는 역전되었을 것이지만 한국이 3위라는 점은 불변일 것으로 추측된다. 놀랍게도 한국 땅을 팔면 저 넓은 캐나다를 6번 살 수 있고, 프랑스를 8번 살 수 있다(세계 주요국의 영토 면적을 보면 한국은 남북한 합쳐서 22만 ㎢이고, 남한=10만, 캐나다=998만, 미국=981만, 중국=960만, 프랑스=55만, 일본=38만 ㎢).

지가의 절대적 크기로 따져서 한국의 땅값은 세계 3위이지만 아마 평당 가격으로 따지면 거의 세계 1위에 가까울 것이다. 전에는 일본 땅값이 평당가격으로 세계 최고였으나 지난 10년간 일본 땅값이 폭락한 이후에는 한국이 그 자리를 차지한 것으로 보인다. 그리고 지가 총액을 국가의 경제규모에 대비시켜 보면 한국은 역시 세계 1위일 것이다. [표 1]에서 보는 바와 같이 한국의 지가총액은 국민소득(GNP) 대비 국제적으로 가장 높은 수준에 있다. 이 값은 지가·소득비율이라고 부른다면 선진국 대부분은 이 값이 1 내외인데 비해서 일본과 한국은 훨씬 높은 값을 가지고 있다. 다만 일본은 최근 토지 거품의 붕괴로 지가·소득비율이 거의 정상 범위 부근으로 되돌아간 것으로 보이나 한국은 아직도 3 정도의 높은 값을 유지하고 있다.

물론 한국의 지가·소득비율은 지가의 하락 없이도 국민소득이 조금씩 상승함으로써 하락하고 있는 것이 사실이며, 이런 방식으로도 충분히 긴 시간 뒤에는 선진국 수준으로 접근해 가겠지만 그렇게 되기에는 몇 십년이 소요될 것이다. 예를

[표 1] 각국의 지가총액/GNP 비율의 장기추세

	한 국	일 본	프랑스	독 일	영 국	미 국
1800					3.5	1.1
1850			5.6	4.3	2.2	1.2
1900		2.9				1.6
1950			0.7	1.1	0.6	0.7
1977	1.7	2.3	0.9	1.1	0.9	1.0
1988	7.2	3.5				0.6
1999	3.1	1.5				

주 : 한국 1977년은 1975년 값임.
자 료 : Peter Boone, 1989(이진순, 1991에서 전재)

들어 국민소득이 매년 5%씩 성장한다고 가정하고 지가는 그대로 유지된다고 했을 때, 지가·소득비율이 1이 되려면 23년이 걸린다. 우리 국민은 그 긴 세월 동안 계속해서 고통을 겪을 것을 각오해야 한다.

이 표에서 주목할만한 사실은 선진국에서도 과거 한 때는 땅값이 대단히 비싼 적이 있었으나 지금은 낮아졌다는 점, 그리고 우리 나라도 1970년대까지만 해도 지가가 지금처럼 심각하게 높지는 않았다는 점이다. 즉, 나라에 따라 땅값은 큰 차이가 있고, 그 나라의 토지정책 여하에 따라서 지가는 얼마든지 달라질 수 있다는 사실을 알 수 있다.

3. 높은 땅값은 왜 나쁜가?

땅값이 이렇게 높다는 것은 어떤 영향을 미칠까? 우선 땅을 가진 소수의 사람들에게는 엄청난 개인적 이익을 가져다주었지만 그 이익은 그 대신 높은 땅값으로 인해 고통을 겪는 사람들의 손실과 상쇄되므로(zero-sum game) 우리 나라 전체로 보면 조금도 이득이라 할 수가 없다. 높은 땅값은 실제로는 국민경제 전체로 여러 가지 악영향을 미치고 있다. 최근 한국경제의 고비용·저효율구조가 문제가 되고 있지만 고비용을 일으키는 요인 중에는 고임금, 고금리, 고규제 등과 더불어 높은 지가를 들지 않을 수 없다. 고지가 문제는 특히 심각하다. 왜냐하면 고지가 문제는 단순히 그 자체로서 고비용을 일으킬 뿐 아니라 직·간접적으로 파급효과를 일으켜 여러 가지 측면에서 고비용구조를 악화시키고 있기 때문이다.

첫째, 한국의 공장용지는 총 188평방㎞(국토의 0.2%)인데, 지나치게 높은 땅값은 한국의 제조업자들에게 선진국보다 훨씬 비싼 공장부지 가격을 강요함으로써 고금리, 임금 상승과 더불어 우리 나라의 국제경쟁력을 약화시키는 중요한 요인이 되고 있다. 일본 국토청이 세계 각국에 진출한 일본 기업 633개사를 대상으로 조사한 바를 보면 한국의 공장용지 가격은 미국, 유럽의 5.5배에 달한다(중앙일보, 1995. 4. 24). 1996년 전경련에서 세계 각국의 공단분양가를 비교한 바를 보더라도 한국의 분양가가 외국의 5배 정도로서 세계 최고 수준임에 틀림이 없다(한국경제신문, 1996. 11. 16). 서울의 대표적 공단지역인 구로공단의 분양가는 1965년부터 1996년까지 31년간 무려 1,059배로 상승하였다(중앙일보, 1996. 12. 5).

사정이 이러니 만큼 최근 들어 한국 공장의 해외이전이 급속히 진행되는 이유에는 인건비의 차이, 정부 규제의 차이 등도 물론 있지만 공장부지 값의 차이도 상당히 큰 이유를 차지할 수밖에 없다. 대우그룹이 지금은 비록 부도가 났지만 한 때는 호기롭게 '세계경영'을 외친 적이 있는데, 대우의 영국 공장의 부지 값이 한국과 비교가 안 될 정도로 싸므로 그런 주장이 전혀 근거 없는 이야기는 아니었을 것이다.

둘째, 주택문제를 악화시킨다. 우리 나라에서 집을 지을 수 있는 대지(垈地)는 1,854평방㎞(국토의 0.4%)로서 가구당 평균 택지는 51평에 불과하다. 땅값이 비싸니 당연히 주택가격도 비싸고, 주택 부족 문제는 만성적이 될 수밖에 없다. 우리 나라에서 자기 집을 가진 가구가 대략 전체의 절반에 불과한데, 이 비율을 높여나가야 하겠으나 이것도 비싼 땅값 때문에 실현하기가 어렵게 되어 있다. 1960년대에는 집을 지을 때 땅값과 건축비가 반반이었다고 하는데, 지금은 80% 이상이 땅값에 들어간다.

비싼 땅값은 당연히 주거비를 상승시키며, 비싼 주거비는 다시 노동자들로 하여금 임금 인상을 요구하게 만든다. 사실 우리 나라의 비싼 주거비 문제는 비싼 교육비와 더불어 노동자들로 하여금 아무리 임금이 인상되어도 여전히 살기가 어렵게 만들고, 따라서 다시 임금 인상을 요구하게 만드는 배경 요인이라 할 수 있다. 그런 점에서 이 문제는 우리 나라의 고비용구조의 핵심적 문제이다.

셋째, 교통체증을 악화시킨다. 교통체증을 완화하는 정책으로서 도로의 증설이 반드시 최선은 아니지만 현재 한국 도시의 도로 비율은 외국에 비해 낮은 편이므로 도로의 증설이 요구된다는 점은 인정할 수 있다. 그러나 이것은 실행에 옮기기가 아주 어렵다. 왜냐하면 해방 후 국유지의 계속된 불하로 인해 국·공유지가 거의 남아 있지 않아서 도로를 새로 건설하려면 민간에서 토지를 사들이지 않고는 불가능한데, 땅값이 이렇게 비싸졌으므로 정부가 예산을 가지고 민간에서 토지를 사들여 도로를 건설한다는 것은 거의 불가능하기 때문이다. 이처럼 비싼 땅값이 교통지옥의 해결도 어렵게 만들고 있다.

우리 나라의 교통혼잡비용은 매년 상승일로에 있는데, 2000년에는 거의 20조원 규모이며, 그 중에서 6대도시가 차지하는 비중이 절반 정도 된다는 추계가 나오고 있다(교통개발연구원). 그러나 6대도시만 해도 땅값이 900조원이 넘으므로 현재의 땅값이 유지되는 한, 정부예산으로 도로건설을 하는 것은 거의 불가능하다고 해도 좋다. 이와 같은 교통혼잡이 기업의 물류비를 상승시키고, 결국은 고비용을 가져와 국제경쟁력을 약화시킨다는 것은 구태여 설명을 필요치 않을 것이다.

넷째, 토지에서 발생하는 막대한 불로소득은 빈부격차를 심화시켜 첨예한 계층 갈등을 일으키고 있다. 사실 우리 나라의 소득분배는 지표상으로 보면 외국에 비해서 그렇게 불평등하다고 보기 어려우나 많은 사람들이 굉장히 큰 상대적 박탈감을 가지고 있는데, 그 근본에는 토지 문제가 자리잡고 있다고 해도 과언이 아니다. 10여년 전에 가동되었던 토지공개념연구위원회의 보고에 의하면 1988년 현재 땅 가진 사람의 상위 5%(54만명)가 전국 사유지의 65.2%를 소유하고 있고, 상위 10%(109만명)가 76.9%(152억평)을 소유하고 있는 반면 서울, 부산, 대구 등 대도시 거주자의 60-70%가 단 한 평의 땅도 소유하지 못하는 극심한 편중 현상을 보이고 있었다(토지공개념위원회, 1989). 그 후 나온 몇몇 연구에서도 토지 소유의 불평등이 대단히 크고, 그것이 한국의 자산 불평등의 핵심이라는 사실이 드러나고 있다(현진권, 1996; 윤용만·한동근, 1998; 이정우·이성림, 2001).

우리 나라의 근로소득 격차는 그렇게 크지도 않지만 설사 격차가 있다고 하더라도 그 중 상당 부분은 능력이나, 생산성, 교육, 경력 등의 요인으로 격차가 정당화될 수 있는 부분이 많다. 그 반면 토지소유에서 발생하는 불로소득과 자본이득은 좀처럼 합리화하기 어렵기 때문에 가난한 사람들의 원망을 사기 쉽다. 그리고, 땅에서 힘 안들이고 번 돈은 다른 데 투자해서 계속 몸을 불려가고 있고, 쉽게 번 돈은 쉽게 과소비로 연결되어 사회 분위기를 경망스럽고 퇴폐적으로 만드는 데도 一助하고 있는 것으로 보인다.

이렇게 본다면 한국만큼 토지문제가 심각한 나라는 없을 것이다. 일본의 땅값이 살인적으로 높다는 것은 널리 알려져 있지만 사실 상대적으로 보면 일본보다 한국이 더 토지문제가 심각하다는 점을 인식할 필요가 있다.

4. 토지관련 세금은 얼마나 되나?

토지투기에서 발생한 모든 불로소득은 어떤 이유로도 정당화할 수 없는 것이므로 근본적으로 사전에 봉쇄되는 것이 최선이지만 만일 그것이 힘든다면 적어도 사후적으로라도 과세를 통해 환수되어야 한다. 그러나 현재 종합토지세는 과거에 비해 많이 올랐다고 하나 여전히 외국에 비해서는 가볍다고 할 수 있고, 양도소득세에는 여러 가지 형태로 빠져나갈 구멍이 마련되어 있다.

그러면 토지로부터 발생한 막대한 불로소득과 자산증식의 이득을 본 땅 주인들은 얼마나 세금을 내고 있는가? [표 2]는 우리 나라의 토지관련 조세를 전부 망라하고 있다. 이들 세금을 징수 주체에 따라 분류한다면 국세와 지방세로 가를 수 있고, 형태에 대해서 가른다면 토지보유(stock)에 대한 과세와 토지이전(flow)에 대한 과세로 가를 수 있다. 토지 관련 과세 중에서 양도소득세와 법인세 특별부가세는 국세이며, 그 나머지는 지방세이다. 종합토지세는 대표적인 토지보유에 대한 과세이며, 등록세, 취득세, 양도소득세 등은 토지이전에 대한 과세이다.

1) 토지보유 과세=재산세, 종합토지세, 토지과다보유세(폐지), 토초세(폐지),
도시계획세, 농지세
2) 토지이전 과세=등록세, 취득세, 양도소득세, 법인세특별부가세
(단, 양도소득세와 법인세특별부가세만 국세이고 나머지는
모두 지방세임)

[표 2]에서 나타난 우리 나라의 토지 관련 과세의 특징을 본다면 아래와 같다.

첫째, 1990년에 종합토지세가 도입되는 등 토지에 대한 과세가 강화됨으로써 1988년 이후 매년 토지관련 세수가 많이 늘어난 것은 사실이나 아직도 외국에 비하면 미흡하다고 할 수 있다. 몇 가지 토지공개념적 제도 개선에도 불구하고 토지관련 조세는 토지매매에서 생긴 불로소득이나 토지 가치총액에 비하면 여전히 미미한 정도에 그치고 있다. 그러므로 보다 근본적인 대책이 필요하다.

이들 모든 토지관련 조세를 합하면 우리 나라 세수총액(내국세와 지방세의 합계)의 10-15% 정도를 차지하고, 지가총액 대비로는 0.6% 수준에 불과하다. 그리고 실현된 토지 매매차익과 비교한다면 5-15%에 지나지 않아서 불로소득에 관한 과세치고는 지나치게 관대하였다고 할 수 있다.

둘째, 토지보유에 대한 과세(종합토지세, 도시계획세 등)보다는 토지이전에 관한 조세(양도소득세, 법인세 특별부가세, 취득세, 등록세)가 주종을 이루어왔음을 알 수 있다. 1999년 현재 토지이전 과세가 토지관련 과세의 81%를 차지하고, 토지보유 과세는 19%에 불과하다.

"부동산 취득과 관련한 세금은 우리 나라가 (세수의) 7.2%인데 비해 일본과 독일은 0.7%, 프랑스는 1.6% 수준이며, 미국과 영국은 취득과 관련한 세금이 전혀 없다. 반면에 보유과세 비중은 우리 나라가 4.0%인데 반해 일본은 9.7%, 미국은

[표 2] 토지관련 각종 조세의 추이

단위 : 십억원, %

구 분	양도소득세	법인세 특별부가세	등록세	취득세	재산세 (종토세)	도 시 계획세	농지세	토지과다 보유세	토초세	합 계	세수총액 대비	지가대비
1980	52.7	17.8	102.0	65.5	75.3	29.4	63.0			313.3	7.1	0.08
1981	129.8	13.3	129.0	66.1	98.1	38.9	77.8			436.3	7.9	0.11
1982	254.9	17.4	195.4	79.1	104.0	45.4	83.1			650.8	10.2	0.15
1983	246.8	23.1	274.6	117.8	116.3	51.9	91.0			778.8	10.3	0.15
1984	233.0	64.2	253.3	120.6	120.5	55.0	89.1			791.8	9.6	0.14
1985	319.1	84.1	268.7	127.2	134.9	63.1	14.2			934.0	10.2	0.15
1986	201.5	80.9	309.3	129.9	150.2	65.9	14.8			871.8	8.5	0.13
1987	227.2	88.6	416.5	167.9	156.8	71.0	16.7			1057.0	8.7	0.14
1988	439.2	97.0	598.3	243.2	149.5	75.5	18.7	14.7		1541.9	7.6	0.16
1989	724.0	160.9	785.2	281.5	179.9	91.1	7.3	24.4		2155.9	10.7	0.16
1990	1337.9	309.1	972.9	438.2	447.7	?	6.0			3505.8	14.4	0.22
1991	1513.5	522.9	1319.5	611.2	533.3	181.6	5.8		463.0	4963.4	15.5	0.31
1992	1509.5	769.7	1415.6	675.2	696.4	234.9	3.0		34.2	5100.6	12.9	0.28
1993	1851.3	666.7	1763.0	727.8	891.1	297.9	2.2		947.8	6847.7	15.1	0.42
1994	2129.8	895.9	2191.7	909.2	1026.2	356.0	2.3			6342.8	12.0	0.39
1995	2763.0	939.1	2614.6	1139.9	1330.0	433.2	2.2			8786.6	14.7	0.54
1996	3062.8	980.6	2957.9	1346.2	1311.3	415.7	3.9			10078.4	15.1	0.63
1997	3419.2	697.3	3146.3	1494.3	1346.5	438.5	2.9			10545.0	14.9	0.63
1998	2413.5	686.1	2729.0	1272.3	1300.0	438.9	2.9			8842.7	12.9	0.61
1999	1866.3	649.1	3370.3	1504.3	1330.0	450.9	4.5			9175.4	12.2	0.62
2000	2437.5	616.2	3424.6	1605.5	1364.9	468.0	3.4			9920.1	10.8	0.66

주 : 세수총액 = 내국세+지방세, 1990년부터는 종전의 토지분 재산세와 토지과다보유세가 종합토지세로 합쳐짐.
자 료 : 국세청,『국세통계연보』, 각 연도, 내무부,『지방세정연감 』각연도.

14.7%, 영국은 8.1% 등으로 월등히 높다" (김현주, 1997, p.8).

[표 3]에는 각국의 토지보유 과세 통계가 나와 있다. 영국, 미국, 호주, 뉴질랜드에서 비교적 토지보유 과세가 높다는 점을 알 수 있으며, 다른 유럽 나라에서도 대체로 한국보다는 훨씬 높은 비율로 과세를 하고 있다. 한국과 비슷한 정도로 토지에서 한국의 수치는 종합토지세가 강화된 최근의 값이며, 유럽 각국은 1980년대의 통계이므로 최근에는 상당히 달라졌을 가능성은 있다.

[표 3] 각국의 토지보유 과세의 비율(%)

	대 GDP	대 지가총액
스웨덴	0.43	0.40
덴마크	1.10	0.92
네덜란드	0.58	0.58
독 일	0.40	0.19
스위스	0.19	0.10
프랑스	0.85	0.45
스페인	0.27	0.18
아일랜드	2.08	1.04
영 국	3.16	1.80
미 국	3.41	1.80
호 주	1.42	2.54
뉴질랜드	2.08	1.00
일 본	1.21	0.39
한 국	0.28	0.09

토지에 대한 과세가 이전에 대한 과세 중심으로 된 결과 자연히 토지 매매의 기피 → 토지공급 감소 → 가격유지 라는 소위 '동결효과' (lock-in effect)의 부작용이 나타난다. 즉, 토지를 보유하는 데 따르는 세금 부담은 상대적으로 가볍고, 토지를 내다 팔 때 무는 세금은 무겁기 때문에 땅 가진 사람들이 땅을 팔려고 내놓기를 기피하게 되고, 그 결과 토지 시장에 공급이 나오지 않기 때문에 땅값이 떨어지지 않는 것이다.

지금까지 지나치게 낮았던 토지보유 과세를 강화함으로써 토지로부터의 불로소득을 조세로 환수함은 물론 불필요한 토지를 많이 가진 사람들의 토지 공급을 자극하여 가격인하를 촉진할 필요가 있다는 데 대해서는 거의 대부분의 학자들이 동의할 정도로 학계의 대세를 이루고 있다. 그러나 이런 대세에 대해 반기를 드는 사람 역시 전혀 없지는 않다. 학계의 대세에 대해 이의를 제기하는 논의로는 손재영(1992)과 김정호(1992)가 있다.

손재영(1992)은 토지보유세를 강화해야 한다는 학계의 통설에 대해서 ① 한국과 선진국의 토지보유세 비교, ② 지방세수의 증대, ③ 자본이득 환수의 보완기능, ④ 자원배분의 개선, ⑤ 소득과세의 보완, ⑥ 동결효과의 방지, ⑦ 지가 안정이라는 관점에서 검토하고 있다. 그는 토지보유세를 강화해야 한다는 일곱 가지 이유를 하나 하나 검토한 뒤 이런 주장들이 별로 이론적 근거가 없다고 판단하면서 다만 지방세수 증대 정도의 목적은 달성할 수 있을 것이라고 보고 있다. 김정호(1992) 역시 토지과표현실화를 통해서 토지보유세를 강화하면 토지의 공급이 증가하지만 토시보유세 강화의 결과 지방재정지출의 증가로 인해 토지 수요에 대한 증가도 동시에 나타나므로 토지가격이 반드시 하락할지 어떨지는 알 수 없다는 주장을 펴고 있다. 손재영과 김정호의 주장은 논리적으로 볼 때, 전혀 일리가 없다고는 할 수 없으며, 어느 쪽이 옳으냐 하는 것은 결국은 실증적인 문제가 될 것이다. 그러나 상식적으로 판단할 때, 실제로 토지보유세가 강화될 때 나타날 토지수요와 공급의 변화크기는 비교가 되지 않을 것으로 예상되므로 이들의 주장은 취하기 어렵다 하지 않을 수 없다.

토지보유세를 강화하는 대신 지금까지 지나치게 무거웠던 토지이전에 따른 세금 — 등록세, 취득세, 양도소득세 등 — 은 가볍게 해줄 필요가 있다. 이것은 이론적으로 보더라도 이들 세금이 별로 내세울만한 장점이 없을 뿐 아니라 토지보유에 대한 과세가 강화될 때 필연적으로 발생하게 될 조세저항을 완화시킨다는 현실적 고려에서도 그러하다. 그리고 토지보유세를 강화하는 것은 미리 예고를 하고 오랜 시간에 걸쳐 서서히 실천하는 것이 조세저항을 예방하는 길이 될 것이다.

토지과세를 강화하는 데에서 가장 시급한 문제는 종토세 등 지방세 과세표준(과표)을 현실화하는 것이다. 한국은 많은 예산을 들여 매년 공시지가를 조사하는 세계에서 보기 드문 모범국인데, 이상한 것은 이렇게 힘들여 만든 공시지가를 막상 중요한 종합토지세를 매길 때는 전혀 무시한다는 점이다. 한 나라 안에서도 국세청과 지방정부는 전혀 별개의 정부인 것처럼 행동하고 있는 것이다.

행정자치부는 공시지가를 무시하고 자신이 스스로 만든 토지 과표를 이용하여 종합토지세를 과세하고 있다. 이 과표는 전통적으로 아주 낮기로 정평이 있는데, 최근에는 그래도 과거보다는 많이 올라간 편이다. 행정자치부의 지방세 과세시의 토지 과표 수준이 정확히 어느 정도인지는 알 수 없지만 대체로 공시지가 대비 30% 수준에 불과한 것으로 알려져 있다. 예를 들어 정부는 2000년 종토세의 과표 현실화율을 다시 높여서 31.8%로 하겠다고 발표하였다(한겨레신문, 2000. 5. 2). 이 값은 그 동안 경제위기로 인해 낮아졌던 것을 1996년 수준으로 회복시킨 것이다. 그런데, 31.8%라는 것도 시가(市價)에 대한 비율이 아니고, 공시지가에 대한 비율이므로 대략 공시지가가 시가의 80% 수준이라고 본다면 실제 정확한 과표현실화율은 25% 수준에 불과하다.

종토세의 과표를 서서히 높여서 공시지가에 가깝게 현실화함으로써 세수를 강화하는 것은 정부가 해야 할 지극히 당연한 일이며, 이 문제야말로 우리 나라의 토지 문제를 해결하는 데 중요한 열쇠라 해도 좋다. 25%에 불과한 과표현실화율을 하루아침에 공시지가 수준인 80%로 올리는 것은 광범한 조세저항이 불을 보듯 뻔하므로 피해야 한다. 뿐만 아니라 과표현실화율을 너무 급작스레 인상할 경우 토지가격의 폭락이 일어나 금융기관의 연쇄도산 등 위기상황이 일어날 가능성도 있다. 이런 경착륙(hard landing)보다는 연착륙(soft landing)을 유도하는 것이 바람직할 것이다. 그러므로 이 문제는 원칙에서는 단호하되, 그 실천에서는 아주 조심스럽게 접근할 필요가 있다.

토지과표의 현실화율을 높이면서 소규모 주택 소유자 등 영세토지소유자들에 대한 세부담 증가 가능성을 고려하여 세율 인하, 혹은 감면 등 혜택을 줄 필요가 있을 것이다. 우리의 목표는 일부 대토지 소유자들에 의한 토지 집중과 불로소득의 독점을 타파하는 데 있는 것이지, 영세한 피해자를 양산하는 것이 목표가 아니다.

또한 과표 현실화도 아주 점진적으로 해나가는 것이 현명할 것으로 판단한다. 예를 들어 과표현실화율을 매년 5% 포인트씩 인상해서 11년 뒤에는 80%까지 올리겠다던가 하는 식의 점진적 접근이 바람직하다고 판단된다. 만일 그것도 너무 과격하다고 판단된다면 매년 3% 포인트씩 인상해서 18년 뒤에 달성하겠다고 해도 충분할 것으로 보인다. 18년이라 하더라도 현재의 상황이 계속될 때, 앞서 본대로 우리 나라가 선진국 수준의 지가·소득비율인 1을 달성하는 데 걸릴 23년보다는 짧지 않은가?

또한 비록 점진적인 인상이라 하더라도 일단 과표현실화율을 높이겠다는 정부의 발표가 있으면 발표 자체만으로도 상당한 시장의 변화가 유도되어 나올 것으로 예상된다. 그럴 경우 동결효과는 상당히 단시간 안에 해소될 수도 있을 것이다. 즉, 과표 인상률 자체보다는 정부의 의지 자체가 중요한 것으로 보인다. 정부가 이 문제에 대해 단호한 태도를 취하고 있다는 것이 시장 참가자들에게 전달되는 것만으로도 상당한 '공시효과' (announcement effect)를 가져올 것이며, 그것으로 지가의 하락은 이미 시작할 것으로 예상된다.

문제는 정부의 의지이다. 사실 이 문제는 이미 여러 학자들에 의해 지적되었고, 정부에서도 여러 차례 논의 또는 추진한 바 있다. 노태우 정부는 당시 망국적인 정도에 이른 토지 투기를 잡기 위해서 1989년 종합토지세를 도입하면서 당시 15% 수준에 불과했던 토지의 과표현실화율을 계속 높여나가서 1994년에는 60% 수준으로 올리겠다는 계획을 세우고 실행에 착수했으나 1991년에 들어와 갑자기 포기하였다. 포기의 이유로 당시 내무부가 내세운 것은 "토지소유주들의 엄청난 조세저항이 우려된다"는 것이었다(한겨레신문, 1991. 10. 1).

당시 10억원 짜리 토지에 대한 세금이나 중형 승용차에 대한 세금이나 거의 맞먹는 잘못된 세금구조에 대해 국민적 원성이 높았고, 이에 대한 개혁을 정부가 약속하였던 것이나 그 약속은 채 2년이 못 되어 폐기되고 말았다. 이 때 부동산정보지 「부동산뱅크」에서 서울 시민 518명을 대상으로 설문조사한 결과를 보면 토지과표현실화 철회에 대해서 반대하는 사람이 76.4%에 이를 정도로 국민들은 이 개혁조치를 지지하고 있었음을 알 수 있다(한겨레신문, 1991. 10. 12). 당시 경실련에서는 정부의 후퇴를 가리켜 '과표현실화 계획 백지화는 경제쿠데타'라고 비난한 바 있다(경제정의, 1991, 1-2월호).

토지과표 현실화는 다시 1992년에서 와서 김영삼 대통령의 선거공약으로 등장하였으나 불행하게도 당선 이후에는 공수표로 바뀌고 말았다. 그는 대통령 선거운동 과정에서 자신이 대통령이 되면 당시 시가의 15% 수준에 불과하던 토지과표를 매년 인상하여 임기 말에 가서는 시가의 60% 수준까지 높이겠다고 공약한 바 있으나 대통령에 당선된 뒤에는 약속을 지키지 않았다.

토지과표 현실화를 둘러싼 갈등은 거기서 끝난 게 아니다. 1998년 3월 김대중 대통령은 취임 직후 정부 각부서의 보고를 받는 자리 중 첫 번째 차례인 재정경제원의 보고를 받는 자리에서 토지 과세를 과거의 토지이전 과세 중심에서 토지보유과세 중심으로 바꾸라고 지시하였다. 이 내용은 TV를 통해서 곧장 전국에 중계방송되고 있었다. 과거에 이 문제를 지적한 대통령이 아무도 없었다는 점에서 이것은 획기적 의미를 가지며, 지극히 정당한 지적이었다. 그러나 문제는 그 후 세제발전심의위원회, 재경원, 건교부 등에서 이 지시를 무시하여 아무런 후속조치가 나오지 않고 있다는 점이다.

이와 같이 토지세 과표현실화 문제는 학계에서 거의 합의된 오랜 염원이며, 여론조사에서도 국민의 광범한 지지를 얻고 있을 뿐 아니라, 이미 역대 정부에서 여러 차례 약속한 바 있고 한 때 추진한 바도 있으나 매번 좌초하여 그 실현이 미루어지고 있다. 그러므로 이 문제는 단순한 문제가 아니고 토지를 가진 우리 나라의 기득권층 -이들의 손에 권력, 부, 언론, 정보, 정책결정권 등이 집중되어 있다- 과 일반 국민과의 일대 싸움이라는 사실을 직시할 필요가 있다. 인류의 역사에는 지금까지 로마시대의 그락쿠스 형제의 개혁에서 조광조(趙光祖)의 개혁에 이르기까지 토지 문제를 둘러싼 끊임없는 투쟁이 있었으나 그 싸움은 번번이 땅과 권력을 움켜쥔 쪽의 승리로 끝나곤 했다. 그락쿠스 형제와 조광조는 비록 현실정치에서 패배하여 비참한 최후를 맞았지만 그들에게 대의명분이 있었음을 그 뒤의 역사는 증명해 주고 있다.

10년 전에는 토지투기의 광풍이 전국을 강타했고, 거의 모든 국민이 피해자라 할만큼 그 폐해가 광범위하여 토지공개념의 필요성이 국민 사이에 쉽게 공감을 얻을 수 있었고, 나아가서는 입법화까지 되는 분위기였으나 최근에는 땅값의 안정과, 경제위기의 여파로 이런 개혁조치가 날로 후퇴하고 있다. 최근에는 토지 문제의 근본적 개선 조처가 더 이상 나오지 않을 뿐만 아니라 오히려 과거에 힘들여 이루어 놓았던 개혁 정책마저 하나씩 후퇴하는 느낌을 준다.

특히 현 정부 들어서는 오히려 '규제완화'와 경기활성화라는 명분을 붙여서 토지관련 각종 규제가 약화되었고, 재산권을 보장해준다는 명목으로 그린 벨트도 해제되고, 토지에 대한 각종 세제상 우대조처도 늘어나고 있다(이태교, 2001, pp.266-269). 예를 들어 분양시장의 자율화가 이루어져 분양가 자율화, 소형주택 건설 의무비율이 폐지되었다. 또한 정부는 주택시장을 활성화하기 위해서 미분양 주택에 대한 자금지원, 미등기전매에 대한 규제 완화, 신축 주택에 대한 양도소득세 면제 등의 조치를 취했다. 또한 토지시장을 활성화하기 위해 토지거래신고구역과 토지거래허가구역이 완전히 해제되었다. 토지공개념 정책으로 추진되었던 택지소유상한제와 토지초과이득세도 폐지되었다.

그 결과 최근 아파트 분양에서 다시 예전과 같은 프리미엄이 붙기 시작하고, 일확천금을 노리는 투기 자금이 활동을 재개하여 청약 비율이 터무니없이 높아지는 등 과거의 끔직한 악몽이 되살아나고 있다. 이렇게 되면 10년 전에 우리가 보던 땅을 둘러싼 부익부 빈익빈의 악순환이 나타날 우려가 크다.

이처럼 최근 정부가 택한 정책은 과거의 토지공개념 정책에 비해 명백히 거꾸로 가고 있는 것이다. 앞으로 한국경제의 체질 강화가 가능한가 여부는 토지 문제와 직결되어 있다고 해도 과언이 아닌데, 정부는 설익은 시장만능주의에 굴복하고 있고, 우선 급한 대로 경기를 살리는 단기처방에 급급함으로써 장기적 경제 체질을 약화시키고 있을 뿐이다. 토지를 시장에 방치했을 때 어떤 결과가 온다는 것은 온 국민이 피해자로서 반세기 동안 오욕의 역사를 경험한 지 얼마 지나지 않았고, 또한 경기를 살리고자 한다면 그 처방은 얼마든지 다른 정책수단에서 찾아도 좋을 터인데, 구태여 토지에서 이를 구하는 것은 지극히 위험한 발상이라 하지 않을 수 없다. 이는 우리 경제의 근본 문제를 해결하는 방향이 아니라 문제 해결을 방해하는 것이라 해도 과언이 아니다(강홍섭, 1999; 김윤상, 1999).

이와 같이 거듭된 대통령의 약속에도 불구하고 근본적 개혁이 이루어지지 않는 이유는 무엇일까? 그것은 땅을 가진 사람들이 비록 소수이지만 정치적 세력이 워낙 막강하기 때문일 것이다. 과거 땅값이 폭등한 지역에 미리 넓은 땅을 사둘 수 있었던 사람은 돈과 정보, 권력을 가지고 있던 사람들로서 이들은 막강한 정치적 영향력을 통해서 자신의 기득권을 보호하는 데 여전히 급급하고 있으며, 정부는 이들의 눈치를 보아 감히 개혁에 착수하지 못하고 있는 것으로 보인다. 이것은 결국 제로섬 게임(zero-sum game)이므로 이들의 기득권이 고스란히 지켜지는 한, 훨씬 더 많은 수의 사람들이 계속 고통을 겪어야 한다. 토지 문제를 해결하지 못하는 한 한국 경제의 체질 개선은 기대하기 어렵다. 그러므로 이 문제는 단순히 대통령이 한 번 언급하고 지나갈 것이 아니라 정부가 문제점을 인식하고, 문제를 해결하겠다는 철저한 의지를 갖고 철저히 준비한 뒤 실행에 옮겨야 할 것이다.

이 글을 쓰고 난 뒤의 최근 상황에 대해 잠깐 첨언하고자 한다. 2002년 이후 서울의 강남을 중심으로 부동산 가격이 상승하고 있으며, 일부 투기 조짐마저 나타나고 있다. 이 글에서 분석했듯이 경제위기 이후 정부의 안이한 부동산 정책이 벌서 부작용을 일으키고 있는 것이다. 그나마 불행중 다행인 것은 그 와중에서 토지보유세 강화 주장이 강력히 제기되고 있다는 점이다. 그런데 토지세 과표를 한꺼번에 대폭 올리자는 재정경제부의 주장과, 조세저항이 우려되므로 조금만 올리자는 행정자치부 입장 사이에 줄다리기가 벌어지고 있다. 필자는 양쪽 주장 어느 쪽에도 찬성할 수 없고, 본문에서 주장했듯이 미리 정책예고를 한 뒤 장기적으로 꾸준히 올리되 매년 조금씩 올려야 한다고 믿는다. 앞으로의 정책 전개를 독자 여러분도 관심을 갖고 지켜보기 바란다.

5. 처방은 없는가?

그러면 우리 나라의 토지문제를 해결할 방법은 무엇인가? 우리는 이 문제를 이미 위에서 논의하였다. 대체로 큰 줄기는 세 가지 정책이 필요하다고 본다. 즉, 토지세의 강화, 공유지의 확대, 국민관념의 변화가 그것이다. 이를 하나씩 보기로 하자.

1) 토지세의 강화

120년 전 미국에서 자수성가한 경제학자 헨리 조지(Henry George)는 토지에서 발생하는 모든 지대를 조세로 환수하자는 안을 내놓았다. 그는 인류 문명이 발달하는데도 불구하고 많은 사람들이 빈곤을 벗어나지 못하는 이유를 토지가 소수의 수중에 독점되어 있기 때문이라고 보고, 그 대책으로서 토지에서 발생하는 지대를 세금으로 징수할 것을 제안하였다. 이것을 토지가치세(land value taxation)라고 부른다. 헨리 조지는 이 세금을 거두면 다른 세금은 모두 없애도 좋다고 주장했기 때문에 흔히 이것을 단일세(single tax)라고 부르기도 한다.

경제이론적으로 평가하면 효율과 공평의 관점에서 이만큼 우수한 조세는 찾기 어렵다. 대부분의 조세가 사중손실(死重損失, deadweight loss)을 갖는 데 비해, 토지에 관한 세금은 토지 공급의 탄력성이 0이므로 사중손실이 거의 없다는 이점이 있다. 또한 공평의 관점에서 보더라도 토지를 가진 사람들은 대체로 그 사회의 부유층일 것이므로 토지에 대한 과세는 공평의 관점에 부합한다. 이과 같이 효율과 공평을 동시에 만족시키는 세금은 거의 없으며, 그런 점에서 토지가치세의 우수성을 확인할 수 있다. 세금에 대해서 원칙적으로 반대하며, 정부가 세금을 늘이는 데 대해서 기를 쓰고 반대하는 시카고학파의 거두 밀턴 프리드만(Milton Friedman)조차 헨리 조지의 토지가치세에 대해서는 '가장 덜 나쁜 세금'(the least bad tax)이라고 평가한 바 있다. 미국의 페어호프(Fair Hope), 피츠버그(Pittsburgh), 덴마크, 호주의 일부 지역 등에서 이 제도를 시험한 바 있으나 아직은 전국적 규모로 이 제도를 실시한 나라는 없다. 위에서 강조한 토지보유세의 강화는 대체로 헨리 조지의 토지가치세에 가까운 세금이라고 할 수 있다.

2) 토지공유제

임종철 교수는 토지문제를 해결하는 방안으로서 토지세를 강화하는 데 대해서 반대한다. 그렇게 되면 조세 부담이 결국 토지 수요자에 전가될 것이라는 점과, 토지세 부담으로 인해 토지를 내놓는 것은 늘어나지만 그 토지를 살 수 있는 재력을 가진 사람은 현실적으로 대토지소유자들 밖에 없을 것이므로 오히려 토지 집중이 심화될 것이라는 것이 반대의 이유이다. 그 대신 임종철 교수는 토지공유제를 실시할 것을 제안한다. 토지공유제란 흔히 사람들이 사회주의와 동일시하는 토지국유제와는 다른 것이다. 토지국유제에 대해서는 임 교수도 찬성하지 않는다.

그가 말하는 토지공유란 토지를 "사회공동체의 구성원들이 평등하게 사용할 수 있는 권리"를 갖는 것을 말한다. 단, 사회 구성원은 토지를 이용할 권리만 갖지 매매, 형질 변경은 불가하다. 그 결과 토지가격은 없어지고, 토지를 이용하려는 사람 사이에 토지 이용료를 파라메터로 하여 경쟁이 이루어진다. 토지 이용료는 시군별 토지위원회에서 결정한다. 공유제 하에서는 토지 사용이 공공목적에 위배될 경우 임차이용을 허가하지 않거나 도중에 취소하므로 토지 사용에서 공익성이 높아지는 장점이 있다.

그러면 토지 사유에서 공유로 가는 방법은 구체적으로 무엇인가? 그에 의하면 토지보유세 및 토지임대료를 전부 사유지 매입에 투입하는 것이다. 이렇게 하면 1세대 이내에 토지 공유화가 가능하다고 임교수는 판단한다. 또는 지가증권(地價證券)을 통한 일시매수도 가능하다(예를 들어 일본 메이지유신 때의 토지개혁 방법). 이런 방법은 굉장히 큰 자금이 소요될 것 같지만 실제로는 소유자가 생존해 있는 동안은 이자만 지급하고, 사망 시에는 일시 상환하되 그 대부분을 상속세로 환수한다면 정부 부담은 그리 크지 않을 것이라고 본다.

실제로 자본주의를 표방하는 많은 나라 중에도 국·공유지의 비중이 한국만큼 낮은 나라는 많지 않다. 한국은 현재 국·공유지 비중이 전국토의 20% 정도라고 알려져 있으며, 그것도 대부분 국립, 도립 공원 등 임야지역이다. 그나마 갖고 있던 국·공유지는 대부분 헐값에 불하해버린 결과이다. 지금처럼 땅값이 천정부지(天

井不知)로 오르고 보니 이제는 공원 하나, 도로 하나 건설하기에도 역부족일 정도로 되어 버렸고, 말하자면 정부는 중요한 정책의 지렛대를 놓쳐버린 셈이다.

그러나 예를 들어 싱가포르의 국·공유지 비율이 81%나 되고, 이스라엘은 86%, 대만이 69%, 미국이 50%, 스웨덴이 40%인 데서 보듯이 자본주의라고 해도 다른 나라에서는 상당한 규모의 국 · 공유지를 유지하고 있는 것이다. 한국에서도 과거 국·공유지를 불하하기만 해왔던 잘못된 관행을 반성하고 이제라도 더 늦기 전에 국·공유지 비율을 늘여나가도록 노력하지 않으면 안 된다.

3) 국민 관념의 변화

한국에서는 토지신화가 엄연히 살아 있는 만큼 사람들의 토지에 대한 사유욕, 애착이 지나친 느낌이 있다. 사실 우리 나라에서 땅을 가진 사람은 소수에 불과하지만 수십 년에 걸친 토지투기의 광풍이 불어닥친 결과 그 영향은 모든 국민에게 미쳤다. 그 결과 땅 가진 소수뿐만 아니라 거의 대부분의 국민이 토지신화를 신봉하고, 토지에 대한 지나친 집착을 갖게 된 것이라 하면 지나친 말일까?

우리는 미국 인디언들의 토지관에서 교훈을 얻을 필요가 있다(이태교, 2001). 백인 피터 미뉴에트(Peter Minuet)가 1626년 맨해턴 섬을 인디언으로부터 24달러에 구입할 때의 에피소드에서 보듯이 인디언들은 원래 토지에 대한 소유 개념이 없다.[1] 다음의 사례에서 보듯이 1854년 미국 대통령 프랭클린 피어스가 워싱턴주에 살던 인디언 Suquamish족에게 땅을 팔라고 요청했을 때 추장 Sealth의 대답은 150년이 지난 지금 읽어보아도 우리에게 크나큰 감명을 준다.

이 글은 자연(토지)과 인간 사이의 관계에 관해 지금까지 나온 가장 감동적인 글로 알려져 있다. 인디언 추장은 토지를 사고 파는 백인의 관념을 비판하면서 아울러 150년 전에 벌써 공해를 걱정하고 있는 등 현대의 문명인을 능가하는 선견지명을 보여 주고 있다. 이 글을 통해 우리는 인간의 지혜란 학교교육을 통해서 얻어지는 것이 아니라 마음 속 깊은 곳에서 우러나오는 것이라는 교훈을 얻을 수 있으

---

1) 인디언 추장은 미뉴에트에게서 24달러를 받고 맨해턴 땅을 팔고 돌아서면서 자기 부하에게 이렇게 말했다고 한다. "백인들은 정말 이상한 사람들이야. 저렇게 아무 짝에도 쓸모없는 돌로 된 섬을 돈을 주고 살 게 뭐람."

며, 온통 투기와 불로소득으로 얼룩진 오늘을 사는 한국인들은 이 글을 읽고 나면 무언가 느끼는 바가 있을 것이다.

인디언 추장의 편지

"워싱턴에 있는 위대한 지도자(미국 대통령 : 역자주)가 우리의 땅을 사고 싶다는 요청을 해왔습니다. ... 우리는 당신의 제의를 고려해 보겠습니다. 만일 우리가 그렇게 하지 않으면 백인들은 총을 가지고 와서 우리의 땅을 빼앗아 갈 것이라는 것을 알기 때문입니다.

어떻게 당신은 하늘을, 땅의 온기를 사고 팔 수가 있다고 생각합니까? 그런 생각은 우리에게는 너무나 생소합니다. 더구나 신선한 공기나 반짝이는 물은 우리의 소유가 아닙니다. 그런데 어떻게 우리가 그것을 당신들에게 팔 수가 있겠습니까? 이 땅의 구석구석은 우리 인디언들에게는 너무나 신성합니다. 저 빛나는 솔잎들, 해변의 모래톱, 어두침침한 숲 속의 안개, 노래하는 온갖 벌레들의 추억과 경험들은 너무나 성스러운 것입니다. ...

땅은 (백인들의) 형제가 아니라 적입니다. 그들은 어떤 방법으로 땅을 정복하면 곧 그 곳으로 옮겨갑니다. 그들의 왕성한 식욕은 대지를 마구 먹어치운 다음에는 그것을 황무지로 만들어놓고 맙니다. 당신네 도시의 모습은 우리 인디언들의 눈을 아프게 합니다. 그러나 그것은 아마 우리가 야만인이어서 제대로 이해하지 못하는 탓이겠지요. ...

백인들의 도시에는 조용한 곳이라곤 없습니다. 아무 데서도 봄바람에 흔들리는 나뭇잎 소리며, 벌레들이 날아다니는 소리를 들을 수 없습니다. 그러나 아마 내가 야만인이어서 이해를 하지 못하기 때문이겠지만 소음은 내 귀를 상하게 합니다. 만일 사람이 소쩍새의 아름다운 울음소리나 밤에 연못가의 울음소리를 듣지 못한다면 인생에 남는 것이 무엇이 있겠습니까? 우리 인디언들은 한낮의 비로 씻기고 소나무의 향기가 나는 부드러운 바람소리를 더 좋아합니다. 공기는 인디언들에게 아주 소중한 것입니다. 짐승과 나무와 인간들이 똑같이 숨쉬는 것이기 때문입니다. 백인들은 자기들이 들이마시는 공기의 중요성을 깨닫지 못하고 있는 것 같습니다. 그들은 오랫동안 죽을병에 걸려 신음하는 사람들처럼 냄새를 맡지 못합니다. ...

지상에서 마지막 인디언들이 사라지고 오직 광야를 가로질러 흘러가는 구름의 그림자만이 남더라도 이 해변들과 숲들은 여전히 우리 인디언들의 영혼을 간직하고 있을 것입니다. 왜냐하면 그들은 갓난아기가 엄마의 심장에서 들려오는 고동소리를 사랑하듯이 땅을 사랑하기 때문입니다. 만일 우리가 우리의 땅을 당신에게 팔기로 한다면 당신은 우리가 그 땅을 사랑하듯 사랑하고, 우리가 보살피듯 보살피며, 그 땅에 대한 기억을 지금의 모습대로 간직하십시오. 그리고 당신의 모든 힘과 모든 능력과 모든 정성을 기울여 당신의 자녀들을 위해서 그 땅을 보존하고 또 신이 우리를 사랑하듯 그 땅을 사랑하십시오. 당신의 신도 우리의 신과 같은 신이라는 한 가지 사실을 우리는 알고 있습니다. 신에게 있어서 대지는 소중한 것입니다. 백인들일지라도 공동의 운명에서 예외일 수는 없습니다."(이태교, 2001에서 전재)

【참고문헌】

강홍섭, "IMF구제금융 이후 거꾸로 가는 토지정책" 『토지와 자유』, 제13호, 1999.

곽태원·오인식·오연천·장오현·김경환, 『재산보유세제의 합리화방안연구 : 토지세제를 중심으로』, 국민경제제도연구원, 1991.

김명숙, 『재산보유세의 귀착 : 재산세의 소득분배효과에 대한 재고찰』, 한국조세연구원, 1994.

김윤상, 『토지정책론』, 법문사, 1991.

김윤상, "진정한 토지공개념으로 가자", 『토지와 자유』, 제13호, 1999.

김정호, "토지과표현실화를 통한 토지보유과세 강화와 토지가격"(미발표초고), 1992.

김정호, "토지공개념 논리의 경제학적 검토" 『주택금융』, 1996. 12월호.

김현주, "21세기와 통일에 대비한 토지정책 방향" 『삼성경제』, 1997. 11.

서순탁, "21세기의 새로운 토지정책 방향"(미발표초고), 2001.

손재영, "토지보유과세 강화의 당위성에 대한 검토", 『토지시장의 분석과 정책과제』 한국개발연구원, 1993.

손재영, "현행 토지과표의 수준과 형평성 분석", 『토지시장의 분석과 정책과제』, 한국개발연구원, 1993.

윤용만·한동근, "종합토지세 부과자료를 이용한 토지소유권 편중도 분석", 『한국경제연구』, 제1권, 1998, pp.157-172.

윤용만 외, 『토지와 주택의 불평등』 해남, 1999.

이성욱·한상국·최명근, 『토지세제의 평가와 향후 정책방향』, 한국조세연구원, 1993.

이재기, 『우리 나라 재산세제의 실태와 문제점』, 일해연구소, 1987.

이정우, "한국의 부, 자본이득과 소득불평등" 『경제논집』, 서울대 경제연구소, 1991.

이정우·이성림, "한국의 부의 불평등 추계" 『경제발전연구』, 제7권 1호, 2001.

이정전, 『토지경제론』, 박영사, 1988.

이진순, "한국의 지가: 토지투기와 시장실패", 한국개발연구원 정책연구자료 91-13, 1991.

이진순, "한국토지문제의 정치경제학"(미발표초고), 1992.

이태교, 『토지정책론』, 법문사, 2001.

임종철, "땅은 누구의 것인가?" 황명찬(편) 『토지정책론』, 경영문화원, 1985.

임종철, "토지공유제에 대한 원론적 접근" 『경제논집』, 서울대 경제연구소, 제30권 2호, 1991.

전강수, "땅투기까지 부양해선 안 된다" 『토지와 자유』, 제13호, 1999.

전강수·한동근, "한국의 토지문제와 경제위기" 『경제학연구』, 제48권 2호, 2000, pp.125-153.

정희남, "21세기 토지시장의 메가트렌드와 토지정책 방향"(미발표초고), 1999.

조영진, 『한반도 통일토지정책』, 중앙경제, 1999.
최병선, "21세기 토지정책의 새로운 패러다임"(미발표초고), 1999.
토지공개념연구위원회, 『토지공개념 연구위원회 보고서』, 1989.
한국조세연구원, 『주요국의 조세제도』, 1996.
한동근, "재산세 고쳐서 토지투기 막자", 『토지와 자유』, 제13호, 1999.
현진권, "토지소유의 편중 실태와 종합토지세의 세부담 분석", 『조세정책과 소득재분배』, 한국조세연구원, 1996.
황명찬, 『한국의 토지와 주택』, 법문사, 1989.

X. 한국의 토지문제와 경제위기

전강수 *
한동근 **

1. 서 론

한국 경제위기의 심각성은 그것의 정도가 심하다는 것 외에도 전혀 예측되지 않은 상태에서 발발했다는 점에서 찾을 수 있을 것 같다. 한국 정부도, IMF도, 그리고 국내외의 수많은 경제학자들과 한국 국민들도 한국이 갑자기 이토록 심각한 경제위기에 빠져들 것이라고는 꿈에도 생각하지 못했다. 그렇기 때문에 경제위기에 대한 대비책이 제대로 마련되어 있었을 리 만무하다.

경제위기가 시작된 이후 지금까지 거론되고 또 시행에 옮겨진 대책들은 대체로 IMF의 처방에 따른 것이라고 보아도 무방할 것이다. KDI(한국개발연구원)가 경제대책조정회의에 보고한 자료에서 현 경제위기의 근본 원인을 "경제과정 복잡화와 세계경제의 글로벌화에도 불구하고 종래 관치경제가 청산되지 못하여 시장 기능이 활성화되지 못한 데"(한국개발연구원, 1998, p.1) 있다고 보고, 금융 및 기업의 구조조정과 노동시장의 유연화라는 해결책을 제시한 것은 대표적인 사례이다. 주지하다시피 한국 정부는 이 같은 KDI의 입장을 그대로 정책에 반영하고 있다.

시장경제가 활성화되고 있는 나라들에서도 오늘날 우리가 겪고 있는 것과 유사한 경제위기를 주기적으로 경험해 왔다는 사실을 생각하면, 한국 경제위기의 근본 원인을 KDI의 진단처럼 단지 시장 기능이 활성화되지 못한 데서만 찾는 견해에는 만족하기 어렵다. 더욱이 이 견해는 경제위기가 주기성을 갖는다는 사실을 설명할 수가 없다. 따라서 우리는 주기적으로 경제위기를 발생시키는 보다 근원적인 원인을 찾지 않을 수 없다.

---

* 대구가톨릭대학교 경제통상학부 교수
** 영남대학교 경제금융학부 교수

이와 관련하여 우리는 외국의 몇몇 경제학자들과 언론들에 의해 경제위기의 근본 원인의 하나로 지적된 바 있지만 이상하게도 한국 내에서는 무시되고 있는 한 가지 요인에 주목하고자 한다. 그것은 토지가치의 투기적 상승이다. 현재 경제위기를 겪고 있는 아시아 국가들이 공통적으로 위기 전에 극심한 토지투기를 겪었다는 사실(Corsetti et. al., 1998 참조)과 영국, 미국, 일본 등 선진 자본주의 국가들의 경우에도 주기적으로 토지가치의 투기적 상승 후에 경제위기를 맞이한 역사를 갖고 있다는 사실(Harrison, 1983, pp.61-190)에 주목할 필요가 있다.

사실 신고전학파나 케인즈 학파 경제학자들은 토지가치의 투기적 상승이라는 요인에 크게 주목하지 않았지만, 소위 조지스트(Georgist) 경제학자(헨리 조지와 그의 후계자들)들은 그것을 경제위기의 가장 근본적인 원인으로서 중요하게 취급해 왔다. 조지스트 경제학자들은 토지투기가 경제위기를 유발하는 다양한 경로와 경제위기의 진행 과정을 설명했다. 한국의 경제위기가 단순한 외환위기가 아니라 경제구조의 위기라는 것이 드러난 지금, 후자의 발발 메커니즘을 설명하는 수미일관한 체계를 갖추고 있는 조지스트의 이론에 관심을 갖는 것은 필요하다고 생각한다. 따라서 우리는 조지스트의 경제위기론을 한국 경제위기의 진단을 위한 이론적 기초로 삼고자 한다. 그리하여 Ⅱ절에서는 우선 조지스트 경제위기론의 내용을 검토하여 한국 경제위기의 진단을 위한 이론적 틀을 확정할 것이다.

그리고 Ⅲ절에서는 한국의 토지 관련 지표와 다른 경제 지표들의 관련성을 시계열적으로 분석함으로써 조지스트의 경제위기론이 한국의 현실과 부합하는지 검토할 것이다. 지가 변동과 경기 변동(나아가 건설 경기 변동) 간의 선후행 관계, 지가 변동과 임금, 금리, 대출, 사회간접자본 건설, 기업의 토지 구입 등 제 요인의 변동 간의 인과 관계를 확인하는 것이 Ⅲ절의 주요한 목표이다. 이것은 한국 경제위기의 진단을 위해서 필수적인 일이지만, 조지스트 경제학의 발전을 위해서도 필요한 일이다. 왜냐하면 조지스트의 이론은 앞서 언급한 바와 같이 경제위기론으로서 주목할 만한 논리들을 갖고 있음에도 불구하고 그것을 뒷받침하는 현실 분석은 제대로 하지 못하고 있기 때문이다.

2. 조지스트의 경제위기론

1) 헨리 조지(1839-1897)의 경제위기론

주지하다시피 헨리 조지의 최대의 관심은 물질적 진보가 이루어지는 가운데 진행되는 빈곤의 원인을 해명하는 것이었다. 이를 위해 헨리 조지는 『진보와 빈곤』(*Progress and Poverty*) 제4권에서 물질적 진보를 대표한다고 할 수 있는 세 가지 요인(즉 인구 증가, 기술 진보, 토지가치 상승에 대한 기대)이 부의 분배에 어떠한 영향을 미치는지 검토한다. 여기서 그는 이 세 가지 요인 모두 지대는 상승시키고 (임금+이자[1])는 압박한다는 것을 밝혀 내고 있다. 헨리 조지는 이것이 토지사유제가 지배하는 사회에서 나타나는 일반적인 경향이라고 보았다.

헨리 조지는 주기적으로 발작하는 산업불황, 즉 경제위기는 이러한 일반적 경향이 강화된 상태라고 주장한다. 일반적 경향의 강화를 야기하는 것은 위의 세 가지 요인 중 마지막의 토지가치 상승에 대한 기대이다. 인구가 증가하고 개선이 계속되는 사회에서는 토지가치가 계속 상승한다. 그 경우 사회 내부에서는 토지가치 상승이 미래에도 계속될 것이라는 기대가 형성되고, 토지투기가 시작된다. 그러면 토지가치는 정상적인 상승 속도를 초과하여 상승하기 시작한다. 이것이 토지가치의 투기적 상승이다. 이 과정이 심화되어 노동과 자본이 통상의 대가를 얻지 못할 정도로 토지가치가 상승하면 토지와의 관련성이 높은 부문에서부터 생산 중단이 시작된다. 생산 중단은 다른 부문에 대한 수요의 중단으로 이어지고 그것은 다시 생산 중단으로 이어진다. 그 이후 수요 중단과 생산 중단은 연쇄적으로 전 경제에 파급되어 경제위기로 발전한다.

요컨대 헨리 조지는 경제위기 원인을 토지가치가 투기적으로 상승하여 생산을 압박하는 데서 찾았다. 그렇다고 그가 그 밖의 원인을 인정하지 않았던 것은 아니다. 그는 예를 들면 복잡한 생산 장치, 화폐의 결함, 양적 변화가 심한 상업 신용, 보호관세 등이 경제위기를 발생시키는 주요한 요인들임을 인정한다. 그는 토지가치의 투기적 상승이 많은 요인들 중 최대의 원인이라고 보았다.

---

1) 헨리 조지가 말하는 이자는 자본에 대한 대가를 통칭하는 말이다.

경제위기의 진행 양상에 대한 헨리 조지의 설명은 'IMF 사태'의 급습을 경험한 우리들에게는 인상적이다. 왜냐하면 그는 경제위기가 그야말로 갑작스럽게 발생한다는 것을 분명하게 지적하고 있기 때문이다. 헨리 조지의 지적은 마치 1997년 11월 우리에게 일어났던 상황을 묘사하고 있는 것 같아서 여기에 옮겨보는 것이 좋을 성싶다. "모든 면에서 이상 없이 잘 움직이고 상공업이 활기를 띠면서 확장되다가 청천벽력처럼 갑자기 충격이 와서 은행이 붕괴되고 큰 제조업과 상업이 실패한다. 전 산업조직에 큰 충격을 가한 것처럼 실패에 실패가 거듭되며 모든 분야의 취업자가 일자리를 잃고 자본은 수익 없는 증권처럼 전락하고 만다." (George, 김윤상 역, 1997, pp.264-265). 헨리 조지는 이와 같은 진행 양상을 역 피라미드의 붕괴과정에 비유하고 있다. 토지가치의 투기적 상승이 계속되는 경제는 바닥 층만 성장이 제약되고 나머지 층은 계속 커지는 피라미드와 같다. 바닥에서 거부당한 생장력이 위층에서 자리를 찾으려 할 것이므로 당분간은 성장 속도가 빠를 것이지만 결국에는 균형이 무너져서 피라미드가 갑작스럽게 붕괴하는 것과 마찬가지로, 토지가치의 상승을 피하여 토지와의 관련성이 희박한 부문으로 노동과 자본이 몰려감에 따라 그 부문을 중심으로 성장 속도가 빨라질 수도 있지만 결국에는 균형이 무너져서 경제는 갑작스럽게 위기에 빠져든다는 것이다.

헨리 조지는 경제위기의 원인과 양상을 밝히는 데서 그치지 않고 한 걸음 더 나아가 경제위기로부터의 회복 과정에 대해서도 의미 있는 견해를 제시한다. 그에 의하면, 갑작스러운 경제위기의 발발 이후 상대적 정체기가 지속된다. 그 기간 동안 ①투기성 토지가치가 하락하고, ②노동 능률이 향상되며, ③임금과 이자가 하락하게 되면, 경제는 다시 균형을 회복하고 경제위기로부터 빠져 나오게 된다. 그러나 경제가 위기를 벗어나면 이때부터 앞서 말한 경제위기의 발발 메커니즘이 다시 작동하기 시작하고 일정한 기간을 경과한 후 다시 경제위기가 찾아온다. 경제위기가 주기성을 갖는다는 것은 주지하는 바인데, 헨리 조지는 그 주기성의 원인을 분명한 논리를 가지고 해명한 것이다.

한국을 포함한 아시아의 경제위기를 설명하는 데 헨리 조지의 이론은 커다란 시사점을 주고 있다. 왜냐하면 태국, 인도네시아, 한국, 일본 등 경제위기를 겪고 있는 나라들은 모두가 위기 이전에 극심한 토지투기를 겪었다는 공통점을 갖고 있기 때문이다. 반면 경제위기의 태풍 가운데서도 여전히 건재한 대만과 싱가폴은 각기 다른 방식에 의해서이기는 하지만 토지 불로소득을 환수하는 장치를 마련함으로써 토지투기의 여지를 억제해 왔다는 공통점을 갖고 있다. 또한 최근 폴 크루그만을 비롯한 몇 명의 경제학자들도 아시아 경제위기의 원인으로서 토지투기를 지목하는 견해를 피력한 바 있다(Krugman, 1998; Corsetti et. al., 1998).

헨리 조지의 경제위기론은 토지투기가 경제위기의 주요한 원인이라는 점을 지적했다는 점에서 커다란 의의를 갖지만, 토지투기가 경제위기를 야기하는 경위에 대해서 너무 단순하게 취급해 버렸다는 점에서 한계가 있다. 사실 토지가치의 투기적 상승이 생산(혹은 '임금+이자')을 압박한다는 명제는 너무 추상적이라서 좀더 구체화해야 할 필요가 있다. 헨리 조지의 제자들인 현대의 조지스트들은 헨리 조지의 명제를 구체화함으로써 조지스트 경제위기론을 한층 풍부하게 만들었다. 따라서 이제 현대 조지스트들의 경제위기론에 대해 살펴보기로 하자.

2) 현대 조지스트들의 경제위기론

영국과 미국, 일본 등의 국가에서 18년 주기의 토지가격 및 경기의 변동을 관찰하고, 그 것에 기초하여 1992년의 세계적 불황을 예견한 것으로 유명한 프레드 해리슨(Fred Harrison)은 그의 저서 *The Power in the Land*(1983)에서 헨리 조지의 경제위기론을 실증적으로 뒷받침하면서 토지가치의 투기적 상승이 경제위기를 초래하는 다양한 경로를 제시하였다.

먼저 그는 토지가치의 투기적 상승이 바로 경제위기를 유발하는 것이 아니라 먼저 건설 경기를 위축시킨다는 사실을 지적하였다. 그에 의하면 건설업은 토지투기가 그것의 유해한 영향을 경제 전반에 확산시키는 하나의 전달장치(transmission mechanism)이다(Harrison, 1983, p.65). 그는 미국, 일본, 영국 등에 대한 사례 분석을 통해 지가가 절정에 달한 후에 건설경기가 퇴조하며 그에 이어 일반 경기가 후퇴하는 규칙성이 실제로 나타난다는 것을 보여주었다. 사실 헨리 조지도 토지가치의 투기적 상승의 압박을 가장 먼저 받는 부문은 토지와의 관련성이 높은 부문이라고 지적한 바 있다(George, 김윤상 역, 1997, p.264). 건설업이 그러한 부문을 대표한다고 본다면, 해리슨의 명제는 조지의 견해를 발전적으로 계승한 것이라고 해야 할 것이다.

둘째, 해리슨은 토지가치의 투기적 상승은 자금을 토지시장으로 집중시켜 기업들의 자금 확보를 곤란하게 하며 자금에 대한 경제 전체의 수요를 증가시켜 금리를 상승시킴으로써 기업의 투자를 저해하게 된다는 사실을 지적하였다(Harrison,

1983, p.69).

셋째, 해리슨은 토지가치의 투기적 상승이 주택 가격과 주택 임대료를 상승시킴으로써 노동자의 가계를 압박하며, 이것은 노동조합으로 하여금 임금 인상 압력을 가하게 만들거나 아니면 노동자의 소비를 위축시킨다는 사실을 지적하였다(Harrison, 1983, p.97-99).

이상 둘째와 셋째에서 해리슨은 토지가치의 투기적 상승이 고임금과 고금리, 혹은 투자와 소비의 위축을 초래하여 경제위기를 발생시킨다고 주장하고 있는 것이다. 이것은 헨리 조지에 의해서는 간과되었던 측면이다. 해리슨은 토지가치의 투기적 상승이 직접적으로 생산에 압박을 가하는 경로 외에 다른 시장에 영향을 미쳐 우회적으로 생산을 압박하는 경로를 제시하였다는 점에서 조지스트 경제위기론을 한 단계 발전시켰다고 평가할 수 있다.

이와 같은 해리슨의 견해는 메이슨 개프니의 견해(Gaffney, 1994, pp.89-94)와 결합할 경우 더욱 엄밀한 경제위기론이 된다. 해리슨도 현상을 지적한 바는 있지만(Harrison, 1983, p.68), 개프니는 토지가치의 투기적 상승이 금융기관의 토지 담보 대출의 관행을 만들어 낸다는 점에 주목하여 몇 가지 중요한 사실들을 밝혀냈다. 그것은 다음과 같다.

첫째, 토지 담보 대출이 일반화될 경우 토지가치와 대출은 상호 촉진적인 관계에 놓이게 된다. 즉 토지가치의 상승은 대출을 증가시키고 대출의 증가는 다시 토지가치를 상승시킨다.

둘째, 대출금은 종종 더 많은 토지를 구입하는 데 사용된다.

셋째, 대출은 한계생산성이 아니라 담보의 안정성에 기초하여 이루어진다. 이것은 자금 배분의 효율성을 저해한다.

넷째, 토지가치의 변동에 의존하는 대출의 흐름은 매우 불안정하여서 거시경제적 불안정성을 낳는 요인으로 작용한다.

요컨대 토지가치의 투기적 상승은 금융시장을 통하여 미시적 관점에서는 기업경영과 자금 배분의 비효율을 발생시키고 거시적 관점에서는 불안정성을 확대하는 역할을 한다는 것이다. 개프니의 견해는 토지투기가 금융시장에 미치는 영향에 초점을 맞추어 그것이 경제위기를 초래하는 또 다른 중요한 경로를 밝혔다는 점에서 주목할 만하다. 주지하다시피 토지가치의 투기적 상승, 기업과 금융기관의 비효율, 거시경제의 불안정성은 경제위기를 전후하여 한국 경제에서 두드러지게 나타난 현상이다.

이 외에도 개프니는 토지가치의 결정이 주관적이기 때문에 그것의 변동은 높은 진폭을 가질 수 밖에 없는 점, 그리고 토지가치의 투기적 상승은 미래의 더 높은 수요를 예상하여 토지를 과잉 개발하게 함으로써 자본 투자의 성격을 왜곡시키는 점 등, 토지투기가 거시경제적 불안정성을 초래하는 다른 중요한 경로를 제시하기도 하였다.

이상과 같은 해리슨과 개프니의 연구에 의해 조지스트 경제위기론은 단순히 토지가치의 투기적 상승이 생산을 압박하여 경제위기를 낳는다는 추상적인 명제를 제시하는 단계를 넘어서 토지가치의 투기적 상승이 경제위기로 이어지는 구체적 과정과 그 다양한 경로를 설명할 수 있는 단계에 도달하게 되었다. 그러나 이 두 연구는 실증적 근거를 충분하게 제시하는 수준에까지는 이르지 못했다. 해리슨의 경우 지가 변동, 건설 경기 변동, 일반 경기 변동의 선후행 관계를 밝히는 부분을 제외하고는 실증적 근거의 제시가 미흡하고, 개프니의 경우에는 선험적 주장만 있을 뿐, 실증적 근거의 제시는 전혀 없기 때문이다. 이제 조지스트의 경제위기론은 지금까지 제시된 설명들을 뒷받침하는 실증 분석에 의해 검증될 필요가 있다.

프레드 폴드배리는 최근 발표한 논문(Foldvary, 1997)에서 해리슨이나 개프니와는 다른 방식으로 경제위기론을 전개하고 있다. 그의 논문의 가장 두드러진 특징은 토지가치의 투기적 상승을 중시하는 조지스트의 이론에 통화량의 변화에 따른 이자율의 움직임을 중시하는 오스트리아 학파의 이론을 결합시키고 있다는 점이다.

폴드배리가 말하는 경제위기의 발생 과정을 요약하면 다음과 같다. 경제가 확장되기 시작하면서 은행은 가용 저축이 보장하는 것보다 더 많이 신용을 증대시킨다. 이것은 인위적으로 이자율을 하락시키고, 낮은 이자율은 투자, 특히 상층 자본재(higher order capital goods)[2]에의 투자를 촉진한다. 경제가 활황에 접어들면 토지투기가 나타나기 시작한다. 여전히 값싼 신용은 토지투기를 뒷받침한다. 그러면 지대와 토지가격은 투기적으로 상승한다. 그러나 통화 팽창이 중단되고 인플레에 대한 예상이 자금 시장에 영향을 주기 시작하면 이자율은 상승한다. 토지가격과 이자율의 상승으로 인한 비용의 상승은 이제 신규 투자를 억제하기 시작한다. 비로소 과거에 이루어졌던 상층 자본재에 대한 투자는 잘못된 것임이 판명된다(소위 과잉

---

2) 자본재를 생산하는 자본재로서 건물, 사회기반시설(infrastructure), 내구 자본재 등이 대표적이다.

투자). 투자의 중단이 수요의 위축을 야기하면서 드디어 경기 후퇴가 시작된다. 일단 경기 후퇴가 시작되면 부동산 가격이 하락하고 대출금은 담보 자산의 가치를 초과하기 시작한다. 그리하여 부동산 시장의 붕괴는 은행의 도산으로 이어진다.

폴드배리는 오스트리아 학파는 경기 변동의 금융적 측면과 자본재의 역할을, 그리고 조지스트는 실물적[3] 측면을 설명한다고 보고, 양자의 결합을 통하여 경기 변동에 관한 보다 포괄적인 설명을 시도하였던 것이다. 그가 경제위기의 양 측면을 포괄적으로 설명하고자 한 것은 기본적으로 옳으며 또 양 학파를 종합하고자 하는 시도 또한 어느 면에서는 참신하다고도 할 수 있다. 그러나 그가 금융적 측면을 다루지 않은 것을 조지스트 이론의 문제점이라고 파악하고 그것을 극복하기 위한 한 방편으로 굳이 오스트리아 학파의 이론을 도입하고자 한 것은 반드시 옳다고는 생각되지 않는다. 왜냐하면 앞에서 살펴본 바와 같이 비록 조지는 금융적 측면을 다루지 않았지만, 그의 제자들인 해리슨과 개프니는 조지의 추상적 명제를 구체화하는 과정에서 금융적 측면을 비중 있게 다루고 있기 때문이다. 더욱이 폴드배리의 경우 토지가치의 투기적 상승과 금융시장의 변동을 병렬적으로 다루고 있을 뿐이지만, 해리슨과 개프니의 경우 그것들을 상호 관련성 하에서 다루고 있다.

3) 한국 경제위기의 분석을 위한 이론적 틀

이상에서 조지스트의 경제위기론을 개관해 보았는데, 이제 여기서는 그것을 기초로 하여 한국 경제위기를 분석하기 위한 이론적 틀을 구성해 보기로 하자.

우리는 우선 한국의 경제위기의 최대 주범은 토지가치의 투기적 상승과 그로 인한 고지가(高地價)라는 사실을 출발점으로 한다. 1960년대 이후의 지가 상승이 경제의 기초여건(fundamental)으로 정당화될 수 있는 정도를 넘어선 투기적 상승이었다는 것은 잘 알려진 사실이다.[4]

토지가치의 투기적 상승으로 인한 압박은 토지와의 관련성이 높은 건설 부문에서 먼저 느껴진다. 건설 경기의 후퇴는 경제 전체의 침체로 이어지고, 지가에 내포되어 있던 거품이 꺼지기 시작하면서 금융기관의 부실화가 시작된다. 그에 따른 자

---

3) 여기서 실물적(real)이란 비금융적임을 의미하는 동시에 부동산('real' estate) 시장과 투기의 역할을 강조하는 말이다.

금 경색으로 인해 기업의 도산은 가속화되며 실업자가 속출한다. 그 과정에서 경상수지 적자가 누적되어 외채가 증가하고 더욱이 금리의 국제적 차이를 노린 단기 외채의 도입이 누적되어 왔다면 경제위기는 외환위기의 형태로 폭발할 수 있다.

토지가치의 투기적 상승은 여러 경로로 생산을 압박하였다. 고지가로 인한 생산의 압박은 직접적인 경로이다. 토지가치의 투기적 상승은 고임금과 소비 위축, 고금리와 투자 위축 및 외채 누적, 물류 비용의 상승 등을 통하여 우회적으로 생산을 압박하였다. 고임금과 소비 위축은 토지가치의 상승으로 인한 주거 비용의 상승에 기인한다. 그리고 고금리와 투자 위축 및 외채 누적은 토지 투기열로 인한 자금수요의 급증에 기인한다. 마지막으로 물류 비용의 상승은 두말할 나위 없이 토지보상 비용의 상승에 의한 사회간접자본 건설의 지체에 기인한다.

개프니도 지적하였던 토지 담보 대출은 한국 금융기관의 뿌리깊은 관행이다. 따라서 한국 금융기관의 대출은 토지시장의 형편과 밀접한 관련을 갖지 않을 수 없었다. 그리고 한국의 기업들은 생산적 투자와 함께 토지 매입을 병행하는 투자 패턴을 고수해 왔다. 토지 담보를 확보한 기업들은 과다한 차입에 의존하는 기업 경영에 나서게 되었고, 경영의 목표 또한 이윤의 극대화가 아니라 '이윤+지대(혹은 자본이득)'의 극대화에 맞추어지게 되었다. 따라서 자금 배분의 비효율과 기업 경영의 비효율은 불가피하였다.

---

4) 김태동은 증시에 거품이 없었던 1981-85년 간의 한국과 일본의 주가를 비교하여 자산의 내재가치 산출을 위한 할인율을 추정하고 그것을 사용하여 토지의 내재가치를 추정하였는데, 그것은 현실의 지가에 크게 미달하는 것으로 드러났다. 이것은 한국의 지가에는 기초요소로는 설명할 수 없는 소위 거품이 많이 포함되어 있음을 의미한다(김태동, 1993, p.66). 또한 지가와 다른 경제변수들의 상승 속도를 비교해 보면, 지가의 상승 속도가 GDP, 물가, 주택 가격 등의 상승 속도를 훨씬 능가하는 것을 확인할 수 있다. 뿐만 아니라 GDP 대비 자산 가치 수준을 국제적으로 비교해 볼 수도 있는데(아래의 표 참조), 한국의 경우 금융자산의 가치는 다른 국가들에 비해 가장 낮은 반면 토지의 가치는 가장 높게 나타난다. 이러한 사실들 또한 한국에 투기적 지가 상승이 있었음을 강력하게 암시한다.

GDP 대비 토지 및 금융자산 가치의 국제 비교

	한 국	일 본	미 국	대 만	영 국	프랑스
토지자산	5.4	3.5	0.7	3.3	1.6	0.9
금융자산	2.4	4.2	3.2	3.4	3.2	4.2

자 료 : 조윤제, 1997, p.12

이상의 내용은 '고비용-저효율 구조론'을 연상하게 하지만, 그것과 같은 것은 아니고 그것의 문제점을 극복한 새로운 것임에 유의해야 한다. 종래의 '고비용-저효율 구조론'은 논자들이 무엇을 강조하느냐에 따라 여러 갈래로 갈라져서 체계적인 단일 가설로 정립되지 못하고 있으며, 고비용-저효율 구조를 초래한 요인들을 단순히 나열적으로 설명하고 있을 뿐, 체계적인 틀 안에서 상호 관련 지워 파악하지 못하고 있다는 난점을 가지고 있다. 그러나 우리의 새로운 '고비용-저효율 구조론'은 고비용이나 저효율 중 어느 한 쪽, 또는 각 요인 중 어느 하나만을 강조하는 것이 아니라 고비용과 저효율 양쪽 다, 그리고 각 요인 모두를 중요시하며, 각 요인을 나열적으로 설명하는 것이 아니라 토지가치의 투기적 상승이라는 근본 요인을 가지고 그것들을 체계적으로 설명한다.

3. 한국 경제위기의 진단

이 절에서는 조지스트의 이론을 근거로 우리가 직면하고 있는 경제위기의 원인을 토지투기를 중심으로 분석하고자 한다. 이 절은 세 부분으로 되어 있는데, 1항에서는 과거 한국이 경험했던 주기적 불황과 토지투기의 관련성을 조지스트의 시각에서 조망한다. 2항과 3항에서는 토지투기가 구체적으로 어떤 경로를 통해 한국경제의 생산을 압박하는지를 여러 가지 자료를 통해 분석하고, 토지투기가 현재의 경제위기의 주요 원인임을 논증할 것이다.

1) 한국 경제의 불황과 토지투기

통계청 자료에 의하면 1960년대 이후 1997년 11월의 위기 이전까지 한국에는 총 여섯 번의 불황이 있었는데, [표 1]이 그것을 보여주고 있다.

그런데 1974년의 제2불황은 1차 석유파동이라는 외부 충격으로 발생한 것이므로 국내의 토지투기와 직접적으로 관련성은 없다. 또한 1988년의 제5불황은 여러 가지 정황 자료로 판단할 때 불황으로 볼 수 없다. 1988년의 실질 GNP가 11% 이상의 성장을 했음에도 불구하고 통계상 불황으로 잡히는 이유는 1986년의 12%에 가까운 성장, 1987년의 12%를 초과하는 고속 성장의 추세가 다소 둔화되는 데서 비롯되기 때문이다.[5] 따라서 우리는 제2불황과 제5불황을 분석 대상에서 제외할 것이다.

[표 1] 한국의 불황

	제1 불황	제2 불황	제3 불황	제4 불황	제5 불황	제6 불황
지속기간	71년 2분기~ 72년 2분기	74년 1분기~ 75년 2분기	79년 1분기~ 80년 3분기	84년 1분기~ 85년 3분기	88년 1분기~ 89년 2분기	92년 1분기~ 93년 1분기

자 료 : 통계청, 『경기종합지수』, 1988.
한국은행, 「우리 나라의 경기순환과 고정투자」, 『조사통계월보』, 1984.

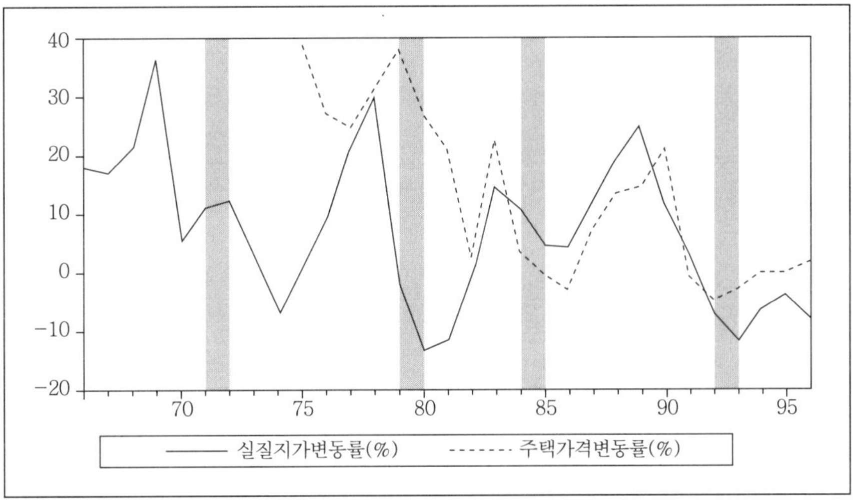

[그림 1] 실질지가 및 주택가격의 변동률과 불황

이제 한국에서의 토지투기와 주기적 불황의 관계를 살펴보기로 한다. 제2불황과 제5불황을 제외한 나머지 4개의 불황 앞에는 예외 없이 토지투기 열풍이 불었다. [그림 1]을 보자. [그림 1]은 실질지가 변동의 추세와 방금 언급한 4번의 불황

5) 통계청은 경제활동 성장률이 2분기 이상 추세성장률을 하회하면 경기가 수축국면에 빠졌다고 정의한다.

기간을 빗금 친 부분으로 보여주고 있다.[6)]

1971년의 불황은 명목가격으로 각각 35%와 52%의 상승률을 기록한 1968-69년의 토지가치의 투기적 상승의 후유증 때문에 발생했다. 68년의 경부고속도로 착공이 상징하듯 1960년대 후반의 급속한 산업화와 도시화는 토지가격이 앞으로도 계속 상승할 것이라는 기대를 심어주기에 충분했다. 1969년에 최고조에 달했던 토지가격은 1970년부터 부동산 거품이 빠질 조짐이 보이자 1971-72년의 불황을 야기하였다. 당시 토지투기에 과다한 자금을 쏟아 부은 대기업들이 부동산 경기가 주춤하자 자금이 잠기고 신용경색의 고통을 당해야 했다. 부동산 투기의 덫에 걸린 기업들의 자금난을 덜어주기 위해 정부는 '8. 3 사채 동결 조치'라는 극약 처방을 실시하지 않을 수 없었다(이진순, 1995, p.69).

1979-80년의 불황은 79년의 제2차 석유파동이라는 외부충격과 국내적으로 극심했던 토지투기가 어우러져 빚어낸 불황이라 할 수 있다. 이 불황은 1960년대 이후 최초의 실질 GNP의 감소를 기록할 정도로 극심한 것이었다. 이 불황도 1977년의 33%(실질가격 기준 21%), 1978년의 49%(실질가격 기준 30%)를 초과하는 토지가치의 투기적 상승(이하 모두 전국 평균 지가)이 가져온 생산 압박이 상당한 원인이 된 불황이다. 토지투기로부터의 수익률이 높아짐에 따라 시장 이자율도 높아져 회사채 실질 이자율이 1977년에 10%에 이르렀고, 주거 비용의 상승으로 실질 노동 비용도 1977년 22%, 1978년 17%의 큰 폭의 상승을 보였다. 조지스트의 시각에서 보면 토지투기가 초래한 고비용으로 생산이 압박 받아 나타난 것이 1979-80년의 불황이다. 당시의 불황에는 제2차 석유파동과 정치적 혼란도 일조를 한 것은 사실이다. 그러나 이진순은 제 2차 석유파동 이전에 이미 경기가 침체 국면에 들어갔다고 진단하고 있다(이진순, 1993, p.120).

그리 심각한 상황은 아니었지만 1984-85년 불황의 경우에도 1982년 말부터 보이기 시작한 토지투기 바람이 선행했음을 알 수 있다. 83년의 부동산 투기는 금융 실명 거래 제도가 추진되어 많은 자금이 토지시장으로 몰렸다는 배경을 가지고 있다.

1992년의 경기침체 앞에는 1988-89년의 극심한 토지투기 열풍이 있었다. 1988년의 주택 200만 호 건설 계획과 함께 1986년부터 4년간 지속된 경상수지 흑자로

6) 여기서 실질지가란 1980년을 기준으로 전국지가지수를 소비자물가지수로 나눈 값을 의미한다.

부터 발생한 통화팽창은 토지투기를 촉발해 지가가 1988년에는 27%(실질가격 기준 19%), 1989년에는 32%(실질가격 기준 25%) 폭등했다. 당시 지가의 투기적 상승은 주택가격, 전세가격의 폭등, 불로소득에 대한 반감, 근로의식의 저하 등으로 이어져 심각한 사회문제를 야기하고 토지 공개념이 논의되기도 했다. 그런데 1988-89년의 토지투기 열풍의 정도와 또 그것 때문에 고착된 고비용-저효율의 경제구조를 고려하면 1992년의 경기침체는 다소 늦게 찾아온 감이 있고, 침체의 정도도 크지 않았다.

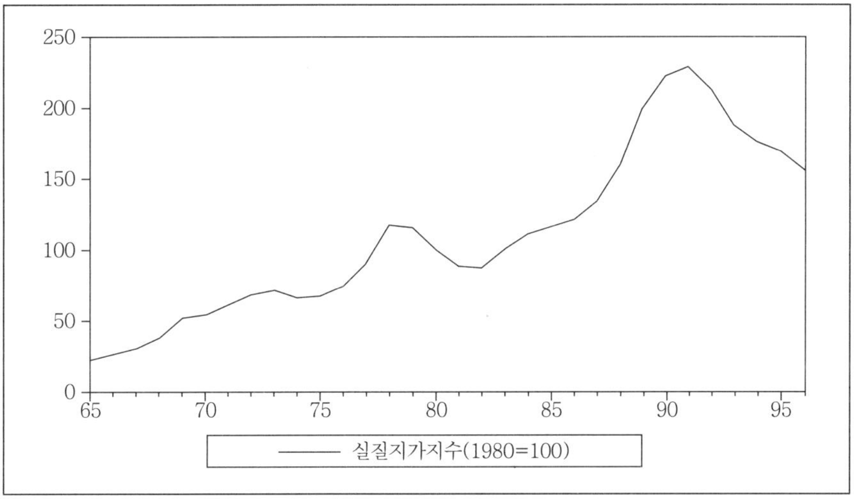

[그림 2] 실질지가 지수의 추이

[그림 2]에서 볼 수 있듯이 1988-89년의 토지투기로 한국의 지가는 사상 최고점에 이르렀는데, 조지스트의 이론에 비추어 본다면 90년대 초반에 토지가격의 거품이 꺼지면서 경제가 급격하게 하락했었어야 했다. 그런데 토지투기 열풍 후 경기침체까지 약 3년이라는 시차가 있고 그 정도도 그리 심하지 않았다. 그 이유는 어디 있을까? 우리는 1990년대 초의 국제 경제 환경이 한국에 대단히 유리하게 작용했다는 점을 지적하고자 한다. 1990년 이후 국제 원유 가격은 대단히 안정되었으며, 국제 금리도 연 5% 이하로 안정되었다. 특히 1989년을 고비로 엔화가 초강세를 보이면서 일본과 가격 경쟁 하에 있는 반도체, 자동차, 선박 등 한국의 주요 수출 품목의 수출이 크게 증가하였다. 따라서 1980년대 말의 극심한 토지투기가 가

져오는 생산 압박 요인을 완화시켜주는 외적 환경이 존재했고, 그것 때문에 한국의 경기침체가 다소 늦게, 그것도 약하게 지나갔다고 할 수 있다. 그러나 한국 경제는 80년대 말의 토지투기와 그 이전의 누적된 토지투기로 이미 생산 압박 요인이 상당한 수준에 이르렀다고 보아야 할 것이다. 1990년 이후 유리한 외적 환경이 상당 기간 구조적으로 취약한 한국 경제를 떠받치고 있었지만 1997년의 한보 · 기아사태로 대외신인도가 하락하고, 아시아 금융위기가 발발하자 한국의 경제는 한꺼번에 추락하게 되었다. 외견상 단순한 외환위기로 보이는 현재의 경제위기는 조지스트의 시각에서 보면 토지투기를 다스리지 못한 정책 실패에서 오는 필연적 현상이라 할 수 있다. 따라서 작금의 경제위기는 사실 한국경제에 유리한 외적 요인이 존재하지 않았더라면 1997년 이전에 찾아왔을 것으로 짐작할 수 있다.

헨리 조지가 불황의 원인으로 토지투기를 지목한 이후, 프레드 해리슨은 토지투기가 구체적으로 어떻게 일반 경기의 불황을 야기하는가 라는 질문에 대해 건설업의 침체를 들어 설명했다. 즉 프레드 해리슨은 건설업에서 토지는 가장 중요한 투입요소이므로, 토지투기가 지가를 지나치게 상승시키고 토지를 인위적으로 더욱 부족하게 만들면 건설경기가 위축되고 이것이 다른 산업부문으로 파급된다고 설명했다. 따라서 그의 이론은 '토지투기의 절정→건설경기 위축→일반 경기 불황'이라는 순서로 시차를 예상하고 있다. 이제 한국의 경험을 해리슨의 이론에 견주어 보자.

[그림 1]을 다시 보면 실질지가 상승률, 주택가격 상승률, 그리고 불황기를 함께 볼 수 있다. 무엇이 건설경기를 대표하는 변수이냐 하는 데는 이견이 있을 수 있는데, 여기서는 단순히 주택가격 상승률이 건설경기의 대리변수라 보자. [그림 1]에 의하면 1978년의 토지투기는 1979년 이후의 주택경기의 위축으로 이어졌고, 곧바로 일반 경기의 불황이 찾아왔다. 또한 1989년의 투기 열풍도 1991년의 주택 경기 냉각으로 이어졌으며, 곧이어 1992년부터 불황이 왔다. 1983년의 투기 절정은 주택 경기의 정점과 일치하는 특징이 있는데, 정부의 강력한 투기 억제 대책 이후 지가와 주택가격 상승률이 꺾이면서 1984년 불황이 찾아 왔다. 한국의 경우 해리슨이 예상한 시차가 아주 명확하게 나타나지는 않으나 대체적으로 그의 이론이 적용된다고 판단할 수 있다.

지금까지 우리는 한국이 경험한 경기침체와 토지투기의 관련성을 조지스트의 입장에서 탐색해 보았다. 대체적으로 경기침체에는 토지투기가 선행하고 있다는 것을 확인할 수 있었고, 해리슨의 이론대로 토지투기가 건설 경기를 위축시키고 그

것이 일반 경기 후퇴로 파급된다는 심증을 가지게 되었다. 이제 좀 더 구체적으로 토지투기가 생산을 압박하는 경로, 즉 불황을 유발하는 메커니즘을 자료를 통해 구명하고자 한다.

2) 토지투기와 고비용 구조

경제위기의 근본요인으로 흔히 한국 경제의 고비용 구조를 지적한다. 경쟁 상대국에 비해 임금과 이자율, 그리고 물류 비용이 너무 높다는 것이다. [표 2]와 [표 3]에서 보는 바와 같이 경제위기 직전까지의 한국의 노동비용과 이자율은 실제로 경쟁 상대 국가들에 비해 상당히 높은 수준이다.

[표 2] 노동 비용의 국제 비교 (단위: 미국 달러)

	한 국	대 만	싱가폴	홍 콩	일 본	미 국
1985	1.23	1.50	2.47	1.73	6.34	13.01
1990	3.71	3.93	3.78	3.20	12.80	14.91
1995	7.40	5.82	7.28	4.82	23.66	17.20

주 : 제조업 노동자의 시간당 임금 기준
자 료 : 한국노동연구원, 『'96 해외노동통계』, 1996. 10(조윤제(1997)에서 재인용)

[표 3] 금리 수준의 국제 비교 (단위 : %/년)

	한 국	대 만	싱가폴	홍 콩	일 본	미 국
1990	16.4(7.8)	–	7.75	11.1(1.6)	6.9(3.8)	7.7(2.3)
1995	13.8(9.3)	7.1	5.63	6.8(3.4)	1.8(1.8)	5.4(2.6)

주 : 괄호 안은 실질금리, 한국의 경우는 회사채 3년, 싱가폴는 은행간 금리(SIBOR), 다른 국가는 국채 5년물 기준
자 료 : 한국은행, 『조사통계월보』, 각호

또한 한국의 물류비용도 경쟁 상대국에 비해 대단히 높은 수준이다. 한 자료에 의하면 1996년 현재, 한국의 물류비용은 GNP 대비 약 15%를 상회하고, 제조업의 총 매출액의 약 17% 이상을 차지하는 것으로 추정되고 있다(이용재, 1996, p.6).

총 매출액 대비 일본의 물류비가 8.84%, 미국의 물류비가 7.72% 정도인 점을 감안하면 한국의 물류비는 이들 나라들 보다 2배 이상 높다는 것을 알 수 있다(이용재, 1996, p.7). GNP에 대비한 미국의 물류비는 약 10.5%로 한국의 2/3수준에 불과하다.

이제 이와 같은 고비용 구조의 배후에는 토지투기가 작용하여 생산을 압박한다는 것을 살펴보기로 한다. 먼저 고임금과 토지투기의 관계를 살펴보자. 해리슨은 토지투기로 인한 지가의 상승은 주거비용을 증가시켜 노동자의 가계를 압박하며, 이것은 노동조합으로 하여금 임금인상 압력을 가하게 만든다고 지적하였다. 실제로 [그림 3]에서 주택가격지수로 명목임금을 조정한 '주택가격 조정 임금'의 변동률을 보면, 토지가격이 폭등했던 해의 조정된 임금은 오히려 하락한 것으로 나타난다.[7] 즉 명목임금은 상승해도 노동자의 주택 구입 능력은 오히려 떨어지는 양상을 보이고 있다.

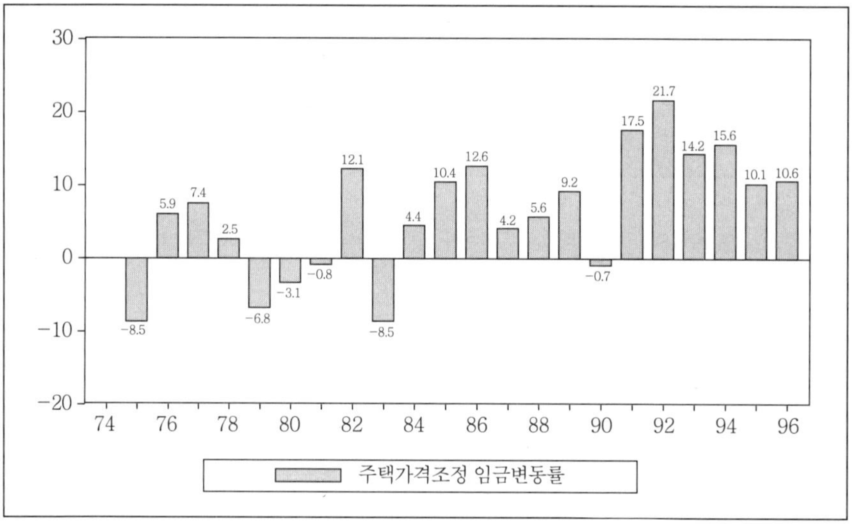

[그림 3] 주택가격 조정 임금 변동률

이와 같이 토지투기로 인한 주거비용의 급격한 상승이 한국의 고임금 뒤에 숨어 있다는 것을 짐작할 수 있다. 지가 변동과 임금 변동의 관계는 [그림 4]에서 볼

7) 주택가격 조정 임금은 명목임금지수를 주택가격지수로 나누어 구했다.

수 있는데, 실질지가 변동률과 실질임금 변동률은 거의 함께 움직이는 것을 확인할 수 있다.

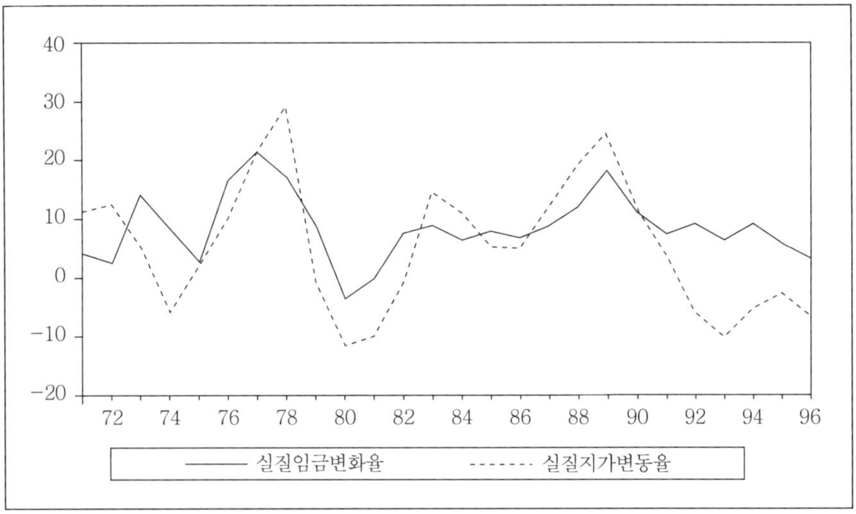

[그림 4] 실질임금(제조업 월평균 임금) 변동과 실질지가 변동의 추세

조지스트의 이론에 따르면 임금변화가 지가변동을 초래하는 것이 아니라 그 역이 성립해야 하므로 그것을 확인하기 위해 우리는 두 변수에 대해 Granger-Causality검정을 실시했다. Granger 검정 결과 조지스트의 주장대로 실질지가의 변동은 실질임금 변화의 원인이 되는 것으로 나타났다. 그러나 그 역은 성립하지 않았다.

[Granger-Causality 검정 결과 (시차 : 2)]

귀무가설	F-통계량	P-값
실질지가의 변동은 실질임금 변동의 원인이 되지 않는다	5.32619	0.0145
실질임금의 변동은 실질지가변동의 원인이 되지 않는다	0.63056	0.5431

1970-80년대의 임금변동이 지가변동에 의해 영향을 받았다는 통계적 결과는

김병구(1999)에 의해서도 확인되고 있다. 그는 통화량, 국민소득, 지가, 금리, 임금, 도로 면적 등의 변수들을 함께 고려한 분산분석을 시도했는데, 지가의 변동이 임금의 변동에 가장 큰 영향을 미친다는 결과를 보고하고 있다.

한국의 지가가 사상 최고조에 달했던 1990년을 기준으로 각국의 주거 비용이 [표 4]에 나타나 있는데, 이를 비교해 보면 한국의 노동자들이 고임금을 고집하지 않을 수 없는 이유를 짐작할 수 있다.

[표 4] 각국의 주거비용 지표(1990년)

	서 울	방 콕	쿠알라룸푸르	홍 콩	싱가폴	런 던	파 리	워싱턴	스톡홀름	동 경
주택가격의 소득배수 (PIR)	9.25	3.10	5.30	7.43	2.60	7.24	4.22	3.53	4.58	11.15
임대료의 소득배수 (RIP)	0.35	0.20	0.20	0.08	0.28	0.12	0.21	0.23	0.11	0.16

자 료 : IBRD and UNCHS, *Housing Indicators Program*, 1992

이제 한국의 고금리와 토지투기가 어떤 관계에 있는가를 살펴보기로 한다. 헨리 조지의 주장처럼 지대가 공공부문으로 완전히 환수되지 않는 제도하에서는 토지는 가치 저장의 수단, 즉 자산의 기능을 한다. 또한 토지 자산과 금융 자산은 상호 대체 관계에 있다. 만약 토지에서의 기대 수익률이 금융자산에서의 그것보다 높다면 토지로 자금이 몰리게 되어 금융부문에 자금 공급이 줄어들어 금리를 상승시키는 작용을 한다. 또한 부동산 담보 대출 관행은 기업들로 하여금 대출을 안정적으로 받기 위해 끊임없이 토지를 구입하도록 할 것인데, 이 과정에서 자금의 수요는 필요 이상으로 증가하고 이것이 다시 금리를 높이는 악순환이 계속된다.

한국에서의 실질이자율 변동과 실질지가의 변동의 상호관계를 살펴보기로 하자. [그림 5]는 두 변수간의 관계를 보여주고 있는데, 등락의 양상이 서로 비슷함을 알 수 있다. 또한 Granger-Causality 검정은 실질지가의 변동이 실질이자율 변동의 원인이 되는 결론을 보여주고 있다. 다변량모형을 이용한 김병구(1998)에서도 지가가 실질이자율 변동의 원인이 된다는 통계적 증거를 제시하고 있다(p.145).

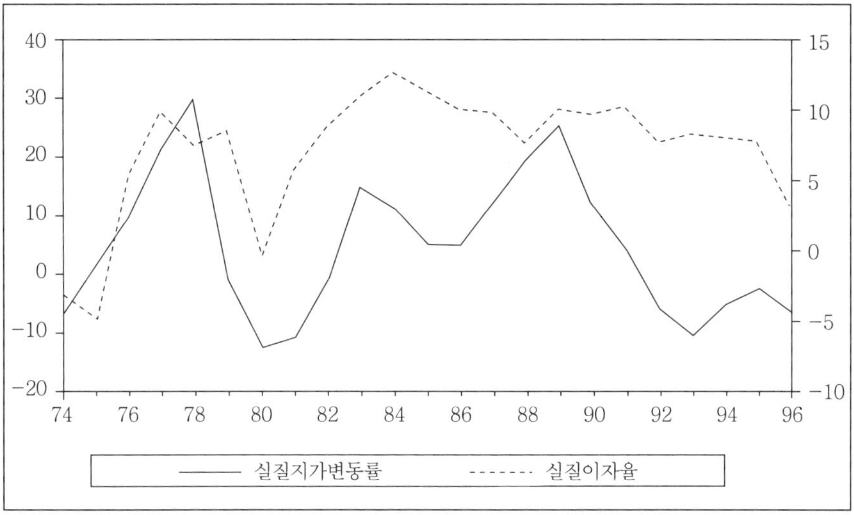

[그림 5] 실질이자율(3년 만기 회사채 수익률) 변동과 실질지가 변동의 추세

[Granger-Causality 검정 결과 (시차 : 2)]

귀무가설	F-통계량	P-값
실질지가의 변동은 실질이자율 변동의 원인이 되지 않는다	4.00345	0.039
실질이자율의 변동은 실질지가변동의 원인이 되지 않는다	1.08526	0.361

이와 같은 자료는 토지투기가 한국 고금리의 상당한 책임을 떠맡는다는 것을 보여주고 있다.

고물류비의 직접적인 원인으로 높은 지가를 지목하기는 어렵지 않다. 도로, 항만 등의 건설에 소요되는 토지보상비는 사회간접자본 확충에 직접적인 제약 요인이 된다. 한 예로 지가의 급속한 상승으로 도로 시설비에서 용지비가 차지하는 비중은 1979년의 6.2%에서 1983년에는 18.2%로, 그리고 1987년에는 35%로 급속히 상승했다. 고속도로 건설 경비를 예로 보더라도, 경부선의 경우 1㎞당 1억 원이 들었는데 판교-구리간 공사에만 103억 원이 소요되어 20년 사이 100배로 뛰었다. 용지보상비가 고속도로 전체 건설비에서 차지하는 비중은 경부고속도로의 10%에서 최근(1995년) 수도권의 경우 95%를 차지하고 있다(이진순, 1995, p.11). [그림 6]은 도로 총연장의 변화율과 실질지가 변동률 간에는 역의 상관관계가 있음을 보여주고 있다. 또한 Granger-Causality검정의 결과도 실질지가의 변동은 도로건설의 변동을 설명하나, 그 역은 성립하지 않는다는 것을 보여주고 있다. 이와 같은 결과는 한국의 높은 지가 상승이 도로와 같은 사회간접자본의 투자를 저해하고 있다는 유추를 뒷받침하고 있다.

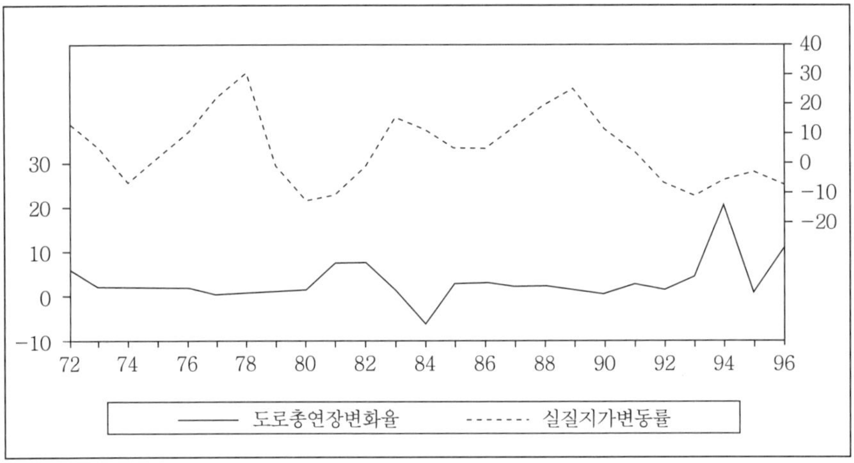

[그림 6] 도로연장 변동과 실질지가 변동의 추세

[Granger - Causality 검정 결과 (시차 : 2)]

귀무가설	F-통계량	P-값
실질지가의 변동은 도로건설 변동의 원인이 되지 않는다	4.52231	0.02563
도로건설의 변동은 실질지가변동의 원인이 되지 않는다	1.23968	0.31305

신규 진입기업은 토지투기의 직접적인 피해자이다. 초기 자금이 충분하지 않는 신규 진입기업에게 토지투기로 인한 고지가는 진입의 장벽으로 작용한다. [표 5]는 우리와 경쟁관계에 있는 나라들에서의 공장 분양가를 한국과 비교하고 있다. 어느 지역들을 비교하느냐에 따라 차이는 있으나, 한국 기업의 토지 구입 부담은 다

른 나라 기업들에 비해 적게는 2배, 많게는 100배나 크다. 1996년 전경련이 1천만 달러 이상을 투자해 해외에서 공장을 운영하는 25개 국내 기업을 조사한 자료에 의하면, 한국의 공단분양가는 평방 미터 당 148.9달러로 중국현지 공장에 비해 4.2배, 동남아에 비해 6.7배, 해외평균에 비해 5.5배가 높은 것으로 나타났다.[8] 이와 같이 토지투기는 고지가를 초래해 초기 자금이 충분하지 않은 기업의 신규진입을 억제함으로써 자원의 효율적 배분을 저해한다.

[표 5] 주요국 공장 분양가의 국제 비교 (단위 : 천원/평)

공단명	한 국		오스틴 (미 국)	윈야드 (영 국)	티후아나 (멕시코)	필라우 (스페인)	쑤저우 (중 국)	자파르 (말레이시아)
	천 안	광 주 첨 단						
부지가격	512	286	16	5	77	114	140	121

자 료 : 조윤제, 1997, p.26

우리는 지금까지의 논의로부터 토지투기와 그에 따른 고지가가 고비용 구조의 주요 원인이 된다는 것을 확인했다. 고비용은 바로 조지스트가 말하는 생산 압박의 주요 경로이다. 그런데 토지투기는 한국경제의 고비용의 원인으로만 작용하는 것이 아니라 금융구조를 취약하게 만들고 자금배분을 비효율적으로 만들며, 기업으로 하여금 지대추구행위에 몰두하게 함으로써 경제의 효율성을 떨어뜨리는 데도 큰 역할을 한다. 다음 절에서는 이에 관해 논의한다.

3) 토지투기와 저효율 구조

먼저 토지투기가 금융시스템을 취약하게 만든다는 것부터 살펴보기로 한다. 금융의 주요기능은 자금을 각 용처에 배분하는 것이다. 그래서 건전한 금융시스템은 자금을 효율적으로 배분하고 거래비용을 낮춘다. 그런데 한국의 금융산업은 그러한 고유의 기능을 잘 수행하지 못하고 있을 뿐 아니라, 오히려 실물경제의 장애요인으로 지적 받고 있는 실정이다.

8) 『서울경제신문』, 1996. 11. 16, 2면; 『매일경제신문』, 1996. 12. 21, 10면

조지스트의 이론은 토지투기가 금융의 발전을 가로막는 주요 요인으로 인식한다. 메이슨 개프니가 지적한대로 토지투기 과정에서의 지속적인 지가 상승은 금융기관들로 하여금 토지담보 대출에 전적으로 의존하도록 만들어 자금배분의 효율성을 저해하고, 토지가격의 거품을 더욱 부풀린다. 또한 토지투기가 최고점에 달한 후 거품이 꺼지는 상황에서는 부실채권과 그에 따른 신용 경색이 발생하고 이것이 경제 전체를 급속하게 냉각시키는 역할을 한다. 이와 같은 개프니의 이론은 우리가 직면한 경제위기의 현실을 잘 설명하고 있다.

먼저 [그림 7]의 지가 변동과 은행권의 대출액 변동의 관계를 보자. 그림에서 볼 수 있듯이 금융기관의 대출액은 지가변동에 밀접하게 영향을 받고 있다. 즉 지가가 급격하게 오를 수록 은행의 총대출도 크게 늘어난다. 이는 한국의 금융기관이 토지담보 대출에 크게 의존하고 있다는 것을 암시하고 있다. 실제로 1985년-96년 사이 일반은행 원화 대출금 중 부동산 담보대출 비중은 평균 약 40%에 이르며, 중소기업만을 대상으로 할 경우 1996년 말 현재 금융기관의 부동산 담보대출비중은 57.6%에 달하고 있다(김준경, 1998, p.28). 지가의 변동과 은행 대출액 변동 간의 Granger-Causality 검정에서도 실질지가의 변동이 은행의 대출액 변동의 원인이 되는 것으로 나타났다.

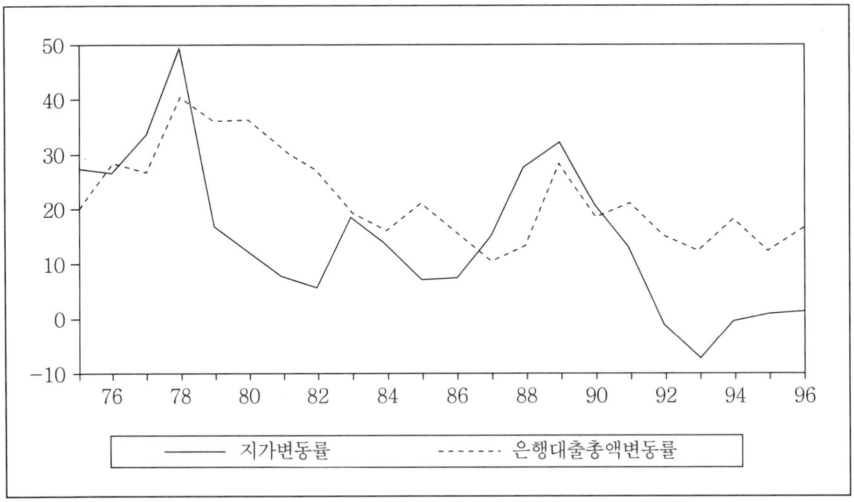

[그림 7] 지가(명목) 변동과 은행 대출액 변동의 추세

[Granger-Causality 검정 결과 (시차 : 2)]

귀무가설	F-통계량	P-값
지가의 변동은 대출금 변동의 원인이 되지 않는다	3.32124	0.06396
대출금의 변동은 지가 변동의 원인이 되지 않는다	0.88445	0.43341

1976-96년의 연간 자료를 이용하여 어음 부도율을 GDP에서 차지하는 기업 부채비율, 실질임금, 사채금리, 채산성 지표, 그리고 실질지가를 이용하여 회귀분석한 김준경(1998)에서도 실질지가의 상승이 어음 부도율을 낮추는 것으로 나타나, 금융기관의 신용 제공이 부동산 담보가치에 크게 의존하고 있다는 것을 보여주었다.

이와 같은 토지담보에 의존하는 대출 관행은 은행의 대출 심사 능력의 발전을 저해하여 자금의 효율적 배분을 저해함은 의심의 여지가 없다. 또한 거품이 터지면 은행의 재무구조가 부실해져 신용위기로 이어질 가능성을 높인다. 현재 한국의 취약한 금융시스템도 토지투기가 상당한 역할을 했음을 부인할 수 없다.

한국 경제의 효율성을 낮추는 또 하나의 요인은 토지로부터 자본이득을 노리는 기업 행태에서 찾을 수 있다. 개프니가 지적한 바와 같이 생산요소로서의 토지는 기계 · 건물과 같은 물적 자본과는 다른 성격을 가지고 있는데, 그 중 가장 독특한 성격은 토지의 가치는 계속 증가한다는 점이다. 미래에도 토지가격이 계속 상승할 것으로 예상하는 기업은 토지투기를 주요 경영 목표로 삼아 소위 '지대 추구'(rent-seeking)에 몰두한다. 기업들의 토지투기는 실제로 토지가격을 더욱 끌어올리면서 자본이득을 발생시켜 자원배분을 왜곡한다. 이를테면 사업이윤은 음(-)이 되어 손해를 보더라도 보유하고 있는 토지의 시장가치가 계속 상승하여 '이윤+자본이득'은 양(+)이 되면 그 기업을 시장에서 퇴출시킬 메커니즘이 작동하지 않음으로써 자원이 비효율적으로 배분되는 결과가 된다.

[그림 8]은 지가 변동률과 비금융 법인기업의 토지 순구입 변동률 간의 관계를 보여주고 있다.[9] 두 변수의 추세를 비교해 보면 지가가 빠르게 상승할수록 기업의 토지 구입 증가율도 커짐을 확인할 수 있다. 기업의 토지 구입을 전부 토지투기로 간주할 수는 없지만, 현재 구조조정의 압력을 받고 있는 기업들이 내놓는 토지의 양과 [그림 8]의 양태를 보면 우리기업들이 과거 토지투기에 크게 몰두했다는 것

을 짐작할 수 있다.

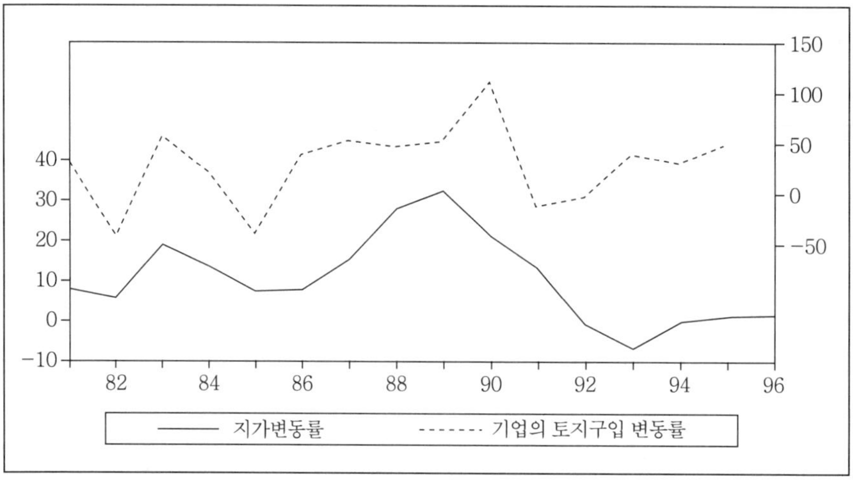

[그림 8] 지가(명목) 변동과 기업의 토지구입 변동의 추세

지금까지 우리는 조지스트의 시각에서 토지투기와 그로 인해 과도히 높은 지가가 한국 경제의 고비용-저효율 구조의 뿌리가 되고 있다는 것을 확인했다. 고지가와 토지투기는 단순히 토지시장에 국한되는 문제가 아니라 노동비용과 금융비용 그리고 물류비용을 높여 우리 상품의 국제경쟁력을 저해하고, 퇴출해야 할 기업을 보호하고 기술력 있는 기업이 시장에 새로 진입하지 못하게 한다. 또한 금융기관의 대출 심사 기능을 무력화하고 지가의 거품이 터지는 순간 금융기관들의 부실화를 초래하여 신용공황을 유발한다. 현재 우리가 직면하고 있는 경제위기의 배후에도 과거의 주기적인 토지투기들로 누적되어온 그와 같은 해악들이 숨어 있다.

9) 한국의 기업이 토지투기에 얼마나 몰두하고 있는가를 보여주는 정확한 자료를 구하기는 쉽지 않다. 토지가격이 상승할 때 기업은 자산 재평가를 유보하거나 미루기 때문에 회계자료에는 기업의 토지투기가 정확하게 반영되지 않기 때문이다. 따라서 기업의 대차대조표를 근거로 작성된 토지 순구입 자료를 해석하는 데는 신중을 요한다.

4. 결 론

이 장의 논의를 요약하고 그 정책적 함의를 간단하게 제시함으로써 마무리하기로 하자.

조지스트의 경제위기론은 경제위기의 근본 원인을 토지가치의 투기적 상승에서 찾는다. 헨리 조지는 토지가치의 투기적 상승이 먼저 토지와의 관련성이 높은 부문의 생산을 압박하고 그로 인한 생산의 중단이 다시 '수요의 중단→다른 부문의 생산의 중단→수요의 중단→……'이라는 연쇄 반응을 불러일으킴으로써 경제위기가 발생한다고 보았다. 프레드 해리슨, 메이슨 개프니, 프레드 폴드배리 등 현대의 조지스트들은 이와 같은 조지의 명제를 기본적으로 계승하면서도, 토지가치의 투기적 상승이 경제위기를 야기하는 경위를 좀더 구체적으로 밝힘으로써 조지스트의 경제위기론을 발전시켰다. 즉 그들은 영국, 미국, 일본 등의 사례 분석을 통해 '토지가치의 투기적 상승→건설 경기의 후퇴→일반 경기의 후퇴'라는 순서로 경제위기가 진행되는 것이 일반적이었음을 보여주었을 뿐만 아니라, 고임금, 고금리 등의 고비용 요인, 기업 경영과 자금 배분의 비효율, 거시경제의 불안정 등, 토지가치의 투기적 상승이 우회적으로 생산을 압박하는 다양한 경로를 제시하였다.

이와 같은 조지스트의 경제위기론을 기초로 하여 한국 경제의 현실을 분석한 결과 다음과 같은 사실들을 밝힐 수 있었다.

1960년대 이후 지금까지 심각한 불황에는 항상 그에 앞서 토지투기가 있었다. 현 경제위기의 경우에는 선행한 토지투기와의 시차가 크다는 문제가 있지만, 그것은 1990년대의 한국에 대단히 유리한 국제 경제 환경이 경제위기의 발발을 지연시켜왔기 때문이다. 그리고 영국, 미국, 일본 등 선진 자본주의 국가들의 경우와 마찬가지로 한국의 불황도 대체로 '토지가치의 투기적 상승→건설 경기의 후퇴→일반 경기의 후퇴'라고 하는 시간적 순서에 따라 전개되었다.

한국 경제에서 지가 변동은 실로 광범위하게 영향을 미쳐 왔다. Ⅲ절 2, 3항의 분석에서는 지가 변동이 임금, 금리, 대출, 도로 건설, 기업의 토지 구입 등 제 변수의 변동의 원인이 된다는 것이 밝혀졌다. 그 동안 지가의 투기적 상승은 고임금, 고금리, 고물류비용 등 고비용 구조의 요인들과, 토지 담보 대출과 그로 인한 금융시스템의 취약성, 기업의 비효율적 투자 등 저효율 구조의 요인들을 유발하는 경로를 통하여 생산을 압박하고 경제위기를 발생시켜 왔던 것이다.

이와 같이 한국의 현실은 조지스트의 주요한 명제들을 지지하고 있다. 그렇다면 우리는 그들이 제시한 해결책에도 주목할 필요가 있다. 그들의 해결책은 토지세 이외의 모든 조세를 철폐하고 토지가치세를 징수하자는 것이다. 그러나 그러한 처방을 현실에 적용할 경우에는 토지가치세를 완전하게 도입했던 경우는 드물고, 토지세를 강화하고 여타 조세를 감면하는 방식을 취하는 것이 일반적이었다. 여기서 이 처방을 평가할 여유는 없지만, 그것이 경제위기의 근본 원인인 토지투기를 억제하고, 생산을 자극하며, 세수를 풍부하게 만드는 장단기적 효과가 있다고 평가되고 있음을 지적해 둔다. 흔히 경제위기 시에 동원되는 대책들은 이 효과들 중 하나만을 추구하다가 다른 것들을 놓치거나 악화시키는 경우가 많다.

이 글은 토지투기로 인한 경제구조의 취약성의 심화를 경제위기의 주요 원인으로 파악하는 조지스트의 이론에 입각해서 한국의 경제위기를 분석하였기 때문에, 다른 요인들, 예를 들면 국제금융시장으로부터의 외부적 충격, 정부의 미숙한 대응, IMF의 무리한 구조조정 요구 등을 무시할 수밖에 없었다. 그리고 토지투기 외에도 경제구조의 취약성을 초래한 주요한 요인이라고 할 수 있는 관치경제, 무분별한 과잉투자, 금융부문의 낙후성 등이 경제구조의 취약성을 심화시키고 또 경제위기를 유발하는 메커니즘에 대해서도 다루지 못했다. 다행히 경제위기 발발 후 이러한 요인들에 초점을 맞추어 경제위기를 분석한 연구들이 적지 않게 나왔다. 이 글이 이 연구들과 상호보완적인 관계에서 한국 경제위기의 이해를 심화시키는 데 일조하기를 기대한다.

【참고문헌】

김경환, 서승환, "부동산투기와 자산가격 거품", 『한국경제연구』, 한국경제연구원, 1990.

김병구, "토지시장과 거시경제의 상호관련성 분석", 경북대학교 경제학과 박사학위 논문, 1998.

김병구, "토지투기가 고비용 구조에 미치는 영향", 『경상논집』, 경북대 경제경영연구소, 제27권 제1호, 1999.

김준경, 『기업의 과다부채와 장기불황 가능성』, 한국개발연구원, 1998.

김태동, "한일 양국경제에서의 자산가격변동과 거품의 상호비교", 『한국경제』, 성균관대학교, 제20권 제1호, 1993.

손재영 편, 『토지시장의 분석과 정책과제』, 한국개발연구원, 1993.

윤용만 외, 『토지와 주택의 불평등』, 도서출판 해남, 1999.

이용재, "도로와 철도간 화물수송 역할분담 방안", 『국토정보』, 국토개발연구원, 1996.

이정우, "한국의 부, 자본이득과 소득불평등", 『경제논집』, 서울대학교 경제연구소, 제30권 제3호, 1991.

이진순, 『경제개혁론』, 비봉출판사, 1995.

재정경제원, 『'97 경제위기의 원인 · 대응 · 결과』, 1998.

조윤제, 『한국경제의 구조조정과제』, 대외경제정책연구원, 1997.

토지공개념연구위원회, 『토지공개념연구위원회 연구보고서』, 1989.

통계청, 『경기종합지수』, 각호

한국개발연구원, 『경제위기 극복을 위한 구조조정 촉진방안과 중기비전』, 1998.

한국은행, 『경제통계연보』, 각호

한동근, 남병탁, "지가변동의 기대가 요소투입과 생산에 미치는 영향", 『지역연구』, 한국지역학회, 제14권 제2호, 1998.

Andelson, Robert ed., ***Land Value Taxation around the World***, Robert Schalkenbach Foundation, 1997.

________, ***Critics of Henry George***, Associated University Presses, 1979.

Corsetti, G., P. Pesenti, and N. Roubini, What Caused the Asian Currency and Financial Crisis? : Part 1 : A Macroeconomic Overview, ***NBER Working Paper*** No. 6833, 1998.

Foldvary, Fred E., The Business Cycle : A Georgis-Austrian Synthesis, ***American Journal of Economics and Sociology***, Vol 56, No. 4, 1997.

Gaffney, Mason, Land as a Distinctive Factor of Production, ***Land and Taxation***, N. Tideman (eds.),Shepheard-Walwyn, 1994.

George Henry, 김윤상 역, 『진보와 빈곤』, 비봉출판사, 1997.

Harrison, Fred, ***The Power in the Land***, Universe Books, 1983.

Harrison, Fred ed., ***The Losses of Nations***, Othila Press Ltd., 1998.

Krugman, Paul, "What Happened to Asia?", mimeo, 1998.

Ⅺ.중국의 토지제도와 헨리 조지

김시중*

1. 개혁 이전 중국의 토지제도

1949년 10월 1일에 건국한 중화인민공화국(이하 중국)은 일정한 과도기를 거쳐 1957년까지는 전형적인 사회주의적 토지 제도를 형성하였다. 즉 건국이후 1950년대 초반에 농촌 토지개혁을 거치면서 농경지의 농민 소유나 집터의 개인 소유 등을 허용하였으나, 곧 사회주의 공유제를 도입하여 1957년까지는 토지에 대한 어떤 형태의 사유도 폐지하였다. 이때 새로 도입된 토지 공유제의 실시 방식은 도시와 농촌을 구분하여, 도시 토지는 국유(중국식 표현은 '전인민소유'), 농촌 토지는 일부 국유토지를 제외하고는 모두 집단소유(중국식 표현은 '집체소유')를 원칙으로 하였다. 그리고 황무지, 산림, 초원, 갯벌, 매장 지하자원 등 천연자원은 국유를 원칙으로 하였다. 집단소유란 해당 집단이 공동으로 소유한다는 의미로, 중국의 경우 시기에 따라 토지소유의 주체가 되는 집단의 수준이 변화하였다. 즉 1958-59년의 대약진운동 기간에는 수만 명을 포괄하는 인민공사가 집단소유의 주체로 인정되다가, 1961년 이후에는 대체로 30-40가구로 구성된 생산대가 집단소유의 주체로 인정되었다.

한편 토지의 배분은 중앙계획체제의 속성에 따라 국가 계획에 의해 행정적으로 이루어졌고, 무상, 무기한, 무유동 이용을 원칙으로 하였다. 즉 도시 토지의 경우 기업, 단체 등이 관련 정부 부문(예를 들어 방직공장은 방직공업부, 대학은 교육부)에 특정한 건설사업 신청을 하여 허가를 받은 후 다시 토지관리 부문의 허가를 받아 국가 계획에 따라 토지를 행정적으로 배정(중국식 표현은 '劃撥')받아 사용하였다. 이 경우 기존 사용자의 이주비용 등 상징적 수준의 보상비용을 징수한 시

---

* 영남대학교 경제금융학부 부교수

중국의 토지개혁

중국에 있어서 토지 문제는 고대로부터 중대한 정치 · 경제 문제로 존재해 왔다. 근대에 들어서도 손문(孫文)의 삼민주의(三民主義) 중 민생 원칙에서 농민의 경지 소유('耕者有其田')와 토지의 평등 분배가 중심 테마 중 하나였다. 그러나 20세기 전반의 국민당 통치 시기에도 극도로 불균등한 토지 보유 상태는 유지되었다. 당시 중국공산당의 토지 문제에 대한 입장이 일관되게 유지된 것은 아니었지만, 대체로 지주의 토지를 몰수하여 농민에게 분배하는 것을 내세웠다. 실제 1949년 중화인민공화국 건국 이전에도 일부 공산당 점령 지역에서 토지의 몰수와 분배가 행해졌다.

건국 이후에는 1950년 6월 토지개혁법을 제정하고, 1952년까지 토지개혁을 실시하였다. 당시 중국은 농촌 인구를 지주, 부농, 중농, 빈농, 농업 노동자로 분류하고, 지주(인구의 약 2%) 및 부농으로부터 토지를 무상 몰수하여 빈농 및 농업 노동자에게 무상 분배하는 방식으로 토지개혁을 실시하였다. 당시 총 4,700만 헥타르의 경지(총 경작지의 45%)가 몰수되어 3억 이상의 농민에게 분배되었고 그 결과 지주 계급이 소멸되었다. 이 결과 농촌 인구의 57%를 차지하던 빈농의 토지 보유가 크게 늘어났지만, 이들 농가당 평균 보유 토지는 0.8 헥타르에 불과하였다. 이후 농민의 토지 소유를 인정하고 공동경영을 도모하는 초보적인 집단농장을 추진하다가, 1956년 이후에는 급속하게 토지의 집단소유를 기초로 하는 집단농장 체제로 전환하였다.

기도 있었지만, 원칙적으로는 무상으로 배정받아 무기한 사용할 수 있었고 다만 이를 팔거나 임대하는 것은 허용되지 않았다. 단 국가에서 다른 용도로 필요로 하거나 기존의 토지사용 필요성이 소멸할 때는 역시 행정수단을 이용하여 국가가 회수할 수 있도록 되어 있었다.

농촌 토지의 경우 대부분 집단소유제 하에서 집단적 경영이 이루어졌는데, 1961년대 이후에는 대체로 이른바 3급소유제의 인민공사 체제에서[1] 최말단의 생산대가 하나의 집단농장으로 기능하면서 토지의 소유 및 경영주체가 되었다. 단 구체적인 토지의 사용방법, 즉 경작 농산물이나 경작방법 등의 선택은 기본적으로 상

---

1) 3급소유제의 인민공사 체제는 1961년 이후 정착된 것으로 인민공사-생산대대-생산대로 이어지는 조직체계를 말한다. 이중 최하위 조직인 생산대가 생산-회계-분배의 기본단위로 하나의 집단농장을 형성한다. 최상위 조직인 인민공사는 정치지도, 상급 행정조직과의 연계, 비교적 대규모 지원사업(수송 등)을 담당하며, 생산대대는 인민공사와 생산대의 연계, 중규모 지원사업(건축 등)을 담당한다. 이 체제는 1958-59년의 대약진운동 시기에 초대규모의 인민공사가 생산-회계-분배의 기본단위로 작용하면서 초래한 대재앙에 대한 반성으로 등장한 것이었다.

위 조직을 통해 하달된 국가계획에 따라 결정되었다. 다만 시기에 따라 차이가 있기는 하지만 집단농장 소유 토지의 5% 정도는 개별농가에 터밭(중국식 표현은 '自留地')으로 할당하여 자신의 결정에 따라 사용하도록 허용하였다.[2] 그리고 도시 편입, 도로 건설 등을 위하여 국가가 농촌 토지를 필요로 하는 경우 해당 농촌토지를 수용하여 집단소유에서 국유로 전환한 이후에 해당 용도로 배정하였으며, 이 경우에는 반드시 토지 보상비를 지급하였다.

한편 모든 형태의 토지 양도거래는 불법화되어, 임대, 매매, 불법 점유 등이 금지되었다. 즉 오직 국가의 배정에 의해서만 토지를 취득하여 사용할 수 있었으며, 정부의 정책에 따라 필요한 경우에 한해 토지의 재배치가 이루어졌다.

이러한 토지제도 운용의 결과는 극히 비효율적인 토지 이용으로 나타났다. 즉 토지 자원의 불합리한 배분과 비효율적 이용이 광범위하게 나타났는데, 구체적인 문제로서 해당 토지의 성질과 조화되지 않는 사용(예를 들면 도심지의 공업용지), 도심 미사용 토지 존재나 일부 기관의 과다한 토지 사용 등 이른바 토지의 '粗放的 이용'의 문제가 나타났다. 예를 들어 당시 중국은 다른 나라와 비교할 때 도시 공업용지의 비중이나 도시 공한지의 비중이 2-4배 높게 나타났다.[3] 또한 중국의 중공업 중심 개발전략에 기인하여 공업화에 비해 도시화가 낙후하는 문제도 나타났다. 즉 중공업 투자의 고용창출 효과는 경공업 투자의 1/3에 불과한 것으로 추정되었으며, 이 결과 공업생산의 비중이 국민수입의 49%에 이른 1978년에도 공업 노동력의 비중은 12.5%, 도시 인구의 비중은 19.4%에 불과하였다. 또한 토지 무상사용의 결과로 국가 재정수입이 불충분하여 도시 건설투자 자금이 부족하게 됨에 따라 도시 기초시설이나 주택의 부족 현상이 나타났다.[4]

---

2) 터밭은 대부분 채소 경작 등의 용도로 매우 집약적으로 이용되었다.

3) 중국의 계획경제 시기에 등장했던 슬로건 중의 하나는 '소비도시를 생산도시로 바꾸자'는 것이었는데, 이러한 사고를 반영하여 중국 주요 도시의 공업 창고용지 면적 비율은 선진국에 비해 10% 포인트 정도 높았고, 도로 등 기반시설 점유 면적 비율은 10% 포인트 정도 낮았다.

4) 중국 도시주민의 불충분한 주거면적의 문제는 토지제도에 기인한 것만은 아니고, 도시주민에 대해 주거지의 공급을 직장 또는 지역공동체가 보장하도록 한 것에 기인한 것이기도 하다.

2. 중국의 현행 토지제도

1) 토지제도 개혁의 배경과 기본방향

중국이 1979년부터 전반적인 경제체제의 개혁과 대외개방을 시작하면서 토지제도의 개혁도 시작되었다. 토지제도 개혁을 실시하게 된 핵심적인 이유는 물론 앞에서 살펴본 구체제하의 토지 배분 및 이용의 비효율성을 극복하기 위한 것이었다. 또한 이전의 이데올로기 중심 사회에서 벗어나 경제발전을 최우선으로 하는 새로운 정책을 추진하기 위해서는 도시건설 자금 등 재정자금 수요가 크게 증대하게 되는데, 이를 위한 자금을 확보하기 위한 한 가지 방법으로 토지제도의 개혁이 추진된 측면도 있다.

이러한 배경하에서 추진된 중국 토지제도 개혁의 기본방향은 사회주의 체제를 고수한다는 차원에서 토지 공유제를 유지하되, 시장을 통한 토지자원의 배분 방식을 도입하여 효율성을 개선하는 것에 있다고 할 수 있다. 즉 토지 소유권과 사용권을 분리하고 토지사용권의 양도 · 재양도 시장을 형성하여 토지의 효율적 배분과 이용을 유도하였는데, 이는 중국식 사회주의 시장경제 건설이라고 하는 큰 개혁 방향이 토지제도 개혁의 방향도 설정했다고 해석할 수 있다. 또한 이전에 비해 약화되기는 했지만 도시와 농촌을 구분하고 농촌-도시간 인구이동도 억제하는 제도적인 틀을 유지하면서 토지개혁이 실시되었다. 또한 중국의 점진적 개혁 방식이 토지제도 개혁에도 나타났는데, 먼저 농촌 개혁이 실시되고 이어서 도시 개혁으로 이어졌으며, 도시 개혁에서도 구제도와 신제도가 공존(중국식 표현으로 '雙軌制')하면서 신제도 적용의 범위가 확산되는 현상이 나타나고 있다. 이러한 중국의 이중적 구조에 따라 농촌과 도시로 나누어 중국 토지제도의 변화 내용을 살펴보면 다음과 같다.

2) 개혁 이후 농촌 토지제도

중국 농촌 토지제도 개혁의 핵심은 종래 집단농장 체제를 해체하고 이른바 '농가청부책임제'를 도입한 것에 있었다. 즉 1984년까지는 종래의 인민공사-생산대대-생산대로 구성된 3급소유제와 정사합일(政社合一)의 구체제는 해체되고, 그 대신 인민공사에 상응하는 행정조직으로서 향(鄕 또는 鎭)이, 생산대대에 상응하는 말단 행정조직으로 촌(村)이 설치되었으며, 농업생산 및 회계의 기본단위였던 생산대는 해체되거나 '촌민소조(村民小組)'로 대체되었다. 단 토지의 집단소유제는 유지하여 토지를 촌민소조 혹은 촌의 집단소유로 하되, 개별 농가는 청부계약을 통해 식구 수와 노동력에 따라 배정된[5] 일정 토지에 대한 일정 기간 동안의[6] 경작권을 보유하여 독자적으로 농지를 경영하도록 하였다. 기본 생산경영 단위가 된 개별 농가는 청부계약에 따라 정해진 국가(농업세 납부 및 수매의무 등) 및 집체(축적기금, 복리기금 등 납부)에 대한 의무를 이행한 이후의 나머지 모든 수익을 자신에게 귀속시킬 수 있다.

이러한 제도는 일종의 토지 임대제로 해석할 수 있는데, 소유주인 집체가 간접적 형태로 (계약수매 의무, 축적기금 및 복리기금 등) 구성원으로부터 임대료를 받는 형식이다. 즉 소유권(처분권 포함)은 집체에 귀속하고 경영권은 개별 농가가 갖지만, 수익권은 공동으로 향유하되 농가가 잔여수취자(residual claimant)가 되도록 함으로써 토지이용의 효율성 제고를 시도한 것이다.

한편 중국은 일부 농민이 도시로 이주하거나 농촌에서 향진기업에 종사하면서도 자신이 할당받은 토지를 비효율적으로 사용하는 문제가 발생하자, 제한된 범위에서(해당 집체에 속한 사람에 한해) 경작권의 재임대를 허용함으로써 비교적 규모가 큰 전업농을 육성하여 토지의 비효율적 경영 문제에 대응하려고 하였다. 그러나 실제로는 도시로 이전하였거나 비농업에 종사하는 농민들 대부분이 보험적 성격으로 토지 보유를 지속함으로써 기대했던 효과를 거두지 못했다.

한편 농촌의 각종 비농업용 건설토지는 집체(촌 혹은 촌민소조) 소유의 토지를 이용하여 공급한다. 예를 들어 향진기업의 활동을 위하여 혹은 농민주택 건설을 위하여 농촌토지를 필요로 하는 경우, 원칙적으로 해당 집체소유의 토지를 이용하여

---

5) 대체로 각 농가의 식구 수에 따라 자가소비 식량을 생산할 토지(중국식 표현은 口糧田)와 노동력을 반영하여 판매용 농산물을 생산할 토지(중국식 표현은 責任田 혹은 請負田)로 나누어 배분되었다. 1990년대에 일부 지역에서는 책임전의 배분에 입찰방식을 도입하여 가장 높은 대가를 지불할 농가 곧 가장 효율적으로 이용할 농가에 배분하는 방식이 도입되기도 하였다.

6) 농촌 토지의 청부계약기간은 대체로 초기에는 3-5년, 1980년대 후반에 15년으로 하다가, 1차 청부기간 만료 이후인 1990대 후반에는 30년으로 정해졌다.

야 하는데, 향진기업, 농민 택지인지를 막론하고 현급 이상 정부의 허가를 받아 해당 집체 소유 토지를 이용한다. 원칙적으로 다른 집체 소유의 토지를 이용하는 것은 허용되지 않지만, 협의를 통해 이용할 수도 있다. 개혁초기에 과다한 농지가 택지 등 건설용지로 전환된 경험을 하였기 때문에, 농촌의 건설용 토지이용은 반드시 향(진) 토지이용 계획에서 건설용지로 지정된 것만 이용할 수 있고 또 현급 이상 정부의 허가를 받도록 규정되어 있다. 농촌의 건설용지 이용을 위해 불가피하게 농지를 점용하게 될 경우 원칙적으로 토지 정리를 통해 경지면적을 유효하게 확대시키거나 다른 방식으로 경지를 확보하기 위한 금액을 지불해야 한다.

한편 국가나 도시의 기업 혹은 개인이 농촌토지를 이용하기 위해서는 일단 국가가 수용절차를 거쳐 집체소유 토지를 국유토지로 전환한 이후에, 일정한 절차를 거쳐 이 토지를 행정배정하거나 사용권을 매각하여 도시 용도로 이용할 수 있다.

3) 개혁 이후 도시 토지제도

도시(城市) 토지제도 개혁의 핵심은 종래에 국가가 토지를 필요로 하는 기관에 무상, 무기한으로 사용하도록 행정적으로 배정해주되 어떤 방식의 유통도 허용하지 않는 체제에서 탈피한 것에 있다. 먼저 1982년에 개혁이 가장 빨리 진행되던 광동성 심천 경제특구에서 '토지사용비'를 부과함으로써 토지의 유상사용 방식이 처음으로 도입되었다. 이후 전반적인 개혁이 진행되면서 토지사용 제도 및 관리제도를 갖추어갔다. 1986년에 〈중국 토지관리법〉이 제정되었고, 1987년에는 역시 심천 특구에서 처음으로 토지사용권의 유상양도가 시행되었고, 이는 곧 상해 등 다른 주요 도시로 확산되었다. 이어서 1988년에는 헌법을 개정하여, 이전의 "토지를 임대할 수 없다"는 규정을 폐지하고 "토지사용권은 법률의 규정에 의거하여 재양도할 수 있다"고 규정하여, 토지제도 개혁의 제도적 기초를 마련하였고, 이는 다음해 〈토지관리법〉 개정에 반영되었다. 1990년에는 〈도시 국유토지 사용권 양도 · 재양도 임시조례〉를 제정하여 토지사용권의 양도, 재양도, 임대, 저당 등에 관한 보다 구체적인 규정을 하였다. 1994년 〈중국 도시 부동산관리법〉을 제정하여 개발용 토지의 취득, 개발, 교역, 등기 등에 관하여 명확하게 규정하였다. 이어 1998년에는 중앙부처로 국토자원부가 처음으로 설립되었고, 토지관리법을 개정하여 용도관리 규제 등 토지관리 방식에 대한 개혁을 도입하였다.

이런 과정을 통해 수립된 중국의 도시 토지 제도의 핵심은 토지의 국가 소유를 유지하되, 소유권과는 분리된 그러나 법이 명시적으로 규정하고 보호하는 독립된 물권으로서의 사용권을 도입하고 그 사용권의 유통을 허용한 것에 있다. 독립된 물권으로서의 토지 사용권은 토지에 대한 일정기간 동안의 배타적 점유, 사용, 수익의 권리 및 제한된 수준의 처분권을 포함하는 것으로, 여기에서 제한된 수준의 처분권이란 법이 정한 범위 내에서 재양도, 임대, 저당, 상속할 수 있는 권리를 말한다.

중국의 도시 토지는 일차적으로 정부에 의해 독점 공급되는데, 토지사용권이 일차적으로 공급되는 방식에는 다음과 같은 다섯 종류가 있다. 첫째로 이전의 방식과 동일한 행정배정 방식이 있다. 행정배정 방식으로 토지사용권을 할당하는 경우 무상으로 공급하는 방식(예를 들어 황무지)과 기존 사용자들에 대한 이주 및 보상 비용 등을 지급하는 방식(예를 들어 도심 재개발 토지나 교외 농촌 집체소유 토지의 경우)이 있다. 토지 이용기간의 제한이 없으나, 허가 없이 재양도 임대 저당 등을 할 수 없다. 관련 법규에 의하면 행정배정 방식으로 공급하는 토지는 국가기관 용지, 군사용지, 도시기반시설 용지, 공익사업 용지, 국가가 중점을 두는 에너지, 교통, 수리 등 기초시설 용지 및 기타 법률 및 행정규정이 정한 용지로 제한하고 있다.

둘째로, 국가가 토지개발 회사나 최종 이용자(기업, 기관, 개인 등)에게 일정 기간 동안의 국유토지 사용권을 유상으로 매각(중국식 표현은 '出讓')하는 방식이 있다. 토지 사용권의 최대 이용기간은 주거용지 70년, 교육 과학기술 문화 위생 등 용지는 50년, 상업 관광 위락 체육 용지는 40년, 종합 및 기타 용지는 50년으로 규정되어 있으며, 구체적인 사용기간은 이 한도 내에서 양도계약에 지정한다. 계약을 통해 대금('出讓金')을 지불하고 매입한 토지사용권 보유자는 법규 및 계약조건의 제약 하에서 해당 기간 동안 배타적인 점유, 사용, 수익의 권리를 가지며 또한 재양도(중국식 표현은 '轉讓')하거나 또는 임대, 저당을 할 수 있다. 토지사용권 매각대금은 국가 토지관리부문과 양수자간 협의를 통해서 결정하거나[7] 또는 입찰, 경매 방식을 통해 결정하도록 규정되었다. 이러한 토지이용권의 유상 양도는 국가의 행정행위로서의 토지이용 허가가 아니라, 시장참여자로서의 국가 토지관리부문과

7) 협의 매각시 해당 토지 소재지의 사회경제발전 수준, 토지의 위치, 용도, 사용기간과 수용비, 개발비, 예상 순수익, 관리행정비 등을 고려하여 가격을 결정하도록 되어 있다.

다른 시장 참여자간의 경제적 계약이다.

셋째로 토지의 유상이용 방식의 하나로 토지사용권의 임대 방식이 있다. 이 방식은 토지 소유자인 국가가 토지 사용권을 토지이용자에게 일정 기간 임대해주고 임대료를 받는 것을 말한다. 임대기간은 비교적 짧아서 3–5년이 많으며, 10년을 초과하는 경우는 거의 없다고 한다. 임대료는 계약에 따라 년별로 징수하는 것이 일반적이어서, 이 제도를 토지연조제(土地年租制)로 부르기도 한다. 이 방식은 토지 이용자가 한꺼번에 큰 지출을 하지 않고 토지를 사용할 수 있으며 국가는 매년 안정적인 수입을 확보하는 방식으로, 최근에 그 이용이 증가하고 있다. 특히 기존에 행정 배정 방식으로 배정된 토지가 경제여건의 변화에 따라 상업적 용도에 이용될 때 국가가 토지공급 방식을 변경하여 사용료를 받는 방식으로 흔히 사용되고 있다.

넷째로 국가가 국유토지 이용권을 평가해 주식회사화하는 기업에 출자하고, 새로 설립되는 이 기업이 토지사용권을 갖는 방식이 있다. 이는 중국의 국유기업 개혁의 주요 방식인 주식회사화와 연관하여 국민경제에 중요하다고 판정되는 부문의 국유기업에 대해 사용하고 있는데, 이 경우 해당 기업은 일단 대금을 전혀 지불하지 않고 토지 사용권을 확보하게 된다. 이 과정에서 발생한 국가주식은 토지관리부문이 국유주식 보유부문에 위탁하여 보유하게 된다. 단 이 경우 토지가치 평가에 자의성이 개입할 여지가 크다는 문제가 있다.

다섯째 국가가 대형 국유기업(혹은 기업집단)에 행정배정 토지에 대한 이용권을 전적으로 위탁하는 이른바 '수권경영제도(授權經營制度)'도 존재한다. 이 경우 기업은 기존 행정배정 토지자산을 자체자산으로 하여 직접 개발 이용하며, 그 수익을 자체적으로 이용할 수 있다. 해당 기업은 단지 정기적으로 정부의 토지관리부문에 토지자산의 경영상황을 고시하기만 하면 된다. 이 경우도 해당 기업에 큰 특혜를 베푸는 것으로 부패와 연계될 가능성이 크다.

위와 같은 다섯 가지의 1차 토지공급 방식중 가장 많이 사용되는 것이 여전히 행정배정 방식으로 약 40%를 차지하며, 이어서 유상매각, 임대 방식의 순서로 나타난다(표 1 참조). 즉 새로 도입된 유상매각이나 임대 방식의 사용이 늘어나고 있지만 개혁 이전과 기본적으로 동일한 토지공급 방식이 아직도 가장 큰 비중을 차지하고 있는 상황인 것이다.

한편 유상매각('出讓')의 실행방식에 있어서는 협의 방식의 매각 비중이 여전히 절대적으로 높고, 입찰이나 경매를 통해 매각되는 토지의 비중은 아직도 미미하다. 1999년의 경우 99,017 필지의 표준지 유상매각 중에서 협의 방식으로 매각된 것이 83,692 필지로 85%를 차지하고, 경매 방식이 12,643 필지로 13%, 입찰 방식이 2682 필지로 2% 수준이다.[8] 이는 대부분의 토지사용권을 입찰이나 경매방식으로 매각하는 홍콩의 경우와 크게 대조적이다. 따라서 중국의 토지 1차 유상양도 가격이 시장 조건과는 무관하게 결정되거나 심지어 부정부패와 연관될 가능성이 있음을 시사해준다.

[표 1] 중국의 신규 토지공급 방식 (1999년)

토지공급방식	행정배정	유상매각	임 대	기 타
면적(헥타르)	54163.4	45390.7	28842.9	4921.0
비중(%)	40.6	34.1	21.6	3.7

3. 중국 토지시장의 구조와 특징

본 장에서 말하는 중국의 토지시장이란 토지사용권 시장을 지칭하며, 앞 장에서 소개한 방식으로 1차 공급된 토지가 2차, 3차 거래되는 시장에 국한하여 논의하고자 한다. 또한 중국의 농촌 토지의 경우 도시용 토지로 전환되지 않는 한 국가의 수용이나 제한된 범위의 재임대 외에는 어떤 형태의 거래도 불가능하기 때문에, 여기서는 결국 중국의 도시 토지에 국한해서 토지시장의 구조와 특징을 살펴본다.[9]

앞에서 살펴본 1차시장의 다섯 가지 방식으로 공급된 토지 중 원칙적으로 2차시장을 통해 유통이 가능한 것은 사용권 유상매각 방식으로 공급된 토지뿐이다. 1

8) 1995년에 협의방식 매각 비중이 95%에 달한 것과 비교하면 경매나 입찰을 통해 매각되는 것이 증가하고 있음을 알 수 있다.

9) 중국에 합법적인 토지시장이 성립된 것은 1987년이지만, 그 이전에도(물론 1978년 이후) 음성적인 토지시장이 있었다. 즉 행정배정된 토지 사용자들이 주택 매각이나 토지와 주택의 교환, 토지를 자본으로 한 공동투자 및 공동경영의 형식으로 음성적인 토지거래를 하였다.

차 시장을 통해 유상매각 방식으로 국가로부터 토지사용권을 획득한 토지 개발자나 토지 사용자는 계약에 따른 개발을 일정 수준 이행한 이후 토지상의 지상물과 함께 토지를 재양도, 임대 혹은 저당할 수 있다. 예를 들어 주거용 건물 건축용도로 토지사용권을 매입한 개발업자는 계약된 건설공정 총투자액의 25% 이상을 투자한 이후에야 건물을 분양할 수 있도록 되어있다.[10] 이때 사용권을 재양도 받는 주체는 제2의 개발업자일 수도 있고 또는 직접적인 토지(및 지상물) 사용자가 될 수도 있다. 재양도 받은 자의 사용권 기간은 1차 양도계약에 명시된 토지 사용기간의 잔여기간이며, 기존 양도계약에 나타난 권리와 의무 및 용지사용 조건 등이 함께 이전된다. 한편 계약 조건에 따른 개발을 이행하지 않은 경우(예를 들어 계약서 상의 착공시기 1년 이후에도 착공하지 않는 경우)에는 일종의 과태료(중국식 표현은 '土地 閑置費')를 부과하며 나아가 매각계약 취소도 가능하다. 또한 매각 계약에 정해진 내용과 다른 용도로 토지를 사용하려고 할 경우 매각자 및 관련 도시계획 관련 부서의 동의를 얻어 새로운 계약 체결이 필요하며 이 경우에 매각대금의 조정도 수반된다.

2차시장의 재양도가격은 특별한 제약 없이 당사자간 협상을 통해 정해지므로, 대체적으로 시장가격이 형성된다고 볼 수 있다. 정부는 재양도 가격이 시장가격보다 뚜렷이 낮다고 판단할 경우 우선구매권을 행사할 수 있다. 또한 재양도가격이 1차 양도가격보다 뚜렷하게 높을 경우 양도소득세(중국식 표현은 土地增値稅, 직역하면 토지부가가치세)를 부과한다.

한편 재양도 외에 2차시장에서의 또 하나의 주요 거래 유형은 임대이다. 토지사용권을 취득한 자가 토지이용권 및 그 지상물을 임차인에게 임대하고 임대료를 받는 거래이며, 대부분 각종 건물 임대, 즉 사무실, 점포, 주택 임대의 형태로 이루어진다. 이 경우 임차인은 토지 및 지상물을 이용할 권리만 있고, 토지 용도의 변경이나 사용권의 양도, 재임대, 저당 등을 할 수 있는 권리가 없다.

3차 토지시장은 토지사용자 간에 이루어지는 토지 재양도 혹은 임대, 교환, 저당 등의 거래를 말한다. 이는 완전히 개방된 시장으로, 거래가격이 시장에서의 수요과 공급에 근거해 거래쌍방이 합의함으로 거래가 이루어진다. 중국에서는 아직 토지시장 내지는 부동산시장의 역사가 짧기 때문에 3차시장의 규모가 1, 2차 시장

10) 단 해당 지역정부는 경우에 따라 이 기준을 탄력성 있게 적용할 수 있다.

에 비해 작은 편이다.

한편 토지 사용기한이 만료되면 토지는 지상의 건축물 및 부착물과 함께 정부가 무상으로 회수한다. 그러나 사용권 기간 만료 이후에도 계속 사용을 희망할 경우에는 만료 1년 이전까지 연장 사용을 신청할 수 있다. 정부가 연장사용 신청을 허가할 경우 재계약을 통해 매각금을 다시 지불하고 계속 사용한다. 사용기한이 만료되기 이전에도 정부가 공공의 이익을 위해 필요한 경우 토지사용권을 회수할 수 있고, 이 경우에는 이미 사용한 기간과 토지개발 및 이용상황에 근거하여 상응하는 보상을 해야 한다.

한편 행정배정 방식으로 할당받은 토지사용권은 원칙적으로 재양도, 임대, 저당할 수 없지만, 실제로는 해당 지방정부의 비준을 받아 재양도하는 것이 가능하다. 이 경우에도 일단 유상매각(出讓) 수속을 거친 후 재양도하는 형식을 취하는 것이 원칙이다. 즉 대부분의 경우 일단 양도대금을 지불하여 토지사용권을 매입한 후 재양도하는 형식을 취한다. 단 예외적으로 국무원 규정에 따라 해당 지방정부가 매각수속을 거치지 않고 재양도를 허용하는 경우 재양도 수익중 토지수익에 해당하는 부분은 정부에 납부하도록 한다. 현실적으로는 매각대금을 정부와 기존 사용자간에 적절히 분배한다고 한다. 이러한 상황은 도시 재개발과 관련하여 흔히 발생하는데, 도심지에 행정배정 방식으로 받은 토지에 사업장을 보유하고 있는 국유기업의 경우 해당 지역을 재개발할 때 이런 방식을 통해 개발업자에게 토지를 양도하고 그 수익을 정부와 나누어 갖는다.

4. 중국의 토지 관련 조세

1994년에 전면적으로 개편 시행되고 있는 중국의 조세체계 하에 존재하는 25종의 조세중 토지와 직접적으로 연관된 세종으로는 도시토지사용세, 토지양도소득세, 경지점용세의 3종이 있다. 이외에 간접적으로 토지와 관련된 세종으로는 건물(재산)세, 도시부동산세[11], 부동산취득세, 도시유지건설세, 농업세, 영업세, 인지세

---

11) 도시부동산세는 기본적으로 건물(재산)세와 동일하게 건물 가치(혹은 임대소득)에 대한 조세이지만, 외국인(외국기업)에 대하여 부과한다는 점에서 건물세와 다르다.

등을 들 수 있다. 이 중에서 토지와 직접적으로 연관된 세 가지 조세에 대해 살펴보면 다음과 같다.

1) 도시토지사용세(城鎮土地使用稅)

중국 정부는 도시토지 사용의 효율성을 높이기 위하여 1988년 11월부터 〈중화인민공화국 도시토지사용세 임시조례〉에 근거하여 정규 도시, 현소재지(縣城), 공식 진('建制鎮'), 광공업지구에 소재한 토지에 대하여 토지사용세를 부과하기 시작하였다. 이 조세는 도시 토지를 사용하는 기관(기업, 개인)에 대하여 점유 토지 면적을 과세 근거로 하여 부과된다. 세율은 해당 토지 소재 도시의 등급과 해당 토지의 등급에 따라 [표 2]와 같이 구성된다. 단 국가기관, 인민단체, 군대 사용 토지, 공공용지 등은 토지사용세가 면제된다.[12] 이 조세의 성격을 엄밀히 분석해보면 공권력 보유자인 정부가 토지 소유(사용)자의 수익의 일부를 강제로 수취하는 조세의 성격, 토지 소유자인 국가가 사용자에게 받는 지대의 성격,[13] 도시 기초시설 제공에 대한 사용료 성격 등이 혼합된 것으로 볼 수 있다.

[표 2] 도시토지사용세 세율

등 급	평방미터당 세액범위(元)
대도시	0.5-10
중형도시	0.4-8
소도시	0.3-6
현소재지, 공시 진, 광공업구	0.2-4

12) 해당 법규가 명시하고 있는 도시토지사용세 면제 대상은 ○국가기관, 인민단체, 군대의 직접이용 토지, ○재정부가 운영경비를 지불하는 기관의 직접 이용 토지, ○사원, 공원, 명승고적 토지 ○도로, 광장, 녹지 등 공공용지, ○농림목축어업에 직접 사용되는 토지, ○간척지, 신개간지, 폐광 개조지 등 5-10년간, ○재정부가 별도로 규정한 에너지, 교통, 수리 시설 용지 및 기타 용지 등이다.

13) 해당 법규가 도시토지사용세부과의 이유를 "토지를 합리적으로 이용하고 토지 등급별 수입 차이를 조절하여 토지 사용효율을 높이며 ..."라고 규정한 것은 이 세금이 지대의 성격을 갖고 있음을 나타내준다.

2) 경지점용세

경지점용세는 농경지를 점용하여 건물을 건설하거나 기타 비농업용 사업을 수행하는 기업이나 개인에게 실제 점용 경지면적에 따라 징수하는 일회성 특별 토지세이다. 이 조세는 농경지의 과도한 축소를 방지하는 동시에, 농업 개발과 농촌 지원을 위한 자금을 조달하기 위한 수단으로 도입되었다. 세율은 구역별 고정단위세액으로 결정되는데, 재정부가 1인당 경지면적의 크기를 기준으로 지역별 평방미터당 표준 세액 범위를 정하고,[14] 이 범위 내에서 지방정부가 해당 지역의 구체적인 정황을 고려하여 단위 세액을 결정한다. 이 세금의 감면대상으로서는 특수 점용토지나, 농촌 주민의 주택 건설용 토지 등이 제시되어 있다.

3) 토지양도소득세('土地增值稅')

토지양도소득세는 토지사용권이나 지상건축물 및 그 부착물을 재양도('轉讓')하는 과정에서 발생한 토지가치 증가액에 대하여 부과하는 조세로서, 수익과세와 자원과세의 성격을 겸하여 갖고 있다. 이 조세는 1994년에 처음 도입되었는데, 도입 당시의 핵심 취지는 부동산 투기 억제에 있었다.[15] 과세 대상인 부동산 재양도시의 토지가치 증가액은 재양도 총수입에서 토지 취득시 지불금액, 토지개발 비용, 지상건축물 평가 금액(신 건물의 경우는 건축원가, 구 건물의 경우 평가가격), 재양도 부동산 관련 세금을 공제한 차액을 말한다. 세율은 가치 증가액의 공제항목 초과 금액 비율의 크기를 기준으로 4단계에 걸쳐 30-60%에 이른다.

---

14) 재정부 기준에 따르면 1인당 경지면적이 각각 1마지기(0.067 ha) 이하인 1급지의 경우 평방미터당 세액 범위가 2-10元, 1인당 경지면적이 1-2 마지기인 2급지의 경우 동 범위가 1.6-8元, 2-3 마지기인 3급지의 경우 1.3-6.5元, 3 마지기 이상인 4급지의 경우 1-5元으로 되어있다.

15) 1992년 등소평의 남순강화 이후 1994년까지 중국에 몰려온 개혁개방의 가속화 열기에 각 지방마다 개발구(일종의 공단) 설치 붐이 불었고, 이어 홍콩, 대만인까지 가세하여 아파트 등 부동산 붐이 불면서 투기가 횡행했던 시기였다.

5. 중국 토지제도의 평가와 헨리 조지식 토지제도에 대한 시사점

중국의 새로운 토지제도는 아직 형성 초기에 있기 때문에 현재 수립되고 있는 토지제도 자체의 성과를 평가하기에는 이른 감이 있다. 현재 나타나고 있는 문제의 상당 부분은 새로운 제도 형성과정에서 나타나는 시행착오에 기인한 것이기 때문이다. 그럼에도 불구하고 지난 10년에 걸쳐 중국에서 토지와 관련하여 나타난 문제들을 정리하면 다음과 같다.

먼저 토지사용권의 1차 공급에 있어서 행정 배정되는 토지의 비중이 여전히 높고, 또한 유상 매각의 경우에도 입찰이나 경매를 통하지 않고 협의 방식으로 매각 대상과 가격이 결정되는 경우가 대다수라는 점이 문제가 된다. 이는 현 제도가 의도했던 토지의 효율적 배분 및 이용과는 무관하게 토지의 배분이 이루어지고 있음을 보여주는 것이고, 또한 토지 공급이 쉽게 부정부패 문제와 연계될 수 있음을 보여주는 것이다. 즉 위와 같은 제도를 운영하는 상황에서는 토지 공급을 담당하는 지방정부에 대하여 토지 사용권을 행정 배정 받기 위한 로비가 있을 수 있고, 토지 사용권 매각의 경우에도 특히 협의 방식의 매각시 싸게 매입하기 위한 로비가 있을 것이며,[16] 따라서 이와 관련한 권한 남용이나 부정부패가 발생할 소지가 다분히 있다. 또한 토지 사용권 재양도와 관련해서도 계약조건에 따른 개발 미이행 상태에서 재양도 여부 및 토지양도소득세 부과에 있어 불투명한 요소가 존재하기 때문에 역시 부패가 개입될 여지가 있다.

이와는 별도로 중국 토지(사용권) 시장에 나타난 투기 현상을 지적할 수 있는데, 특히 1992-94년 기간중 개발 붐이 확산되면서 토지투기가 광범위하게 나타나 토지사용권 재양도 가격이 급등하였다. 이에 대응하여 중국 정부는 "양도소득세"(土地增值税)를 도입하였지만, 투기 억제에는 한계가 있었다. 또한 조세, 지대, 사용료(비용) 등의 성격이 혼재된 각종 세금 및 비용의 징수가 행해지고 있다는 문제가 있다.

한편 개혁 이후 등장한 중국의 도시 토지제도는 기본적으로는 헨리조지식 토지제도와 상통하는 성격을 보유하고 있다. 헨리 조지는 그의 주 저서인 『진보와 빈곤』에서 "토지의 사적 소유권을 철폐하고 토지의 공유를 선언한 후 ... 각 필지마다

16) 그러나 중국과 같이 광대한 나라에서 모든 토지를 입찰이나 경매를 통해 매각한다면 그 거래비용이 과다하게 발생하는 문제가 있을 것이다.

최고가격 청약자에게 임대한다면, 정의의 법칙도 만족시키고 경제성도 충족시킬 수 있다."고 명시하고 있다.[17] 그는 다만 토지의 사유가 일반화된 사회에서 토지를 환수하는 것보다는 단지 지대만 환수하는 것이 보다 용이하다는 측면에서 지대조세제를 제안하고 있는 것이다. 그러나 이 논리를 거꾸로 적용하면 중국과 같이 이미 토지사유가 철폐되어 있는 사회에서는 지대조세제보다는 토지 임대제 혹은 토지사용권 매각제도가 오히려 같은 목적을 달성하는 보다 단순하고 쉬운 방식으로 이해할 수 있을 것이다. 이런 의미에서 중국의 토지제도 특히 도시 토지제도는 헨리 조지가 의도했던 토지제도의 아이디어를 반영하는 것으로 이해할 수 있다.

따라서 중국의 경험을 통하여 이와 상통하는 헨리조지식 토지제도를 실현시키려 할 때의 어려움과 발생할 수 있는 문제를 간접적으로 이해할 수 있을 것이다. 다만 이 문제에 접근하는 데 있어서 현실적으로 중국에 나타나고 있는 제도가 원래 의도했던 이념형(ideal type)으로부터 상당히 괴리되어 있기 때문에, 왜곡된 토지사용권 시장에서 나타나는 현실의 문제와 제도 자체의 문제를 구분하는 것이 필요할 것이다. 이런 한계에 유념하면서 헨리조지식 토지제도를 실행할 경우 나타날 가능성이 있는 문제들을 생각해보면 다음과 같은 것들이 있을 것이다.

먼저 중국식 제도가 헨리 조지의 아이디어를 반영한 것이 되기 위해서는 토지사용권이 최고가격 청약자에게 부여되어야 할 것이다. 즉 토지 1차시장에 있어 토지사용권을 행정적으로 배정하는 것을 금하고 또한 양도 방식에 있어서는 경쟁 입찰 혹은 경매 방식을 사용해야만 할 것이다. 그러나 중국과 같이 큰 나라에서 1차 공급되는 모든 토지를 경쟁입찰이나 경매 방식으로 공급하는 데에는 상당한 거래비용(transaction cost)이 소요될 것이고, 현실적으로는 협의 방식의 매각이 불가피하게 나타날 것이다. 이 문제는 헨리조지가 제시한 지대조세제를 실시할 경우 다양한 토지에 대해 지대의 크기를 파악하는 문제와 직결되어 있는 것이다.

한편 사용권 투기의 문제와 관련하여 특정 토지 사용방식에 대한 남보다 뛰어난 예지나 남보다 뛰어난 미래 예측 능력에 대한 보수를 인정할 수 있는가의 문제가 존재한다. 이는 또한 지상물(개량, 건물 등)과 결합된 토지의 성격에 따른 문제와도 연계된다. 즉 토지개발업자가 불확실한 미래에 직면하여 토지에 다양한 투자를 하는데, 이 투자에 대한 보수를 어떻게 인정할 것인가 하는 것이 현실적으로 중

17) 헨리 조지(김윤상 역, 1997, p.390)

요한 과제가 될 것이다. 국가가 모든 토지가치 증가분을 환수할 경우 토지에 대한 적절한 투자를 어떻게 유도할 것인가 하는 문제가 있을 것으로 보인다.

【참고문헌】

김종범, "중국의 도시 부동산체제에 대한 소고", 『中蘇研究』, 1998 가을, 통권 79호, 145-167.

吳次芳, "中國的土地使用制度", (中國)浙江大學東南土地管理學院, (한국)국토연구원 공동세미나 발표 논문, 中 · 韓土地政策研究, . 2001. 9.

葉艷妹, "中國的土地市場與地價管理政策", 국토연구원, (中國)浙江大學東南土地管理學院 공동세미나 발표 논문, 韓·中土地政策研究, 2001. 5.

張尉文, "中國土地稅收制度研究", 국토연구원, (中國)浙江大學東南土地管理學院 공동세미나 발표 논문, 韓·中土地政策研究, 2001. 5.

許光泰, "大陸土地出讓制度初探", (臺灣)國立政治大學 國際關係研究中心, 中國大陸研究, Vol. 40, No. 3, 1997.

George Henry, 김윤상(역), 『진보와 빈곤』, 비봉출판사, 1996.

Phang, Sock-Yong, Hong Kong and Singapore, ***Land-Value Taxation Around the World***, R. V. Andelson(eds.), 2nd ed., 1997.

XII. 부동산 거품과 금융위기

한동근*

부동산 시장과 금융시장, 특히 부동산 가격변동과 금융기관의 대출 변동은 대단히 밀접한 관련을 맺고 있다. 부동산 가격이 상승하고 있을 때는 금융기관의 신용공급이 늘어나 경제전체를 활성화시키지만, 부동산 가격이 하락할 때는 신용공급이 제약되면서 경제전반을 침체로 빠뜨리는 경향이 있다. 이와는 반대로 인과관계가 작용해 금융기관의 신용공급의 변화가 부동산 가격에 영향을 주기도 한다. 예컨대 금융기관의 신용공급의 증가가 부동산 인플레를 촉발하고 통화공급의 축소는 부동산 가격의 폭락을 유발하기도 한다. 따라서 금융기관의 신용공급의 변동과 부동산 거품의 생성 · 붕괴는 상호작용을 하면서 경기변동의 진폭을 크게 만든다. 이 논문에서는 조지스트(Georgist)의 시각에서 부동산과 금융의 연결고리에 관한 이론들을 정리하면서, 최근 관심을 끌고 있는 금융위기의 발발에 부동산 거품이 어떻게 기여했는지를 사례를 통해 살펴보고자 한다.[1)]

1. 금융위기 발발의 패턴 : 신용 및 부동산 거품

먼저 금융위기의 정의를 살펴보고 지금까지 각국에서 발생했던 금융위기들이 부동산과 어떤 관련을 맺고 있는지 알아보자. 금융위기는 부실채권 증가로 국내 금

---

* 영남대학교 경제금융학부 교수

1) 19세기 미국의 경제학자 헨리 조지(Henry George)는 『진보와 빈곤』(Progress and Poverty)을 통해 토지투기가 경제불황과 빈곤의 근본원인이며, 그 문제를 해결하기 위해서는 토지의 지대(rent)를 환수해야 한다고 주장했는데, 그의 이론을 계승한 학자들을 조지스트(Georgist)라 부른다.

융기관의 신용이 추락하여 예금인출 사태(bank run)가 발생하는 현상을 말한다. 금융위기가 발생하면 채권가격과 주가의 폭락으로 금융기관의 보유자산가치가 격감한다. 또한 많은 금융기관이 파산압력에 직면하고 중앙은행의 신용공급 등 긴급구제 조치가 없으면 금융시스템이 마비되는 현상이다.

반면에 외환위기는 외환의 부족으로 발생하는 현상이다. 외환위기는 외환의 급격한 유출로 자국통화가치가 급락하고 외화표시 부채의 상환이 어려워지면 발생한다. 경상수지의 누적으로 외채 상환에 대한 외국 투자자의 신뢰가 하락하여 신규자금의 공급중단, 부채만기 연장의 거부, 부채의 조기상환 요구 등이 발생한다.

금융위기와 외환위기는 동시에 발생할 수도 있으나 반드시 그런 것은 아니다. 1997-98년의 아시아 경제위기는 금융위기와 외환위기가 동시에 작용한 것이고, 1930년대의 미국 대공황이나 1995년 이후의 일본, 1992년의 스웨덴 금융위기는 외환위기를 수반하지 않은 금융위기였다.

여러 나라에서 발생한 금융위기의 전개과정을 조사해 보면 대개 다음과 같은 양상으로 금융위기가 발생한다는 것을 발견할 수 있다.

금융위기의 전형적 패턴

① 급격한 신용팽창의 발생.
② 부동산 가격(주식 등 다른 금융상품도 포함)의 투기적 상승발생. 이때 금융기관은 부동산투자 및 대출에 몰입함으로써 부동산 위험에 과도하게 노출됨.
③ 부동산 및 자산시장의 거품 붕괴 및 금융기관의 부실채권 문제발생. 이어 금융기관의 신용하락으로 예금인출 사태 및 금융기관의 파산.
④ 신용경색으로 인한 심각한 실물적 경기침체 발생. 실물적 경기의 축소는 은행의 부실채권을 더욱 증가시켜 경기축소와 부실채권발생의 악순환 발생.

①번은 자본자유화로 인한 급격한 외국자금의 유입에 의한 본원통화의 공급증가, 혹은 금융자유화(예를 들어 지급준비율의 하락, 위험 자산에 대한 금융기관 대출의 규제완화)에 의한 은행시스템 내부에서의 신용창출 등으로 주로 발생한다. 또는 중앙은행의 인위적인 확장적 통화정책으로 발생하기도 한다. ②번의 국면에서는 신용팽창과 부동산 가격의 상승이 서로 상승작용을 일으킨다. 이 과정에 대해서는 아래에서 자세히 살펴볼 것이다. ③번은 물가상승을 우려한 중앙은행의 이자

율 인상이나 통화공급의 축소와 같은 화폐적 요인으로 발생할 수도 있고, 헨리 조지(Henry George)의 주장과 같이 토지가격의 상승으로 인한 생산의 압박, 혹은 국제수지의 악화와 같은 실물적 요인으로 발생할 수도 있다. 이때 발생하는 부동산 가격을 포함한 자산가격의 거품붕괴는 신용축소와 부동산 가격 폭락이라는 악순환을 촉발한다. 이 과정에서 ②번 국면의 작동원리가 정반대로 작용한다.

위에서 밝힌 금융위기 발생의 전형적 패턴을 확인하기 위해 다음과 같은 몇 가지 역사적인 경험을 살펴보기로 하자.

2. 금융위기의 몇 가지 예 : Allen(2000) 및 Herring(1999)의 자료

(1) 노르웨이에서는 명목 GDP 대비 은행 대출금의 규모가 1984년 40%에 1988년 68%로 높아져 신용공급이 단기간에 급격히 증가했다는 것을 알 수 있다. 같은 기간 동안 투자와 소비가 급증하면서 부동산을 포함함 자산 가격이 폭등했다. 이 기간 동안 자산시장과 은행의 신용공급은 서로 상승작용을 한 것으로 보인다. 그러나 1986년 국제유가가 폭락하자 노르웨이의 자산시장의 거품이 붕괴했다. 처음에는 자산시장의 붕괴가 금융부문에 큰 영향을 미치지 않는 것으로 보였으나 시간이 지남에 따라 그 효과가 뚜렷해졌다. 1990년 2차 대전이후 최악의 금융위기와 불황이 노르웨이 경제를 강타했다.

(2) 핀란드에서는 1987년의 확장적 재정지출이 급격한 신용팽창을 초래했다. 명목 GDP 대비 은행 대출금이 1984년의 55%에서 1990년의 90%로 급증했다는 사실이 이를 증명해 준다. 부동산 가격도 폭등해 1987년에서 1988년 사이 주택가격이 무려 68% 상승했다. 경기가 과열 양상이 되자 1989년 중앙은행은 더 이상의 신용팽창을 막기 위해 이자율과 지급준비율을 인상했다. 이와 더불어 소련의 붕괴로 1990년과 1991년 사이 소련과의 무역이 퇴조하자 경제가 침체되기 시작했다. 드디어 부동산 등 자산가격이 폭락하고 파산위기에 몰린 은행들을 구제하기 위해 중앙은행이 개입했다. 그 금융위기의 결과 핀란드의 실질 GDP가 7%나 감소했다.

(3) 스웨덴에서는 1980년대의 성장과 지속적인 신용팽창이 부동산 붐을 일으

켰다. 예를 들어 명목 GDP 대비 은행대출금은 1986년의 43%에서 1990년의 68%로 상승했다. 이는 1985년 시작한 자본 및 금융자유화가 주된 요인이었다. 실질 부동산 가격도 폭등했는데, 특히 1985년부터 1989년까지 급격히 상승하여 1980년대 초 보다 450% 더 높은 수준이 되었다. 스웨덴의 회계관행상 금융권의 신용증가분 중 얼마만큼이 부동산부문으로 흘러들어 갔는지 정확한 기록은 없다. 그렇지만, 한 연구(Jaffee, 1994)에 의하면 은행부실의 상당한 부분이 부동산 부문에서 발생했다고 한 것으로 보아, 부동산에 금융기관들이 과도한 대출을 한 것으로 짐작할 수 있다. 그러나 1990년 가을 세계적인 경기침체와 이자율 상승에 따라 부동산 가격이 폭락하기 시작했다. 1989년부터 1993년 사이에 실질 부동산 가격은 10년 전 수준 이하로 떨어졌다. 1991년부터 부실채권으로 인해 은행들이 파산지경에 이르렀다. 금융회사인 Nyckeln이 예금의 지급중단을 선언한 이후, Svenska Handelsbanken을 제외한 모든 주요 시중은행들이 정부의 자금지원을 요청하지 않으면 안 되었다. 이에 따라 1992년 스웨덴 의회는 은행구제를 위한 긴급법안을 통과시켰고, 이 조치로 스웨덴의 거의 모든 은행들이 구제금융을 받았다.

(4) 대부분의 OECD국가들도 1980년대 말부터 1990년대 초반까지 스칸디나비아 국가들과 유사한 경험을 했다. Higgins & Osler의 연구에 의하면 18개 OECD국가들은 1984-1989년 기간동안 부동산가격과 주가의 급격한 상승을 경험한 후 1989-1993년 기간동안 경기침체와 자산가격의 급격한 하락을 경험했는데, 이에 따라 금융기관의 부실문제가 불거졌다.

(5) 1990년대 초반 멕시코는 은행의 민영화와 자본자유화를 단행했다. 그 결과 은행시스템 내부에서의 통화창조가 급격하게 발생해, GDP 대비 은행의 신용공급은 1980년대의 10% 수준에서 1994년 40% 수준으로 증가했다. 1994년 정치적 혼란으로 충격을 받은 멕시코 경제는 자산가격의 폭락에 이은 금융위기 및 외환위기를 경험했다.

(6) Kaminski and Reinhart(1996)는 5개의 개도국과 15개의 선진국을 대상으로 금융위기를 연구했는데, 대부분의 금융위기 이전에는 금융자유화와 급격한 신용팽창이 있었다고 밝히고 있다. 그들의 연구에 의하면 그와 같은 신용팽창은 주가를 정상적인 경우보다 매년 평균 40%이상 상승시키는 거품을 생성함과 동시에 부동

산 가격의 급등도 초래했다. 얼마 후 주식시장과 부동산 시장의 거품이 붕괴되자 금융기관은 심각한 위기에 봉착했다. 많은 경우 경기확장기에 금융기관들은 주식과 부동산 시장에 투자를 과도하게 하며, 거품 최고조 이후 평균적으로 약 1년 후 금융위기가 찾아오고 심각한 불황에 빠진다는 것을 밝혔다.

(7) 일본은행들은 1970년대에서 1980년대 중반까지 부동산 관련 대출을 급격히 늘렸다. 특히 비은행 금융기관들의 부동산 대출은 폭발적이어서 1975년부터 1990년까지 이들 기관의 부동산 관련 대출 증가율은 총대출 증가율을 훨씬 상회했다. 특히 '쥬센'(住專)이라 불리는 부동산 금융회사가 1970년대에 등장하여 일본에서 부동산 투자를 주도했다. 직접 부동산 대출만이 아니라 부동산을 담보로 잡은 비부동산 부문의 대출도 급증했다. 이것은 2차대전 후 일본의 부동산 가격은 지속적인 상승을 보였기 때문에 부동산 관련 대출은 금융기관에게 높은 수익률과 낮은 위험을 수반하는 투자방법이었다.

그러나 1990년대 초반 주가와 함께 부동산 가격이 폭락한데 이어, 1990년대 중반 이후 일본의 금융위기의 조짐이 서서히 나타나기 시작했다. 1995년 도쿄신용조합, 코스모신요 은행, 오사카신용조합, 효고은행에 예금인출사태가 발생했고 이들 금융기관들은 파산했다. 또한 주택금융 신용조합 '쥬센'들도 연쇄 파산을 경험했다. 1996년에는 한와은행이 파산했으며, 1997년에는 산요증권, 호카이도 다쿠쇼쿠은행, 야마이치증권 등이 파산했다. 현재 나머지 대부분의 은행들도 심각한 부실채권에 시달리고 있다. 1998년 9월 S&P는 일본은행들이 부실채권이 정부의 공적자금으로 엄청난 규모를 덜어내고도 150조 엔에 이른다고 밝힌 바 있다.

(8) 태국은 1980년대에 연평균 실질 경제성장률이 8.4%에 이르는 고속성장을 했다. 성장에 따른 주택 및 사무실 수요의 폭발은 1990년 사무실 공실률(空室率, vacancy rate)을 거의 0%에 달하게 했다. 그 결과 Richard Ellis사의 자료에 의하면 방콕의 평방미터당 년간 사무실 임대료는 1987년의 93달러에서 1991년 중반의 269달러로 폭등했다. 이는 당시 뉴욕의 임대료와 맞먹는 수준이었다. 태국의 부동산 가격 폭등에는 은행들의 부동산 부문 신용공급이 큰 역할을 했다. 예를 들어 GDP 대비 은행의 부동산 대출비율은 1987년에서 1990년 사이 세배나 증가했다. 그러나 이 수치도 사실은 태국 은행들의 부동산 관련 위험을 과소평가하는 것이었다. 금융기관들은 부동산에 투자하는 파이낸스 회사들에 자본금을 대는 경우

가 많았다. 게다가 부동산을 대출의 담보로 이용하는 관행도 성행했다. 1993년 BIBF(Bangkok International Banking Facilities)의 설립으로 상징되는 자본자유화는 국내 통화공급을 더욱 늘렸고, 많은 자금이 부동산 부문으로 흘러들어 갔다.

임대료의 폭등은 엄청난 양의 상업건물 착공으로 이어져 공급과잉이 초래되었고, 1995년에는 사무실의 공실률이 21.3%나 되었다. 더욱이 1995년 이후 태국 중앙은행은 인플레와 바트화를 방어하기 위해 이자율을 인상했는데 이것은 부동산 시장을 더욱 침체하도록 만들었다. 따라서 1997년 금융외환위기 이전에 태국의 부동산 가격은 폭락했고 이것 때문에 금융기관들은 부실채권에 시달렸다.

3. 금융과 지가거품의 관계에 대한 조지스트의 견해

앞에서 살펴본 부동산 거품과 금융위기의 상관관계는 어떻게 설명할 수 있을까? 먼저 금융과 지가인플레의 관계에 관해 조지스트들의 견해를 살펴보자. 헨리 조지는 지가인플레와 금융기관의 신용공급과의 관계에 큰 관심을 두지 않았다. 토지 투기로 발생하는 지가인플레가 통화공급의 변화를 통해 실물경제에 미치는 경로는 그의 이론에 등장하지 않는다. 헨리 조지는 지가인플레가 경기침체를 초래하는 경로를 지가의 상승이 생산비용을 증가시켜 기업의 이윤이 압박된다는 실물적 효과로 파악하고 있다. 헨리 조지가 경기침체의 통화적 요인을 고려하지 않은 것은 당시 금융부문의 발전이 미약했기 때문이 아니라, 그의 이론이 고전파적 사고(이분법)의 영향을 받았기 때문으로 보인다. 전통적인 고전파의 이론 체계에 따르면 화폐는 단지 교환의 매개수단으로서의 역할을 담당할 뿐이고 고용이나 생산, 실질임금과 같은 실질변수에는 영향을 미치지 않는다. 그는 『진보와 빈곤』 제5권에서 반복적으로 발작하는 산업불황의 원인을 설명하면서 "화폐가 가장 필요할 때 줄어드는 본질적 결함을 가지고 있다는 점, 어떤 형태의 화폐보다 교환의 매개 내지 유동성 수단으로서의 비중이 큰 단순한 형태의 상업신용이 양적 변화가 심하다는 점도 원인이 된다"고 인정하고 있다. 그러나 "토지가격의 투기적 상승으로 인해 노동과 자본의 소득이 깎이고 생산이 제약되는 현상에 대해 고찰하면, 토지투기가 반복적 산업불황의 주원인이라는 결론에 도달하지 않을 수 없다"고 단언함으로써 실물적 경기변동 관을 보여주고 있다.

조지 자신과는 달리 현대의 조지스트들은 금융부문의 교란이 실물에 영향을 준다는 점을 인정하며 금융과 지가인플레가 어떻게 연결되어 있는지에 대한 설명을 제시하고 있다. 프레드 헤리슨(Harrison, 1983)은 지가인플레가 계속되면 매매차익을 노린 투자자들이 토지로 자금을 집중시킬 것이므로 다른 산업부문이 자금을 얻어 쓰기가 어려워지고 이것이 이들 부문에서 이자율을 상승시킴으로써 생산활동을 제약한다고 보았다. 그러나 금융시스템에서의 신용공급의 변화가 토지투기를 촉발하는 메커니즘과 신용공급의 확대 때문에 토지투기 자체가 심해질 수 있다는 점에 대해서는 주목하지 않았다.

메이슨 개프니(Gaffney, 1994)는 토지가치의 투기적 상승과 신용공급의 확대가 상호 작용하는 경로를 제시함으로써 토지시장과 금융과의 관계에 주목했다. 그는 토지가격의 급상승은 금융기관의 토지관련 대출을 증가시키고 이것이 토지에 대한 수요를 증가시켜 더 높은 토지거품을 만들어 낸다고 설명했다. 개프니는 토지거품의 형성과 신용공급의 거시적 관계에 주로 주목했다는 점에서 주류 경제학자들의 미시적 접근법과 구별된다.

프레드 폴드베리(Foldvary, 1997)는 헨리 조지의 실물적 경기변동 이론과 오스트리아 학파의 화폐적 경기변동이론을 결합하려는 시도를 한다. 즉 헨리 조지의 실물적 이론과 오스트리아 학파의 화폐적 이론이 결합되면 현실 설명력이 높아진다고 하면서 두 이론의 상호보완적인 면을 강조한다. 먼저 오스트리아 학파의 경기변동이론부터 살펴보자.

4. 오스트리아 학파의 경기변동이론

1) 경제구조에 대한 인식

하이엑(Hayek)을 중심으로 한 오스트리아 학파는 경제의 생산구조가 다음과 같이 이루어져 있다고 보았다.

① 생산물은 소비재(consumers' goods)와 생산재(producers' goods)로 구분된다. 여기서 생산재는 다른 하위 생산재나 소비재를 생산하는데 이용될 수 있는 상

품을 의미한다.

② 생산재도 여러 계층으로 나눌 수 있다. 즉 피라미드 구조와 같이 가장 높은 계층에는 가장 일반적으로 이용될 수 있는 생산재(high order of goods)가 있고(예, 철강원판의 생산), 그 아래에는 상위의 생산재를 이용하여 좀 더 구체성을 띤 생산재가 있으며(예, 철강원판을 가공하여 만든 압연코일형태의 철강), 그 하위에는 더욱 구체성을 띤 생산재가(예, 압연코일을 가공하여 만든 제품)이 있다는 것이다. 이와 같은 구조의 가장 아래쪽에는 최종 소비재가 있다.

③ 경제가 발전함에 따라 생산재의 계층은 더 커지는 경향이 있다. 생산재(혹은 자본재)의 계층화는 우회생산(roundabout method of production)으로 표현된다.

④ 사회는 주어진 자원 중 얼마를 우회생산으로 돌리고 얼마를 최종소비재에 돌릴 것인가를 결정해야 한다. 우회생산으로 들어가는 몫이 많아질수록 자본설비가 많아지므로 미래에 소비재를 많이 생산할 수 있지만, 지금 당장은 소비의 수준을 줄여야 한다. 따라서 적정 비율은 우회생산의 한계생산력과 감수해야 하는 현재의 효용감소를 고려하여 결정될 것이다. 즉 한 단위의 자원을 더 우회생산 과정에 투입함으로써 미래에 얻는 이익(투자의 한계생산력)과 현재의 소비감소가 초래하는 효용손실의 비용이 일치하도록 자원배분을 할 것인데, 이 과정에서 사회의 균형이자율이 결정된다.

⑤ 물가나 이자율의 변동은 소비재와 생산재 계층간에 서로 다른 효과를 가져다준다. 즉 소비재와 생산재(자본재)의 상대적 가격변동은 생산재의 계층내부에서 자원의 이동을 초래하여 생산재 계층 자체를 늘리기도 하고 축소시키기도 한다. 예컨대 만약 소비재의 가격이 상대적으로 더 높아지면, 소비재를 생산하는 것이 더 유리해지고 따라서 하위계층 쪽으로 자원이 몰리게 된다. 이 때 상위계층에서 고용되고 있던 노동과 자본은 하위계층으로 옮겨가고, 용도가 결정되어 있는 자본(즉 상위계층-specific 자본)은 유휴화하게 된다. 결국 우회생산의 과정은 축소되는 것이다. 반대로 만약 상위계층의 생산재에 대한 가격이 상대적으로 높아지면 생산재 부문의 이윤조건이 좋아지고, 이는 사회의 자원을 생산재 쪽으로 이동시키는데, 이 과정에서 우회생산의 과정은 길어지게 된다.

2) 경기변동의 설명 – 통화공급의 인위적인 조작이 경기변동의 원인이다

하이에은 경기변동의 본질은 자본주의적 생산과정(capitalistic process of production), 즉 우회생산과정의 확장과 축소라고 파악하면서 그 근본원인으로 인위적인 통화공급의 변화를 지목했다. 그렇다면 통화공급의 변화와 우회생산과정의 변화가 어떤 관계를 가지고 있는지 설명해야 한다.

오스트리아 학파에 의하면 경제행위주체들은 가용자원의 얼마만큼을 저축(즉 우회생산과정에 투자)해야 하고 얼마만큼을 소비해야 할지 적정하게 결정하고 있으며, 또 그와 같은 적정 자원배분이 발생하는 점에서 사회의 이자율이 결정된다. 그런데 중앙은행에 의한 인위적 통화공급의 증가는 강제저축(forced savings)과 같은 효과를 가져온다. 왜냐하면 낮아진 이자율이 생산재 생산(higher order of goods)을 더 유리하게 만들기 때문이다. 이에 따라 소비재에 투입되던 자원이 생산재 생산에 투입되게 되는 결과가 된다. 따라서 통화공급의 확대는 우회생산의 과정을 확대하는 결과가 된다. 그러나 확대된 우회생산과정은 지속될 수 없다. 국민들은 자발적으로 소비를 줄이고 저축을 늘린 것이 아니므로, 소비재에 대한 수요는 전과 동일하다. 따라서 소비재 시장에서 초과 수요가 발생하여 소비재의 상대가격이 상승한다. 이는 자원을 소비재 쪽 (혹은 하위계층)으로 이동시키는 힘으로 작용한다. 또 다른 한편에서는 통화공급의 제약이 발생하면 이자율이 올라가게 되는데, 이는 상위계층의 생산재 생산을 위축시킨다. 이와 같은 두 요인 때문에 확대되었던 우회생산과정은 축소되게 되는데, 이 과정에서 실업의 발생, 상위계층(specific 자본)의 유휴화가 발생하고 경기후퇴가 발생한다.

만약 국민들이 자발적으로 저축을 높였다면, 그것 때문에 초래된 우회생산의 확대는 지속될 수 있을 것이다. 즉 자발적인 저축의 증대는 소비재에 비해 자본재의 수요를 늘리게 되고 이는 하위상품보다 상위상품의 상대적 가격을 증대시켜 상위계층의 자본재 생산을 촉진한다. 따라서 우회생산의 과정은 늘어나고 또 그것이 유지된다. 이와 같은 이유로 통화공급의 변화가 경기변동의 원인이 된다고 오스트리아 학파는 보았다. 아코디언처럼 공기(통화)를 주입하면 일시적으로는 공기주머니가 팽창되다가 (우회생산과정의 확대) 시간이 지나 공기가 빠지면 공기주머니가 다시 줄어드는 것과 같은 이치이다.

요약하면, 통화공급을 인위적으로 변화시키면 경제의 우회생산의 과정이 늘어났다 줄어드는 과정이 반복되는데, 이것이 바로 경기변동이므로 경기변동은 주로 화폐공급의 불안정성 때문에 주로 발생한다는 것이다.

5. 오스트리아 학파의 경기변동이론과 헨리 조지 이론의 결합

폴드베리(Foldvary, 1997)는 오스트리아 학파의 상위계층(생산재) 산업으로 주택이나 사무실, 빌딩, 사회기반시설 등의 건설업을 지목한다. 또한 통화공급의 불안정성은 경기변화에 따른 금융시스템 내부의 신용공급 변화로 발생하는 것으로 보았다. 폴드베리의 설명은 다음과 같다.

경기가 확장기에 들어가면 은행들은 현재의 저축수준이 뒷받침 할 수 있는 수준 이상으로 신용공급을 늘리게 되는데, 이 때문에 정상적 수준 이하로 이자율이 하락한다. 이자율 하락은 생산재, 특히 건설활동을 촉진한다. 따라서 자원이 하위계층에서 상위계층의 건설업으로 몰린다. 따라서 건설업의 중요 투입요소인 토지가격의 상승이 촉발된다. 건설업경기가 계속 확장됨에 따라 토지투기가 가세하고 토지가격이 정상적인 수준 이상으로 상승한다. 그러나 사실 소비자의 시간선호(time preference, 주관적 이자율)는 변화하지 않았으므로, 소비재(하위계층의 상품)에 대한 수요는 전과 같다. 그러므로 소비재의 가격이 상승한다. 또한 금융기관의 신용공급이 계속되는 한, 토지투기는 더욱 기승을 부린다. 그러나 신용공급의 한계에 도달하고 인플레 기대심리가 강화되면 이자율이 상승하기 시작한다. 이제 상층자본재로의 투자가 과잉되었다는 것이 명백해지면서 상층자본재 산업에서 생산위축이 발생하기 시작한다. 또한 이자율 상승은 특히 이자율에 민감한 부동산 시장에 충격을 주어 건설활동이 더욱 위축된다. 또한 높은 지가와 노동비용은 기업의 생산비용을 높여 생산활동을 제약한다. 이어서 상위계층의 자본재(부동산)의 공급이 과잉되었다는 것이 판명되고 사무실이나 빌딩, 쇼핑센터, 호텔 등의 공실율이 상승한다. 이와 같은 건설업의 경기침체는 이미 생산의 압박을 받고 있는 다른 부문으로 서서히 파급된다.

폴드베리는 토지투기가 시작되는 최초의 힘을 조지가 지적한 지가상승의 기대심리 이외에 금융시스템 내에서의 팽창적 신용창출에 의한 이자율의 하락까지 포함시키고 있다. 즉 금융기관의 신용공급의 확대가 이자율을 떨어뜨리면서 상층자본재(예컨대 빌딩)수요를 증가시키고 그것이 부동산 및 토지투기를 촉발시킨다는 경로를 인정한 것이다. 또한 폴드베리는 오스트리아 학파의 경기확장 경로를 원용하여 이자율 하락에 의한 건설활동의 촉진은 건설업만이 아닌 다른 내구 상층재의 수요를 높인다고 지적함으로써 부동산 산업에서 시작한 거품이 다른 내구자본재에까지 전파된다는 점을 강조하고 있다. 이는 해리슨이 건설업을 경기 전달장치(transmission mechanism)로 파악한 것과 유사하다.

경기가 침체로 가는 과정도 헨리 조지는 단순히 지가상승이 생산을 압박하기 때문에 침체가 시작된다고 설명하고 있으나, 폴드베리는 금융기관의 신용공급 능력의 한계에 의한 신용경색이 이자율 상승을 초래하고, 그것이 상층재 부문의 생산위축, 특히 건설활동에 타격을 가한다고 보았다. 이와 같은 건설활동의 위축은 경기가 확장되는 것과 마찬가지의 경로를 타고 다른 분야로 번진다는 것이다.

요약하면 폴드베리는 오스트리아 학파의 이론을 헨리 조지의 이론과 접목시킴으로써 금융부문에서의 신용공급의 변동이 어떻게 부동산시장을 경유해 경기변동에 영향을 미치는지 설명하고 있다.

6. 현대의 미시적 이론 : 금융기관이 부동산 투자에 과도하게 몰입하는 이유

앞에서 살펴 본 바와 같이 폴드베리, 개프니, 해리슨 같은 현대의 조지스트들은 금융시장에서의 신용의 확대 및 축소가 부동산시장의 붐과 침체, 나아가 일반 경기의 붐과 침체를 초래하는 과정을 설명하였다. 그런데 현대의 주류경제학에서도 지가상승이 금융기관의 담보가치를 상승시키고 그것이 신용공급을 확대하도록 작용하며, 신용공급의 확대는 다시 토지가격의 상승을 가속시킨다는 논리의 많은 논문이 발표되었다(대표적으로 Kiyotaki & Moore, 1997). 이들 논문들은 특히 금융기관의 미시적 대출 행태와 그 인센티브를 분석함으로써 부동산과 금융의 관계를 더 잘 이해할 수 있게 해 준다. 아래에서는 특히 금융기관들이 부동산 관련 대출에 과도하게 몰입하게 되는 미시적 이유를 살펴봄으로써 금융기관이 부동산 시장의 충격에 왜 취약한지를 살펴볼 것이다.

헤링(Herring, 1999)은 부동산 가격이 상승할 때 금융기관들이 과도하게 부동산 부문 대출을 늘려 부동산시장의 충격에 취약하게 될 수밖에 없는 이유를 다음과 같이 설명한다. 첫째, 부동산, 특히 토지시장에는 낙관적 기대를 가진 사람이 가격을 결정하는 특성을 가지고 있다. 시장가격을 주도하는 낙관적 투자자들의 존재 때문에 부동산의 가격은 일반적으로 정상 가격(fundamental price) 이상으로 형성·유지되는 경향이 있다. 둘째, 오피스빌딩과 같은 건축물은 착공에서 완성까지 상당한 시간이 걸리기 때문에 일단 빌딩에 대한 초과수요가 발생하여 가격이 상승하면 초과수요에 대응할 충분한 빌딩이 건축되고 있음에도 불구하고 그것이 완공되기 전까지는 빌딩의 가격이 계속해서 상승하고(일종의 overshooting) 그것이 금융기관에게 빌딩의 가치에 대한 과신을 하게 만든다. 셋째, 부동산 부문 대출의 위험을 평가할 때 부실채권 발생에 관한 은행경영진의 주관적 확률을 비정상적으로 낮추는 힘이 존재한다. 아래에서는 이와 같은 요인들을 차례로 살펴보기로 한다.

1) 낙관적 기대와 부동산 가격

토지시장에 대한 간단한 모형을 생각해 보자. 어떤 토지의 가치에 대해 투자자들은 각기 다른 평가(유보가격)를 내릴 것이다. 그것은 그 토지의 가치를 평가할 때 필요한 정보가 완벽하지 않고 미래에 대한 기대도 각기 다르기 때문이다. 예를 들어 미래의 지대수입에 대한 예상이 다를 수 있고 또 그것을 자본화하는 과정에서 사람마다 서로 다른 할인율을 적용할 수 있을 것이다. 투자자들의 유보가격은 '정상가격'(fundamental price)을 중심으로 분포되어 있다고 하자. 이 경우 시장에서의 균형가격은 ①토지시장에의 투자자가 많을수록, ②각 투자자들이 동원할 수 있는 자금이 풍부할수록, ③정상가격이 높을수록, ④유보가격 분포의 분산이 클수록 높게 형성된다는 것이 증명된다.

유보가격의 분산이 크다는 것은 그 토지의 진정한 가치(정상가격)에 대한 투자자들의 예상에 불일치가 많다는 것을 의미하므로, ④는 토지의 가치를 높게 평가하는 투자자(낙관주의자)들이 시장가격의 형성에 큰 영향을 미친다는 것을 나타낸다. 낙관적 투자자가 토지가격의 형성에 큰 영향을 미치는 이유는 무엇일까?

만약 지가가 정상가격 이하에서 형성된다면 많은 투자자들이 그 토지를 매입함으로써 이득을 얻으려 할 것이다. 따라서 지가가 상승하고 그래서 지가는 정상가격 이하에서 오래 머물지 못할 것이다. 그러면 반대로 지가가 정상가격 이상인 경우에는 어떻게 될까? 공매(sale short)가 가능한 주식시장이라면 많은 투자자들은 공매를 통해 이득을 챙길 수 있으므로 가격이 정상가격 수준으로 되돌아 올 것이다. 혹은 주식의 신규 발행이 많아져 주가를 끌어내릴 수도 있다. 그러나 토지의 경우에는 공매가 불가능할 뿐만 아니라 공급이 비탄력적이므로, 비정상적으로 높은 지가도 오랫동안 유지될 수 있다. 왜냐하면 그 경우의 지주들은 토지의 진정한 가치를 높게 평가하는 낙관주의자들이기 때문이다. 이 같은 이유로 공급이 비탄력적이고 공매가 불가능한 토지시장에서는 낙관주의자들의 유보가격이 시장가격 형성에 강력한 힘을 발휘한다는 것을 알 수 있다.

사실 정상가격 이상으로 토지를 매입한 지주는 그 토지로부터의 지대수입이 토지매입 금융비용보다 낮을 가능성이 높다. 그렇다 하더라도 금융기관이 현재의 높은 토지가격에서 담보가치를 인정해 준다면 그 지주는 토지를 담보로 대출을 받아 상당기간 버틸 수 있을 것이다. 낙관적 투자자들이 계속 생성되어 토지가격이 계속 상승하는 상황에서는 이 같은 버티기가 훨씬 쉬워질 것이다.

토지시장과 마찬가지로 빌딩 같은 건축물 시장에서도 비슷한 힘이 작용한다. 건축물의 완공까지는 상당한 시간이 걸리므로 단기적으로 공급이 비탄력적일 뿐 아니라 공매도 불가능하므로 토지시장에서의 논리가 대부분 적용된다. 더욱이 건축물 시장에는 토지시장에 존재하지 않는 독특한 특성이 존재하는데, 그것 때문에 붐-침체(boom-burst)의 진폭이 커진다. 즉 일단 빌딩과 같은 건축물에 대한 수요가 증가하면 임대료가 상승하고 임대료 상승이라는 신호가 건물의 신축을 유도한다. 그러나 이미 추가수요에 대해 충분한 양의 빌딩이 착공되었다 하더라도 빌딩의 완공시까지 시간이 필요하므로 임대료는 곧바로 떨어지지 않는다. 이와 같이 충분한 양의 빌딩이 곧 완공될 것이라는 신호가 시장에 존재하지 않으므로 결국 빌딩의 공급과잉이 초래되고 임대료 폭락, 건축물시장에서의 침체가 찾아온다.

이와 같이 부동산 시장에는 정상가격을 초과하는 토지와 건축물의 가격이 유지되도록 하는 힘이 존재하기 때문에 금융기관들은 이들 부동산 가치에 대한 과신을 갖게 되고, 이들 부문에 과도한 신용공급을 하게 되는 것이다.

2) 부동산 거품의 붕괴 빈도와 대출의 채무불이행 확률

금융기관은 고객의 예금을 운용함으로써 수익을 올리는 기업이므로 자산운용의 위험을 적정하게 관리하면서 최대한 높은 수익을 추구해야 한다. 금융기관이 운용하는 자산을 부동산과 금융자산으로 나누어 생각해 보자. 금융기관은 각 자산의 위험과 기대수익을 고려하여 합리적인 포트폴리오를 구성할 것이다. 그렇다면 금융기관의 운용 자금 중 부동산에 투입되는 비율은 다음과 같은 요인들에 의해 영향을 받는다는 것이 증명된다. 즉 부동산에서 기대되는 수익이 높을수록, 부동산 관련 대출의 부실채권화 확률이 낮을수록, 총운용자산의 기대가치가 높을수록, 자기자본규제가 낮을수록, 다른 자산가치와 부동산 가치변동의 상관관계가 낮을수록 부동산 대출 비중이 높아진다.

앞의 논의에서 부동산가격의 결정요인 중 투자자의 가용자금이 많을수록 부동산가격이 상승한다는 것을 언급한 바 있다. 투자자의 가용자금은 금융기관의 부동산 관련 대출이 많아짐에 따라 늘어날 것이고, 부동산의 가격이 상승할수록 부동산으로부터 발생하는 기대수익이 높게 평가될 것이므로 부동산가격 인플레와 신용팽창은 서로 상승작용을 한다. 그런데 부동산 가격은 낙관적 투자자의 영향 때문에 '정상수준' 이상으로 올라갈 가능성이 높으므로 은행의 부동산관련 대출도 마찬가지로 '과도'하게 될 가능성이 높다. 이제 금융기관의 과도한 부동산 투자를 유도하는 또 하나의 요인인, 금융기관이 인식하는 부동산 부실채권 발생확률에 대해 설명한다.

보통 부동산 거품의 생성과 붕괴는 자주 발생하는 현상은 아니다. 헤링(Herring)에 따르면 많은 나라에서 한 두 세대에 한번 정도 부동산 거품의 붕괴라는 경험을 한다. 따라서 부동산 거품의 붕괴로 금융기관이 직면했던 어려움에 대한 기억이 어렴풋할수록 부동산 대출이 떼일 확률을 낮게 잡는다는 것이다. 부동산 관련 부실채권 발생확률을 객관적으로 계산하려 해도 거품붕괴의 발생빈도가 낮기 때문에 자료의 한계에 부딪힌다. 반면에 주가의 변동은 자주 발생하고 자료도 풍부하므로 주가폭락에 대한 확률을 계산하기는 상대적으로 쉽다. 그러므로 다른 대출에 비해 부동산 관련 대출의 위험성을 과소평가하는 경향이 높다는 것이다. 그 결과는 부동산 부문에 과도한 대출이 주어지고, 은행의 위험은 그만큼 높아진다는 것이다. 그러나 일단 한 번 부동산 거품의 붕괴로 큰 어려움을 겪은 직후에는 금융기관은 이제 부동산 관련 대출의 위험을 너무 높게 평가하여 부동산에 대한 대출을 과도하게 억제함으로써 부동산 가격의 폭락을 부추긴다. 이와 같은 이유 때문에 부동산 거품과 금융이 결합되면 경기과열-침체의 정도가 더욱 심해진다.

시장에는 금융기관으로 하여금 부동산 관련 대출의 위험을 과도하게 낮게 평가하도록 하는 또 다른 힘이 작용하고 있다. A은행의 경영자가 다른 은행의 경영자

보다 특히 부동산 투자와 대출에 대해 신중하다고 해보자. A은행은 부동산 경기가 좋을 때도 다른 은행에 비해 부동산 대출을 자제할 것이므로 수익률 경쟁에서 뒤질뿐 아니라, 부동산 시장의 폭락에 대비한 손실충당금을 많이 적립할 것이므로 주주들에게도 좋은 점수를 받지 못한다. 부동산 거품은 서서히 오랫동안 형성될 것이므로 거품이 터지지 않는 한, A은행은 다른 은행들과의 경쟁에서 뒤쳐지게 된다.

> "A sound banker, alas, is not one who forecasts danger and avoids it, but one who, when he is ruined, is ruined in a conventional way along with his fellows so that no one can really blame him" (Keynes)

이와 같은 심리가 작용하므로 거의 모든 금융기관이 과도하게 부동산 관련 대출을 하게 되는 것이다.

3) 회계보고의 미비와 간접 노출의 위험

많은 나라에서 금융감독기관은 금융기관의 부동산 담보 대출이나, 부동산 개발 · 투자에 관한 정보를 회계보고에 올리도록 하고 있다. 그러나 간접적으로 자금이 부동산 부문에 투자되는 것은 대차대조표에 잡히지 않는다. 예를 들어 은행은 파이낸스 회사에 대출을 하고 그 파이낸스 회사는 부동산 부문에 집중 투자를 할 수 있을 것이다. 실제로 일본, 스웨덴, 그리고 태국의 많은 은행들이 부동산에 집중적으로 투자를 한 파이낸스 회사들에 유동성을 공급했다가 그들 파이낸스사의 파산으로 손실을 다 뒤집어 쓴 쓰라린 경험을 가지고 있다. 또 부동산을 담보로 제조업체에 대출을 해 준 은행도 결국은 간접적으로 부동산 위험에 노출되는 것이다. 이와 같은 간접적 부동산 위험은 숨겨진 위험이지만 분명히 금융기관의 적정 포트폴리오 구성에 고려되어야 할 사항이다. 만약 그 숨겨진 위험을 고려하지 않는다면 부동산 부문에 적정수준 이상의 자금이 공급되는 결과가 된다. 물론 이는 경기 확장기에는 부동산 가격을 올리는 작용을 하지만, 경기 침체기에는 금융기관을 난관에 빠뜨린다.

4) 왜곡된 인센티브

금융기관이 부동산 부문의 충격에 특히 취약한 또 하나의 이유는 경제행위 주체들의 왜곡된 인센티브이다. 대부분의 부동산 개발업자는 자기자본에 비해 대단히 큰 차입자금을 이용한다(highly leveraged). 따라서 그들은 사업에 따르는 위험을 은행에 넘길 수 있는 좋은 위치에 있다. 즉 사업의 성공 혜택은 자신들이 누리고, 실패로부터 발생하는 대부분의 손실은 회사를 정리해 버림으로써 은행에 떠 넘겨버릴 수 있다는 것이다. 이 같은 이유 때문에 부동산 개발업자의 대출 수요는 과도하게 되는 경향이 있다.

금융기관 경영자 입장에서도 기대수익률이 높은 부동산 관련 대출을 마다할 인센티브가 존재하지 않는다. 앞에서 설명한 바와 같이 부동산 거품의 생성은 장기간 계속되나 그 붕괴의 충격은 가끔 발생하므로 부동산 거품이 꺼지기 전에 직장을 옮기거나 퇴직한다면 경영 잘못의 책임을 면할 수 있다고 생각할 것이다. 더욱이 금융기관간의 경쟁이 치열해 질수록 단기적 이익을 추구할 압력이 더 커질 것이므로 금융산업 전체가 부동산 부문에 공급하는 신용규모가 과도하게 될 가능성이 높다. 또한 중앙은행이 최종대부자로서 파산에 몰린 금융기관을 지원할 것이라는 믿음이 이러한 경향을 강화한다. 자본자유화나 금융규제의 철폐를 통해 금융산업에서 경쟁이 치열해진 얼마후 부동산 거품의 붕괴로 금융위기를 맞은 많은 나라들의 경험이 이 같은 도덕적 해이를 시사한다.

7. 요약 및 결론

부동산 투기붐은 금융과 관계없이 발생할 수 있다. 또한 부동산 투기와 관계없이 금융위기가 발생할 수도 있다. 그러나 보통 부동산 투기와 신용팽창이 결합해서 나타나는 경우가 많고, 그런 경우 거품의 붕괴는 금융위기로 발전한다. 최근 아시아 금융위기와 1990년대 스칸디나비아 여러 나라에서의 금융위기는 그러한 예이다.

현대의 조지스트들도 지가거품의 형성 · 붕괴와 신용의 팽창 · 축소가 서로 영향을 주고받는다는 것을 인정하면서 금융부문의 역할 때문에 조지가 지적한 토지투기의 폐해가 증폭될 수 있다는 것을 보여주었다.

현대의 주류경제분석은 금융기관이 부동산 위험에 과도하게 노출될 수밖에 없는 이유들을 미시적으로 분석하고 있다. 공급이 비탄력적인 토지시장에서는 낙관적 시장참여자의 응찰가격(bidding price)이 시장가격형성에 주도적 역할을 하므로 토지는 정상가격(fundamental price)보다 가격이 높게 유지될 가능성이 높다. 또한 건축물의 공급에는 상당한 시간이 걸리므로 건축물의 가격이 상당기간 동안 오버슈팅(overshooting)된 상태로 유지될 가능성이 높다. 또한 부동산 시장, 특히 토지시장의 거품붕괴는 발생 빈도가 적으므로 투자자들은 부동산 투자로부터의 위험을 과소평가하는 경향이 있다. 또한 정보의 비대칭을 이용하여 자신의 투자위험을 타인에게 전가시키려는 왜곡된 인센티브가 특히 부동산 시장을 중심으로 발생한다. 이와 같은 요인들은 모두 금융기관들이 부동산 위험에 과다하게 노출되어 있는 미시적 이유를 설명한다.

주류 경제학자들은 부동산 위험으로부터 금융시스템을 보호하기 위해 다음과 같은 정책처방을 제안한다. 첫째, 부동산에서 공매(sale short)를 가능하게 하기 위해 금융상품의 선물이나 옵션 같은 파생부동산 상품을 개발한다. 이는 낙관적 투자자들의 기대가 시장가격에 미치는 영향을 줄이기 위한 것이다. 그러나 토지는 동질적이지 않고 품질을 표준화하기 어렵기 때문에 이와 같은 처방은 현실적으로 가능하지 않을 것이다. 둘째, 부동산 투자 기금을 증권화하여 시장에서 자유롭게 유통되도록 한다. 대표적인 예가 REITs(Real Estate Investment Trusts) 라 불리는 부동산투자신탁이다. REITs의 효과는 여러 가지로 예상할 수 있다. REITs가 활성화되면 부동산 개발과 투자에 차입자금의 의존도가 낮아져(즉 leverage효과 하락) 투자자가 위험을 타인에게 떠넘기려는 인센티브를 줄일 수 있고, REITs증권의 가치가 시장에서 계속 평가를 받을 것이므로 부동산 투자의 위험분석이 객관적이 되며 정보의 유통이 활성화 될 수 있다. 또한 REITs증권의 가격이 시장이 기대하는 평균적 토지가격을 반영할 것이므로 낙관적 투자자에 의한 지가의 왜곡을 어느 정도 완화할 수 있다. 그러나 REITs보다 훨씬 유동성이 높고 정보가 공개된 주식시장에서조차 투기와 가격왜곡 현상이 자주 나타난다는 점을 고려할 때, 부동산 거품과 금융의 연결고리를 차단하는 데 있어서 REITs의 효과는 크지 않을 것으로 판단된다. 제시되고 있는 다른 정책방안들은 금융기관들이 부동산 대출과 투자에 너무 몰두하지 못하게 하는 금융감독의 강화, 공실률과 같은 부동산 시장의 정보 제공의 강화와 같은 것이다.

헨리 조지의 지대조세제는 앞에서 제시된 정책방안들보다 금융시스템을 부동산 충격으로부터 보호하는데 훨씬 강력한 수단이 될 수 있다. 지대조세제가 실시되면 지가상승에 의한 자본이득의 발생이 원천적으로 불가능하게 될 뿐만 아니라 자산으로서의 가치가 사라질 것이므로 금융기관의 토지담보 대출이 사라지게 될 것이다. 또한 금융기관들이 부동산 투자에 몰두할 인센티브가 없어져 부동산 위험에 과도하게 노출되는 것을 상당히 막을 수 있을 것이다. 뿐만 아니라 여러 가지 이유로 신용팽창이 발생한다 하더라도 그것이 토지가격의 상승을 초래하지는 않을 것이다. 이와 같이 지대조세제는 토지투기를 원천적으로 봉쇄함으로써 지가상승과 신용팽창의 고리를 근본적으로 끊을 수 있다.

또한 토지의 임대시장이 경쟁적으로 될 것이므로 건축물에 대한 수요가 발생할 때도 건축물의 공급이 원활해질 것이다. 이는 건축물 가격의 오버슈팅을 상당부분 교정할 것이므로 금융기관이 과도하게 부동산에 대출과 투자를 의존할 인센티브가 줄어들 것이다. 지대조세제가 실시된다 하더라도 오스트리아 학파가 지목한 통화공급의 변동에 따른 경기변동은 사라지지 않을 것이지만, 그 진폭은 상당히 줄일 수 있을 것이다.

【참고문헌】

Allen, Franklin, Financial Structure and Financial Crisis, ***ADB Institute Working series*** No. 10, 2000.

Edison, Hali and Pongsak Luangaram, and Marcus Miller, Asset Bubbles, Domino Effects and Lifeboats : Elements of the East Asian Crisis, ***International Finance Discussion Papers*** No. 606, Board of Governors of the Federal Reserve System, 1998.

Foldvary, Fred E. The Business Cycle : A Georgist-Austrian Synthesis, ***American Journal of Economics and Sociology***, Vol. 56, No.4, 1997.

Gaffney, Mason, Land as a Distinctive Factor of Production, ***Land and Taxation***, (ed) by Nicolaus Tideman, Shepherd-Walwyn, 1994.

George Henry, 김윤상 역, 『진보와 빈곤』, 비봉출판사, 1997.

Harrison, Fred, ***The Power in the Land***, University Books, 1983.

Herring, Richard & Susan Wachter, Real Estate Booms and Banking Busts : An International Perspective, *Working Paper* 99–27, Financial Institution Center, The Wharton School, University of Pennsylvania, 1999.

Higgins, M. and C. Osler, Asset Market Hangovers and Economic Growth : The OECD During 1984–93, *Oxford Review of Economic Policy* 13, 1997.

Jaffee, Dwight M., The Swedish Real Estate Crisis, *SNS Report*, Stockholm, Oct. 1994.

Kaminsky, G. and C. Reinhart, Banking and Balance of Payments Crisis : Models and Evidence, *Working paper*, Board of Governors of the Federal Reserve, Washington, D.C., 1996.

Kiyotaki, Nobuhiro and John Moore, Credit Cycles, *Journal of Political Economy*, Vol. 105, April 1997.

XIII. 다시 보는 헨리 조지

김윤상*

지금까지 헨리 조지의 생애와 사상에 대해 살펴보았고 또 헨리 조지 사상과 관련된 여러 가지 연구를 보았다. 이 책을 마무리하는 이곳에서는, 헨리 조지가 오늘날 어떤 위상을 갖고 있는지, 그의 사상이 오늘의 사회문제와 어떤 관련이 있으며 앞으로의 전망은 어떤지에 대해 살펴보고, 아울러 헨리 조지 사상에 관심을 갖고 더 연구하고 싶은 독자를 위해 간략한 안내를 추가한다.

1. 헨리 조지의 위상

헨리 조지는 독학으로 사상계의 최고 수준에 오른 입지전적 인물이다. 만 14세가 되기도 전에 학교를 그만 두고 가난 속에서 갖가지 직업을 전전하였으며 언론에 종사하면서부터는 굳건한 정의감과 화려한 문체로 상당한 명성을 쌓았다. 많은 저술과 연설문을 남겼고 특히 만 40세가 되던 1879년에 출간한 『진보와 빈곤』이 구미와 호주의 독서계를 휩쓴 뒤부터는 세계적 명사가 되었다. 말년에는 노동 단체의 추대를 받아 두 번씩이나 뉴욕 시장에 출마하기도 하였으며 그의 장례식에는 수십만 인파가 뉴욕의 거리를 메우면서 조문할 정도였다.

이처럼 헨리 조지는 그의 생전에는 커다란 사회적 비중을 차지했었으나 오늘날에는 잊혀진 인물이 되었다고 해도 과언이 아니다. 그의 사상은 톨스토이를 비롯한 많은 이상주의자들의 열렬한 지지를 받아왔고 오늘날에도 우리 나라를 포함하여 세계 각국에서 헨리 조지 사상을 보급하고 실천하려는 움직임이 맥을 잇고는 있으

* 경북대학교 행정학과 교수

나 현실적인 영향력은 거의 사라지고 말았다.

이와 같이 된 가장 큰 이유는, 20세기 내내 세계를 양분했던 자본주의와 사회주의의 이론적 근거인 신고전학파와 좌파 경제학이 헨리 조지 사상과 양립할 수 없었기 때문이다. 헨리 조지 사상은 토지공유 사상이 주축이고 자유무역 사상이 또 하나의 작은 축을 이루고 있다. 이처럼 헨리 조지의 사상은 토지문제를 핵심으로 하는데 반해 신고전학파와 좌파 경제학은 모두 토지의 독자성을 인정하지 않았다. 신고전학파는 헨리 조지 사상의 토대인 고전학파의 토지관을 버렸고 헨리 조지가 환수해야 한다고 주장한 토지 지대도 다른 생산요소의 대가와 다름없다고 보았으므로 헨리 조지의 사상과 양립할 수 없었다. 또한 헨리 조지 사상은 토지를 제외한 재산의 사유 및 경제활동의 자유를 기반으로 하고 있기 때문에 생산수단의 사회화 및 계획경제를 기반으로 하는 사회주의와 본질적으로 융화될 수 없었다.

헨리 조지 사상이 현대사회의 추세와 일치하는 부분이 있다면 그것은 자유무역 사상이다. WTO 체제 아래 세계는 자유무역으로 나아가고 있기 때문이다. 그러나 헨리 조지는 지대의 환수를 전제로 하는 자유무역을 주장하였으므로 오늘날의 자유무역과는 거리가 있다.

이처럼 헨리 조지의 현실적 영향력은 줄어들고 말았으나 그의 사상은 아직도 우리 사회에서 커다란 잠재력을 가지고 있다. 헨리 조지 사상의 실천적 표현인 토지가치세제는 진정한 토지공개념 제도이자 가장 공평하고 효율적인 조세제도이다. 그런데 오늘날에도 토지문제는 끊임없이 사회를 괴롭히고 있으며 조세로 인한 초과부담이 경제를 억누르고 있기 때문에 토지가치세제는 당시나 오늘이나 변함이 없이 유효하다. 특히 토지투기 열풍으로 인해 깊은 상처를 입은 우리 나라에서는 더욱 큰 의미를 지닌다. 이 점에 대해서는 이 책의 여러 곳에서 다루고 있으므로 자세한 언급을 생략한다.

따라서 아래에서는 헨리 조지 사상이 오늘날에도 우리의 특별한 주목을 받아야 하는 이유로서, 극심한 좌우 대립을 지양하는 제3의 이데올로기가 될 수 있다는 점, 또 헨리 조지의 토지원리를 확대하면 자원고갈과 환경오염의 위기에 대처할 수 있는 원리가 된다는 점에 대해 살펴보기로 한다.

2. 제3의 이데올로기

헨리 조지의 사상은 자본주의와 사회주의를 지양하는 제3의 이데올로기이다. 자본주의는 토지와 자본의 사유를 원칙으로 하고 사회주의는 양자의 공유를 원칙으로 하지만 이는 모두 인간의 상식에 어긋난다. 자본주의가 토지의 사유를 인정하는 것은 그것이 옳기 때문이 아니라 어쩔 수 없이 현실을 긍정한 것이다. 이러한 자본주의 체제에서는 토지의 사유로 인한 빈부격차, 토지투기 등의 문제가 그칠 수 없다. 반면 사회주의는 자본을 사회화하는데 이것은 인간의 이기적인 본성을 외면하는 지나친 이상주의이다. 자본의 사유화를 막는다면 극히 일부의 이타적인 사람을 제외한 대부분의 인간은 자본을 생산하려고 하지 않을 것이기 때문이다.

반면 헨리 조지의 사상은 자본의 사유와 토지의 공유를 바탕으로 한다. 즉 노력에 의해 생산한 것에 대해서는 생산자의 사유를 인정하여 효율성을 달성하고 사람의 노력과 무관하게 천부된 토지는 사유의 대상에서 제외함으로써 형평성을 달성하자는 것이다. 오해의 소지를 없애기 위해 덧붙이자면, 토지를 공유한다고 해서 토지의 단독사용을 금지하는 것은 아니다. 자본주의를 견제하는 역할을 해온 사회주의가 퇴조해 버림으로써 자본주의의 병폐가 더욱 심해지지 않을까 염려되고 있는 이 시점에 이와 같은 제3의 체제는 주목 대상이 된다. 세 체제를 비교하면 아래 표와 같다.

[표 1] 세 체제의 비교

체 제	토 지	자 본
자본주의	사 유	사 유
사회주의	공 유	공 유
헨리 조지의 체제	공 유	사 유

뿐만 아니라 우리 나라는 아직도 남북이 분단된 채 각기 자본주의와 사회주의를 기본 체제로 삼으면서 대립하고 있다. 또 남북한은 모두 통일을 염원하고 있으면서도 통일 후에도 서로 자기 체제를 고수하는 것을 당연시하고 있는 실정이다. 남북한이 서로 마음을 열고 제3의 체제에 진지한 관심을 가진다면 이상적인 절충안인 헨리 조지의 체제에 합의할 수 있을 것이다.

한편 헨리 조지의 사상은 절충안이라기보다 진정한 사유재산제, 진정한 자본주의를 추구한다고도 할 수 있다. 진정한 사유재산제란 노력과 기여의 결과를 소유할 수 있도록 하는 동시에 개인의 노력이나 기여와는 무관한 것의 소유는 인정하지 않는 제도이어야 한다. 이런 점에서 보면 현실의 자본주의는 불완전한 사유제산제 위에, 헨리 조지의 체제는 진정한 사유재산제 위에 서 있다. 자본주의는 사유재산제를 근간으로 하는 체제이므로 진정한 사유재산제 위에 서 있는 헨리 조지의 체제야말로 진정한 자본주의라고 하겠다.

또한 토지가치세제는 진정한 사유재산제를 구현하는 세제이다. 자본주의 사회의 세제는 사유된 것의 상당부분을 조세로 징수하기 때문에 진정한 사유재산제에 어긋난다. 그러나 토지가치세제는 불로소득인 지대를 조세로 징수하고 그 대신 노력과 기여의 대가인 임금 및 이자의 완전한 사유를 보장한다.

자본주의 사회의 세제와 헨리 조지의 세제를 비교하면 아래 그림과 같다.

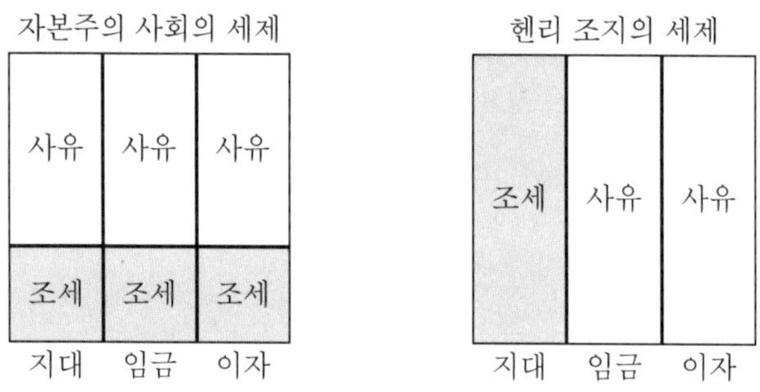

[그림 1] 세제의 비교

3. 토지원리의 확대

헨리 조지는 자원고갈과 환경오염의 문제가 심각하지 않던 시대에 살았기 때문에 천부된 자연 가운데 주로 토지에 관련된 문제를 다루었고 그 해결책으로서 토지지대를 모두 환수하고 다른 조세를 감면하는 토지가치세제를 주창하였다. 그러나 오늘날에 와서는 토지 외에도 천연자원과 환경의 중요성이 매우 커졌다. 따라서 토지가치세제의 근거가 되는 토지원리는 자연원리로 폭을 넓히고 토지가치세제는 자연가치세제로 확대할 필요가 있다.

토지원리는 토지가 천부된 자원이라는 점에서 도출되는 다음과 같은 원리를 말한다.

① 토지에 대해서는 모든 인간이 평등한 권리 가진다.
② 사회적 필요성이 있으면 사회적 합의에 의해 단독사용을 인정 할 수 있다.
③ 단독사용을 인정하려면 다음과 같은 조건을 충족시켜야 한다.
　㉮ 토지취득기회 균등
　㉯ 단독사용으로 인해 타인을 배제하는 대가 환수
　㉰ 단독사용을 인정하는 사회적 취지에 적합하게 사용

이러한 토지원리는 토지 이외의 모든 자연물에까지 당연히 확대 적용할 수 있다. 여기에서 자연은 다음과 같은 세 가지 종류로 나누어 볼 수 있다.

첫째로 넓은 의미의 토지. 여기에는 좁은 의미의 토지 이외에 토지처럼 위치와 존재량이 고정되어 있는 자연이 포함된다. 고정되어 있는 자연에 대한 사용 수요가 늘어나면 혼잡이 발생하고 그에 따라 지대가 발생한다. 오늘날 혼잡이 발생하는 새로운 예로는 전파대역, 위성궤도 등을 들 수 있다. 전파대역은 라디오, 텔레비전, 이동통신 등의 전파를 실어 나르는 통로이기 때문에 오늘날 수요가 급속히 늘어나고 있어 주목된다. 이런 종류의 자연을 특정인이 단독으로 사용하면 타인을 배제하는 결과가 생긴다는 점에서 토지와 공통된다. 따라서 환수의 대상은 배제의 대가인 지대가 된다.

둘째로 토지 이외의 천연자원이 있다. 예를 들면 광물, 석유, 천연 동식물, 오존층 등이다. 이 종류의 공통성은 특정인의 사용이 타인을 배제한다는 점 이외에 사용에 의해 존재량이 줄어들기 때문에 후손도 배제한다는 점이다. 따라서 환수액은 지대 이외에 고갈피해액 내지 자원대체비용이 된다. 오존층의 파괴는 아래에서 언급하는 오염 대상의 하나이기도 하지만 고갈이 될 뿐 회복이 되지 않는다는 점에서 천연자원의 하나로 포함시켰다.

셋째로 오염 대상으로서의 환경이 있다. 예를 들면 공기, 물 등이다. 이 종류의 공통성은 특정인의 사용이 타인을 배제하는 점 이외에 사용에 의해 오염되기 때문에 후손을 배제한다는 점이다. 따라서 환수의 대상은 지대 이외에 오염 피해 내지 환경회복비용이 된다.

토지, 천연자원, 환경을 비교하면 다음 표와 같다.

[표 2] 토지, 천연자원, 환경의 비교

대 상	사용 결과	형평 비교 대상	환수액의 내용
토지	배제	타인	지대
천연자원	배재+고갈	타인+후손	지대+고갈 피해/자원대체비용
환경	배재+오염	타인+후손	지대+오염 피해/환경회복비용

또한 토지원리는 자연 이외에 개인의 노력에 의해서가 아니라 사회가 공동으로 창출한 공동의 자원에까지 확대 적용할 수 있다. 그 좋은 예로서 정부 권력이 있다. 정부는 국민전체의 이익을 위해 존재하고 정부의 권력은 국민이 각자의 자유를 유보하는 데 동의함으로써 정당화되는 것이므로 정부 및 정부 권력은 국민 공동의 자원이다. 따라서 모든 국민은 정부 및 정부 권력에 대해 평등한 권리를 가진다. 그런데 정부가 그 권력을 배경으로 특정 주체에게 어떤 우선권을 부여한다면 — 예를 들면 특허권 내지 독점권의 부여, 타업체에 대한 진입장벽 설정 등 — 이는 토지에 대한 단독사용을 인정하는 것과 같다. 그러므로 토지에 대한 단독사용을 인정할 경우와 동일한 조건이 이런 경우에도 적용되어야 한다. 즉 첫째로 모든 국민은 우선권을 취득할 균등한 기회를 가져야 하고 둘째로 우선권으로 인해 특별한 이익이 발생한다면 이를 환수해야 하며 셋째로 우선권자는 우선권을 인정하는 사회적 취지에 적합하게 이를 활용하여야 한다는 조건이 그것이다.

4. 헨리 조지 사상의 앞날

위에서 본 바와 같이 헨리 조지 사상은 그가 타계한지 100년이 더 지난 오늘의 사회문제에도 커다란 의미를 가지고 있다. 그렇다면 그의 사상의 앞날은 어떠할까? 지난 100년처럼 망각 속에 묻히고 말 것인가? 아니면 사회문제의 해결책으로서 폭넓게 수용될 것인가? 이 점에 대해서는 우선 헨리 조지 자신의 말을 들어보자.

> 지금까지 내가 밝히려고 노력한 진리는 쉽사리 수용되지 않을 것이다. 수용이 쉬운 진리였다면 벌써 수용되었을 것이다. 수용이 쉬운 진리였다면 은폐되지도 않았을 것이다. 그러나 이 진리에도 지지자는 반드시 있다. 이 진리를 위해 수고하고 고통받고 심지어는 죽기도 할 것이다. 바로 이것이 진리의 힘이다.
>
> 이 진리가 언젠가는 실현될 수 있을까? 궁극적으로는 그렇다. 그러나 우리가 생존하는 동안 실현될지, 사람들이 우리를 기억할 수 있는 시간 내에 실현될지 누가 알 것인가?
>
> 궁핍과 비참, 무지와 야만이 부정의한 사회제도에 의해 생긴다는 사실을 알고 힘이 자라는 데까지 이를 시정하기 위해 노력하는 사람은 곧 실망과 쓰라림을 맛보게 된다. 이러한 현상은 과거에도 있었고 현재에도 있다. 그러나 정말로 쓰라린 것은 노력과 희생을 해 보았자 희망도 결과도 없다는 생각이다. 심지어 매우 훌륭하고 용기 있는 인물도 이런 생각을 하는 수가 있다. 사실, 역사상 씨를 뿌린 사람 중에 그 씨가 자라는 것을 본 사람은 드물며, 그 씨가 도대체 자라기나 할 것인지를 확실히 안 사람도 드물다.
>
> 사실을 위장하지 말자. 이 세상에서 진리와 정의는 되풀이해서 세워져 왔다. 그러나 진리와 정의는 되풀이해서 무너지고 말았으며 유혈사태가 발생한 경우도 적지 않았다. 만일 진리에 반대하는 세력이 약하다면 어떻게 오류가 그토록 오랜 동안 지배할 수 있을까? 정의의 여신이 고개를 들기만 해도 부정의를 쫓을 수 있다면 압박 받는 사람들의 통곡이 그토록 오래 그치지 않을 수 있을까?
>
> 그러나 진리를 알고 따르려는 사람이나 정의를 인식하고 이를 위해 일어서려는 사람에게는 성공이 유일한 목적은 아니다. 성공! 성공은 거짓으로 이루기도 하고 부정의로 이루기도 한다. 진리와 정의는 본래의 권리로서 그 자신의 것인–우연이 아니라 본질에 의해 자신의 것인–그 무엇을 주지 않는가?
>
> 진리와 정의의 존귀함을 느껴본 사람이면, 진리와 정의가 지금 이 자리에서도 무언가를 준다는 사실을 안다. (George, 김윤상 역, 1997, pp.540–541)

이 글에서 보듯이 헨리 조지 자신도 그의 사상이 순탄하게 수용될 것으로 보지 않았다. 그러나 헨리 조지는 비관만 하지는 않았다. 고난을 무릅쓰고 정의를 세우려는 사람들이 반드시 나타날 것이라고 보았고 언젠가는 실현될 것으로 보았다. 또 개인 차원에서는 비록 당대에 성공을 거두지 못하더라도 정의를 위해 노력하는 것만으로도 인생을 바칠만한 가치가 있다고 하였다.

우리가 알고 있는 현실의 사회는 원칙과 정의의 사회라기보다는 이해관계로 얽혀져 있는 사회이다. 그러므로 이 책의 저자들도 사회의 기득권 세력의 이해관계에 어긋나는 헨리 조지의 사상이 쉽사리 수용될 것으로 예상하지 않는다. 그러나 우리나라는 거의 대부분의 국민이 토지공개념에 찬성하는 유례없는 나라이자 토지공개념을 현실 정책으로 채택한 보기 드문 나라이다. 이 점에서 우리 나라는 희망이 많다고 하겠다.

다만, 토지가치세제가 진정한 토지공개념의 표현이기는 하지만 국민들은 새로운 제도에 대한 막연한 불안감을 가질 수도 있고, 급격한 변화가 혼란을 초래할 수도 있으며, 또 기득권자의 저항도 예상된다. 그러므로 제도를 점진적으로 도입하는 것이 불가피할 것으로 보이고 또 점진적 도입이 어떤 면에서는 바람직하기도 하다. 점진적 방법에는 부가가치세와 소득세 중심의 현행 세제에서부터 시간을 두고 서서히 토지세 쪽으로 비중을 옮겨가는 방법과, 일부 지역에서 시범적으로 실시하여 새 제도의 우수성과 실현가능성에 대해 검증을 거친 후 다른 지역에까지 확대해 가는 방법이 있을 것이다.

5. 조지스트 안내

헨리 조지의 사상에 공명하는 사람을 조지스트라고 부른다. 조지스트의 연구와 운동에 관심을 두는 분들을 위해 조지스트 문헌, 단체 등에 대하여 안내한다. 중요한 조지스트 문헌은 다음과 같다.

김윤상, 『토지정책론』. 법문사, 1991.

이정전, 『토지경제학』. 박영사, 1999.

이 풍, 『모두가 살맛 나는 약속의 땅을 향하여』, 도서출판 진리와 자유, 1998.

전강수 · 한동근, 『토지를 중심으로 본 성경적 경제학』, CUP(기독교대학 설립 동역회 출판부), 1999.

Andelson, Robert V. *Land-Value Taxation Around the World*, 3rd. ed., Blackwell Publishers, Boston. 2000.

Andelson, Robert V. and James M. Dawsey, *From Wasteland to Promised Land : Liberation Theology for a Post-Marxist World*, 1992. Shepheard-Walwyn, London, 기독교경제학연구회 역, 『새로운 해방의 경제학』, CUP(기독교대학 설립 동역회 출판부), 1996.

Andelson, Robert V., ed., *Critics of Henry George*. Associated University Press, London, 1979.

Barker, Charles Albro, *Henry George*, Robert Schalkenbach Foundation, New York, 1991, 1955.

Cord, Steven B, *Henry George : Dreamer or Realist?*, Robert Schalkenbach Foundation, New York, 1985.

Foldvary, Fred E, *Dictionary of Free-market Economics*, E. Elgar, Northampton, Mass, 1997.

Gaffney, Mason and Fred Harrison, eds., *The Corruption of Economics*, Shepheard-Walwyn, London, 1994.

George, Henry, *Progress and Poverty*, 1879. 김윤상 역, 『진보와 빈곤』, 비봉출판사, 1997; 『진보와 빈곤』(축약), 도서출판 무실, 1989.

Harrison, Fred, *The Power in the Land : Unemployment, the Profits Crisis and the Land Speculator*. Universe Books, New York, 1993.

Lindholm, Richard W. and Arthur D. Lynn, Jr., eds., *Land Value Taxation : The Progress and Poverty Centenary*, The University of Wisconsin Press, Madison, 1982.

Tideman, Nicolaus, ed., *Land and Taxation*, London : Shepheard Walwyn, 1994.

Wenzer, Kenneth C., ed., *Land-Value Taxation : The Equitable and Efficient Source of Public Finance*. Robert Schalkenbach Foundation, New York, 1997.

조지스트 학술지로는 The American Journal of Economics and Sociology 가 있다. 이 계간학술지는 조지스트가 주축이 되어 1941년에 창간되었으며 일반 논문과 함께 조지스트 논문을 개재하고 있다.

조지스트 단체로는 우리 나라에는 성경적 토지정의를 위한 모임이 있다. 이 모임은 기독교 단체이지만 헨리 조지 사상에 관심을 갖는 사람이면 자유롭게 참여할 수 있다. 웹사이트 주소는 http://land.kimc.net 이다.

미국의 대표적인 단체를 보면, 헨리 조지의 저서를 비롯한 조지스트 문헌을 출판·보급하는 단체로는 뉴욕시에 소재하는 샬켄백 재단(Robert Schalkenbach Foundation)이 있으며 이 재단의 웹사이트 주소는 http://www.landtax.org 이다. 헨리 조지 사상을 교육하는 단체로는 헨리 조지 학교(Henry George School of Social Science)가 있다. 이 학교는 미국의 여러 도시에 자리 잡고 있는데 뉴욕시의 헨리 조지 스쿨의 웹사이트 주소는 http://www.henrygeorgeschool.org 이다. 배니커 경제정의 연구소(Bannecker Center for Economic Justice)도 추천할 만하다. 웹사이트 주소는 http://www.proress.org 이다. 조지스트 연구소로는 보스턴 부근에 있는 링컨 토지정책 연구소(Lincoln Institute of Land Policy)가 가장 유명하다. 웹사이트 주소는 http://www.lincolninst.edu 이다.

영국의 헨리 조지 재단(Henry George Foundation)도 활발한 활동을 전개하고 있으며 웹사이트 주소는 http://www.henrygeorge.org.uk이다. 호주에서는 멜번시에 있는 호주 번영협회(Prosper Australia, Inc.)가 대표적인 운동단체이며 웹사이트 주소는 http://www.taxreform.com.au이다. 그밖에도 여러 나라에 여러 단체가 있으며 위에서 예시한 웹사이트에서 연결 · 검색할 수 있다.

조지스트 단체 중에는 소식지를 발행하는 곳이 많은데 내용이 충실한 소식지 몇 개를 소개하면 다음과 같다.

『토지와 자유』 : 성경적 토지정의를 위한 모임에서 발행.

Land and Liberty : 영국 헨리 조지 재단에서 발행.

Progress : 호주 번영협회에서 발행.

찾아보기

[ㄹ]

[ㅁ]

[ㅂ]

[ㅅ]

[ㅊ]

[ㅌ]

저자소개 (가나다순)

김시중 sijoong@yu.ac.kr 영남대학교 경제금융학부 교수/미국 브라운대학교 경제학박사, XI장
김윤상 yskim@knu.ac.kr 경북대학교 행정학과 교수/미국 펜실베니어대학교 도시계획학박사, IV, XIII장
김종달 jdkim@knu.ac.kr 경북대학교 경제통상학부 교수/미국 델라웨어대학교 에너지환경경제학박사, VI장
남병탁 ptnahm@bear.kyungil.ac.kr 경일대학교 경제학과 교수/미국 아이오와대학교 경제학박사, V장
박호정 hpark@wam.umd.edu 한국개발연구원 주임연구원/미국 매릴랜드대학교 농업자원경제학 박사과정, I장
엄창옥 coum@sangju.ac.kr 상주대학교 산업경제학과 교수/경북대학교 경제학박사, III장
이재율 jrl289@kmu.ac.kr 계명대학교 정경학부 교수/서울대학교 경제학박사, VII장
이정우 joulee@knu.ac.kr 경북대학교 경제통상학부 교수/미국 하버드대학교 경제학박사, IX장
전강수 gsjun@cuth.cataegu.ac.kr 대구가톨릭대학교 경제통상학부/서울대학교 경제학박사, VIII, X장
한도형 dhhan@knu.ac.kr 경북대학교 경제통상학부/부산대학교 경제학박사, II장
한동근 dghan@yu.ac.kr 영남대학교 경제금융학부/미국 퍼듀대학교 경제학박사, X, XII장

헨리 조지
100년만에 다시 보다

초판1쇄 2002년 12월 15일
초판6쇄 2012년 2월 10일
지은이 이정우 외
펴낸이 함인석
펴낸곳 경북대학교출판부
출판등록 1973년 10월 10일㉣97호
주 소 대구광역시 북구 대학로 80번지
전 화 (053)950-6741~3
팩 스 (053)953-4692
E-mail press@knu.ac.kr
Homepage http://knupress.com

값 13,000원

ISBN 978-89-7180-208-3 93320